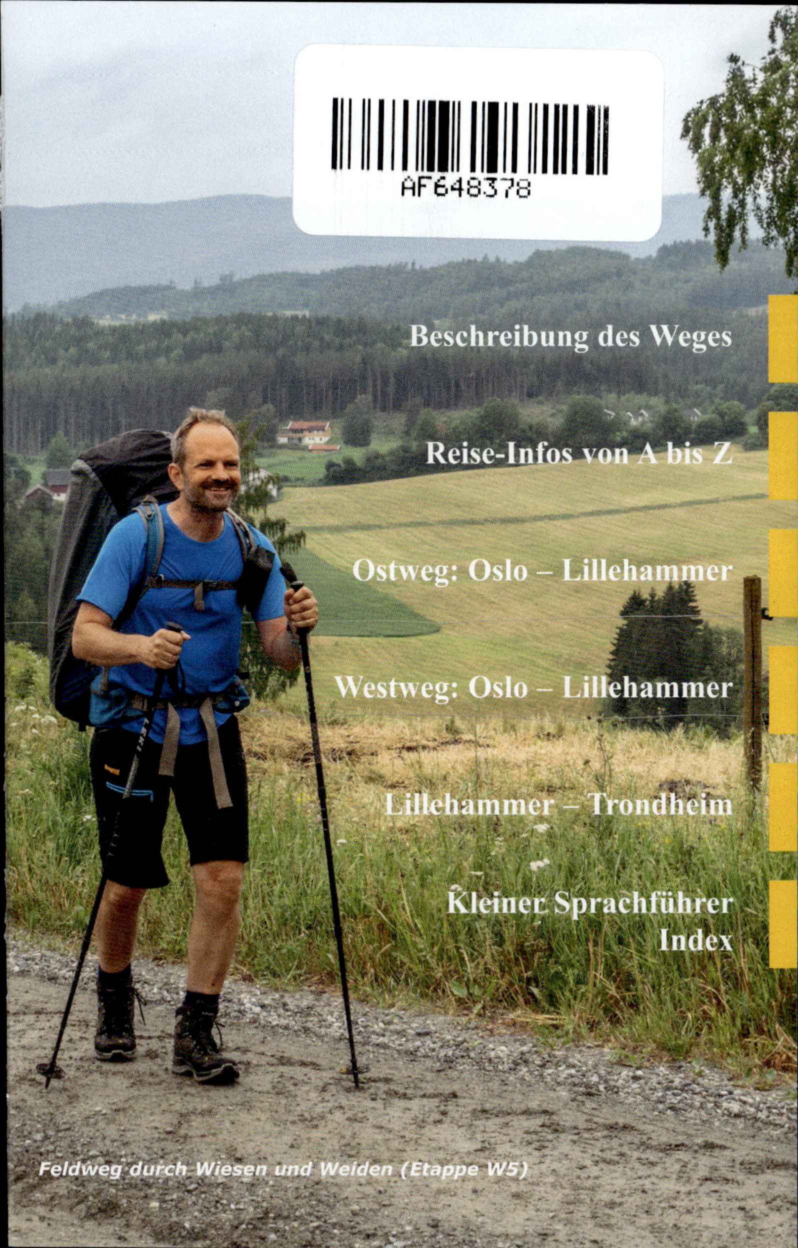

Feldweg durch Wiesen und Weiden (Etappe W5)

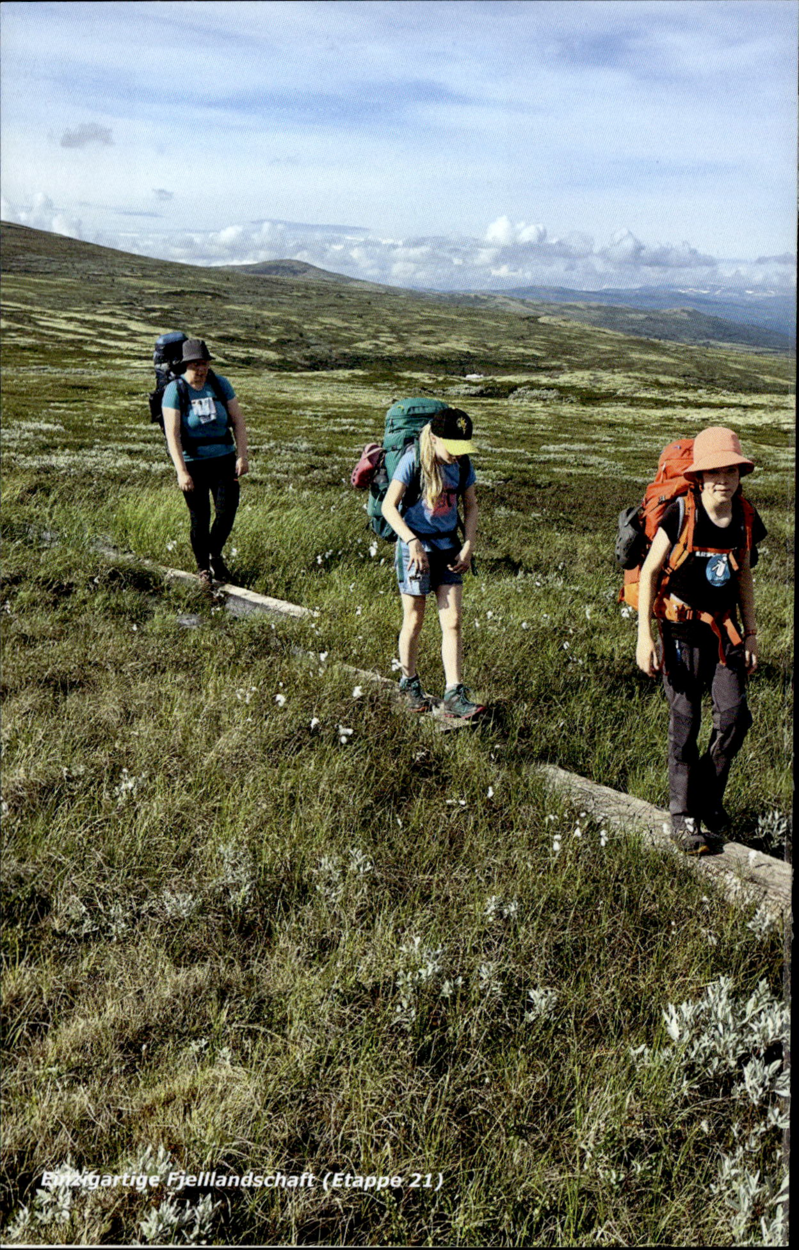

Einzigartige Fjelllandschaft (Etappe 21)

Band 369

OutdoorHandbuch

Michael Hennemann und Hanna Fürtig

Norwegen: Olavsweg

West- und Ostroute von Oslo nach Trondheim

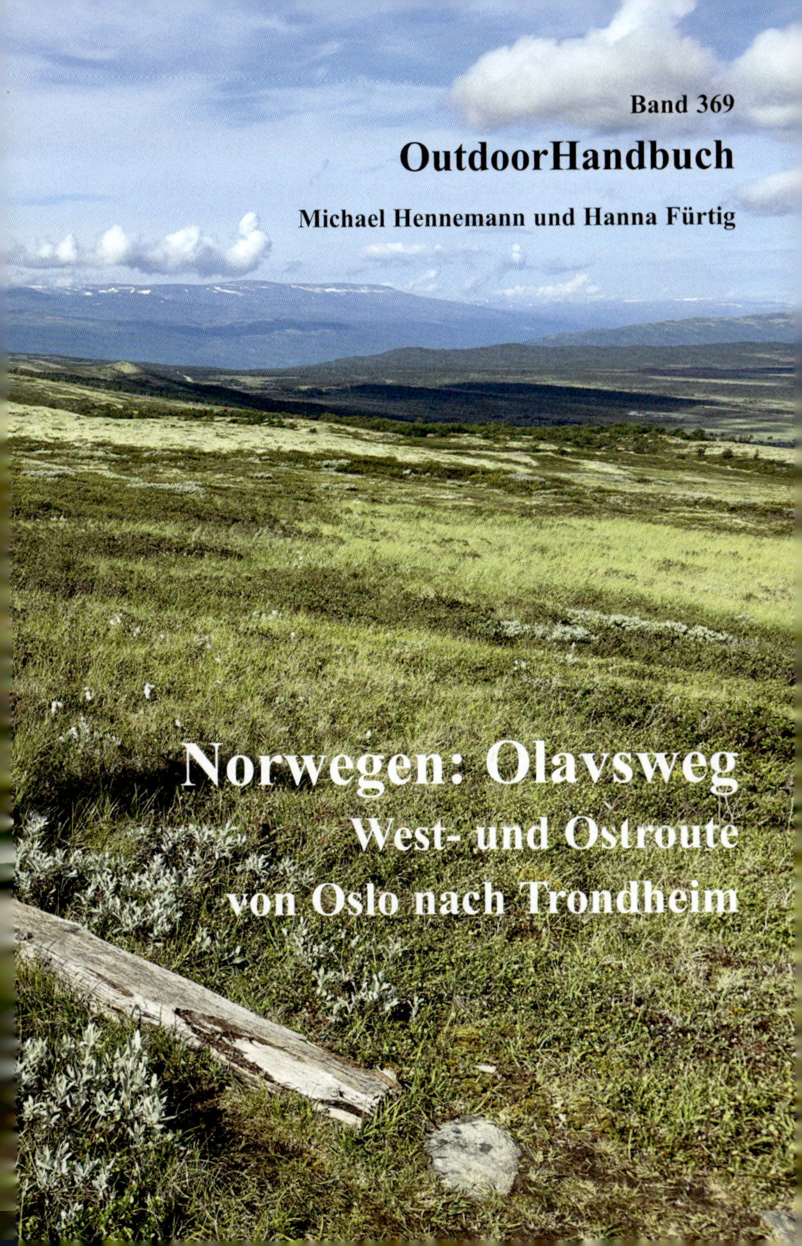

Norwegen: Olavsweg

Dieses OutdoorHandbuch wurde konzipiert und redaktionell erstellt vom:

Conrad Stein Verlag GmbH
Kiefernstr. 6, 59514 Welver
023 84/96 39 12
info@conrad-stein-verlag.de
www.conrad-stein-verlag.de
www.facebook.com/outdoorverlag
www.instagram.com/outdoorverlag

Druckprodukt mit finanziellem **Klimabeitrag**
ClimatePartner.com/53106-2404-1003

Als Outdoor-Verlag sind uns der Schutz und die Erhaltung der Natur seit jeher ein besonderes Anliegen. Auch in Sachen Klimaschutz haben wir eine Vorreiterrolle inne: Wir sind der einzige Buchverlag in Deutschland, der bereits seit 2008 seine Bücher konsequent klimaneutral in Deutschland produzieren und transportieren lässt. Dabei wird nicht nur klimaneutral, sondern auch nachhaltig, d. h. so umweltschonend wie möglich produziert, z. B. durch die Auswahl von umweltfreundlichen Materialien. Die bei der Produktion der Bücher entstandenen CO_2-Emissionen werden durch die Unterstützung von zertifizierten Klimaschutzprojekten ausgeglichen. Jedes Buch wird daher mit dem Logo „klimaneutral“ und einer ClimatePartner-Zertifikatsnummer versehen. Mithilfe dieser Nummer können Sie unter www.climatepartner.com Informationen zu der eingesparten CO_2-Menge und dem Projekt finden, das mit der Abgabe gefördert wird.

Das Engagement des Conrad Stein Verlags wurde im Rahmen des Projekts „Klimaneutraler Buchverlag“ mit dem Westenergie Klimaschutzpreis 2022 ausgezeichnet.

OutdoorHandbuch Band 369

ISBN 978-3-86686-671-3 3., überarbeitete und erweiterte Auflage 2024

Text und Fotos: Michael Hennemann und Hanna Fürtig (hf)
Lektorat: Anna-Lena Ebner
Karten und Layout: Manuela Dastig

Gesamtherstellung: AZ Druck und Datentechnik GmbH, Kempten

Dieses OutdoorHandbuch hat 288 Seiten mit 95 farbigen Abbildungen sowie 42 farbigen Karten im Maßstab 1:150.000, 45 farbigen Höhenprofilen, 4 farbigen Stadtplänen und einer farbigen, ausklappbaren Übersichtskarte.

☺ Eine **Übersichtskarte** des Weges, **Autorenprofile** sowie eine Liste aller verwendeten **Symbole** in diesem Buch finden Sie auf den vorderen und hinteren Umschlagseiten bzw. -klappen.

Alle Informationen, schriftlich und zeichnerisch, wurden nach bestem Wissen zusammengestellt und überprüft. Sie waren korrekt zum Zeitpunkt der Recherche. Eine Garantie für den Inhalt, z. B. die immerwährende Richtigkeit von Preisen, Adressen, Telefonnummern und Internetadressen, Zeit- und sonstigen Angaben, kann naturgemäß von Verlag und Autoren – auch im Sinne der Produkthaftung – nicht übernommen werden.

Autoren und Verlag freuen sich über Ihr Feedback. Schreiben Sie Ihre Tipps und Verbesserungen an info@conrad-stein-verlag.de oder nutzen Sie unsere Social-Media-Kanäle. Bitte nennen Sie dabei Titel, Auflage und Seitennummer.

Dieses Buch ist im Buchhandel und in Ausrüstungsläden erhältlich und kann im Internet oder direkt beim Verlag bestellt werden.

Titelfoto: Bohlenpassage im Moor (Etappe 29)

Inhalt

Vorwort

Nein, Sie müssen keine Pilgerin oder Pilger im engen Sinne sein, um dem nach dem heiligen Olav benannten Olavsweg von Oslo zum Nidarosdom in Trondheim zu folgen. Tatsächlich ist der Glaube allein wohl in den wenigsten Fällen der ausschlaggebende Grund, um sich auf den Weg zu machen. Eine Auszeit von der Routine des Alltags, die Überwindung eines schweren Schicksalsschlags oder einfach in der Natur entschleunigen: Die Gründe, durch Norwegen zu pilgern, sind so vielfältig wie die Menschen selbst, die unterwegs sind.

Sie brauchen also weder christlich noch gläubig sein. Nur wandern sollten Sie gerne. Und ein paar Gedanken zur persönlichen Motivation vorab können auch nicht schaden. Um die Weite, karge Schlichtheit und Einsamkeit des sanft geschwungenen Fjells und die unberührte Natur zu erleben, gibt es in Norwegen einige Weitwanderwege, die mit Sicherheit mehr zu bieten haben als der Olavsweg.

Wer sich aber mit dem hohen Anteil an Asphaltstrecken arrangieren kann, der findet entlang der Olavskreuze nicht nur einen Wanderweg, sondern ein Fenster zur norwegischen Kultur und Geschichte. Sie wandern entlang von Weiden und Feldern, durch Städte und Dörfer, über hohe Berge und hinunter in die Täler und bisweilen auch über anspruchsvolle Pfade. Dabei wartet die Geschichte in Form von Hügelgräbern, Stabkirchen und mittelalterlichen Farmen nahezu an jeder Ecke der historischen Kulturlandschaft in Süd- und Mittelnorwegen.

Förmlich riechen lässt sich die Vergangenheit, wenn Sie in einem der alten Lagerhäuser oder einer ausgebauten Scheune mit jahrhundertealten Holzbalken übernachten. Neben dem kulturellen Erbe und der Schönheit der Landschaft ist es vor allem die Begegnung mit den Menschen, die eine Reise auf dem Olavsweg zu etwas ganz Besonderem machen.

Nicht nur die Gastgeberinnen und Gastgeber der Herbergen empfangen ihre Gäste mit offenen Armen. Wenn Sie auf einer der Bänke Platz nehmen, die herzliche Anwohnerinnen und Anwohner in ihren Vorgärten am Wegesrand aufgestellt haben, damit müde Pilgernde sich ausruhen können, kann es durchaus passieren, dass Sie mit Keksen und einer Thermoskanne Kaffee begrüßt werden. Oder Sie bekommen bei hochsommerlichen Temperaturen – die es entgegen der weitverbreiten Meinung auch in Norwegen durchaus geben kann – einem Krug mit Wasser oder ein Eis zur Abkühlung gereicht.

Seit der letzten Auflage dieses Pilgerführers hat sich auf dem Olavsweg einiges getan. Die Wegmarkierung wurde deutlich verbessert und es sind neue Pilgerherbergen dazugekommen. Aber auch, wenn der Bekanntheitsgrad stetig steigt, ist der Olavsweg im Vergleich zum spanischen Jakobsweg noch immer spärlich bewandert: Während der Nidaros Pilegrimsgård in Trondheim 1.264 Olavsbriefe im Jahr 2022 ausgestellt hat, zählt das spanische Pilgerbüro in Santiago de Compostela für das gleiche Jahr allein für den Camino Francés 219.785 pelegrinos". Gelegenheit zur inneren Einkehr, Reflexion und zum Nachdenken gibt es also genug.

Die Neuauflage trägt den Änderungen mit einigen neuen Etappeneinteilungen und aktualisierten Wegbeschreibungen Rechnung. Erstmals finden Sie auch eine Beschreibung des Westweges und erhalten somit eine zusätzliche Option, um die Schönheit und Vielfalt Norwegens zu erleben. Ich hoffe, die Tipps, Informationen und Ratschläge helfen Ihnen dabei, Ihre eigene Reise optimal vorzubereiten, und das Buch trägt als zuverlässiger Begleiter unterwegs dazu bei, dass Sie jeden Schritt genießen können.

Ich wünsche unvergessliche Erinnerungen und gute Reise!
Michael Hennemann

Meilenstein auf dem Hjerkinnshøe (Etappe 22)

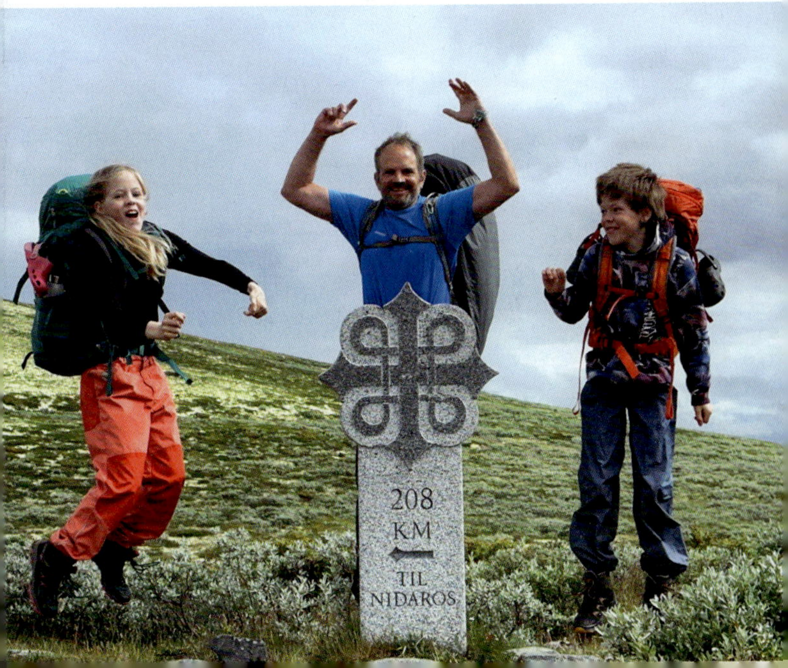

Beschreibung des Weges

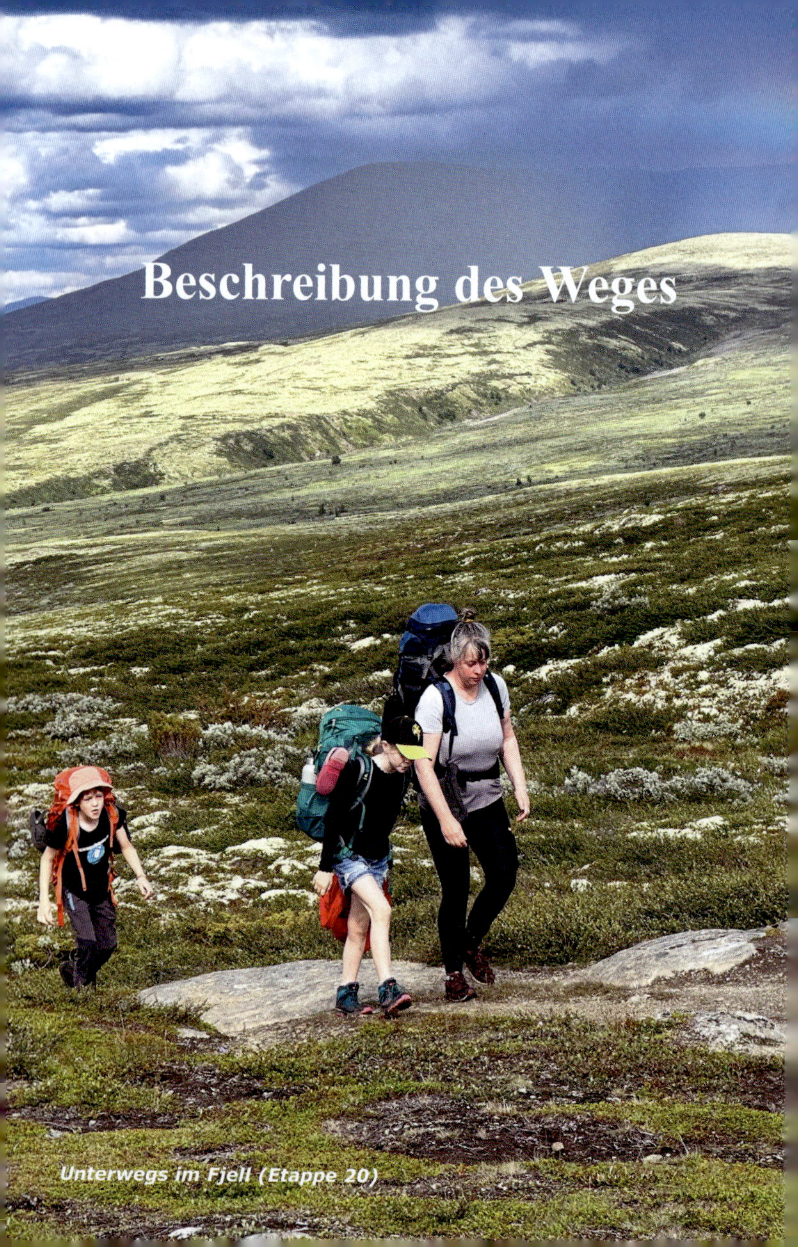

Unterwegs im Fjell (Etappe 20)

Olav Haraldsson, der Nationalheilige Norwegens

Olav Haraldsson gilt als Norwegens größter Heiliger, da er als mittelalterlicher König den Grundstein für ein christliches Reichskönigtum gelegt haben soll.

Geboren wurde Olav Ende des 9. Jh. in Ringrike als Sohn des Kleinkönigs und Wikingers Harald Grenske, einem Urenkel von Harald Hårfagre, der einst große Teile Norwegens zu einem Reich vereint hatte. Mit zwölf Jahren ging Olav auf seine erste Wikingerfahrt: Ruhm und Ehre in Schlachten zu gewinnen war ebenso wichtig wie Geld und Gut, immer mehr Fahrten wurden zur Eroberung fremden Landes unternommen.

Der Sage nach war es ein Traum, der den jungen heidnischen Wikinger dazu veranlasste, in sein politisch und religiös gespaltenes Heimatland zurückzukehren, um König über ein vereintes Norwegen zu werden. Als Verwandter von Harald Hårfagre betrachtete Olav es gar als seine Berufung. Auf dem Seeweg gen Norwegen überwinterte er bei Richard II., Herzog der Normandie. Hier, in Rouen, wurden ihm die Lehren des Christentums in der Gemeinschaft der katholischen Kirche deutlich sichtbar vorgelebt: Olav ließ sich taufen.

Im Herbst 1015 landete er in Norwegen und ließ sich von einem *Thing* (altgermanische Volks- und Sippenversammlung) nach dem anderen zum Oberkönig wählen – an manchen Orten mithilfe des Schwertes. Schließlich war er – zumindest dem Namen nach – König von Norwegen. Erst jetzt begann König Olav, ein Volk zum Christentum zu bekehren, das bereits zu großen Teilen christianisiert war. So bestand die Mission auch darin, der Kirchenorganisation in Norwegen festere Formen zu verleihen, z. B. durch die Etablierung von Kirchengesetzen.

Der König war dabei teils der Wikinger aus seiner Vergangenheit, teils der Christ der Gegenwart: An manchen Stellen ging er mit brutaler Gewalt vor, um die Menschen zur Taufe zu bewegen, an anderen Stellen reichten reine Machtdemonstrationen. Die historischen Quellen sind nicht eindeutig, inwieweit König Olav für die Christianisierung Norwegens verantwortlich war und ob er ein grausamer Mensch oder Heiliger war. Wahrscheinlich tilgte er in seiner Regierungszeit die letzten Reste des Heidentums.

Auf seiner „Schwertmission" fiel Olav im Jahr 1030, am 29. Juli („St. Olavstag"), auf dem Schlachtfeld in Stiklestad. Gleich darauf wurden Stimmen laut, die von Wundern am Ort seines Todes und im damaligen Nidaros (heute Trondheim) berichteten, wo sein Leichnam begraben wurde. Bauersleute und mächtige Häuptlinge sprachen sich für die Heiligsprechung Olavs aus, doch erst ein Jahr später bewegten sie den Bischof dazu, den König zu exhumieren: Man fand den Leichnam mit geröteten Wangen, gewachsenen Haaren und Nägeln, ein herrlicher Duft entströmte ihm. So wurde er nach seinem Tode heiliggesprochen und fortan strömten Pilgerinnen und Pilger aus ganz Europa zum Platz seines ewigen Grabes, über dem man mit der Zeit die stattliche Nidaros-Kathedrale (☞ Etappe 31) erbaute.

Der Gudbrandsdalsweg

Der Gudbrandsdalsweg, auch einfach **Olavsweg** genannt, ist Teil eines ganzen Netzwerks an Pilgerwegen, die zur Nidaros-Kathedrale in Trondheim führen: Die St. Olavswege führen durch Norwegen, Schweden und Dänemark – 5.000 km sind es insgesamt.

Mit (offiziell) 643 km ist der Gudbrandsdalsweg (norwegisch Gudbrandsdalsleden oder **Olavsleden**) der längste Pilgerweg in Norwegen und führt mit einer Ost- und Westvariante von Oslo (ehemals Christiania bzw. Kristiania) nach Lillehammer und als ein Weg weiter nach Trondheim, das im Mittelalter eine ähnlich große Bedeutung für die Christenheit hatte wie die drei großen Pilgerziele Jerusalem, Rom und Santiago de Compostela heute. Bis zur Reformation 1537 durch Martin Luther, in dessen Zuge Norwegen protestantisch wurde und Wallfahrten verboten wurden, pilgerten abertausende Menschen zum Schrein des heiliggesprochenen Olavs.

Nach der Reformation verlor Trondheim als Pilgerziel an Bedeutung und damit auch die St. Olavswege. In den letzten Jahrzehnten wurde ihnen frischer Atem eingehaucht und nachdem der Olavsweg 2010 zur Europäischen Kulturstraße erklärt wurde (die offizielle Eröffnung war bereits 1997), erhielt die Infrastruktur den nötigen Aufwind. Trotzdem: Pilgern in Norwegen ist nicht wie Pilgern in Spanien. Auf der ein oder anderen Etappe müssen Sie mit weiten Abständen zwischen den Übernachtungs- und Einkaufsmöglichkeiten rechnen und eine gut ausgebaute Pilgerstruktur mit Andachten u. Ä. gibt es nicht – dafür aber auch keine Menschenmassen.

Mittlerweile ist der Olavsweg aber durchgehend gut gekennzeichnet, sodass einem die Suche nach dem richtigen Weg erspart bleibt. Trotz der z. T. abgeschiedenen Wege werden Sie auch immer wieder der **Europastraße E6** begegnen – machen Sie sich also auf langwierige Strecken auf Asphalt gefasst und an manchen stark befahrenen Stellen auch auf Lärm. Zudem wandern Sie teilweise direkt auf Straßen, mitten durch Felder oder durch Privatgrundstücke – das wäre in Deutschland nicht möglich, doch Sie befinden sich nicht auf einem Wander-, sondern auf einem Pilgerweg, der der historischen Route folgt, statt in die schönsten Landschaften umgeleitet zu werden. Der Weg lebt durch seine Geschichte, die in den **Kirchen** und urig ausgebauten **Pilgerherbergen** am Weg erlebbar wird.

Ost oder West?

Kurz nach dem Startpunkt an den Ruinen der St.-Hallvards-Kathedrale in Oslo teilt sich der Gudbrandsdalsweg in eine westliche und eine östliche Route auf, die erst in Lillehammer wieder zusammentreffen. Es ist schwer zu sagen, welches die historisch „richtige“ Route ist – schließlich hat sich im Mittelalter jede Pilgerin und jeder Pilger den kürzesten Weg nach Trondheim gesucht, Straßen in dem heutigen Sinne gab es noch nicht.

Traditionell wählen die meisten den **Ostweg des Olavsweges,** der auf der Ostseite des Mjøsa mit den eindrucksvollen Ruinen des Hamardomen in der einstigen Bischofsstadt Hamar vorbeiführt, aber auch der als landschaftlich schöner geltende **Westweg** durch das Waldgebiet des Krokskogen und die reizvolle Region Hadeland am Westufer des Mjøsa erfreut sich zunehmender Beliebtheit, nicht zuletzt weil dort das Angebot an Infrastruktur in den letzten Jahren stark ausgeweitet wurde. Wer sich nicht für eine der beiden Routen entscheiden möchte, kann auch beide kombinieren: Auf dem Westweg läuft man bis Gjøvik, wo man mit dem historischen Dampfschiff Skibladner (☞ Verkehrsmittel am Weg) nach Hamar übersetzt. Von dort geht es dann auf dem Ostweg bis Lillehammer weiter. In diesem Wanderführer finden Sie die Beschreibungen für beide Wegvarianten, sodass Sie die optimale Route für Ihre Pilgerreise ganz individuell und entsprechend Ihren persönlichen Vorlieben wählen können.

Die Landschaft

Sie durchqueren das Land von Süd nach Nord, so werden Sie fast jede Landschaftsform Südnorwegens kennenlernen. Sind Sie erst einmal dem städtischen Umfeld Oslos entkommen, werden Sie sich an Deutschland erinnert fühlen: sanfte

Das Gudbrandsdal vereint Natur und Geschichte

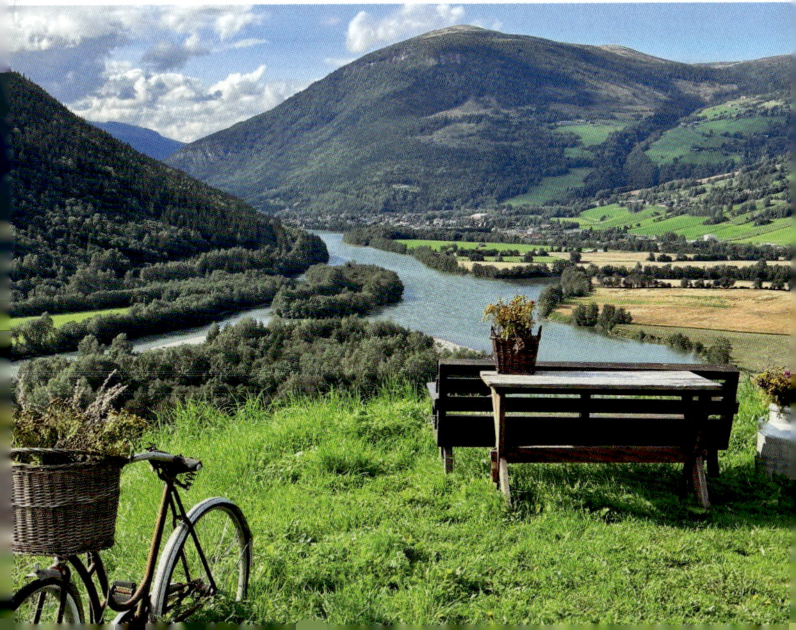

Hügellandschaften, die durch Felder, Wälder und kleine Ansammlungen von Häusern unterbrochen werden. Letztere sind allerdings auffällig anders – die farbkräftigen Holzlattenhäuser und Gehöfte, oft mit *stabbur* (Proviantspeicher auf Pfählen) im Garten, dominieren die ländliche Gegend. Neben Weidetieren erspähte ich ab und an Reh und Fuchs in der Ferne.

Haben Sie Lillehammer hinter sich gelassen, treten Sie in das **Gudbrandsdalen** ein: ein Tal wie aus dem Bilderbuch! In der Mitte fließt der türkisfarbene, breite Lågen, der Gudbrandsdalsfluss, umrahmt von sanften, grünen Hängen. Trotz vieler steiler Höhenmeter und schwierigerer Pfade sind diese Etappen einige der schönsten auf dem Olavsweg.

Vom Tal geht es hinauf in das **Dovrefjell**: das komplette Gegenteil, aber mindestens genauso schön, vielleicht sogar die beeindruckendste Strecke der Wanderung. Die wilde, weite Einsamkeit in den sanft gewellten Hügeln des Fjells muss man selbst erlebt haben. Neben Schafen werden Sie hier mehr Vögeln begegnen, auch Lemminge huschen immer wieder über den Weg.

Haben Sie das norwegische Hochgebirge mit seinem kargen Bewuchs und verwinkelten Fjell-Birken durchquert, gelangen Sie zurück in stärker besiedeltes Gebiet. Neu im Landschaftsrepertoire sind schöne, kurzweilige Moorabschnitte, auf die Sie hier nun treffen werden, und Sie werden noch durch viel ursprünglichen Wald schreiten, bis Sie am Ziel in Trondheim am Fjord angekommen sind.

Land und Leute

Das Nicht-EU-Land (Staatsform: konstitutionelle Monarchie mit parlamentarischen Zügen) hat knapp 5,5 Mio. Einwohnerinnen und Einwohner, die sich in dem ca. 385.000 km² großen Land in der Hauptstadt Oslo (ca. 709.000 Ew.) und dessen Einzugsgebiet (über 1,5 Mio. Ew.) ballen (Stand: Januar 2023). Bekannt ist das skandinavische Land aber für die zerklüfteten Küsten und weiten Landschaften, die kaum oder gar nicht besiedelt sind und von der ursprünglichen, wilden Naturschönheit leben, die Wandernde suchen. Bei Urlauberinnen und Urlaubern beliebt sind die beiden Fs: Fjells und Fjorde.

War Norwegen noch bis weit in das 19. Jh. hinein ein armes Land, das von Fischfang und Landwirtschaft lebte, zählt es heute zu den wohlhabendsten Ländern der Welt. Auch wenn sich der jetzige Wohlstand auf die Entdeckung der reichen Öl- und Erdgasvorkommen und den Export fossiler Energien gründet, zählt das Land zu den Vorreitern bei den erneuerbaren Energien und hat es sich zum Ziel gesetzt, bis 2030 klimaneutral zu sein.

Geschichte und Religion

Wer kennt sie nicht, die nordischen Erzählungen über plündernde und brutale Wikinger, die mit ihren typischen Langbooten durch Europa fuhren und sich alles unter den Nagel rissen, was nicht niet- und nagelfest war? Sie waren aber nicht nur Seefahrer und Krieger, sondern auch Händler und Handwerker, die sich auf ihr Kunsthandwerk (Metall und Holz) und auf Verhandlungen verstanden. Schließlich wussten sie die Wasserwege für Transport und ihre Geschäfte zu nutzen, da die mittelalterlichen Bedingungen für Landwirtschaft nicht gut waren. Während des 11. Jh. schwächten sich die verschiedenen Stämme gegenseitig, während andere europäische Länder an Macht gewannen.

Etwa zur gleichen Zeit verloren die Stammeskulturen, regional stark unterschiedlich und v. a. durch rituelle Handlungen geprägt, an Bedeutung. Als Wendepunkt gilt die Schlacht von Stiklestad im Jahr 1030, in der Olav der Heilige fiel und die Christianisierung Norwegens ihren endgültigen Lauf nahm. Doch der Katholizismus war nach der Reformation durch Luther 1537 strengstens verboten und so gehört heute, auch wenn das Verbot 1843 aufgehoben wurde, etwa ein Drittel der Bevölkerung der evangelisch-lutherischen Kirche an.

Hinweise zum Buch

Das Ihnen vorliegende Buch soll Ihnen helfen, den Weg ohne große Schwierigkeiten zu finden. Es ist weniger Reiseführer mit ausführlichen Infos zu Sehenswürdigkeiten, Kirchen, anderen Unternehmungen in der Region etc. als ein **praktischer, handlicher Begleiter Ihrer Pilgerwanderung** mit Konzentration auf die Wegbeschreibungen sowie Einkaufs- und Übernachtungsmöglichkeiten.

Bedenken Sie bitte auch, dass sich die Gegebenheiten vor Ort wie z. B. Umleitungen und Wegbeschilderung saisonal ändern können (☝ bitte folgen Sie stets den offiziellen Wegmarkierungen, falls diese von der Beschreibung im Buch abweichen) und Angaben wie Öffnungszeiten und Preise Schwankungen unterworfen sind. Ich bitte daher, Unstimmigkeiten zu entschuldigen – sollten Sie dennoch grobe Fehler finden, bitte ich Sie inständig, mir diese über den Verlag zukommen zu lassen. Vielen Dank bereits im Voraus!

Reise-Infos von A bis Z

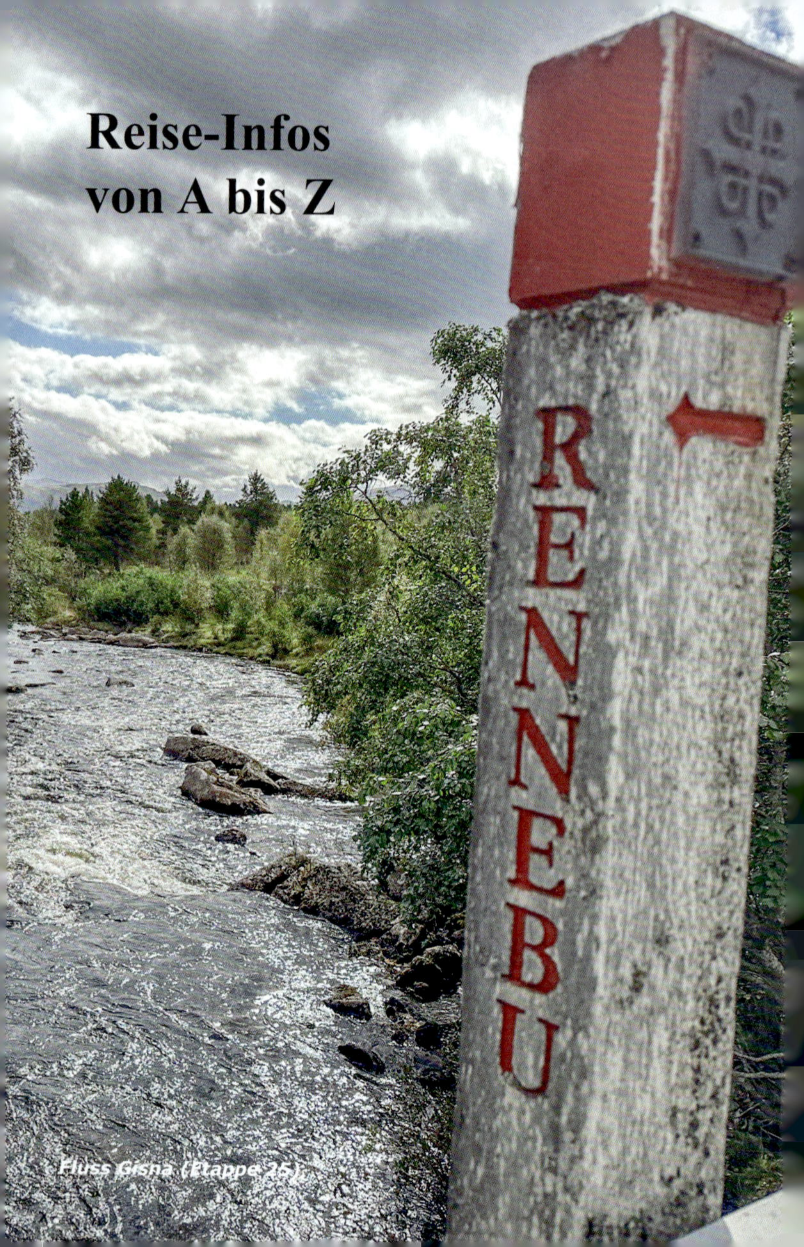

Fluss Gisna (Etappe 25)

An- und Abreise

Es gibt eine Vielzahl an Anreisemöglichkeiten nach Norwegen. Die norwegische Hauptstadt ist je nach persönlichen Vorlieben gut mit Bahn, Bus, Fähre oder Flugzeug erreichbar. Am schnellsten geht es aufgrund der Entfernung nach Südnorwegen natürlich per Flieger. Wer möchte, kann nach der Pilgerreise in Trondheim an Bord eines der berühmten Hurtigruten-Schiffe steigen, aber auch die Bahnstrecke der Dovrebahn (☞ Verkehrsmittel am Weg) ist landschaftlich reizvoll und eröffnet die Möglichkeit, einen Großteil des Wegverlaufs noch einmal Revue passieren zu lassen.

Anreise nach Oslo

Fähre

Umweltschonend und entspannt reist man mit der Fähre von Kiel nach Oslo. Sie verkehrt ganzjährig einmal täglich und die Überfahrt dauert ca. 20 Std (Abfahrt Kiel/Oslo 14:00, Ankunft Oslo/Kiel 10:00). Ohne Auto halten sich die Kosten für eine Fährüberfahrt im Rahmen, dank des umfangreichen Unterhaltungsprogramms kommt an Bord garantiert keine Langeweile auf und beim gemütlichen Abendessen im Panoramarestaurant beginnt die Reise gleich mit einem ersten Highlight.

♦ **Color Line**, ☏ 04 31/730 01 00, ✉ servicecenter@colorline.de, 💻 www.colorline.de

☺ Mitunter ist das Angebot der Mini-Kreuzfahrt günstiger als die reguläre, einfache Fährüberfahrt. Außerdem lässt sich bei Buchung über die norwegische Website (💻 www.colorline.no) erfahrungsgemäß einiges Geld sparen.

Flugzeug

Wer es eilig hat, findet Direktflüge von mehreren deutschen Flughäfen zum **Flughafen Oslo-Gardermoen** (47 km von Oslo, 💻 www.osl.no) mit den Fluglinien Lufthansa (Frankfurt, München), Scandinavian Airlines (SAS) (Hamburg, Düsseldorf, Stuttgart, München und Berlin), Norwegian (Hamburg, Düsseldorf, München und Berlin) sowie Eurowings (Düsseldorf, Hamburg). Die Flugdauer von z. B. Berlin nach Oslo beträgt etwa 1 Std. 30 Min. Der **Flughafen Torp Sandefjord** disqualifiziert sich zum einen aufgrund seiner Entfernung und Lage (ca. 110 km südwestlich von Oslo) als gute Anreiseoption für eine Wanderung auf dem Olavsweg, zum anderen gibt es auch keine Direktflüge aus Deutschland. Für den Transfer vom Flughafen Oslo-Gardermoen in die Innenstadt steht eine Vielzahl an Möglichkeiten zur Auswahl:

- Airport Express Train, einfache Fahrt NOK 230, in ca. 20 Min. bis Hauptbahnhof Oslo S (Verbindung besteht alle 10-20 Min.), 💻 www.flytoget.no
- ♦ Nahverkehrszüge, Linien R10 (Drammen), R11 (Skien/Larvik) und R12 (Kongsberg), einfache Fahrt NOK 118, ca. 25 Min. bis Hauptbahnhof Oslo S, 💻 www.vy.no

Flybussen, einfache Fahrt NOK 229, ca. 70 Min. bis Busterminal, www.flybussen.no

Norgestaxi, 080 00/73 92 49 00, Flytaxi: bei Vorbuchung Festpreis Flughafen – Hauptbahnhof (1-4 Personen) tagsüber NOK 799, nachts NOK 999 (am Wochenende NOK 200 extra), www.norgestaxi.no

Bahn

Die Zugverbindung von Deutschland nach Norwegen führt über Dänemark und Schweden. Zur Auswahl stehen als Hauptreiserouten die Vogelfluglinie von Puttgarden über Rødby, Kopenhagen und Göteborg nach Oslo oder etwas länger via Sassnitz, Trelleborg und Malmö. Die Fährüberfahrt ist im Preis enthalten. Von Hamburg erreichen Sie Oslo je nach Verbindung in ca. 16 bis 23 Std.

Allerdings kommen Sie nur noch am gleichen Abend in Oslo an, wenn Sie früh am Morgen in Hamburg starten. Bei allen anderen Verbindungen müssen Sie entweder einen längeren nächtlichen Aufenthalt in einem Bahnhof in Dänemark oder Schweden einplanen oder einen Zwischenhalt mit Hotelübernachtung einlegen.

☺ Als komfortable Alternative bietet sich einer der beiden Nachtzüge von Berlin über Hamburg nach Malmö an: www.snalltaget.se und www.sj.se.

Fernbus

Wer möchte, gelangt auch mit dem Fernbus nach Oslo. Der Anbieter Flixbus bietet mehrmals in der Woche Direktverbindungen aus mehreren deutschen Großstädten an, z. B. in rund 15 Std. ab Hamburg (ab ca. € 60). Etwa gleich teuer, aber rund 6 Std. länger ist die Fahrt ab Berlin.

flixbus.com

Abreise aus Trondheim

Hinweise zu den Reisemöglichkeiten von Trondheim nach Oslo mit Bus und Bahn ☞ Verkehrsmittel am Weg

Die Fahrt mit einem der elf Hurtigruten-Schiffe, die täglich zwischen Bergen im Süden und Kirkenes im Norden verkehren, ist wohl der Norwegenurlaub-Klassiker: Die Postschiffe halten an 34 Häfen entlang der Westküste, u. a. in Trondheim. In einer 2-tägigen Schiffsreise gelangen Sie nach Bergen und weiter mit der landschaftlich reizvollen Bergensbahn zurück nach Oslo.

www.hurtigruten.com

Von April bis Oktober bietet Norwegian als einzige Fluggesellschaft eine Direktverbindung (Flugdauer ca. 2 Std.) vom **Trondheimer Flughafen Værnes** (35 km von Trondheim, TRND, www.avinor.no/flyplass/trondheim) nach Deutschland. Die meisten Verbindungen sind mit Zwischenstopp in Oslo.

Alternative Startpunkte für den Olavsweg

- ▷ Sie können Ihre Pilgerreise auch an einem der **Dovrebahn-Bahnhöfe** (☞ Verkehrsmittel am Weg) starten oder beenden, wenn Sie nur einzelne Strecken laufen oder Etappen auslassen möchten.
- ▷ Ab dem Bahnhof **Berkåk** in Rennebu (☞Etappe 26) sind es noch etwas über 100 km bis Trondheim, sodass Sie dort den Olavsbrief (☞ Pilgerpass und Olavsbrief) erhalten. Sie finden am Bahnhof ein Informationsschild, die Strecke zum Pilgerweg (ca. 3 km) ist ausgeschildert, führt aber zum Großteil an einer befahrenen Straße entlang.
- ▷ Der **Flughafen Oslo-Gardermoen** liegt praktisch direkt am Wegesrand des Ostweges und wenn Sie möchten, können Sie direkt von der Gepäckausgabe loslaufen und steigen dann in das letzte Drittel der 3. Etappe ein (☞ Etappe O3: Arteid Vestre gård – Risebru pilegrimsherberge).

Anforderungen und Sicherheit

Der Olavsweg ist nicht nur eine spirituelle Reise, sondern auch eine körperliche Herausforderung. Gerade in den Städten und rund um die Ortschaften erwarten Sie ausgedehnte Strecken auf Asphalt. Ein großer Teil des Weges führt über ruhige Schotterpisten und breite Feldwege, immer wieder wandern Sie aber auch über herrliche Pfade durch Wälder, über Hügel und durch Täler. Am größten ist der Anteil an naturbelassenen Pfaden auf den Etappen über das Dovrefjell.

✋ Seien Sie stets auf rutschige oder unwegsame Abschnitte vorbereitet, insbesondere bei schlechtem Wetter.

Besondere technische Schwierigkeiten sind nicht zu erwarten, aber es kommen einige Höhenmeter zusammen. Steile Anstiege bleiben zwar die Ausnahme, aber das stetige Auf und Ab und die bisweilen langen Etappen erfordern eine gewisse (Grund-)Kondition und Fitness. Achten Sie daher zu Beginn der Tour darauf, sich nicht zu sehr anzustrengen, und vermeiden Sie eine Überlastung. Gehen Sie es langsam an und denken Sie daran, ausreichend Pausen einzulegen. Erfahrungsgemäß gewöhnt sich der Körper im Laufe einiger Tage an die neue „Tätigkeit“ und auch ausgedehnte Etappen mit Gehzeiten von 8 bis 10 Std. sind dann kein Problem mehr.

Durch die gute Wegmarkierung und die nahezu flächendeckende Mobilfunkabdeckung ist der Olavsweg auch allein sehr sicher zu gehen, da man im Falle des Falles Hilfe rufen kann, wenn man nicht mehr aus eigener Kraft weiterlaufen kann. Am häufigsten werden Sie beim Überqueren der Weiden auf Schafe und Kühe treffen, die Chancen, wilden Tieren zu begegnen, sind dagegen äußerst gering. Falls Sie das seltene Glück haben, Elche, Rentiere oder sogar Moschusochsen im Dovrefjell zu Gesicht zu bekommen, gilt es, vorsichtig zu sein und Abstand zu halten.

Angeln

Norwegen ist ein klassisches Angelland. Sie haben am Gudbrandsdalsfluss und den vielen Seen am Olavsweg, v. a. am Mjøsa, immer wieder die Möglichkeit, fischen zu gehen. Die Angelmöglichkeiten sind im vorliegenden Buch daher nicht extra aufgeführt. Fragen Sie direkt bei den Herbergen nach Angeboten oder nehmen Sie die SMS-Option wahr: An gut gekennzeichneten Plätzen, sog. *Fiskerplatze*, stehen Infotafeln, die Ihnen erklären, wie Sie via Handy eine Fischereilizenz für einen Tag erwerben können (ca. NOK 50 bis NOK 100).

Ausrüstung

Kleidung

Sie werden quer durch Südnorwegen die verschiedensten Klima- und Vegetationszonen durchlaufen. Packen Sie also vielfältig und doch nur so viel wie gerade notwendig: Jedes halbe Kilo mehr auf dem Rücken werden Sie in den Fußsohlen, Knien und im Rücken merken. Die Devise heißt also wie bei jeder Mehrtageswanderung: So viel wie nötig und so leicht und wenig wie möglich. Sie haben immer wieder die Möglichkeit zu waschen, nehmen Sie daher Wechselkleidung (Shirts, Unterwäsche, Socken etc.) nur für maximal drei Tage mit (natürlich je nach eigenen Vorlieben).

Ausrüstung des Autors

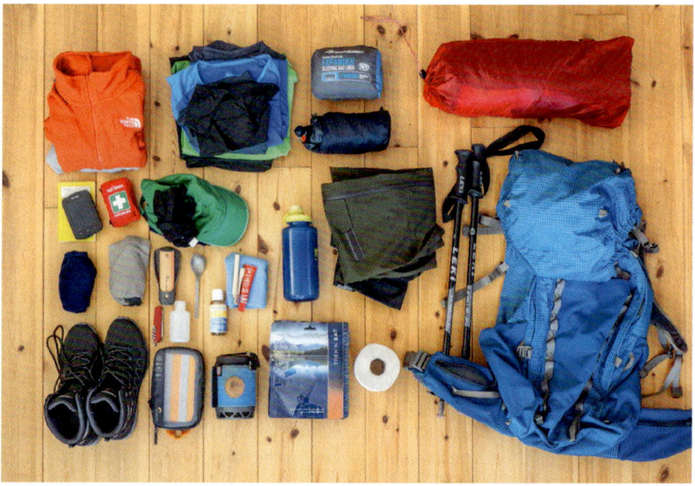

Packen Sie leichte Wanderkleidung für warme Tage und anstrengende Etappen ein, genauso wie wärmende Wäsche (ggf. Mütze, Handschuhe etc.) für die Etappen über das Fjell: Es kann hier sehr kalt und windig werden. Denken Sie auch an Sonnenschutz, sollten Sie empfindliche oder helle Haut haben.

Regenschutz

Regenjacke (Regenhose, Gamaschen, wer mag) sowie wasserdichte Wanderschuhe sind ein Muss. Nicht nur gegen das Wasser von oben, sondern auch aufgrund der vielen matschigen, nassen und sumpfigen Stellen, die Sie überwinden müssen.

Schuhe

Die Wahl des richtigen Wanderschuhs ist jedem selbst überlassen – natürlich: Passen muss er und eingelaufen sein. Sie werden viel Asphalt unter Ihre Sohlen nehmen müssen – dafür eignen sich weichere, niedrigere Wanderschuhe. Aber: Nichtsdestotrotz werden Sie ebenfalls auf vielen unebenen Waldpfaden unterwegs sein und im wahrsten Sinne des Wortes über Stock und Stein laufen. Hierfür eignen sich vor allem feste Wanderstiefel mit ausgeprägtem Profil und hoher Wasserdichtigkeit. Am Ende müssen Sie sich entscheiden, welchen Kompromiss Sie mit Ihrem Schuhwerk eingehen möchten.

Schlafen und Kochen

Es gibt nicht viele Pilger, die sich mit Zelt auf den Weg machen. Es ist natürlich die – auch aufgrund des Jedermannsrechts (☞ Zelten) – günstigste und flexibelste Variante, aber: Eine komplette Campingausrüstung wiegt einiges und ein schwerer Rucksack trägt sich nicht so komfortabel, v. a. auf schwer begehbaren Wegen. Nichtsdestotrotz ist der Olavsweg mit Zelt möglich.

Auch wenn Sie nicht mit Zelt unterwegs sind, sollten Sie einen leichten Schlafsack mitnehmen. In vielen Pilgerherbergen bekommen Sie keine Bettwäsche oder müssen sich diese gegen Aufpreis leihen. Zudem sind einige Unterkünfte nicht bewirtschaftet, dort benötigen Sie auf jeden Fall eigene Bettwäsche, Laken oder eben den Schlafsack. Wenn Sie auch in den einfachen Hütten oder offenen Gapahuks übernachten wollen (☞ Unterkunft), benötigen Sie zusätzlich eine Isomatte als Schlafunterlage.

Campingkocher, Topf, Teller, Besteck und Becher dagegen brauchen Sie eigentlich nur, wenn Sie vorhaben, häufiger wild zu zelten und in den Unterständen zu übernachten. Auf den Campingplätzen und in den Pilgerherbergen gibt es normalerweise eine Küche für die Selbstversorgung mit der erforderlichen Küchenausstattung. Übernachtungsmöglichkeiten ohne Kochgelegenheit sind die absolute Ausnahme und es lohnt daher kaum, sich das zusätzliche Gewicht für Kocher und Brennstoff aufzulasten, wenn Sie auch mal ohne warme Mahlzeit am Tag auskommen.

Mückenschutz

Es ist nicht wahr, dass es in Norwegen mehr Stechmücken als im Rest Europas gibt, aber es gibt sie, v. a. wenn Sie am Wasser entlanglaufen oder im tiefen Wald stehen bleiben – sie lieben Flüsse und Seen, aber auch den Schweiß in Ihrem Gesicht. Denken Sie an Anti-Mückenmittel.

Nützliche Helfer

Der Olavsweg ist kein Spaziergang, einige Pfade sind uneben und schwer begehbar, führen schräg am Hang lang oder über Wurzeln und Steine. Für diese sowie steile Bergauf- und Bergab-Passagen empfiehlt sich die Verwendung eines Wanderstocks bzw. von Trekkingstöcken, insbesondere wenn Sie nicht so trittsicher sind. Auch eine Taschen- oder Stirnlampe ist nie verkehrt, trotz der ewig langen Sommertage in Norwegen: Wer nachts mal auf das Plumpsklo außerhalb der Hütte muss, freut sich über Licht.

Diplomatische Vertretung

Ⓓ **Botschaft der Bundesrepublik Deutschland**, Oscars gate 45, 0258 Oslo, ☏ 23 27 54 00 (Mo bis Do 8:30 bis 12:00 und 13:00 bis 15:30, Fr 8:00 bis 12:00), ✉ info@oslo.diplo.de, 💻 www.oslo.diplo.de, 🚪 Mo bis Do 8:00 bis 16:00, Fr 8:00 bis 12:00, für die meisten Angelegenheiten ist eine Online-Terminbuchung über die Website der Botschaft erforderlich.

Ⓐ **Österreichische Botschaft Oslo**, Thomas Heftyes gate 21, 0264 Oslo, ☏ 22 54 02 00 (Mo bis Fr 9:00 bis 15:00, außer an österr. Feiertagen), ✉ oslo-ob@bmeia.gv.at, 💻 www.bmeia.gv.at/oslo, 🚪 Mo bis Fr 10:00 bis 12:00, ✋ vorherige Terminvereinbarung per E-Mail oder Telefon erforderlich

(CH) **Botschaft der Schweizerischen Eidgenossenschaft**, Oscars gate 29, 0352 Oslo, ☏ 22 54 23 90, ✉ oslo@eda.admin.ch, 💻 www.eda.admin.ch/oslo, ✋ Besuche nur nach telefonischer Voranmeldung

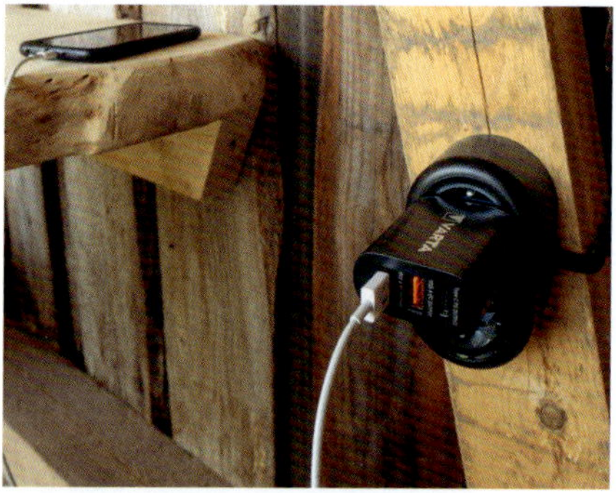

In der Pilegrimsbu Øyer (Etappe 11)

Elektrizität

Netzspannung und Steckdosen in Norwegen sind mit denen in Deutschland identisch. Übernachtungsmöglichkeiten ohne Elektrizität sind die absolute Ausnahme, sodass Sie regelmäßig eine Steckdose finden, um den Smartphone-Akku am Abend wieder aufzuladen. Eine Powerbank oder gar ein mobiles Solarpanel wird daher lediglich benötigt, wenn Sie das Handy exzessiv zum Navigieren nutzen und/oder häufig wild zelten bzw. in den Unterständen und einfachen Hütten übernachten.

Gehzeiten, Etappeneinteilung und Zeitbedarf

Die Gehzeiten, die am Anfang jeder Etappenbeschreibung angegeben sind, beziehen sich nur auf die reine Wanderzeit, also ohne Pausen zum Essen oder Fotografieren. Die vorgeschlagenen Etappen sind normalerweise zwischen 15 und 25 km lang. Es gibt aber auch einige kürzere oder längere Etappen, je nach Wegbeschaffenheit, Schwierigkeitsgrad des Geländes oder der Entfernung zur nächsten Unterkunft. Erfahrungsgemäß legt man auf Straßen und guten Wegen etwa 3 bis 4 km pro Stunde zurück, in anspruchsvollem Gelände kann sich die Geschwindigkeit aber auch schnell halbieren.

Natürlich steht es Ihnen frei, je nach Kondition, Tagesverfassung und aktuellen Wetterbedingungen von den Etappenvorschlägen abzuweichen. Damit Sie genau die zu ihrem persönlichen Tempo passende Strecke finden, sind in den Routenbeschreibungen alle Unterkunftsmöglichkeiten am oder in der Nähe des Olavsweges aufgeführt.

☺ Pilgern ist kein Hochleistungssport. Lassen Sie sich Zeit, um die Natur zu genießen, inspirierende Gespräche zu führen oder nachzudenken.

Für die gesamte Strecke von Oslo nach Trondheim benötigen Sie gut einen Monat. Wenn Sie außerdem Zeit für Sightseeing haben und Ruhetage einlegen wollen – in der Regel empfiehlt sich etwa ein Ruhetag pro Woche, damit sich der Körper von den Strapazen erholen kann –, sollten Sie realistischerweise eher mit fünf bis sechs Wochen kalkulieren. Wenn Sie nicht so viel Zeit haben, können Sie den Olavsweg auch in mehreren Abschnitten laufen und auf mehrere Jahre verteilen (☞ An- und Abreise/Alternative Startpunkte für den Olavsweg).

Geld

Landeswährung ist die **norwegische Krone (NOK)**.

Wechselkurs Januar 2024:

- ▷ 1 EUR = 11,36 NOK
- ▷ 1 CHF = 12,23 NOK

Grundsätzlich ist das Bargeld auch in Norwegen auf dem Rückzug und Kartenzahlung weitverbreitet. Auf dem Olavsweg ticken die Uhren zwar etwas anders, aber Sie müssen auch hier keine großen Bargeldbeträge (mehr) mit sich herumtragen.

Achten Sie aber darauf, stets eine ausreichende Menge von einigen Hundert norwegischen Kronen im Portemonnaie zu haben, um die nächsten

Übernachtungen bezahlen zu können, denn es gibt die ein oder andere Herberge, die ausschließlich Barzahlung akzeptiert, und in mancher unbeaufsichtigten Hütte wird das Geld auf Vertrauensbasis in einem Umschlag deponiert.

Grundsätzlich finden Sie Geldautomaten in allen Städten und größeren Orten, trotzdem kann es vorkommen, dass der nächste Geldautomat zwei oder drei Tagesetappen entfernt ist:

- ▷ Wenn Sie in Oslo starten, benötigen Sie auf dem Ostweg für ca. vier Tage Bargeld. Geldautomaten gibt es dann in Hamar, Brumunddal und Moelv.
- ▷ Auf dem Westweg finden Sie Geldautomaten in Brandbu und Gjøvik.
- ▷ Im Gudbrandsdalen stehen Geldautomaten in Lillehammer, Fåvang, Ringebu, Sør-Fron, Kvam und Otta zur Verfügung.
- ▷ Die meisten Unterkünfte im Dovrefjell bis nach Oppdal akzeptieren Kreditkarten. Die Übernachtung in Ryphusan kann auch online per Paypal bezahlt werden.
- ▷ Von Oppdal nach Meldal und von Meldal nach Trondheim benötigen Sie etwas mehr Bargeld, da kaum die Möglichkeit zum Geldabheben besteht.

Gepäcktransport

Es gibt verschiedene Unternehmen, die einen Gepäcktransfer für einzelne Abschnitte des Gudbrandsdalsweges anbieten. Viele Herbergen arbeiten eng mit diesen Firmen zusammen und können bei der Organisation des Transports helfen, ebenso wie die regionalen Pilgercenter (☞ s. u.).

💻 https://pilegrimsleden.no/en/articles/luggage-transfer

Informationen

Das Nationale Pilgercenter in Trondheim ist zuständig für die Entwicklung und Koordinierung aller Pilgerrouten in Norwegen. Auf der offiziellen Internetseite 💻 www.pilegrimsleden.no finden Sie viele nützliche Informationen zu den verschiedenen Olavswegen nach Trondheim sowie zur Tourvorbereitung (z. B. Packlisten und eine Übersicht mit den Kontaktdaten aller Unterkunftsmöglichkeiten) sowie aktuelle Hinweise, Warnungen und einen praktischen Tourenplaner. Es gibt auch ein englischsprachiges Angebot, allerdings sind nicht alle Informationen übersetzt und gerade bei den Beschreibungen der Übernachtungsmöglichkeiten finden Sie häufig umfassendere Angaben in der norwegischen Version.

☺ Als ergänzende Informationsquelle für aktuelle Hinweise, wie z. B. kurzfristige Sperrungen oder Streckenumleitungen aufgrund von (Un-)Wetterereignissen, lohnt sich zusätzlich der Blick in die öffentliche Facebook-Gruppe „Hiking along Gudbransdalsleden“ (💻 www.facebook.com/groups/727747605724936). Hier können Sie auch andere Pilgerinnen und Pilger um Rat fragen, die die Strecke erst vor Kurzem gewandert sind.

Entlang des Gudbrandsdalsleden sind sechs **regionale Pilgerzentren** eingerichtet worden und die kompetenten und hilfsbereiten Mitarbeitenden beantworten Ihnen im Vorfeld und vor Ort gerne jede Frage zur Pilgerwanderungen in ihrer jeweiligen Region. Auch organisieren sie kürzere oder längere gemeinsame Wanderungen sowie den Gepäcktransport. Ein Teil von ihnen bietet außerdem Unterkunft und Verpflegung für Pilgerinnen und Pilger an.

- **Pilegrimssenter Oslo**, Akersbakken 30, 0172 Oslo, 48 05 29 49, oslo@pilegrimssenter.no, Mo bis Fr 9:00 bis 15:30, außerhalb der Hauptsaison und der Öffnungszeiten können Sie per E-Mail einen Termin mit dem Pilgercenter ausmachen.
- **Pilegrimssenter Hamar,** Storhamargata 125, 2315 Hamar, 47 47 82 66, hamar@pilegrimssenter.no, Hauptsaison (15. Juni bis 15. August) tgl. 9:00 bis 16:00, außerhalb der Saison Mo bis Fr 9:00 bis 16:00 und nach Vereinbarung
- **Pilegrimssenter Granavollen**, Granavollen 28, 2760 Gran, 97 02 26 84, js389@kirken.no oder jane_dahl@hotmail.com, in der Hauptsaison (Mitte Juni bis Mitte August): tgl. 10:00 bis 16:00
- **Pilegrimssenter Dale-Gudbrands gard**, Hundorpgeilen, 2647 Sør-Fron, 45 60 46 08, pilegrim@gudbrandsdalsmusea.no, 10. Juni bis 1. September tgl. 8:00 bis 18:00, außerhalb der Hochsaison Mo bis Fr 9:00 bis 16:00 und nach Vereinbarung
- **Pilegrimssenter Dovrefjell**, Hjerkinnhusveien 33, 2661 Hjerkinnhus, 91 14 36 51, dovrefjell@pilegrimssenter.no, Mitte Juni bis Ende August (in der Eystein-Kirche) tgl. 9:00 bis 11:00 und 16:00 bis 19:00, außerhalb der Hauptsaison im Besøksenter Villrein, nach vorheriger Vereinbarung Mo bis Fr 9:00 bis 15:00
- **Pilegrimssenter Trondheim**, Kjøpmannsgata 1, 7013 Trondheim, 73 52 50 00, post@pilegrimsgarden.no, www.pilegrimsgarden.no, Mo bis Fr 9:00 bis 16:00

☺ **Offizielle Reiseinfos für Norwegen** von Visit Norway:
www.visitnorway.de

Kirchen

Wer schon auf dem Jakobsweg nach Santiago de Compostela gepilgert ist, darf solch eine Struktur auf dem Olavsweg nicht erwarten! Es gibt nur sehr wenige Andachten oder Gottesdienste speziell für Nidaros-Pilgerinnen und -Pilger und längst nicht alle Kirchen sind für den Besuch geöffnet. Wo immer feste Öffnungszeiten in Erfahrung zu bringen waren, sind diese im Text genannt.

Bei kleineren Kirchen ohne feste Öffnungszeiten finden Sie vor Ort mitunter die Kontaktdaten einer Person angeschlagen, die Ihnen einen Blick in die Kirche ermöglichen kann. Bei Interesse lohnt es sich ansonsten in der Regel auch, freundlich bei der Friedhofsgärtnerin oder dem Friedhofsgärtner oder anderen anwesenden Kirchenbediensteten nachzufragen – in der Regel wird der Wunsch einer Kirchenbesichtigung gerne gewährt und nicht selten gibt es eine kleine Privatführung noch dazu.

☺ Die Kirchen eignen sich bestens zur Rast und zum Auffüllen von Wasser, häufig gibt es auch ein Besucher-WC.

☺ Informationen zu Bau und Geschichte sowie Kontaktdaten fast aller norwegischen Kirchen finden Sie unter 💻 www.kirkesok.no (Kirchenname im Suchfenster eingeben).

Klima und Reisezeit

Die Pilgerzeit geht etwa vom **1. Juni bis zum 15. August**. Der genaue Zeitraum kann aber von Jahr zu Jahr etwas variieren und startet z. B. später, wenn der Winter besonders schneereich war. Während der Hauptsaison von Ende Juni bis Anfang August sind die Tage am wärmsten (bis zu 25 bis 30 °C), hellsten und längsten: Sie können so sehr früh am Morgen losgehen, in der Mittagshitze Pause machen und bis spät in den Abend wandern – bis ca. 23:00 ist es im Juli noch wunderbar hell. Dazu haben Sie im Juni und Juli, im August langsam steigend, eine niedrige Regenwahrscheinlichkeit und geringe Luftfeuchtigkeit.

Mit etwas Planung sind aber auch Wanderungen außerhalb der Hauptsaison möglich. Denken Sie aber daran, dass nicht alle Pilgerunterkünfte geöffnet haben, und auch die Wetterverhältnisse können herausfordernder sein, das gilt v. a. für das Dovrefjell.

✋ Aus Rücksicht auf die Kalbzeit der wilden Rentiere und aufgrund der Tatsache, dass die Brücken über die Flüsse erst nach der Schneeschmelze errichtet werden können, ist der 10. Juli in der Regel der frühestmögliche Starttermin für die Tour über das Dovrefjell. Sollten das Fjell aufgrund der Schneeverhältnisse nicht passierbar sein, wird das auf der Homepage des Olavsweges gemeldet (☞ Informationen).

☺ Einen zuverlässigen Wetterbericht, nicht nur für das Dovrefjell, bietet das gemeinsame Internetangebot des norwegischen Rundfunks sowie des Norwegischen Meteorologischen Instituts: 💻 www.yr.no.

Landkarten, GPS-Track und Literatur

Selbstverständlich gibt es hervorragende topografische Karten für Norwegen. Allerdings ist der Streckenverlauf für den Olavsweg nicht extra herausgearbeitet und man benötigt je nach Wegvariante zwischen 10 (Westvariante) und 11 (Ostvariante) Kartenblättern. Das geht nicht nur ordentlich ins Gewicht, sondern bei Preisen von ca. € 30 pro Kartenblatt auch ins Geld.

Für die Ostvariante benötigen Sie die Turkart 2423: Oslo Nordmark 1:50.000 (mit eingezeichnetem Verlauf des Pilgerwegs) und anschließend die Kartenblätter 10035, 10043, 10050, 10058, 10065, 10072, 10073, 10079,

10085 sowie 10090 der Norge-serien 1:50.000 (ohne markierten Streckenverlauf des Olavsweges).

Für die Westvariante werden neben der Turkart 2423: Oslo Nordmark 1:50.000 die Kartenblätter 1042, 10050, 10058, 10065, 10072, 10073, 10079, 10085 und 10090 der Norge-serien 1:50.000 benötigt. Zwischen der Turkart 2423 und Karte 10042 eine kleine Lücke von etwa 4 km.

☺ Die Kartenangaben wurden geprüft von der Geobuchhandlung Kiel, 💻 www.geobuchhandlung.de.

☺ Auf der offiziellen Olavsweg-Seite 💻 www.pilegrimsleden.no finden Sie unter Meny → Digital Kart eine detaillierte Online-Landkarte mit eingezeichnetem Streckenverlauf und interessanten Punkten wie Herbergen, Sehenswürdigkeiten und Einkaufsmöglichkeiten entlang der Route, die sich auch hervorragend auf dem Smartphone nutzen lässt.

Sie können den **GPS-Track** zu dem beschriebenen Weg von der Internetseite des Verlags herunterladen: 💻 www.conrad-stein-verlag.de.

Weiterführende Literatur

📖 Lohse, Bernd: Der Olavsweg – Pilgerführer von Hamar nach Trondheim, Lutherisches Verlagshaus, ISBN 978-3-87503-210-9, € 14,95. Der Pilgerpapst aus Hamburg ergänzt Wegbeschreibung und Kartenmaterial mit spezifischen Gebeten und Gedanken für Pilgerinnen und Pilger.

♦ Susanne Ringen: Berge, Trolle, tiefe Sehnsucht: Wenn der Weg in die Weite zu innerer Freiheit führt, Bonifatius Verlag, ISBN 978-3-98790-008-2, € 22. Die Erzählung von Sinnsuche, Freiheit und Glück bei einer Wanderung durch die beeindruckende norwegische Landschaft eignet sich hervorragend als Einstimmung für die eigene Tour auf den Olavsweg.

Medizinische Versorgung

Für Staatsangehörige der EU- und EFTA-Länder gilt die Europäische Krankenversicherungskarte (EHIC). In der EHIC ist kein Rücktransport ins Heimatland enthalten. Daher empfiehlt es sich, eine private Auslandsreise-Krankenversicherung mit Rücktransport abzuschließen. Häufig wird auch eine Gebühr für den Arztbesuch oder eine Eigenbeteiligung bei stationärer Behandlung verlangt, welche die Krankenkasse nicht übernimmt. Beim zahnärztlichen Notdienst (norw. *tannlegevakt*) muss in der Regel vor Ort in bar gezahlt werden.

Der Medikamentenverkauf unterliegt wesentlich strengeren Bestimmungen als z. B. in Deutschland und der Schweiz. Viele Medikamente sind nur gegen ärztliches Rezept erhältlich. Regelmäßig benötigte Medikamente sollten daher in ausreichenden Mengen mitgebracht werden.

Notruf

Feuerwehr: 110
Polizei: 112
Notarzt: 113

Die Notrufnummer 112 für die Polizei gilt auch für Notfälle in den Bergen.

Pilgerpass und Olavsbrief

Der Pilgerpass

▷ Für den Pilgerpass (*pilegrimspass*) finden Sie in den meisten Kirchen, den Pilgerzentren und in allen Herbergen Stempel. So haben Sie am Ende Ihrer Pilgerreise eine Dokumentation und schöne Erinnerung an die Orte, die Sie auf Ihrem Weg besucht haben. Dazu erhalten Sie mit dem Pilgerpass freien Eintritt in manch kostenpflichtige Kirche, z. B. in Hamar, Ringebu und in die Nidaros-Kathedrale.

▷ Den Pilgerpass können Sie für NOK 50 in allen regionalen Pilgerzentren (☞ Informationen) kaufen. In Oslo erhalten Sie den Pilgerausweis an den folgenden Stellen:

- ♦ **Pilegrimssenter Oslo** ☞ Informationen
- ♦ **Oslo Kathedrale**, Karl Johansgate 11, 0154 Oslo, ☏ 23 62 90 10, ✉ post.domkirken.oslo@kirken.no, 💻 www.oslodomkirke.no, 🚪 Mo bis Do, Sa und So 10:00 bis 16:00, Fr Mitternachtskirche von 16:00 bis 6:00, Gottesdienste So 11:00, Mi 12:00 und Fr 5:00
- ♦ **Büro der Diözese Oslo** (Bispegården), St. Hallvards plass 3, 0192 Oslo, Eingang von Egedes gate, ☏ 23 30 11 60, 🚪 Mo bis Fr 8:30 bis 15:00

▷ Es besteht auch die Möglichkeit, den Pilgerausweis bereits vor der Reise online zu bestellen und sich nach Hause schicken zu lassen:

- 💻 https://northernpilgrimshop.com (Pilgerpass NOK 50, Versand NOK 30)
- ♦ www.pilgern-im-norden.de (Pilgerpass € 8, Versand € 2)

Der Olavsbrief

Den Olavsbrief (*Olavsbrevet*) erhalten alle Pilgerinnen und Pilger geschenkt, die die letzten 100 km nach Trondheim gelaufen sind und dies anhand des Pilgerpasses nachweisen können. Auf dem Gudbrandsdalsweg ist Berkåk in Rennebu (☞ Etappe 26) der 100-km-Punkt. Den Olavsbrief erhalten Sie im Pilgerzentrum Nidaros (☞ Informationen).

Proviant und Verpflegung

Das Einkaufen und Mitführen von **ausreichend Proviant** ist eine ständige Herausforderung bei der Wanderung auf dem Olavsweg. Die Möglichkeit zur Einkehr im

Restaurant beschränkt sich im Wesentlichen auf die größeren Orte und Städte und ist meist ein recht kostspieliges Vergnügen.

In den meisten Fälle ist also Selbstversorgung angesagt und Sie müssen sich selbst um den Proviant kümmern.

In den abgelegeneren Herbergen werden bisweilen haltbare Lebensmittel wie Nudeln, Tomatensauce und Kartoffelbrei zum Kauf angeboten. Fragen Sie im Zweifel aber lieber bei der Buchung der Unterkunft nach. Grundsätzlich ist es keine schlechte Idee, immer eine Notration an leichten Lebensmitteln wie Tütensuppe oder anderem Fertigessen im Rucksack mitzuführen, um nicht mit knurrendem Magen ins Bett gehen zu müssen.

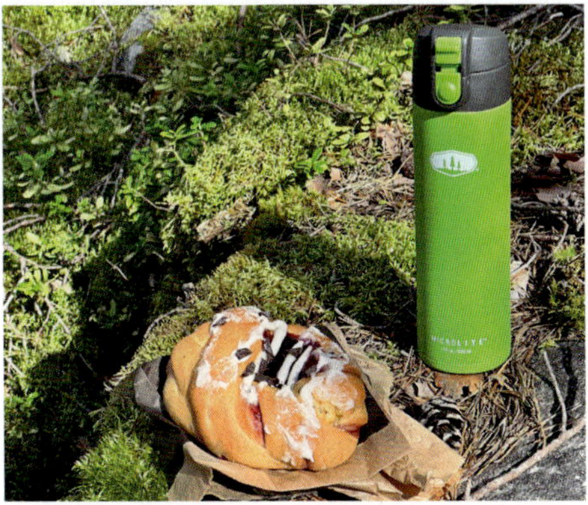

Pause am Wegesrand mit einem Stück Kuchen aus der Ødegaarden Bakeri & Konditori in Kvam (Etappe 16)

Der Einkauf im Supermarkt ist dank der in den letzten Jahren schwächelnden norwegischen Krone zwar etwas erschwinglicher geworden, aber das Preisniveau in Norwegen bleibt hoch. Die Öffnungszeiten der Supermärke variieren stark zwischen 7:00 und 22:00 werktags und 9:00 und 21:00 an Samstagen. Ein Großteil der Supermärkte hat sonntags geschlossen. In Oslo, Trondheim und weiteren größeren Städten finden Sie allerdings auch einige Supermärkte mit Sonntagsöffnung.

Grob gesagt bietet sich spätestens alle zwei Tage eine Gelegenheit zum Einkauf im Supermarkt. Es gibt aber einige Abschnitte, auf denen Sie Proviant für mehrere Tage mitnehmen müssen, weil sich vorher keine Einkaufsmöglichkeit bietet.

▷ Wenn Sie sich längere Umwege zu den Supermärkten im Tal sparen wollen, kaufen Sie in **Lillehammer** (Etappe 11) Proviant für drei Tage ein. Den nächsten Supermarkt direkt am Weg erreichen Sie erst in **Ringebu** (Etappe 14).

▷ Besondere Aufmerksamkeit verlangt das Dovrefjell. Laden Sie sich in **Dovre** (Etappe 19) ausreichend Lebensmittel für fünf bis sechs Tage in den Rucksack, denn Sie kommen erst in **Oppdal** (Etappe 25) wieder an einem

Supermarkt vorbei. Das nötige Kleingeld vorausgesetzt finden Sie unterwegs allerdings einige Einkehrmöglichkeiten und können an den Herbergen auch Kleinigkeiten zu essen kaufen.

Eine zuverlässige Quelle zum Nachfüllen der Trinkflasche stellen die Friedhöfe an den Kirchen dar. Aus den Wasserhähnen dort fließt immer Trinkwasser. Im Fjell können Sie auch das Wasser aus den Bächen trinken, in den zahlreichen Weidegebieten, durch die der Olavsweg führt, ist dagegen Zurückhaltung angesagt. Stattdessen können Sie besser Anwohnerinnen und Anwohner nach Trinkwasser fragen, die meisten sind sehr freundlich und aufgeschlossen gegenüber Pilgernden und helfen gerne weiter.

Telefon, Mobilfunk und Internet

Vorwahl Norwegen: 00 47

- Gespräche nach Deutschland: 00 49
- Gespräche nach Österreich: 00 43
- Gespräche in die Schweiz: 00 41

Wenn Sie die Landesvorwahl wählen, lassen Sie in der folgenden Telefonnummer die erste Null der Ortsvorwahl weg.

Grundsätzlich ist das Mobilfunknetz in Norwegen hervorragend ausgebaut und man hat auch überall schnellen Internetempfang. Norwegen ist zwar kein EU-Mitglied, gehört aber zu den Ländern des Europäischen Wirtschaftsraumes und dank Roaming-Verordnung kosten Telefonieren, SMS-Schreiben und Surfen genauso viel wie zu Hause in Deutschland.

Mit eingeschränktem Empfang müssen Sie lediglich fernab der Zivilisation rechnen, das gilt vor allem auf dem Dovrefjell (z. B. in Ryphusan) sowie in tiefen Wäldern (z. B. nach Eidsvoll).

Unterkunft

Das Pilgerzentrum Oslo pflegt eine ständig aktualisierte Liste aller Übernachtungsmöglichkeiten entlang des Gudbrandsdalsweges:

https://docs.google.com/document/d/1ci87fRmWXL_58ID17jyJ6J1DwwW_RfO97V2PAKR0_e0/

Am Olavsweg finden Sie eine erstaunlich große Vielfalt an unterschiedlichen Übernachtungsmöglichkeiten. Die Bandbreite reicht von der einfachen Selbstversorgerhütte, in der das Wasser aus dem nahe gelegenen Bach geschöpft werden muss und die ein Plumpsklo draußen vor der Tür hat, bis zum luxuriösen Hotel mit Frühstücksbuffet und umfangreichem Wellnessangebot. Am umfassendsten ist

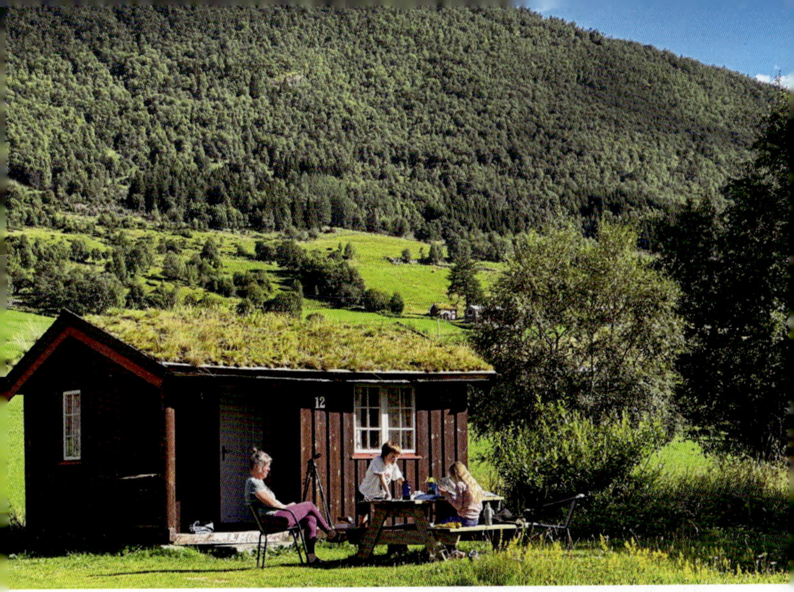

Smegarden Camping (Etappe 24)

das Angebot naturgemäß in den großen Städten (Oslo, Hamar, Lillehammer, Trondheim), es gibt aber auch einige wenige Abschnitte, auf denen die Abstände zwischen zwei Herbergen recht groß werden können. So müssen Sie sich an einigen Tagen (zumindest, wenn Sie nicht mit dem Zelt unterwegs sind) zwischen einer kurzen Etappe um die 15 km oder einer langen Etappe von 25 bis 30 km entscheiden. Bei 660 km für den gesamten Weg sollte man sich das gut überlegen.

☺ Die Plätze in den Pilgerherbergen sind begrenzt und da die Pilgeranzahl auch in der Hauptsaison stark schwankt, empfiehlt es sich, ein bis zwei Tage im Voraus Kontakt mit den Gastgeberinnen und Gastgebern aufzunehmen und das Kommen anzukündigen. So wissen diese Bescheid und Sie haben die Gewissheit, dass am Etappenende ein freies Bett auf Sie wartet und Sie nicht gezwungen sind weiterzulaufen, weil kein Platz mehr zu bekommen ist.

Ein **Zelt im Rucksack** ist nicht nur die kostengünstigste Übernachtungsmöglichkeit, sondern erlaubt auch eine besonders flexible Etappeneinteilung. Neben einer Reihe von ⛺ **Campingplätzen** finden Sie entlang der Strecke auch einige Pilgerherbergen, bei denen das Zelt im Garten aufgestellt werden darf. Für eine Gebühr von etwa NOK 150 bis NOK 300 können Sie dann die Einrichtungen wie Toiletten, Dusche und oft sogar eine gut ausgestattete Küche nutzen. Auf vielen Campingplätzen können auch feste **Hütten** gemietet werden. Die Preise variieren stark je nach Ausstattung und Größe und reichen von etwa NOK 300 für eine einfache Zwei-Personen-Campinghütte bis zu ca. NOK 1.500 für ein luxuriöses Ferienhaus mit eigenem Bad und Platz für bis zu 6 Personen. Die Preise werden je Hütte und nicht nach Personen abgerechnet und es empfiehlt sich, einen eigenen Schlafsack dabeizuhaben, da Bettwäsche in der Regel extra kostet.

Eine besonders naturnahe Übernachtungsmöglichkeit stellen neben dem **Wildcamping** (☞ Zelten) auch die nach vorne hin offenen ☒ **Unterstände** (*gapahuk*) dar, von denen Sie einige entlang des Olavsweges finden. Deren Nutzung ist kostenlos und auch Übernachtungen sind erlaubt. Manchmal gibt es eine Holzpritsche, häufiger aber wird direkt auf dem Boden geschlafen und zusätzlich zum Schlafsack wird daher eine Isomatte als Unterlage benötigt. Weitere Einrichtungen gibt es meist nicht, dafür genießt man aber eine tolle Aussicht, die je nach Lage und Jahreszeit lediglich von den Mücken beeinträchtig werden kann.

Die **Pilgerherbergen** (*pilegrimsherberger*) auf dem Olavsweg unterscheiden sich deutlich von denen auf dem spanischen Jakobsweg. Eine Übernachtung auf dem Feldbett im Gemeindesaal bleibt die absolute Ausnahme, denn in den meisten Fällen handelt es sich um charmante Unterkünfte in alten Holzhäusern oder ausgebauten Getreidespeichern (*stabbur*) auf traditionellen Bauernhöfen, die zum Teil noch in Betrieb sind.

Die Ausstattung ist in der Regel eher einfach, aber es ist alles da, was man benötigt, und die Gastgeberinnen und Gastgeber empfangen Pilgernde mit offenen Armen und norwegischer Gastfreundschaft. Übernachtet wird in der Regel in Mehrbettzimmern mit Gemeinschaftsbad (ca. NOK 400 bis NOK 800). Ein eigener Schlafsack ist dringend angeraten, denn die Möglichkeit, Bettwäsche dazuzubuchen, geht ins Portemonnaie und wird darüber hinaus nicht überall angeboten.

Für die Selbstversorgung stehen zumindest eine Kochplatte und/oder ein Wasserkocher bereit, in den meisten Fällen finden Sie aber eine komplett ausgestattete Küche mit Backofen und Mikrowelle vor. Einige Gastgeberinnen und Gastgeber versorgen Sie gegen Aufpreis auch gerne mit Frühstück und/oder Abendessen.

Beachten Sie, dass Mahlzeiten in den meisten Herbergen vorgebucht werden müssen.

Abgerundet wird das Übernachtungsangebot durch die touristischen Angebote, die vor allem in den Städten zu finden sind. Für ein Bett im Mehrbettzimmer einer **Jugendherberge** (*vandrerhjem*) zahlen Sie ab etwa NOK 400, **Pensionen** bieten einen ähnlichen Standard und ein ähnliches Preisniveau (ca. NOK 300 bis NOK 950 pro Person) wie die besser ausgestatteten Pilgerherbergen und oft ist der Übergang fließend. Da **Hotels** in Norwegen eher hochpreisig sind, müssen Sie hier mit Übernachtungskosten ab NOK 1.000 pro Person rechnen. Dafür genießen Sie einen hohen Komfort und können nicht selten nach einem anstrengenden Wandertag in der Sauna entspannen. Frühstück ist eigentlich immer inklusive, manchmal wird zusätzlich Abendessen serviert. Erkundigen Sie sich bei der Buchung unbedingt, ob es Pilgerrabatte bei Vorlage des Pilgerausweises gibt.

Updates

Der Conrad Stein Verlag veröffentlicht Updates zu diesem Buch, die direkt vom Autor sowie von den Leserinnen und Lesern dieses Buches stammen. Sie finden diese auf der Verlagshomepage 💻 www.conrad-stein-verlag.de. Der abgebildete QR-Code führt Sie direkt dorthin.

Verkehrsmittel am Weg

Zwischen den größeren Städten gibt es ein gut ausgebautes Netz an Bussen und Bahnen. In den abgeschiedenen Gegenden außerhalb von Oslo, Hamar, Lillehammer und Trondheim setzt die Nutzung der öffentlichen Verkehrsmittel allerdings eine gute Planung voraus, da die Busse nur selten – am Wochenende bisweilen gar nicht – verkehren.

Fahrplanaushänge suchen Sie sowohl an den meisten Bahnhöfen wie auch an den Bushaltestellen vergeblich. In den größeren Bahnhöfen finden Sie Ticketautomaten und Kundenschalter, gegen Aufpreis erhalten Sie Tickets auch bei den Schaffnerinnen und Schaffnern. Bustickets für die Regionalbusse können normalerweise nicht direkt bei den Fahrerinnen und Fahrern gekauft werden.

Am einfachsten (und preiswertesten) tätigen Sie den Fahrscheinkauf auf der Website oder in der App des jeweiligen Unternehmens.

Deutlich komfortabler ist der Reiseplaner Entur, der als zentrale Anlaufstelle die Daten aller Betreiber von öffentlichen Verkehrsmitteln bündelt. Hier können Sie nicht nur die Fahrpläne einsehen, sondern auch Fahrscheine kaufen. Für die mobile Nutzung empfiehlt sich die Installation der entsprechenden Smartphone-App:

💻 www.entur.no.

Zugverkehr

In Norwegen gibt es mehrere Bahnbetreiber. Das VY-Streckennetz umfasst u. a. die Nahverkehrszüge in Oslo und verschiedene Regionalzüge. Betreiber der Dovrebahn ist SJ Nord. Der Flughafen-Express Flytoget ist die schnellste Möglichkeit, um vom internationalen Flughafen Oslo-Gardermoen in die Innenstadt zu reisen.

- **Flytoget**, 💻 www.flytoget.no
- **VY**, ☎ 61 05 19 10, ✉ tog@vy.no, 💻 www.vy.no
- **SJ Nord**, ☎ 61 25 22 00, ✉ kundeservice@sj.no, 💻 www.sj.no

Die **Dovrebahn (F6)** verkehrt auf der knapp 500 km langen Strecke von Oslo nach Trondheim, die zu Recht als eine der schönsten Bahnstrecken des Landes gilt. Sie hält viele spektakuläre Aussichten bereit und stoppt an einer Reihe von Bahnhöfen, die direkt am oder in unmittelbarer Nähe zum Olavsweg liegen: Oslo S, Oslo Lufthavn Gardermoen, Hamar, Lillehammer, Hunderfossen (ca. 3 km, andere Flussseite), Ringebu, Vinstra (ca. 1,7 km), Otta, Dombås (ca. 6 km), Hjerkinn (je nach Routenwahl mit Umweg), Kongsvoll, Oppdal, Berkåk (ca. 3 km), Trondheim S. Die Fahrtzeit von Oslo nach Trondheim beträgt ca. 6 Std. 30 Min. und es gibt in jede Richtung täglich vier Verbindungen (am Sa nur zwei) sowie einen Nachtzug.

Die Überschwemmungen infolge des schweren Unwetters im August 2023 haben der Dovrebahn-Trasse zwischen Moelv und Dombås massive Schäden zugefügt. Der Wiederaufbau der 170 m lange Brücke über den Gudbrandsdalslågen bei Ringebu wird wohl mindestens zwei Jahre in Anspruch nehmen. Ein Schienenersatzverkehr ist eingerichtet.

Busverkehr

Mit dem Bus erreichen Sie auch kleinere Orte ohne Bahnhof. Aber gerade in den ländlichen Gegenden gibt es nur seltene, unregelmäßige Busverbindungen pro Tag.

Die Expressbuslinie VY710 (www.vybuss.com) von Lillehammer nach Trondheim hält an folgenden Orten: Lillehammer skysstasjon, Tretten E6 (Holmen bru), Ringebu skysstasjon, Harpefoss oppvekstsenter, Vinstra vegpark, Kvam E6, Otta skysstasjon, Toftemo E6 Dovre, Dovre Bensin Kro og Motell, Dombås skyssterminal, Oppdal skysstasjon, Berkåk sentrum, Lundamo, City Syd E6, Olav Kyrres gate, Trondheim S.

Beachten Sie aber, dass es sich um Bedarfshaltestellen handelt, die nur bei einer vorherigen Buchung angefahren werden.

Regionalbusse in den Provinzen (*fylken*)

- Oslo und Akershus, www.ruter.no
- Innlandstrafikk, www.innlandstrafikk.no
- Sør-Trøndelag (Auskünfte ab Oppdal bis Trondheim), www.atb.no

Schiffverkehr

Schon im Mittelalter spielte der Mjøsa für Pilgernde eine wichtige Rolle auf dem Weg nach Nidaros. Die modernen Pilgerinnen und Pilger können von Ende Juni bis Mitte August an Bord des historischen Raddampfers Skibladner steigen und hautnah miterleben, wie sich das Reisen in der Mitte des 19. Jh. angefühlt hat. Seine Jungfernfahrt absolvierte der „Weiße Schwan vom Mjøsa" bereits am 2. August 1856 und gilt damit als ältester Passagierdampfer im Liniendienst. Er verkehrt im Sommer tgl. (außer Mo) auf wechselnden Routen zwischen Lillehammer, Gjøvik, Hamar, Brumunddal, Moelv, Evjua, Kapp und Eidsvoll und eröffnet damit die Möglichkeit, zwischen West- und Ostweg zu wechseln oder die ausgedehnten Abschnitte auf Landstraßen bis Hamar zu umschiffen.

▷ weitere Informationen und Fahrplan unter 💻 www.skibladner.no

Der historische Raddampfer Skibladner

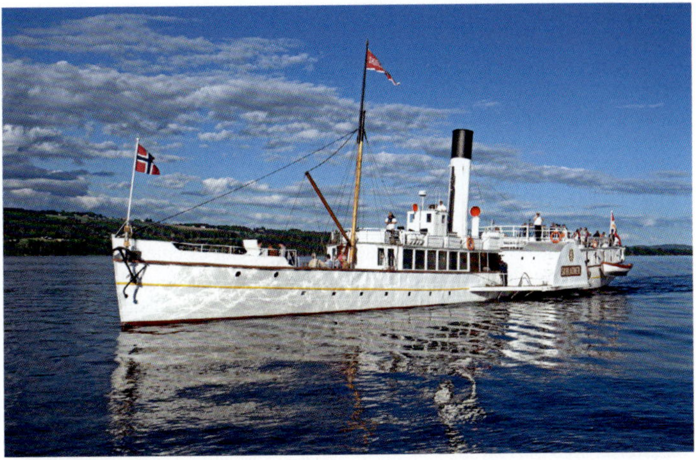

Wandern mit Hund

Für die Einreise nach Norwegen benötigt der Hund eine EU-Heimtierausweis, eine Mikrochip-Kennzeichnung sowie eine gültige Tollwutimpfung (mindestens 21 Tage alt). Außerdem ist 24 bis 120 Stunden vor der Einreise eine Behandlung gegen Bandwürmer erforderlich.

Dort, wo der Weg über Weiden führt, müssen Hunde zum Schutz des Viehs an der Leine geführt werden. Es gibt eine ganze Reihe von Zauntreppen, die von Hunden nur schwer oder überhaupt nicht begangen werden können, sodass man die Hunde darüber heben muss. Die meisten Herbergen haben spezielle Zimmer für Gäste mit Hund, es können aber zusätzliche Kosten entstehen. Eine rechtzeitige Kontaktaufnahme mit der Unterkunft ist angeraten, um die genauen Modalitäten vor Ort im Voraus zu klären.

Wegmarkierungen

Bei der Ausschilderung leisten die regionalen Pilgerzentren ganze Arbeit und der gesamte Streckenverlauf von Oslo bis Trondheim ist nahezu vorbildlich markiert. Als offizielle Wegmarkierung dient das **Olavskreuz**, ein rotes Kreuz mit eingeflochtenem Schleifenquadrat, wie man es von den Hinweisschildern auf Sehenswürdigkeiten in Skandinavien kennt.

Es ist auf Steine gemalt, an Holzschildern in Bäumen aufgehängt oder prangt als Aufkleber auf Laternenmasten. Zusätzlich sind, häufig an Abzweigungen, größere **Olavswegpfosten** aufgestellt, bei denen das Olavskreuz durch einen Richtungspfeil ergänzt wird. Steht er am Ort einer Sehenswürdigkeit, finden Sie deren Namen darunter.

An größeren Straßen finden sich auch große, kaum übersehbare Hinweisschilder mit der Aufschrift „pilegrimsleden" oder „pilegrimsleia" (Pilgerweg), meistens in weißer Schrift auf blauem Hintergrund. Ein beliebtes Fotomotiv sind die Meilensteine, die sich in unregelmäßigen Abständen am Olavsweg finden und die Entfernung bis Trondheim bzw. Nidaros anzeigen – allerdings sollten Sie den Angaben nicht immer Glauben schenken. Die Kilometer entsprechen meist nicht dem tatsächlichen Abstand.

Durch die durchweg hervorragende Markierung gibt es unterwegs kaum Probleme bei der Wegfindung. Am meisten Aufmerksamkeit erfordert die Orientierung im Bereich der größeren Städte, wo es die Flut an Werbetafeln und Schildern bisweilen erschwert, den nächsten Aufkleber mit dem Olavskreuz zu entdecken.

Behalten Sie unbedingt im Hinterkopf, das einzelne Markierungen durch Bauarbeiten oder einen umgestürzten Baum kurzfristig „verschwinden" können.

Wegweiser mit Olavskreuz

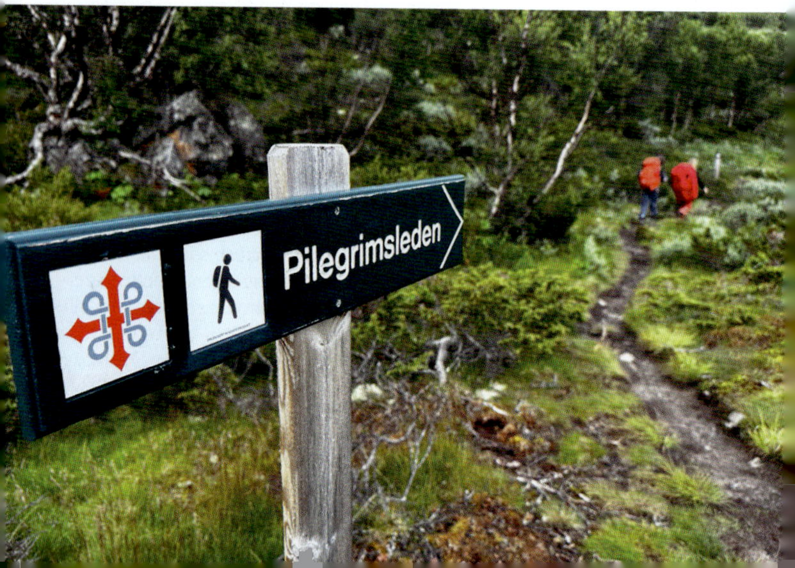

Falls einmal ein Olavskreuz fehlen sollte und Sie nicht wissen, wo es weitergeht, leistet Ihnen der GPS-Track zum Buch (☞ Landkarten, GPS-Track und Literatur) eine gute Hilfestellung.

Zelten

In Norwegen gilt seit 1957 das **Jedermannsrecht** (*Allemannsretten*), das es jeder und jedem erlaubt, die Natur als Aufenthaltsort frei zu nutzen, also auch darin zu zelten – aber nur mit der nötigen Rücksichtnahme auf Mensch, Tier und Pflanzen. Bezogen auf Wildcamping bedeutet das:

- ▷ Sie zelten auf eigene Gefahr: Achten Sie auf Jagd- und Schutzzonen, beachten Sie Wettervorhersagen.
- ▷ Schlagen Sie Ihr Zelt in der freien Landschaft auf, d. h. mind. 150 m vom nächsten Haus entfernt und nicht auf landwirtschaftlich genutzten Flächen, außer Sie haben die Einwilligung der Eigentümerinnen und Eigentümer oder der Pachtenden.
- ▷ Bleiben Sie nicht länger als zwei Tage an einem Ort.
- ▷ Mit Ausnahme ausgewiesener Plätze sind Lagerfeuer vom 15. April bis 15. September generell verboten.
- ▷ Verlassen Sie Ihren Zeltplatz so, wie Sie in vorgefunden haben – sauber.

☹ Der Olavsweg führt überwiegend durch besiedelte oder landwirtschaftlich genutzte Regionen. Abgesehen von den Etappen über das Dovrefjell machen sich geeignete und gute Plätze für das Aufstellen von Zelten daher eher rar.

☺ Gaskartuschen für den Campingkocher dürfen nicht im Flugzeug mitgeführt werden. In Oslo, aber auch in allen anderen größeren Orten entlang der Strecke, finden Sie Sportgeschäfte wie Intersport, G-Sport, Sport 1 oder XXL, wo Sie problemlos Schraubkartuschen (die einfachen blauen Campingaz-Kartuschen sind kaum verbreitet) und fehlende Wander- und Campingausrüstung erwerben können.

Zoll

Waren für den persönlichen Gebrauch sind abgabefrei, ebenfalls zollfrei sind weitere Waren (elektrische Geräte, Schmuck und Lebensmittel etc.) im Wert bis zu NOK 6.000. Besondere Begrenzungen bestehen für Alkohol und Tabak. Zollfrei eingeführt werden dürfen höchstens 200 Zigaretten oder 250 g anderer Rauchtabakwaren (inkl. 200 Blatt Zigarettenpapier) sowie 1 l Spirituosen (Getränke 22-60 Vol.-%), 1,5 l Wein (2,5-22 Vol.-%) und 2 l Bier über 2,5 Vol.-% (bzw. 2,5-4,7 Vol.-%) oder 3 l Wein (Getränke 2,5-22 Vol.-%) und 2 l Bier über 2,5 Vol.-% (bzw. 2,5-4,7 Vol.-%) oder 5 l Bier über 2,5 Vol.-%. Fleischwaren, Milchprodukte und tierische Nahrungsmittel sind pro Person ab 12 Jahren insgesamt bis zu 10 kg zollfrei. Nicht eingeführt werden dürfen Kartoffeln.

Ostweg: Oslo – Lillehammer

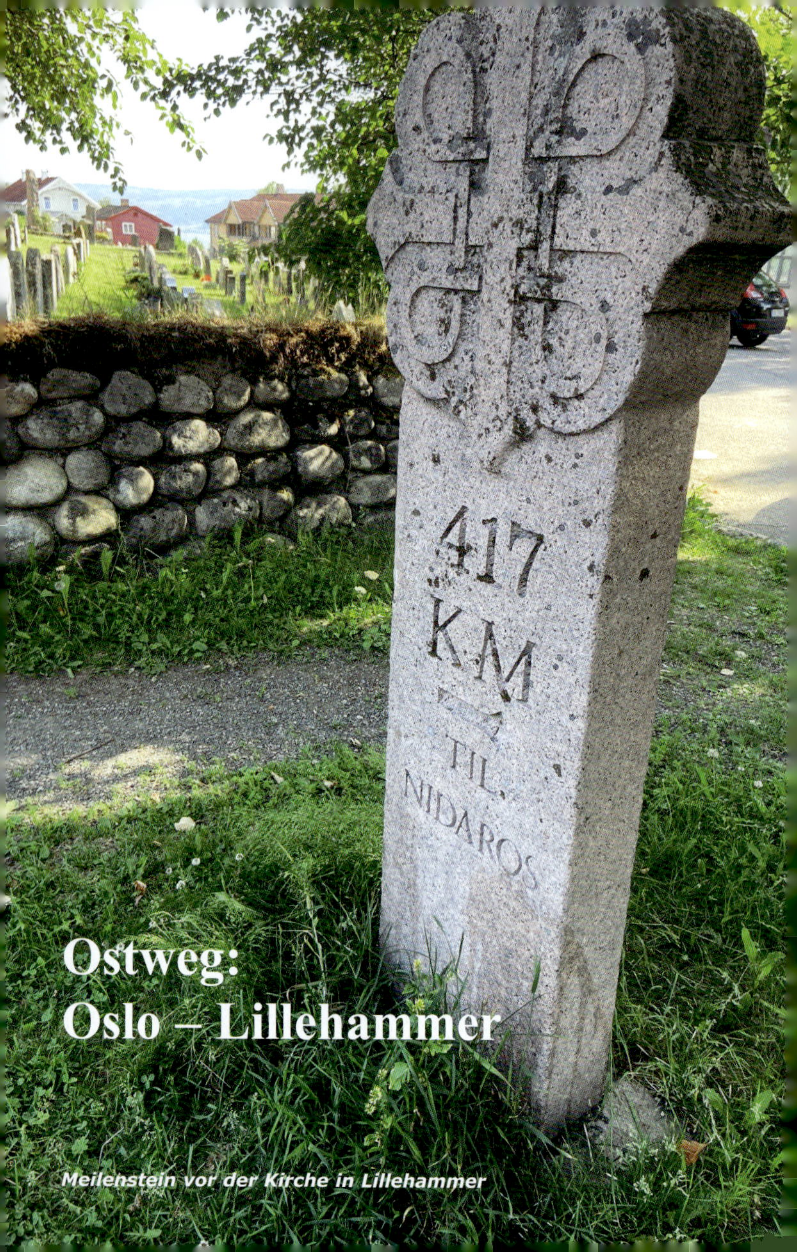

Meilenstein vor der Kirche in Lillehammer

Etappe O1: Oslo, Meilenstein – Aaraas pilegrimsherberge

18,3 km, ca. 5 Std. 15 Min., 380 m, 280 m, 20-311 m

0,0 km	20 m	Oslo, Minneparken/Hallvardskatedralen
2,1 km	85 m	Nitedal fyrstikfabrik
4,0 km	121 m	Østre Aker kirke
9,3 km	167 m	Furuset kirke
11,1 km	143 m	Haugenstua stasjon
14,3 km	311 m	Gjelleråsen
18,3 km	116 m	Aaraas pilegrimsherberge

Es geht los! Allerdings ist der Weg aus Oslo heraus nicht der schönste. Es erwarten Sie Industrie, Kreisel und Verkehr, an einigen Stellen müssen die E6 und andere stark befahrene Straßen überquert oder unterlaufen werden. Die ersten Kilometer gehen daher v. a. aufgrund des Asphalts in die Knochen. Natur und Höhenmeter erwarten Sie dann aber doch noch im Gebiet Gjelleråsen und am Ende die wohlverdiente Erholung in einer wunderschönen Pilgerunterkunft.

Oslo

Oslo Visitor Centre im Gebäude Østbanehallen neben dem Hauptbahnhof, 0154 Oslo, 23 10 62 00 (Mo bis Fr 9:00 bis 16:00), info@visitoslo.com, www.visitoslo.com, Mai bis September Mo bis So 9:00 bis 18:00, Oktober bis April Mo bis Sa 9:00 bis 16:00, So 10:00 bis 16:00

Pilegrimssenter Oslo, Reise-Infos von A bis Z, Informationen, Café Mo bis Fr 10:00 bis 15:00, tägliches Mittagsgebet (Hauptsaison) von 11:00 bis ca. 11:20 in der Gamle Aker kirke, ca. 50 m vom Pilgercenter entfernt. Das Zentrum bleibt während dieser Zeit geschlossen. ☺ Das Pilgercenter kann Sie bei Bedarf vor dem Start Ihrer Tour mit Karten und aktuellen Informationen zum Weg und den Übernachtungsmöglichkeiten versorgen. Auch können Sie sich im Hinblick auf die benötigte Ausrüstung beraten lassen und den Pilgerpass kaufen (Reise-Infos von A bis Z, Pilgerpass und Olavsbrief). Während der Pilgersaison 2023 war das Pilgerbüro während der Sommermonate von Juni bis August vorübergehend in das Büro der Diözese Oslo (Bispegården) umgezogen. Zur Zeit der Recherche war noch unklar, inwieweit das Pilgercenter dauerhaft näher an den Startpunkt des Olavsweges heranrückt, am besten informieren Sie sich vor dem Besuch direkt beim Pilgercenter über den aktuellen Standort, oslo@pilegrimssenter.no, Juni bis Aug. tgl. 9:00 bis 15:30.

Oslo Vandrerhjem Haraldsheim, Haraldsheimveien 4, 0587 Oslo, 22 22 29 65, oslo.haraldsheim@hihostels.no, www.haraldsheim.no, Bett im Mehrbettzimmer ab NOK 405, EZ ab NOK 905, DZ ab NOK 950, Preise inkl. Frühstück, Bettwäsche, Handtücher, WLAN, mit Pilgerpass 10 % Rabatt

Anker Hostel Oslo, Storgata 55, 0182 Oslo, ☏ 22 99 72 00, bookinghostel@anker.oslo.no, www.ankerhostel.no/, Bett im Mehrbettzimmer ab NOK 450, EZ/DZ ab NOK 720/900 ohne Frühstück inkl. Bettwäsche und Handtücher, 15 % Rabatt mit Pilgerpass (Code „PILEGRIM" bei Online-Buchung), saubere Mehrbettzimmer mit Küchenzeile und Bad im zentral gelegenen Hostel, ca. 15 Min. Laufweg vom Hauptbahnhof, an einer großen Straße gelegen, Verkehrslärm aber nicht zu hören

Ekeberg Camping, Ekebergveien 65, 1181 Oslo, ☏ 22 19 85 68, ekeberg@topcamp.no, https://topcamp.no/en/topcamp-ekeberg, Mai/Juni bis 1. September, Zelt NOK 446 (inkl. 2 Pers.), City-Campingplatz

Auf der Insel Langøyene im Oslofjord darf im ausgeschilderten Bereich kostenlos für bis zu zwei Tage gezeltet werden. Verteilt über die gesamte Insel gibt es zahlreiche Toilettenhäuser, am großen Badestrand am Westufer außerdem einen kleinen Kiosk. Erreichbar ist die Insel mit der öffentlichen Fähre (Ruter Båt Linie B2 ab Aker Brygge), die von Mai bis September alle 30 Min. ablegt.

www.ruter.no (☞ Reise-Infos von A bis Z, Verkehrsmittel am Weg)

Oslo-Gardermoen, www.osl.no

Oslo domkirken. Der barocke Dom wurde 1697 eingeweiht. Der neugotische Turm mit Bronzespitze von 1850 gestaltet die Stadtsilhouette. Sie ist die Hauptkirche der Diözese Oslo und Landeskirche Norwegens, viele Veranstaltungen der königlichen Familie werden hier abgehalten.

♦ Karl Johans gate 11, 0154 Oslo, ☏ 23 62 90 10, post.domkirken.oslo@kirken.no, www.oslodomkirke.no, Mo bis Do, Sa und So 10:00 bis 16:00, Fr Mitternachtskirche von 16:00 bis 6:00, Gottesdienste So 11:00, Mi 12:00 und Fr 5:00

St. Olav domkirke. Die Kathedrale von 1896 ist Sitz der römisch-katholischen Diözese und Pfarrkirche der St.-Olavs-Gemeinde von Oslo.

♦ Akersveien 1, 0177 Oslo, ☏ 22 98 21 65, oslo-st.olav@katolsk.no, https://www.stolavmenighet.info/hjem-engelsk-, Mo bis Fr 9:00 bis 17:00

Gamle Aker kirke. Das älteste noch stehende Gebäude Oslos aus dem 11. Jh.

♦ Akersbakken 26, 0172 Oslo, ☏ 23 62 91 20, post.sthans.oslo@kirken.no, www.kirken.no, Do 16:00 bis 18:00

Akershus festning

♦ 0150 Oslo, ☏ 23 09 39 17, akershusfestning@mil.no, www.akershusfestning.no, Haupteingang tgl. 6:00 bis 21:00, Besucherzentrum mit Museumshop tgl. 10:00 bis 17:00, der Eintritt zum Festungsbereich ist gratis, für die einzelnen Museen gelten unterschiedliche Öffnungszeiten und Preise, Burg Mai bis August Mo bis Sa 10:00 bis 16:00, So 12:00 bis 16:00, September bis April Sa und So 12:00 bis 17:00, geschlossen von Mitte Dezember bis Anfang Januar, Eintritt NOK 100 (inkl. Audio-Guide).

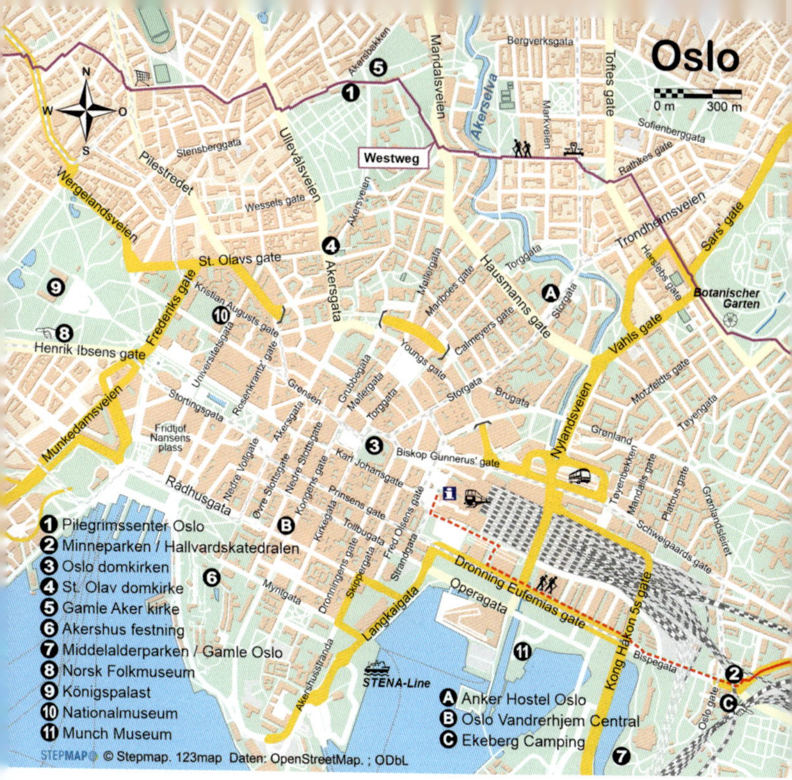

⌘ **Minneparken / Hallvardskatedralen**. Im Gedächtnispark Minneparken finden sich u. a. die Ruinen der im frühen 12. Jh. gebauten Kathedrale, die nach einem der wichtigsten mittelalterlichen Heiligen in Norwegen benannt ist. Hallvard Vebjørnsson ist heute noch der Patron Oslos. Da die St.-Hallvard-Kathedrale eine sehr wichtige Rolle in der Wallfahrtsgeschichte des Landes einnimmt, wurde beschlossen, den Startpunkt des Olavsweges 2016 in den Ruinenpark zu verlegen, um den Pilgerweg noch authentischer zu machen.

♦ St. Hallvards plass, ☏ 22 19 44 68, ✉ oslo.ladegard@kul.oslo.kommune.no, 💻 www.osloladegard.no (Oslo ladegård ist ein Barockhof aus den 1720er-Jahren gegenüber dem Park mit Führungen inkl. Ruinenpark), 🚪 Park frei zugänglich

⌘ **Middelalderparken / Gamle Oslo**. In dem frei zugänglichen Mittelalterpark befinden sich Überreste der wahrscheinlich ältesten Kirche Oslos, der Clemenskirche, und der zu Zeiten Olavs bedeutsamen Marienkirche (ursprünglich um 1000 n. Chr. errichtete Holzkapelle).

💻 www.middelalder.no

⌘ **Norsk Folkmuseum**. Norwegens größtes kulturhistorisches Museum (Freilichtmuseum und Ausstellungen)

♦ Museumsveien 10, 0287 Oslo, ☏ 22 12 37 00, post@norskfolkemuseum.no, www.norskfolkemuseum.no, 1. Mai bis 30. September Mo bis So 10:00 bis 17:00, 15. Oktober bis 30. April Di bis So 11:00 bis 16:00, Erwachsene NOK 180, Kinder bis 17 Jahre Eintritt frei

⌘ **Königspalast**

♦ Slottsplassen 1, 0010 Oslo, ☏ 22 04 88 20, www.royalcourt.no, Besichtigung nur mit Führung, alle 20 Min. Mitte Juni bis Mitte August Mo bis Do 11:00 bis 17:00, Fr 12:00 bis 17:00, Sa und So 10:00 bis 17:00, Führungen in Englisch: 12:00, 14:00, 14:20 und 16:00, Erwachsene NOK 175, Kinder NOK 125, Online-Buchung der Tickets über www.ticketmaster.no

⌘ **Nationalmuseum**. Das 2022 neu eröffnete Nationalmuseum ist das größte Kunstmuseum Skandinaviens, im dunkelblauen Munch-Zimmer sind die berühmtesten Gemälde von Edvard Munch zu sehen.

♦ Brynjulf Bull plass 3, 0250 Oslo, ☏ 21 98 20 00, info@nasjonalmuseet.no, www.nasjonalmuseet.no, Di bis So 10:00 bis 17:00, Erwachsene NOK 200, Kinder unter 18 frei

⌘ **Munch Museum**. Die eindrucksvolle, 60 m hohe Fassade des neuen Munch-Museums prägt die Skyline Oslos und zeigt auf 13. Etagen das umfassende Werk Edvard Munchs in Form von Gemälden, Zeichnungen, Holzschnitten und Fotografien, einmalig ist auch der Ausblick über den Fjord von der Dachterrasse.

♦ Edvard Munchs plass 1, 0194 Oslo, ☏ 23 49 35 00, info@munchmuseet.no, www.munchmuseet.no, Anfang Mai bis Anfang Oktober So bis Di 10:00 bis 18:00, Mi bis Sa 10:00 bis 21:00, Erwachsene NOK 160, Kinder unter 18 frei, freier Eintritt für alle Mi 18:00 bis 21:00

Die Hauptstadt Norwegens ist eine Großstadt mit viel Leben. Sie steigen am Hauptbahnhof aus, treten vor die Tür und stehen mittendrin: Einkaufscenter, geschäftige Menschen, Verkehr, Glasfronten. Doch gleich um die Ecke finden Sie aneinandergereiht historische Häuser und Fassaden, ergänzt um prunkvolle Regierungsgebäude, Kirchen und Museen sowie den Hafen mit futuristischer Nationaloper. Das alles auf engem Raum, Sie können die wichtigsten Sehenswürdigkeiten rund um das belebte Zentrum mit vielen Einkaufs- und Einkehrmöglichkeiten gut zu Fuß abklappern: Straßenkünstlerinnen und Straßenkünstler, Pubs, Musik- und Sportbars sowie andere internationale Restaurants, Cafés und Bars kreieren Urlaubsatmosphäre.

☺ Zum ersten Meilenstein im Minneparken und damit dem Anfang des Olavsweges können Sie mit den Bussen 34 und 74 (Haltestelle „St. Halvards plass“) oder der Straßenbahn Nr. 13 Richtung Ljabru (Haltestelle „Middelalderparken“) fahren.

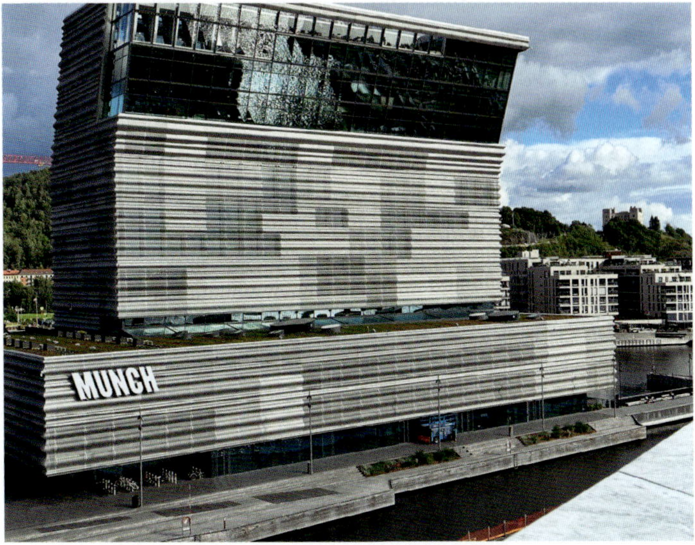

Munch Museum

☺ Wenn Sie an der 🚆 **Oslo Sentralstasjon** starten (ca. 1,2 km bis zum ersten Meilenstein), gehen Sie Richtung Fjord und Opernhaus. Dort wenden Sie sich, auf das Wasser blickend, links und folgen dem Bürgersteig der breiten Autostraße Dronning Eufemias gate, die zur Bispegata wird. Lassen Sie den ⌘ Middelalderparken rechts liegen, gehen Sie über die neu gebaute Brücke und weiter geradeaus bis zur kreuzenden Oslo gate. An der Kreuzung gegenüber finden Sie den Eingang zum Ruinenpark ⌘ ⊙ **Hallvardskatedralen** mit dem **ersten Meilenstein** „643 km til Nidaros".

Wenn Sie Ihr Startfoto gemacht, Ihre Gedanken und Kräfte gesammelt haben, können Sie quer durch den Park nach oben laufen, biegen bei den Glascontainern vor der Pforte links auf die St. Halvards gate ab und laufen leicht bergan zur Brücke über die Bahnschienen. An der Ampelkreuzung gut 200 m weiter vor dem kleinen Lebensmittelgeschäft Galgeberg Daglivarer (Mo bis Fr 9:00 bis 21:00, Sa 10:00 bis 20:00) zweigt nach links die **Westweg**-Variante des Gudbrandsdalsweges ab ❶ (☞ ab Seite 109) (km 0,7).

Der **Ostweg** führt auf dem Bürgersteig der leicht nach oben führenden St. Halvards gate weiter geradeaus. Nachdem Sie den X Extra St. Halvards Gate (Mo bis Fr 7:00 bis 23:00, Sa 8:00 bis 23:00) auf der rechten Straßenseite passiert haben, ändert sich der Straßenname zu Strømsveien und der nächste Supermarkt lässt nicht lange auf sich warten. Rund 320 m nach dem Kiwi (Mo bis Sa 7:00 bis 23:00) auf der linken Straßenseite erreichen Sie einen großen Kreisverkehr mit vielen Autobahnauf- und -abfahrten.

Gehen Sie nicht durch die Unterführung, sondern biegen Sie vorher links ab und gehen Sie vorbei an der Shell-Tankstelle und auf der Straße Ensjøveien bis zum ersten Zebrastreifen.

Auf der gegenüberliegenden Seite laufen Sie geradeaus auf der Straße Langengen weiter. Folgen Sie den Olavskreuzen und den Radwegweisern Richtung Helsfyr für ca. 300 m auf den schmalen Fuß- und Radwegen im Zickzack durch das Wohn- und Industriegebiet.

Vorbei an einem Kinderspielplatz stoßen Sie auf die Kurve einer Vorfahrtsstraße (Svovelstikka/Fyrstikkalléen). Davor laufen Sie ein paar Schritte nach links und biegen dann rechts auf den Fußweg ab, der Sie an der Erwachsenenbildungsstätte vorbei auf das Gelände der ehemaligen **Nitedal fyrstikkfabrik** führt und in alten Mauern von 1880 finden Sie das **Einkaufszentrum Fyrstikktorget** mit mehreren kleinen Geschäften, verschiedenen Einkehrmöglichkeiten sowie einem öffentlichen WC ❷ (km 2,1).

Baker Hansen Fyrstikktorget, Karoline Kristiansens vei 7, 0661 Oslo, Mo bis Fr 7:00 bis 17:30, Sa 9:00 bis 15:30

Fyrstikktorget Apotek, 0661 Oslo, Mo bis Fr 9:00 bis 16:30, Sa 10:00 bis 13:00

Verlassen Sie die Cafépassage durch den gegenüberliegenden Torbogen und laufen Sie über die Treppenstufen bis zum Bürgersteig des Grensesvingen und dort an der Ampel weiter nach links. An der Einmündung in den breiten Grenseveien bei dem Geschäftshaus Grenseveien 107 wenden Sie sich für knapp 150 m nach links und überqueren dann den Grenseveien an der Ampel nach rechts, um die Wanderung geradeaus auf der Straße Innspurten fortzusetzen. Diese führt direkt auf das Fußballstadion Intility Arena zu.

Im Kreisverkehr nach dem Hotel **Scandic Helsfyr** halten Sie sich rechts und laufen rechts um das Fußballstadion herum. Am Ende des Parkplatzes laufen Sie dann vor der Unterführung nach links und gelangen auf der Rückseite des Fußballstadions zum Rad- und Fußweg entlang der vierspurigen E6. Hier folgen Sie dem Radwegweiser „Sinsen“ nach links, biegen aber gleich vor dem Parkplatz der Valhallarena nach rechts ab, um die E6 auf einer Brücke zu überqueren (km 3,3).

Folgen Sie auf der gegenüberliegenden Seite den Olavskreuzen nach links und lassen Sie sich nicht von dem Wegweiser Richtung „Østre Aker kirke“ nach rechts beirren. Die Kirche ist aber schon in Sichtweite: Der kleine Weg führt als Schleichpfad an Häuserreihen vorbei, eine Wiese und eine kleine Straße sind noch zu queren, dann stehen Sie vor dem Friedhof. Gehen Sie links hoch, dann müssen Sie rechts einbiegen – Sie erreichen die ✝ **Østre Aker kirke** ❸ (km 4).

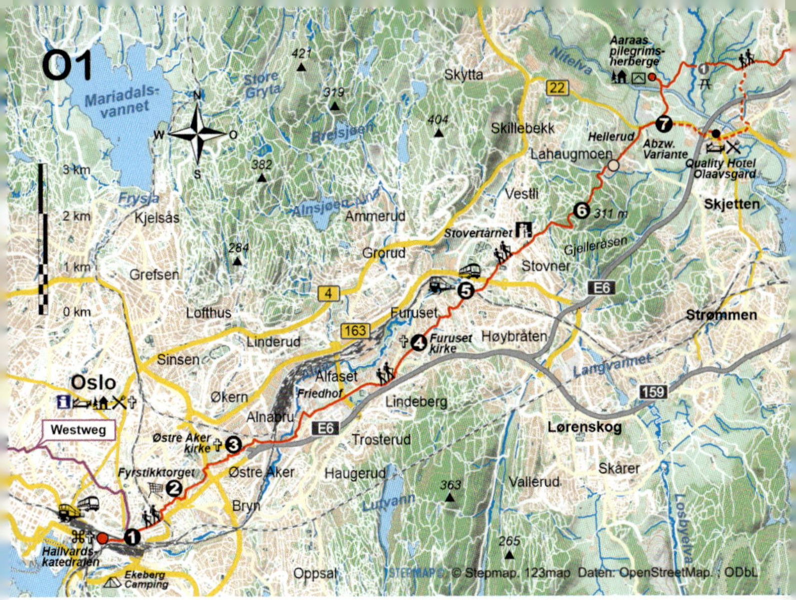

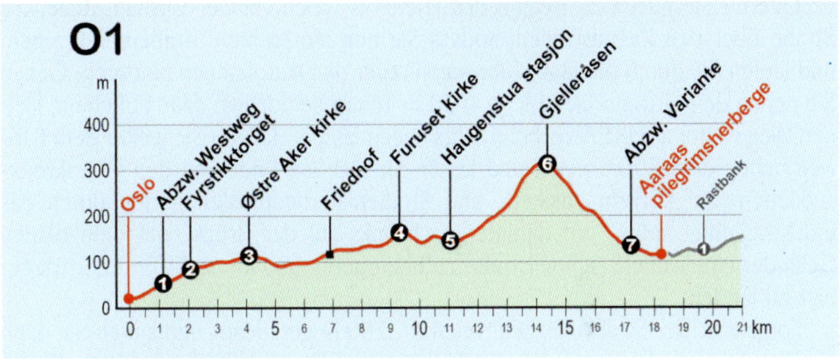

✝ Østre Aker kirke

♦ Ulvenveien 106, 0665 Oslo, ☎ 23 62 95 40, ✉ post.oah.oslo@kirken.no, keine festen Öffnungszeiten, Sonntagsgottesdienst 11:00

☺ Ein schöner Platz zum Rasten und Wassernachfüllen. Im Briefkasten an der Infotafel links vom Haupteingang finden Sie auch einen ⊙ Stempel für den Pilgerpass.

Verlassen Sie das Gelände an der Kirche vorbei oberhalb des Friedhofs. Ein kleiner, sandiger Feldweg führt Sie über die E6 und für etwa 250 m oberhalb einer Straße entlang.

Verpassen Sie hier nicht, links hinab auf die Straße Persveien zu wechseln, auf der Sie nach rechts weitergehen. Dafür müssen Sie die gut befahrene Straße vor Ihnen zunächst überqueren, um auf den linksseitigen Gehweg zu kommen. Nehmen Sie beide Zebrastreifen, sodass Sie über den Kreisel hinweg gelangen, auf dem Bürgersteig geht es dann immer geradeaus an der Schnellstraße (Persveien) entlang.

Rechts stößt die E6 wieder zum Olavsweg und verläuft parallel dazu. Gehen Sie weiter auf dem Persveien geradeaus, durch den nächsten Kreisel hindurch und weiter auf den Strømsveien. Am nächsten **großen Kreisel** (rechts können Sie einen McDonald's und eine Esso-Tankstelle sehen) biegen Sie links auf einen Fußweg ab, der durch eine Art hohen Zaun in ein kleines Wohn- und Industriegebiet führt – etwas abseits der Autos ist hier etwas mehr Ruhe.

Folgen Sie dem Tittutveien leicht abwärts für gut 500 m und biegen Sie dann vor Gewerbegebäuden rechts in den Arvesetveien ein, sodass Sie zurück Richtung der viel befahrenen Straße kommen. Sie passieren den Imbiss Folkets Kebab (Mo bis Fr 9:00 bis 23:00, Sa 10:00 bis 23:00, So 12:00 bis 21:00) und laufen danach vor dem Kreisverkehr links hoch, vorbei an Angelladen und Harley-Davidson-Shop und weiter auf dem Strømsveien geradeaus bis zu einem **muslimischen Friedhof** (km 6,8).

Queren Sie gleich zu Beginn des Friedhofs, noch vor der Bushaltestelle, die Straße über den Zebrastreifen, sodass Sie nun am rechten Straßenrand gehen, und laufen Sie durch die Unterführungen unter den Autobahnen hindurch. Gehen Sie neben dem Strømsveien für ca. 700 m immer geradeaus, dann auf einem kleinen Weg weiter am IKEA vorbei (rechts liegen lassen). Folgen Sie weiter dem Fußweg neben dem Strømsveien und lassen Sie sich am Ende von den Olavskreuzaufklebern auf Verkehrszeichen- und Straßenlaternenpfosten mitten durch das Industriegebiet leiten, um dahinter nach links auf der Brücke mit dem blauen Geländer eine weitere Schnellstraße zu überqueren und im nächsten Industriegebiet zu landen.

Folgen Sie der Straße Micheletveien ca. 250 m geradeaus und laufen Sie dann nach rechts auf den schmalen Pfad, der eine Ecke der Straße abkürzt. Knapp 150 m weiter biegen Sie dann beim Grundstück mit der blauen Garage und dem weißen Zaun rechts auf den Fußgänger- und Radweg ab, der Sie nach wenigen Schritten auf die Straße Ulsholtveien bringt, und bald ist die moderne ✞ **Furuset kirke** erreicht ❹ (km 9,3). Hier finden Sie auch den zweiten Meilenstein mit der Inschrift „623 km til Nidaros", wobei man bis hier noch keine 20 km zurückgelegt hat – Sie merken also, die Zahlenangaben auf den *milestones* stimmen nicht unbedingt.

✞ **Furuset kirke**

♦ Ulsholtveien 37, 1053 Oslo, ☏ 23 62 97 20, post.ellingsrud.furuset@oslo.kirken.no, www.kirken.no/ellingsrudogfuruset, Sonntagsgottesdienst 11:00

☺ In **Furuset** gibt es einen Bahnhof (ca. 500 m entfernt). Der Olavsweg führt allerdings knapp 2 km später in Haugenstua ohnehin direkt an einem Bahnhof vorbei (☞ Reise-Infos von A bis Z, Verkehrsmittel am Weg).

Gehen Sie auf dem Ulsholtveien an der Kirche vorbei. Nach gut 300 m halten Sie sich im Wohngebiet vor der Garage mit dem grünen Tor rechts und folgen dem schmalen Vesterstien geradeaus hinab durch die Parkanlagen des **Verdensparken** bis zur Wohnsiedlung Gransletta. Hier überqueren Sie die Straße Gransdalen (km 10,1) und laufen am Kindergarten vorbei weiter auf dem Bürgersteig des Haugenstien nun wieder bergan. Oben angekommen passieren Sie eine Schranke und laufen den Haugenstuveien ca. 500 m hinunter bis zum **Bahnhof Haugenstua** ❺ (km 11,1) (Fahrzeit zum Hauptbahnhof Oslo ca. 30 Min.). Lassen Sie diesen links liegen und gehen Sie unter den Bahnschienen und durch die Unterführungen unter der Straße Ole Brumms vei und der vierspurigen Østre Aker vei hindurch.

An der Weggabelung direkt dahinter halten Sie sich rechts in Richtung Stover und laufen durch die parkähnliche Grünanlage vorbei an Kindergarten, Schule und Sportplatz bis zu einem **Reiterhof** (rotes Holzgebäude links am Weg). Hier zweigt nach links ein schmaler Trampelpfad ab und zur Linken erhebt sich der frei zugängliche Aussichtsturm **Stovertårnet** über die Baumwipfel.

Aussichtsturm Stovertårnet

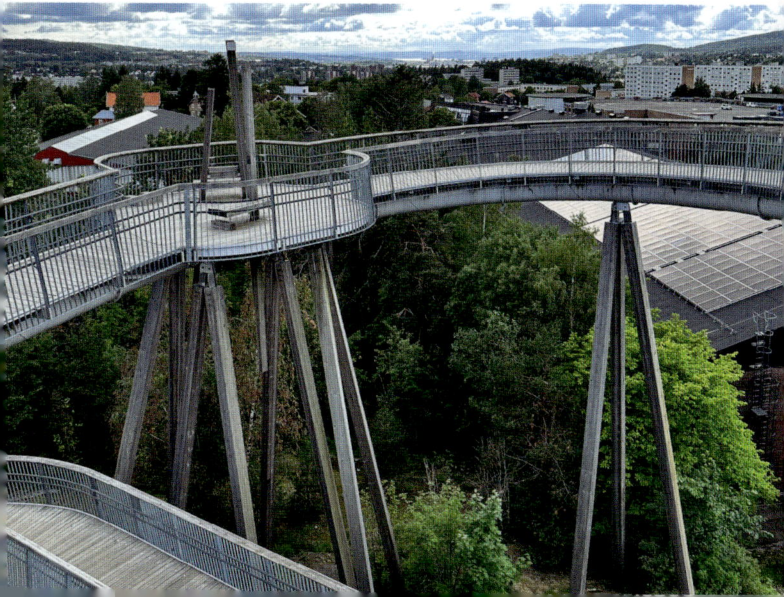

Sie haben nun langsam, aber sicher den Stadtrand von Oslo erreicht und vor Ihnen liegt das **Waldgebiet Gjelleråsen**. Es geht zwar beständig bergan, aber die Fußsohlen können sich etwas von dem vielen Asphalt erholen. Allerdings müssen Sie auch erstmals auf Ihre Schritte achten, denn die Wurzeln und moosbesetzten Steine können glitschig sein, gerade bei Nässe! Der Pfad führt auf eine kleine Kuppe, halten Sie sich immer geradeaus (alle schmalen Abzweigungen liegen lassen). Nachdem Sie einen Waldweg gequert haben, bringt Sie der steinige Pfad durch dichter werdenden Wald bergauf. An der breiten Weggabelung gut 550 m weiter folgen Sie dem Olavskreuz nach links (nicht den regionalen Wanderschildern) und erreichen nach rund 600 m erst den höchsten Punkt der gesamten Etappe auf 311 m über dem Meeresspiegel ❻ und kurz darauf einen idyllischen Rastplatz mit Bänken.

Vom Rastplatz laufen Sie an weiteren Sitzbänken abwärts aus dem Wald hinaus und die Besiedlung wird mit jedem Schritt wieder dichter, bis Sie schließlich über eine schmale Holzbrücke laufen und auf das eingezäunte Areal mit dem großen, grauen Gebäudekomplex der Firma Staples stoßen (km 15,6).

Folgen Sie der Straße Dragonveien zwischen den Firmen weiter bis zum Kreisel und laufen Sie auf der gegenüberliegenden Seite geradeaus weiter und über den Kaptein Koss vei links am Gebäude mit der Nummer 14 vorbei. Der steinige Pfad bringt Sie hinunter zum **Imbissrestaurant Grytelokket** (Mo bis Fr 10:00 bis 23:00, Sa/So 11:00 bis 23:00) an der großen Straße Trondheimsveien.

Folgen Sie dem Rad- und Fußweg nach rechts und geradeaus über den folgenden Kreisverkehr, um auf dem Fußweg am Trondheimsveien weiterzulaufen. Gut 400 m weiter, an der Bushaltestelle „Hellerud" ❼ (km 17,2) können Sie zwischen zwei Varianten wählen, je nachdem wo Sie am Etappenende übernachten möchten.

Laufen Sie hier weiter geradeaus, um nach zwei Kreiseln nach **Skjetten** mit dem **Quality Hotels Olavsgaard** zu gelangen (Weg ca. 1,3 km).

Quality Hotel Olavsgaard, Hvamstubben 11, 2013 Skjetten, ☎ 63 84 77 00, resepsjon@olavsgaard.no, www.olavsgaard.no, EZ ab NOK 950, DZ ab NOK 1.250, Dreibettzimmer ab NOK 1.550, Preise gelten bei Vorlage des Pilgerpasses und sind inkl. Frühstück und Lunchpaket. Das Hotelrestaurant hat übliches norwegisches Preisniveau. ☺ Das Hotel bietet zwar keinen ländlichen Charme oder Pilgeratmosphäre, allerdings soll Olav der Heilige der Sage nach hier die örtlichen Wikinger besiegt haben (1022 n. Chr.). Trotz der Lage an der E6 ist der Autolärm bei geschlossenem Fenster nicht zu hören.

Um dem Olavsweg weiter zu folgen, biegen Sie zwischen den Wartehäuschen der Bushaltestelle auf der linken und rechten Straßenseite links ab und laufen nun für knapp 500 m auf dem Kragerudveien weiter. Verkehr! Der Bürgersteig endet nach wenigen Schritten und Sie müssen auf der Straße weiterlaufen. Auf Höhe des Kundenparkplatzes des Norsk Hyttesenter gehen Sie rechts den Fußgänger- und Radweg hoch, der kurz von der Straße wegführt, dann aber zu dieser zurückkehrt und parallel dazu verläuft.

Geschützt vom Autoverkehr laufen Sie über den breiten **Fluss Nitelva** bis zum Abzweig des Ramstadveien nach rechts (Wegweiser „Solberg/Hauger golfbane/Hauger matstue“). Hier führt der Olavsweg eigentlich nach rechts weiter, um am heutigen Etappenende in der ⌂ **Aaraas pilegrimsherberge** zu übernachten, laufen Sie allerdings auf der Fahrbahn des Årosveien weiter geradeaus und kommen in einer Linkskurve zum wunderschönen Hof mit Event-Scheune und der extra für Pilgerinnen und Pilger erbauten Unterkunft nebst kleiner Backstube (km 18,3).

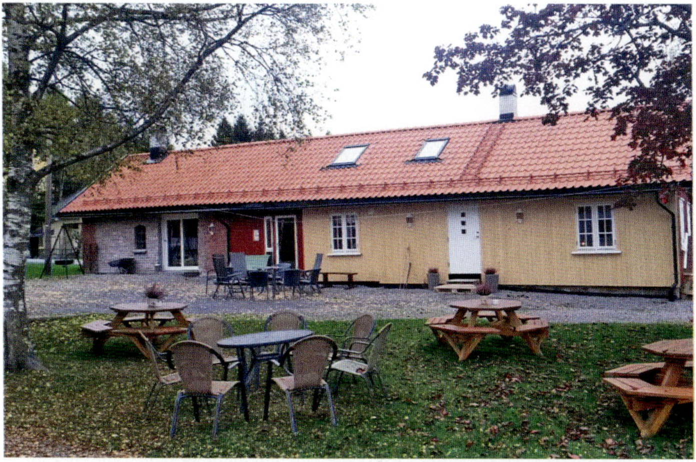

Aaraas pilegrimsherberge (hf)

⌂ **Aaraas pilegrimsherberge**, Årosvegen 307, 1480 Slattum, ☎ 46 92 22 14, ✉ aaraastunet@gmail.com, 💻 www.aaraasgard.no, 🚪 1. Juni bis 1. September (außerhalb dieser Zeit auf Anfrage), zwei Stockbetten und zwei Betten auf der Empore: NOK 350/Pers. (ohne Pilgerpass NOK 400), Bettwäsche NOK 100, Küche und Aufenthaltsraum nutzbar, Preis für die Aaraas suite (B&B, 2-5 Pers.) auf Anfrage, Zelt (inkl. Zugang zu Küche und Bad) NOK 200, Bettwäsche NOK 100, Dinner NOK 170, Lunchpaket NOK 50, Waschmaschine NOK 20. Die liebevoll hergerichtete Unterkunft auf dem alten Bauernhof empfängt Pilgerinnen und Pilger mit stimmungsvoller Atmosphäre und liebenswerter Herzlichkeit. Margrethe und ihr Mann Olav haben viel Zeit, Mühe und Geld investiert, damit ihre Gäste nun in den Genuss einer mit wunderschönen Holzbalken, Steinmauern und einem luxuriös anmutenden Bad versehenen Unterkunft mit persönlicher Note kommen, und das für faires Geld. Unbedingt von Margrethe bekochen lassen, Sie werden es nicht bereuen!

Etappe O2:
Aaraas pilegrimsherberge – Arteid Vestre gård

18 km, ca. 5 Std., ↑ 280 m, ↓ 230 m, ⇧ 110-220 m

0,0 km	⇧ 116 m	Aaraas pilegrimsherberge
4,7 km	⇧ 190 m	Skedsmo kirke
7,1 km	⇧ 134 m	Abzweigung Herberge Ullereng gård
11,4 km	⇧ 143 m	Frogner Gamle kirke
11,9 km	⇧ 130 m	Frogner
14,7 km	⇧ 150 m	Abzweig Bahnhof Lindeberg
16,4 km	⇧ 210 m	St. Olavs gang
16,9 km	⇧ 179 m	Unterstand Rulla
18,0 km	⇧ 156 m	Arteid Vestre gård

Wälder, Felder, Pilgerhütte! Auch heute erwarten Sie wieder viele asphaltierte Fuß- und Radwege entlang mehr oder weniger befahrenen Straßen. Doch es gibt auch längere Abschnitte, die durch Wald, Feld und offene Landschaften führen. Sehenswert sind die Kirchen von Skedsmo und Frogner, landschaftliches Highlight ist die lange Waldpassage, in der der St. Olavs gang liegt. Am Ende wartet der stabbur *der Farm Arteid Vestre, eine extra für Pilgerinnen und Pilger wunderschön urig hergerichtete und günstige Selbstversorgerholzhütte.*

Gehen Sie vom Aaraas-Hof zurück Richtung Brücke (ca. 200 m) und biegen Sie davor links in die Straße Ramstadveien ein, die Sie kurz entlang des Flusses leitet, dann aufwärts an ein paar Häusern vorbeibringt. Biegen Sie vor der nächsten Häuseransammlung (Store Ramstad) rechts ab (Schild „Ramstad-Søndre“) und laufen Sie auf dem breiten Schotterweg erst hinab, dann wieder hinauf, bis links vom Weg eine Bank mit Olavswegpfahl auftaucht ❶ (km 1,4). Hier führt ein Grasweg nach links in die Felder hinein, der Sie auf den Wald zu und rechts an diesem hinab bringt. Der schmale Pfad führt aufwärts in den schönen, lichten Wald hinein, es geht über eine Holztreppe und schließlich wieder hinaus. Halten Sie sich rechts zwischen Wiesen, Feldern und Bäumen hindurch, bis Sie auf die breite Feldstraße Gamle Trondheimsvei stoßen. Folgen Sie ihr nach links bis zur Kreuzung (mit dem Jogstadsveien). Gehen Sie quer darüber (km 2,4) – ein kleiner Pfad führt Sie weg von den Straßen gut gekennzeichnet an Jungbäumen entlang durch zwei Äcker.

Der Weg führt Sie nach oben in Richtung der Häuser von Skedsmokorset und an diesen vorbei. Queren Sie die Straße (Brånåsveien) und gehen Sie weiter auf der Schotterstraße an einer Neubausiedlung (rechter Hand) vorbei. Kurz dahinter geht es links ab; der kleine Weg führt Sie über eine Holztreppe vor einer Schnellstraße hinab und links durch die Unterführung unter dieser hindurch. Folgen Sie

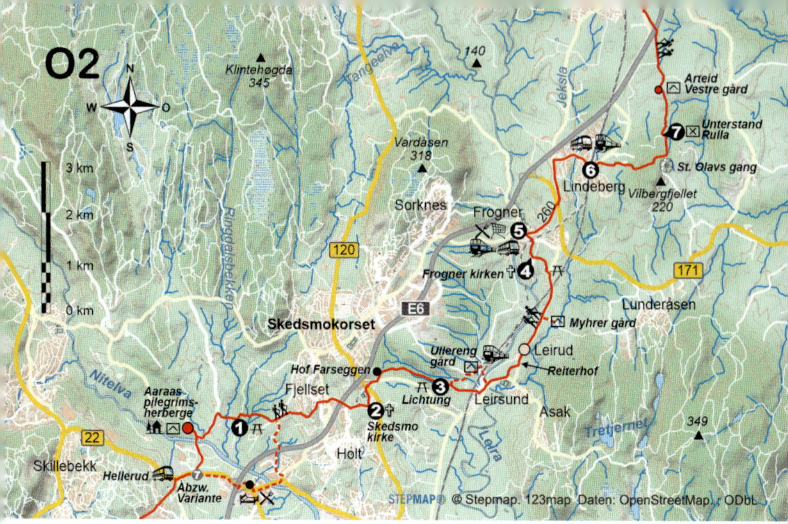

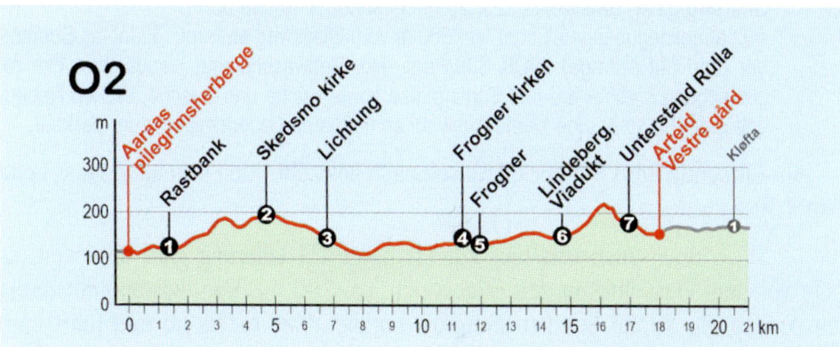

den Zeichen nach links. An der 🚌 Bushaltestelle „Vest vollveien" (Nr. 422 nach Oslo und 842 nach Lillistrøm) vorbei laufen Sie unter der E6 hindurch und leicht aufwärts. Der Rad- und Fußweg bringt Sie direkt zur ✞ **Kirche von Skedsmo** ❷ (km 4,7).

✞ **Skedsmo kirke**. Von der ursprünglichen Holzkirche, die bereits 1022 während der Christianisierung gebaut wurde, sind nur noch die Wände des Schiffs erhalten. Die heutige Steinkirche steht seit dem 13. Jh. Pilgernde haben Zugang zu den Toiletten. Vor der Kirche informiert eine digitale Infotafel über Kirche, Gemeinde und Pilgerschaft.

♦ Gjoleidveien 2, 2020 Skedsmokorset, 2019 Skedsmokorset, ☏ 66 93 89 50, post@lillestrom.kirken.no, https://www.kirken.no/skedsmo, Juni bis August Mo bis Fr 9:00 bis 15:00, Sa 9:00 bis 13:00, Sonntagsgottesdienst 11:00.

Wenden Sie sich vor der Kirche nach links, dort finden Sie auch ein Olavsdenkmal. An diesem vorbei geht es einen kleinen Weg zwischen den Häusern hindurch und an der Sten-Tærud skole vorbei (dort finden sich 17 ⌘ Grabhügel aus der jüngeren Eisenzeit, ca. 600-1030 n. Chr.). Gehen Sie durch den Tunnel unter der Landstraße 120 hindurch, wenden Sie sich rechts hoch und direkt wieder nach links, sodass Sie auf dem Weg neben der Straße Leirsundveien Richtung Feld gehen. Nehmen Sie den zweiten, nach links abbiegenden Feldweg. Er führt Sie am Hof Vestre Farseggen vorbei (km 5,5) und in einen lichten Wald hinein (Schild „Old Titsveg"). Vorbei an einer ersten Rastbank erreichen Sie nach knapp 900 m eine Lichtung mit einer kleinen Tischgruppe ❸ (km 6,8), wo Sie noch einmal Kraft schöpfen können – es steht Ihnen ein langes, zermürbendes Wegstück entlang einer Landstraße durch offene Landschaft bevor.

Nach der Lichtung wird der Wald noch lichter und führt hinab bis nach **Leirsund**, zu Beginn eine Ansammlung von typisch norwegischen Holzhäusern. Kurz davor finden Sie eine Pilgerbank und den Hinweis, dass Sie hier nach links in den Acker hinein zur Unterkunft **Ullereng gård** abbiegen können (Schild „Pilegrimsherberge 400 m").

Ullereng gård, Bølerveien 123, 2015 Leirsund, 97 50 55 77, annelinegud@gmail.com, ca. 600 m vom Olavsweg entfernt, Mai bis September (und auf Anfrage), NOK 300/Pers. inkl. Bettwäsche und Handtücher. Der rot gestrichene *stabbur* hat fünf Schlafplätze sowie Küche und Dusche, WC im Nebengebäude. Es steht eine kleine Auswahl an haltbaren Lebensmitteln zum Verkauf.

Am Ortsende führt Sie der Olavsweg nach links über den schmalen Fluss Leira (km 7,9).

Sie können auch erst hier zur Herberge **Ullereng gård** abbiegen, es geht vor dem Fluss links in den Engerveien (ca. 700 m). Von diesem geht direkt am Anfang die Straße Sundstuveien fast parallel dazu rechts ab und führt zum Bahnhof Leirsund (ca. 300 m; Linie R13, Drammen – Oslo S – Dal auf der Strecke der Hovedbanen, Fahrplan unter vy.no).

Folgen Sie hinter dem Fluss dem asphaltierten Fuß- und Radweg, bis es links steil hoch in einen mit Privatweg gekennzeichnetem Feldweg geht, der Sie durch das Anwesen eines Reiterhofs bringt. Gehen Sie danach links zurück auf den Radweg und bleiben Sie auf diesem für 2 km – immer entlang der Landstraße (Gauteidvegen) über offenes Land und durch kleine Ansiedlungen hindurch.

Nach rund 1,1 km passieren Sie die nach rechts abzweigende Zufahrt zur Pilgerherberge **Myhrer gård** (km 9,8).

Myhrer gård, Gauteidveien 130, 2016 Frogner, 91 65 01 90 (Trond) oder 95 77 14 95 (David), myhrer.gard@gmail.com, Mai bis September (Voranmeldung per Telefon oder SMS), ca. 200 m vom Olavsweg entfernt, Zelt NOK 150, Bett in der Scheune NOK 150/Pers., tagsüber dürfen die Toiletten auch von vorbeikommenden Wanderinnen und Wanderern genutzt werden.

Linker Hand tauchen am Horizont die beiden Kirchen von Frogner auf. Sie laufen auf einer Überführung über die Bahngleise und biegen knapp 250 m weiter bei der ⩫ Tischbank vom Fußweg ab ins Feld hinein. Der Trampelpfad führt Sie durch die Felder hindurch (✋ Vorsicht, Umknickgefahr) hoch zu den ✞ ⩫ **Frogner kirken ❹** (km 11,4).

✞ **Frogner kirke / Frogner Gamle kirke**. In der ruhigen Atmosphäre von Kirche und Friedhof können Sie auf einer der Bänke rasten, Wasser nachfüllen und die Toilette benutzen. Die Holzkirche musste 1925 neu errichtet werden, nachdem sie 1918 von einem Blitz getroffen worden und abgebrannt war. Die ältere Steinkirche mit steilem Satteldach, die Frogner Gamle kirke, finden Sie direkt hinter dem „Santiago de Compostela"-Schild. Sie wird auf das späte 12., frühe 13. Jh. datiert und war wahrscheinlich eine Bauernhofkirche.

♦ Gamle Kirkevei 19, 2016 Frogner, ☏ 63 86 79 50, ✉ post@lillestrom.kirken.no. Nach Absprache kann die alte Frogner-Kirche besichtigt werden: ☏ 63 82 11 88 (Randi Ulvestad), 63 82 09 90 (Magnhild und Alv Okkenhaug), 63 82 0188 (Olaug und Kjell Hexeberg).

Gehen Sie vor dem „Santiago de Compostela"-Schild rechts und unter der Eisenbahnbrücke hindurch ins Zentrum der Ortschaft **Frogner ❺**. Hier liegen direkt zu Beginn linker Hand ein ✗ Imbiss und ein 🛒 Kiwi-Supermarkt.

Frogner kirke (hf)

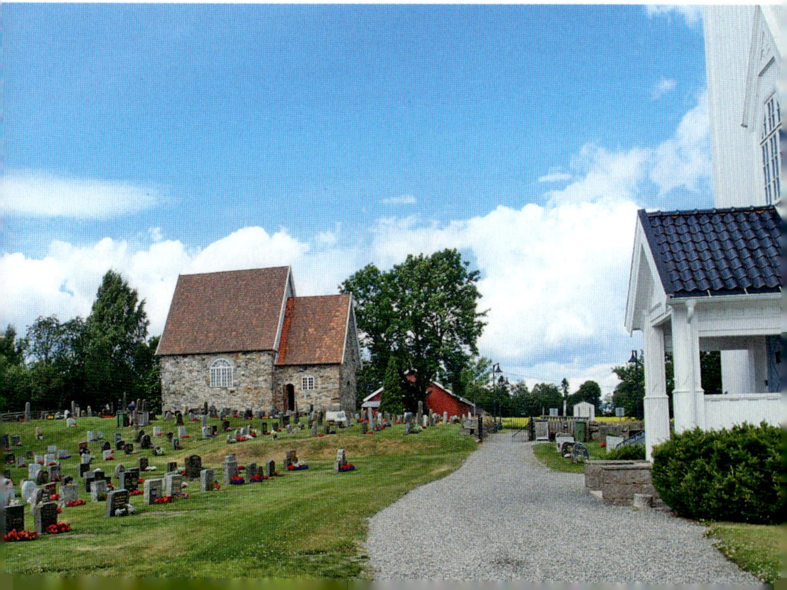

Frogner

- **Frogner Grill**, Duevegen 13, 2016 Frogner, ☏ 63 82 12 90, Mo bis Fr 11:00 bis 22:00, Sa/So 12:00 bis 22:00
- ♦ **Frauna**, Frognerveien 1, 2016 Frogner, 94 17 22 77, Di/Mi 11:00 bis 20:00, Do 11:00 bis 22:00, Fr 11:00 bis 23:00, Sa 12:00 bis 23:00, So 15:00 bis 20:00
- **Kiwi-Supermarkt**, Drognerveien 9b, 2016 Frogner, Mo bis Sa 7:00 bis 23:00
- **Frogner apotek**, Frognerveien 5b, 2016 Frogner, Mo bis Fr 9:00 bis 18:00, Sa 10:00 bis 16:00
- Linie R13, Drammen – Oslo S – Dal auf der Strecke der Hovedbanen, Fahrplan unter vy.no

Biegen Sie hinter der Circle-K-Automaten-Tankstelle rechts ab. Es geht wieder auf einem asphaltierten Fuß- und Radweg entlang einer Landstraße (Trondheimsvegen), durch einige Unterführungen hindurch und über einen Kreisel hinweg. Als Hinweise dienen neben den gut zu sehenden Olavskreuzen auch Schilder nach Hamar und der Radweg 7.

Etwa 900 m nach dem Kreisel gelangen Sie nach rechts (Lindebergveien) vorbei an einer Rastbank und dem Abzweig zum Bahnhof (gute Anbindung nach Oslo, Fahrzeit je nach Verbindung ca. 30-45 Min.) zum **Viadukt** von Lindeberg, unter dem Sie hindurchgehen ❻ (km 14,7). Hinter ihm finden sich wieder gelbe Pfeile, die Sie für ca. 200 m auf der wenig befahrenen Straße entlangleiten, dann geht es rechts in einen steinigen Feldweg hinein (Revestien).

Bald beginnt ein wunderschönes Waldstück: Vom breiten Weg geht es rechts auf einen kleinen Pfad, der über Steine und Wurzeln nach oben auf den **Vilbergfjellet** führt (Umknick-, Ausrutschgefahr). Nachdem Sie rund 250 m wieder hinabgelaufen sind, macht ein Schild auf den nach links abzweigenden **St. Olavs gang** (km 16,4) aufmerksam, der allerdings nicht zwingend sehenswert ist. Geradeaus führt der Olavsleden steil bergab aus dem Wald hinaus.

St. Olavs gang

Nach Olavs Tod begannen die Menschen, Zeichen in der Natur dem heiligen König und seiner Geschichte zuzuordnen. Im Volksglauben heißt es, dass Olav und seine Männer an dieser Stelle ihre Boote über den Berg geschoben haben (es ist bekannt, dass Wikinger ihre Schiffe tatsächlich so von einem zum anderen Wasser transportiert haben): Der 200 m lange und 3-4 m tiefe Riss im Berg soll das Ergebnis davon sein.

Links geht es auf einem breiten Feldweg bis zu einer Lichtung mit dem alten Bauernhof Rulla, wo ein ☒ **Unterstand mit Feuerplatz** ❼ (km 16,9) bei Bedarf Unterschlupf gewährt. Gehen Sie leicht nach rechts quer über die Lichtung und folgen Sie dem schmalen Waldpfad, bis Sie vorbei an einem Feld zum Bauernhof **Arteid Vestre gård** (☞ Kløfta) gelangen, dem Etappenziel (km 18).

Arteid Vestre gård, Arteidvegen 208, 2040 Kløfta, 94 83 30 74 oder 91 73 12 05, joh@arteid.no oder MagnusArteid@outlook.com, Mai bis September, Bett NOK 200, Schlafsack mitbringen, vor Ankunft anrufen. In dem typisch norwegischen *stabbur* ist die Pilgerbehausung untergebracht. Die am Feldrand gelegene urige, rotbraunen Holzhütte verfügt über drei Räume mit sieben Betten sowie einen Gemeinschaftsraum mit einer kleinen Selbstversorgerküche, die mit einem Herd und einigen Utensilien für die Zubereitung einfacher Mahlzeiten ausgestattet ist. Fließend Wasser sowie WC und Dusche auf dem Hof. Fußmassagegerät!

Etappe O3: Arteid Vestre gård – Risebru pilegrimsherberge

33,1 km, ca. 9 Std., ↑ 250 m, ↓ 250 m, ⇧ 150-230 m

0,0 km	⇧ 156 m	Arteid Vestre gård
2,5 km	⇧ 170 m	Industriegebiet Kløfta
5,5 km	⇧ 154 m	Ullensaker kirke
15,3 km	⇧ 212 m	Jessheim BANK
17,6 km	⇧ 196 m	See Ljøgodttjern / Raknehaugen
20,7 km	⇧ 199 m	Badestrand mit Grillplatz und Kiosk am Nordbytjernet ⌘
21,8 km	⇧ 208 m	Abzweigung Hotels Gardermoen
28,2 km	⇧ 190 m	Elstad sykehjem
33,1 km	⇧ 170 m	Risebru pilegrimsherberge

Über Felder und Landstraßen! Wieder erwarten Sie viele Asphaltwege, aber auch ein paar erholsame, schöne Waldpassagen und Seen, die zur Rast einladen. In der Einkaufsstraße von Jessheim haben Sie fast die Hälfte geschafft und können bei Bedarf den Weg um den See Ljøgodttjern durch den direkten Weg durch die Stadt abkürzen, wenn Sie Kilometer sparen wollen.

☺ *Die Etappe ist lang, dafür übernachten Sie am Ende des Tages in einer urigen Pilgerherberge, anstatt in einem der modernen, teuren Hotels auf dem Weg. Wem die gut 33 km nach Risebru zu viel sind (am nächsten Tag wartet dann allerdings eine kurze, erholsame Etappe), der kann nach knapp 22 km zu den Hotels am Flughafen Gardermoen abbiegen. Wer einige Kilometer mit dem Bus überbrücken möchte, sollte sich die Fahrpläne genau anschauen, denn die Verbindungen sind nicht besonders gut und die (Schul-)Busse verkehren z. T. nur werktags oder sehr selten.*

Verlassen Sie den Hof mit der Pilgerstube im Rücken geradeaus und folgen Sie dem breiten Asphaltweg Arteidvegen durch die Felder. Dabei queren Sie nach ca. 1,3 km die E6 und halten sich gut 400 m danach rechts, um auf dem Lindebergveien weiterzugehen. Sie gelangen an den Rand des Gewerbegebietes **Kløfta** ❶ (km 2,5).

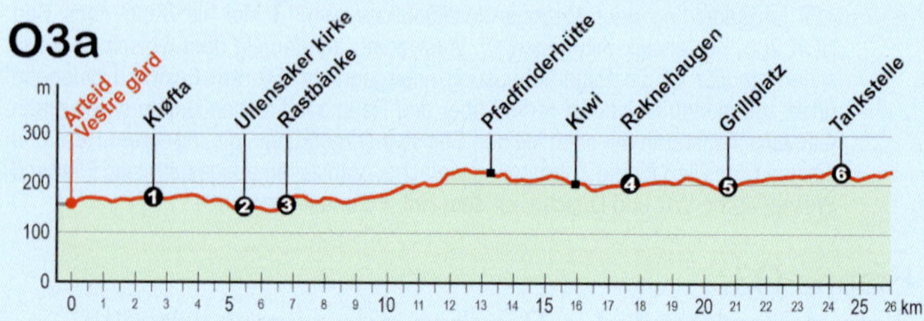

Gehen Sie nach rechts und auf der Brücke (✋ Verkehr!) über die E6, dann die erste Straße (Godtland) direkt wieder links rein. Auf dem Asphalt laufen Sie nun parallel zur links hinter dem Lärmschutzzaun liegenden E6 durch eine Siedlung und schließlich durch die **Golfanlage** des Miklagard Golfklubs hindurch (km 4,1). Vom Klubhaus gelangen Sie über eine Straße zum Rastplatz Skibakk an der E6. Folgen Sie dem Olavsweg von der nördlichen Ecke des Parkplatzes durch die Unterführung. Schon von Weitem sehen Sie die weiße ✝ **Ullensaker kirke** ❷ (km 5,5), auf die Sie direkt zulaufen. An der Kirche können Sie Wasser auffüllen und auf einer Bank rasten.

✝ ⊙ **Ullensaker kirke**. In der auch Romeriksdomen genannten Kirche aus dem Jahr 1958 findet man einen reich verzierten Altar von 1633 und Specksteinkunst von ca. 1140. Falls die Kirche geschlossen ist, gibt es im Briefkasten am Haupteingang einen Stempel für den Pilgerpass.

♦ 2040 Kløfta, ☎ 63 92 65 20, ✉ ullensaker@ullensaker.kirkene.net, während der Pilgersaison bis Ende August Mo bis Fr 9:00 bis 15:00, Sonntagsgottesdienst 11:00.

Laufen Sie hinter der Kirche auf dem Kjerkelyvegen nach rechts und nach 250 m auf der Fahrspur weiter durch die Felder – der Weg ist ab hier mit „Den Wingerske Kongevei" („Königsstraße") gekennzeichnet. Sie laufen an einem (norwegischen) Informationsschild über die Ullinshof middelalderkirke vorbei (ehemalige Kirche im Mittelalter, die dem heiligen Olav gewidmet war). Der Weg wird zum schmalen Pfad und bringt Sie hinab zu einer ersten Rastbank (km 6,1). Vorbei an einer weiteren Rastbank geht es auf einer Brücke über einen schmalen Fluss und weiter an Feldern und Großsträuchern entlang (links fließt der Bach Flatbybekken). Aufwärts gehen Sie erneut an Bänken (eine mit Tisch) vorbei ❸ (km 6,7), bis Sie auf die Straße Rambydalsvegen stoßen (der Wingerske Kongevei endet hier).

Gehen Sie nach links und folgen Sie der Straße bergauf und bergab an Höfen und Feldern vorbei für ca. 1,3 km. Biegen Sie dann hinter der grünen Scheune links auf die Randbygrenda ab und folgen Sie ihr für etwa 800 m, bis auf Ihrer linken Seite ein Hof auftaucht. Hier biegen Sie rechts in den Randbyvegen ab. Der schottrige, breite Feldweg führt durch Äcker und Felder auf einen Wald zu, nur selten sehen Sie Höfe und Traktoren. Es geht nach 1,7 km vom Feldweg links ab (am Briefkasten Randbyvegen 180), Sie gehen nur 100 m hoch, dann weist vor der großen Halle ein kleines Pilgerschild mit Pfeil rechts in den Wald hinein (km 10,9). Folgen Sie dem Pfad nur für etwa 250 m, es geht direkt wieder links ab und aufwärts auf dem wunderschönen Trampelpfad, der sich weiter hoch und runter durch den lichten Wald aus Birken und Nadelbäumen schlängelt.

Der Pfad wird breiter, halten Sie sich geradeaus und aufwärts (nicht links) und folgen Sie den Laternen am Wegesrand. Sie laufen auf der Kuppe entlang und an der ⩚ Pfadfinderhütte Speiderhytta mit einer Feuerstelle (km 13,2) vorbei langsam hinab. Auf der linken Seite tauchen die gelben Schilder „Syktebanen" (Schießstände) auf. Laufen Sie vor dem Kreisverkehr gerade über die querende Straße zur ⩚ überdachten Tischgruppe vor dem Schützenhaus (km 13,7). Auf dem breiten Weg verlassen Sie den Wald, gehen auf dem

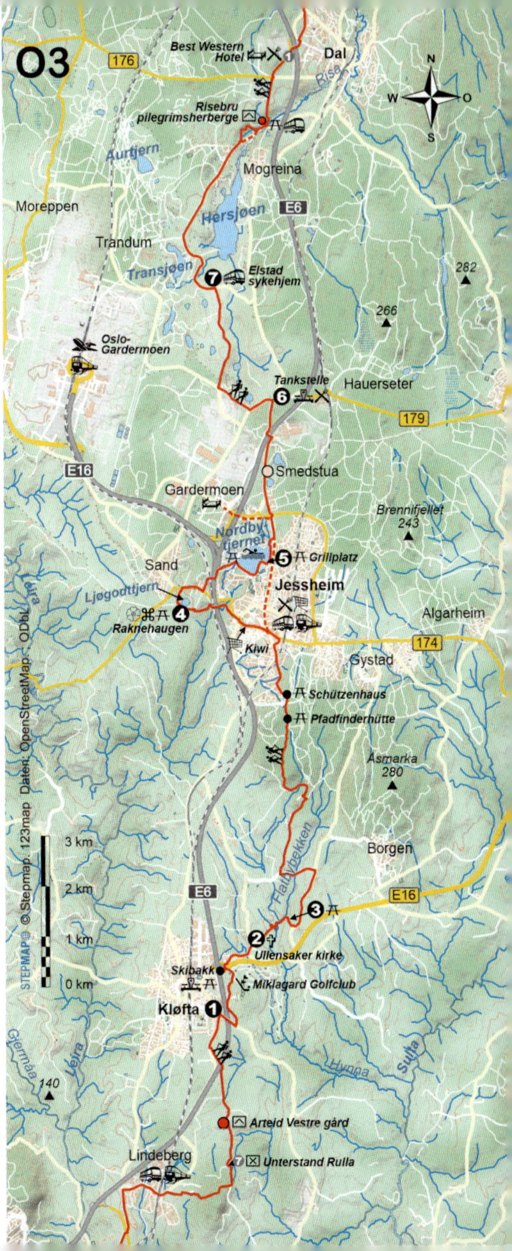

asphaltierten Stensvegen hinab zur Straße Gamle Trondheimsveg und folgen diesem nach rechts durch einen Vorort von Jessheim.

Nach der Brücke über die Bahngleise (km 14,6) biegen Sie bei der Ampelanlage nach rechts auf den Trondheimsvegen ab und folgen ihm für etwa 250 m bis zum ersten Kreisverkehr. Gehen Sie hier rechts hoch zum nächsten Kreisel, an dem Sie die Ausfahrt nach links nehmen und auf dem Bürgersteig neben der Storgata am großen **Einkaufszentrum Jessheim Storsenter** in der **Innenstadt von Jessheim** (km 15,3) entlanglaufen.

Jessheim

Jessheim Storcenter, Storgata 6, 2050 Jessheim, jessheimstorsenter.no, Mo bis Fr 10:00 bis 22:00, Sa 9:00 bis 20:00,

♦ KIWI Meierigården, Gardermovegen 30, 2050 Jessheim, Mo bis Sa 7:00 bis 23:00

Ditt apotek, Gotaasalleen 9, 2050 Jessheim, Mo bis Fr 9:00 bis 17:00, Sa 9:00 bis 15:00

Jessheim stasjon, Ringvegen, der Bahnhof von Jessheim liegt an der Zuglinie R13 Hovedbanen von Drammen über Oslo S nach Dal.

Beim Kreisverkehr am Ende der Einkaufsstraße laufen Sie geradeaus links am Gebäude der Aurskog Sparebank vorbei auf dem Gardermovegen weiter.

Wenn Sie hier am Kreisel vor dem Burger-King-Schnellrestaurant auf dem Bürgersteig nach rechts auf den Trondheimsvegen abbiegen, können Sie knapp 4 km abkürzen, indem Sie der Straße einfach 2 km geradeaus folgen (zurück auf den Olavsweg an der Haltestelle „Romerike folkehøgskole"). Sie verpassen aber die Seen Ljøgodttjern und Nordbytjernet (Hauptweg 5,9 km bis zum Busstopp).

Gehen Sie die Straße Gardermovegen hinunter, über den nächsten Kreisel hinweg und am Kiwi-Supermarkt (Mo bis Sa 7:00 bis 23:00) vorbei. Sie stoßen auf die breite Straße Ringvegen und laufen ein kurzes Stück rechts zum nächsten Kreisverkehr. Gehen Sie davor links über den Zebrastreifen und halten Sie sich dort auf dem Rad- und Fußweg, der links von der Straße hinabführt (Gropavegen).

Der asphaltierte Weg leitet Sie über eine schmale Brücke an einzelnen Häusern vorbei, wird dann sandig und führt leicht aufwärts in den Wald hinein. Sie gehen unter der E6 und den Bahngleisen durch und stoßen in einer Kurve auf den Kongsrudhaugenveg. Halten Sie sich hier links und laufen Sie auf der Haug Allé nach links zum **Haug gård** mit einem weißen Wohnhaus auf der linken und einer großen roten Scheune auf der rechten Seite.

Laufen Sie am Ende des Hofgeländes nicht geradeaus auf dem von hohen Birken gesäumten Feldweg weiter (es sei denn, Sie wollen hier abkürzen, dann gehen Sie durch die Birkenallee bis zum Gardermovegen/Stussenvegen), sondern nehmen Sie den kleinen Pfad links vor der letzten Scheune.

Der schmale Weg bringt Sie zum idyllischen ❀ **See Ljøgodttjern** mit schönem Grasufer und einer Badeinsel ❹ (km 17,6). Links vom Weg liegen die ⌘ **Grabhügel von Raknehaugen**, wo mehrere ⛩ Tisch- und Bank-Kombinationen zu einer Rast einladen.

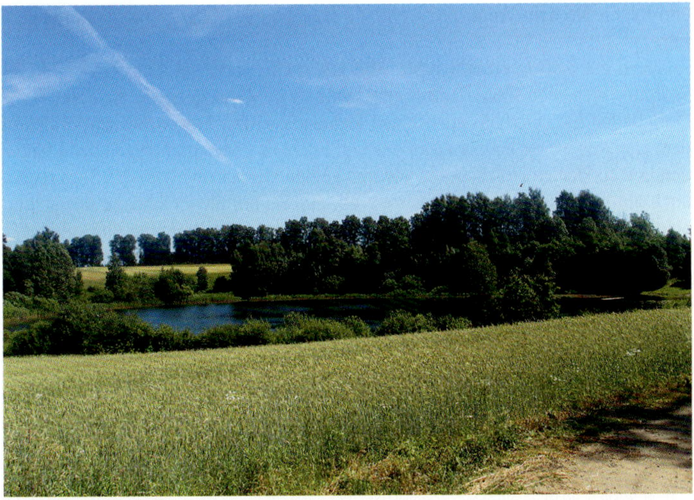

See Ljøgodttjern (hf)

Raknehaugen

Es ist der mit ca. 77 m Durchmesser und 15 m Höhe größte Grabhügel Nordeuropas. Das am See Ljøgodttjern gelegene Grabdenkmal stammt aus der Zeit der großen Völkerwanderung in Europa (ca. 400 bis 600 n. Chr.). Einer lokalen Legende nach ist hier der König Rakni (spätes 9. Jh.) zwischen zwei weißen Pferden und unter mehreren Schichten aus gestapeltem Holz begraben.

Gut 100 m weiter führt der Weg bei den nächsten Häusern in einer Kurve nach links vom Seeufer weg und Sie halten sich an der Gabelung auf dem Hofgelände rechts. Der Ljøgodtvegen bringt Sie nach knapp 400 m auf den Gardermovegen, den Sie auf dem Zebrastreifen überqueren, und Sie laufen nach rechts für knapp 500 m auf dem Fuß- und Radweg weiter.

Biegen Sie dann bei dem Grundstück mit dem gelben Holzzaun links in den Stussenvegen ab. Die schmale Straße führt Sie in einer Kurve nach rechts zur Brücke über die Gleise der Bahnstrecke und die Fahrbahnen der E6, gehen Sie dann links in den Wald. Auf dem Trampelpfad gelangen Sie nach einem kurzen

Stück entlang der E6 hinauf zu einem breiteren Weg, dem Sie nach rechts folgen. Bleiben Sie geradeaus: Sehen Sie links von sich das erste Wasser durch die Bäume hindurchschimmern (See Svarttjernet) und kurz darauf auch rechts? Das ist der Zeitpunkt, rechts hinab zum großen **See Nordbytjernet** (km 19,7) abzubiegen. Sie finden direkt am Wasser eine ⩩ Bank, gehen Sie hier rechts über die Brücke und folgen Sie dem Wanderweg entlang des Seeufers entgegen dem Uhrzeigersinn.

Nach gut 900 m erreichen Sie eine große Uferwiese mit einer markanten ⌘ Skulptur, mehreren Badestegen sowie einer ⩩ Feuerstelle ❺ (km 20,7). Dort finden Sie oberhalb auch einen kleinen 🍷 Kiosk. Folgen Sie am Grillplatz dem Uferweg weiter bis zur nordöstlichen Bucht des Sees und biegen dann hinter den beiden kleinen Holzbrücken vor den gelben Häuser oberhalb des Sees rechts hoch auf einen schmalen Schleichweg ab, der Sie auf die Zufahrt zu der gelben Siedlung führt. Laufen Sie hier nach rechts an der Schranke vorbei und weiter bis zum breiten Trondheimsvegen (km 21,3).

Wechseln Sie bei der **Haltestelle „Romerike folkehøgskole“** die Straßenseite und laufen Sie auf dem Fußweg auf der gegenüberliegenden Seite nach links. Knapp 500 m weiter nehmen Sie am Kreisel die Unterführung geradeaus und laufen anschließend auf dem Grønvollvegen an der Siedlung (rechter Hand) vorbei und direkt neben der Landstraße (Fv454/Trondheimsvegen) entlang.

↳ Gehen Sie nicht durch die Unterführung, sondern vor dem Kreisel auf dem Zebrastreifen nach links und auf dem Rad- und Fußweg parallel zum Jessheimvegen über die E6, um zu den Hotels von Gardermoen zu gelangen.

- **Thon Hotel Oslo Airport**, Balder Allé 2, 2060 Gardermoen, ☏ 63 92 94 00, ✉ osloairport@olavthon.no, 💻 www.thonhotels.no, ca. 900 m vom Olavsweg entfernt, DZ ab NOK 1.295, 13 % Pilgerrabatt (gilt für alle Thon Hotels entlang des Weges), Preise inkl. Frühstück, WLAN, modernes Kongress- und Business-Hotel
- **Thon Hotel Gardermoen**, Balder Allé 22, 2060 Gardermoen, ☏ 64 00 45 00, ✉ gardermoen@olavthon.no, 💻 www.thonhotels.no, ca. 1,5 km vom Olavsweg entfernt, DZ ab NOK 1.045, 13 % Pilgerrabatt (gilt für alle Thon Hotels entlang des Weges), Preise inkl. Frühstück, WLAN, modernes Hotel in Flughafennähe. ✋ In der Hauptpilgersaison von Mitte Juni bis Mitte August geschlossen!
- **Scandic Hotell Gardermoen**, Jessheimvegen 467, 2060 Gardermoen, ☏ 63 92 66 00, ✉ gardermoen@scandichotels.com, 💻 www.scandichotels.no, ca. 1 km vom Olavsweg entfernt, EZ und DZ ab NOK 1.200, Preise inkl. Frühstück (Buffet ab 4:00!), WLAN

An einem großen buddhistischen Center vorbei gelangen Sie zum nächsten Kreisverkehr. Umrunden Sie diesen auf dem Rad- und Fußweg entgegen dem Uhrzeigersinn, um die E6 nach links auf einer Brücke zu überqueren, und folgen Sie dem Bürgersteig vor dem zweiten Kreisverkehr nach rechts. Nach knapp

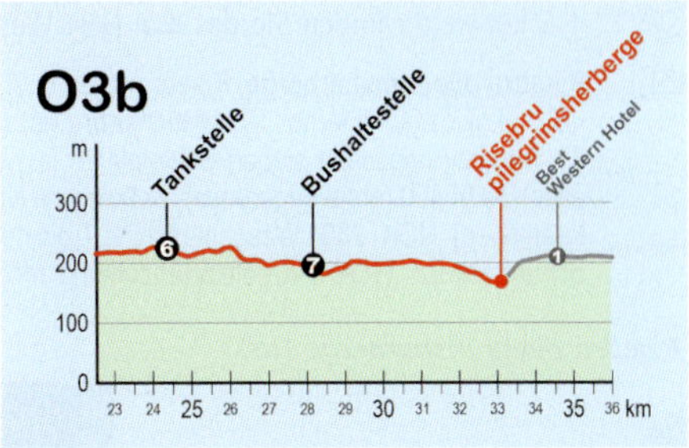

700 m biegen Sie bei der Tankstelle Circle K mit dem Imbiss Bon Appetit ❻ (Mo bis Fr 8:00 bis 20:00, Sa 10:00 bis 18:00) links in den Lievegen ab (Schild „Militær flystation") (km 24,3). Gehen Sie einen guten halben Kilometer am Straßenrand entlang, bis rechts die erste große Straße abzweigt, der Blikkvegen. Diesem folgen Sie wiederum für gut 850 m, dann biegen Sie hinter dem Betonwerk zur Rechten noch vor der Einmündung in die nächste Straße nach rechts auf den Dagsjøvegen ab und haben eine kleine Pause von den Landstraßen: Schön geht es für 2,2 km auf dem Weg durch Wald und Feld, bis Sie (vor Elstad) zur breiten Autostraße 462 (Mogreinavegen) gelangen (km 28,1). Gehen Sie nach links, es geht zermürbende 4 km kurvig bergauf. Vorsicht, Sie gehen auf der Straße, kein Fußgängerweg!

Gleich zum Auftakt der langen Asphaltstrecke finden Sie die Bushaltestelle **„Elstad sykehjem"** ❼. Hier fahren die (Schul-)Busse 3535, 3573 oder 3771 (werktags, unregelmäßig) bis zur Haltestelle „Risebro" vor der Pilgerherberge am Etappenziel (www.ruter.no).

Sie passieren das nach links weisende Hinweisschild zu den ⌘ Massengräbern von Trandumskogen (km 29,7) und die Bushaltestellen „Fløgstad", „Fløtten" und „Østli". Zwischen den beiden letzten wird die Straße von einem Bürgersteig begleitet, danach laufen Sie noch einmal gut 300 m auf der Fahrbahn, dann biegen Sie nach links von der Straße ab und es geht über eine Zauntreppe in ein Wäldchen hinein (km 32).

Wenn Sie sich den Schlenker am Ende der Etappe sparen möchten, können Sie auch direkt auf der Straße 462 weitergehen und erreichen nach knapp 800 m die Pilgerherberge.

Der schmale Pfad führt Sie um den vor Ihnen liegenden See herum. Sie gelangen über eine kleine Brücke zu einem Weidegrundstück. Gehen Sie quer durch die Schafe und Ziegen hindurch (sollten dort welche weiden) und steigen Sie am Ende erneut über den Zaun und wenden Sie sich auf der Straße nach links. Keine 150 m weiter erreichen Sie den Rastplatz vor den Resten einer historischen Steinbrücke von 1827, die 1994 restauriert wurde, und biegen auf der Schotterpiste davor nach links zur gemütlichen **Pilgerunterkunft Risebru** ab (km 32,9).

☺ 1,5 km weiter finden Sie das Best Western Hotel (☞ Etappe O4).

Risebru pilegrimsherberge, Risebruvegen 6, 2054 Mogreina, 92 02 18 97, akrikjos@online.no www.risebru.no (Online-Buchung), 1. Mai bis 31. August, insgesamt sieben Schlafplätze in zwei Räumen, NOK 350 (mit Pilgerpass), NOK 400 (ohne Pilgerpass), Bettwäsche NOK 100, Zelt (mit Nutzung der Sanitäranlagen) NOK 250, Waschmaschine/Trockner NOK 20, Selbstversorgerküche, Schuhtrockner, WLAN, Kreditkartenzahlung möglich. Die Pilgerherberge auf dem Bauernhof von 1600 ist in einem Holzhaus untergebracht, das zeitweise ein Jungengymnasium war. Der historische Teil ist um einen Anbau erweitert worden, für den die Nägel von einst genutzt worden sind: Sie wurden in den Räumen gefunden, wo früher das Schuhhandwerk gelehrt wurde. Heute sind es die Schlafräume, in denen man noch sieht, was die Jungs vor langer Zeit an die Decken und Wände gekritzelt und geritzt haben.

Risebru pilegrimsherberge (hf)

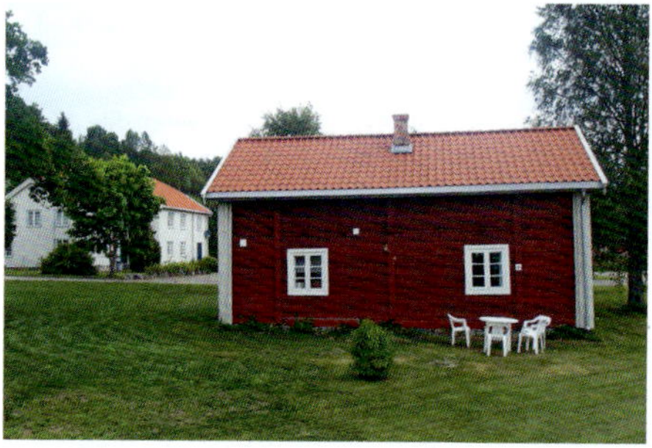

Etappe O4: Risebru pilegrimsherberge – Eidsvoll gamle prestegård

14,9 km, ca. 4 Std. 15 Min., ↑ 100 m, ↓ 90 m, ⇧ 168-208 m

0,0 km	⇧ 170 m	Risebru pilegrimsherberge
1,5 km	⇧ 208 m	Best Western LetoHallen Hotel
4,7 km	⇧ 201 m	Råholt kirke
6,1 km	⇧ 192 m	Eidsvoll Verk stasjon
7,9 km	⇧ 186 m	Eidsvollsbygningen ⌘
11,1 km	⇧ 174 m	Tischgruppe
14,9 km	⇧ 179 m	Eidsvoll gamle prestegård

Wohltuend! Die kurze Etappe ist erholsam nach dem langen Vortag. Allerdings laufen Sie erneut viel auf oder an Landstraßen entlang, aber auch ein Feld- und ein Waldstück wollen durchquert werden. Highlight ist sicher das historisch bedeutende Eidsvollbygningen, wo 1814 die norwegische Verfassung unterzeichnet wurde. Danach gehen Sie am Fluss entlang – eine willkommene Abwechslung zu den Straßen. Am Ende wartet eine schön restaurierte Pilgerstube in direkter Nähe zur Eidsvoll-Kirche. Wer noch über genug Reserven verfügt und weiterlau-

fen möchte, findet etwa 4 km weiter die nächste empfehlenswerte Selbstversorgerunterkunft in einem alten Schulhaus. Beide Herbergen sind definitiv den Besuch wert!

Ein kurzer steiler Anstieg bringt Sie vom Hof der Risebru-Pilgerherberge auf eine asphaltierte Straße (Risebruvegen), der Sie über einen Kreisel hinaus (Ausfahrt Richtung Dal) weiter folgen. Auf der rechten Seite sehen Sie das **Best Western Hotel ❶** (km 1,5).

Best Western Leto Arena Hotel, Kolonivegen 43, 2072 Dal, ☎ 63 95 91 00, firmapost@letohallen.no, www.letohallen.no, EZ ab NOK 905, DZ NOK 1.040, Dreibettzimmer ab NOK 1.150, Pilgerpreise inkl. Frühstück und Lunchpaket, WLAN

An diesem vorbei nehmen Sie den Fuß- und Radweg, der Sie nach rechts unter der E6 hindurch zur Circle-K-E6-Tankstelle und zum Ortsanfang von Råholt führt. Überqueren Sie den Industrivegen bei den Müllcontainern auf der Rückseite der Tankstelle und laufen Sie über den Wendeplatz am Ende der Straße Skinnstudumpa. Nach knapp 600 m erreichen Sie den KIWI Dal (Mo bis Sa 7:00 bis 23:00). Laufen Sie am Ende des Supermarktparkplatzes nach links durch die Fußgängerunterführung unter der Straße hindurch und folgen Sie dem Fuß- und Radweg auf der linken Seite des Trondheimsvegen in nördliche Richtung. Unterführungen leiten Sie an mehreren Stellen unter den Seitenstraßen hindurch. Etwa 1,5 km nachdem Sie die Esso-Tankstelle ❷ (On-the-Run-Shop) (km 3,2) rechts liegen gelassen haben, erreichen Sie die **Råholt kirke** ❸ (km 4,7) zu Ihrer rechten Seite.

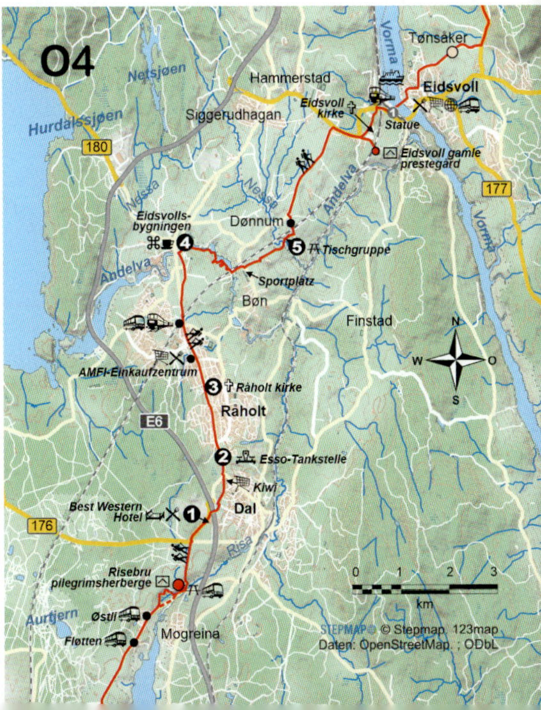

✝ **Råholt kirke**
♦ Trondheimsvegen 197, 2070 Eidsvoll, ☏ 63 96 52 20, raaholt@eidsvoll.kirken.no, www.eidsvoll.kirken.no, Do 13:00 bis 16:00

Die Kirche können Sie gefahrlos durch eine Unterführung erreichen, die Olavsweg-Markierungen führen Sie aber auf dem Fußweg auf der linken Seite des Trondheimsvegen weiter ins Zentrum. Vorbei an diversen Restaurants, mehreren Supermärkten und dem großen **AMFI-Einkaufszentrum** (Gladbakkvegen 1, Mo bis Fr 10:00 bis 20:00, Sa 10:00 bis 18:00, www.amfi.no) erreichen Sie anschließend den **Bahnhof Eidsvoll Verk** (km 6,1) mit guter Anbindung von und nach Oslo (Linie R12 der Gardermobanen über Oslo S nach Kongsberg und Linie RE11 der Vestfoldbanen über Oslo S nach Skien).

Laufen Sie davor rechts am Parkplatz vorbei. Nach der Brücke über die Bahnstrecke wechselt der Fuß- und Radweg am Zebrastreifen auf die rechte Straßenseite und etwa 250 m weiter biegen Sie rechts in die kleine Nebenstraße ab. Bleiben Sie für ca. 1,1 km auf dem Carsten Ankers veg, bis zu Ihrer Rechten der große Park rund um das Verfassungsgebäude ⌘ **Eidsvollsbygningen** beginnt (km 7,5).

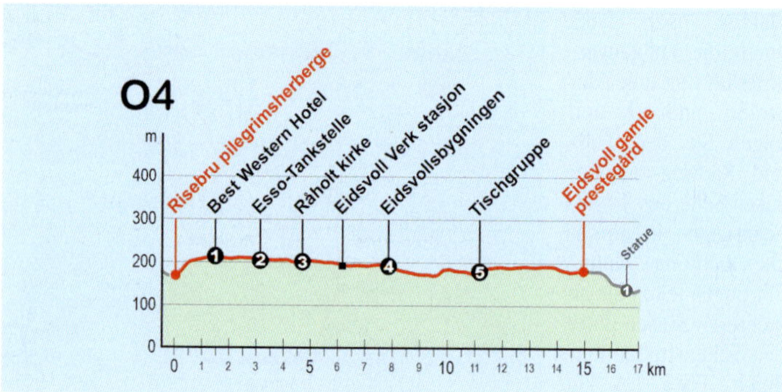

⌘ ⛩ **Eidsvoll Verk – Eidsvollsbygningen**
♦ Magovegen 13, 2074 Eidsvoll, ☏ 63 92 22 10, booking@eidsvoll1814.no, www.eidsvoll1814.no, Eintritt inkl. 45-Min.-Führung NOK 140 (Gruppen und Kinder reduzierte Preise), Führung in englischer Sprache tgl. um 12:30, Museum und Besucherzentrum Wergelands Hus mit Kafé Standpunkt: 1. Mai bis 31. August tgl. 10:00 bis 16:00 (außerhalb dieser Zeit: Di bis Fr 11:00 bis 15:00, Sa und So 11:00 bis 16:00). Mit dem Pilgerpass erhalten Sie kostenlos eine Tasse Kaffee.

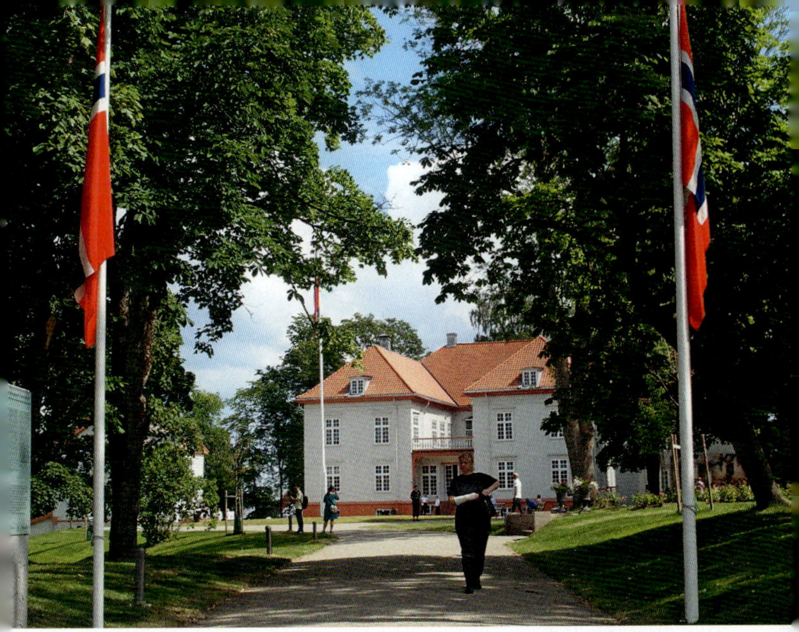

Eidsvollsbygningen (hf)

Geburtsstätte der norwegischen Verfassung

Das Herrenhaus **Eidsvollsbygningen** erhielt seine enorme nationale Bedeutung am 17. Mai 1814. Am heutigen Nationalfeiertag wurde hier auf der Reichsversammlung die erste norwegische Verfassung verabschiedet. Norwegen war nun erstmals ein eigenständiger Staat, abgekoppelt vom absolutistisch regierten dänisch-norwegischen Reich.

Carsten Anker (1747-1824): Neben dem dänischen Prinzen Christian Frederik, der zur Zeit des Umbruchs das norwegische Land regierte und 1814 zum König von Norwegen gewählt wurde, ist der historische Augenblick dem Politiker und Besitzer des Eisenwerks (Eidsvoll Verk) zu verdanken: Carsten Anker, der lange in Kopenhagen lebte und enger Berater des dänischen Prinzen war. Er stellte sein Privathaus, das Eidsvollsbygningen, für die Reichsversammlung zur Verfügung.

Im Mai 2014 feierte Norwegen 200-jähriges Jubiläum. Zu diesem Anlass wurde der historische Ort umfangreich restauriert und kann wieder besichtigt werden.

Gehen Sie nach dem großen Parkplatz am Ende des Parks nicht weiter geradeaus über die Brücke, sondern biegen Sie rechts in den Magovegen ein, der Sie direkt am Ufer des **Fluss Andelva** entlang vorbei am ⌘ **Verfassungsgebäude** und dem **Kafé Standpunkt** bringt ❹ (km 7,9). Knapp 200 m weiter biegt die schmale Straße nach links über das Wehr ab und Sie laufen aber auf dem Trampelpfad weiter durch den Wald am Flussufer entlang. Nach etwa 1,3 km geht es unter der hohen Eisenbahnbrücke hindurch und kurz darauf beim Kraftwerk über die Brücke nach links. Der Myravegen bringt Sie parallel zur Bahnstrecke hoch an eine Straße (Nygårdvegen), an der Sie rechts den **Sportplatz Bøn** finden (km 9,8).

Gehen Sie auf dem Nygårdvegen ein paar Schritte nach rechts und biegen Sie gleich zu Beginn des Sportplatzes nach links in den von Birken gesäumten Feldweg ab (Venjarvegen). Knapp 400 m weiter biegen Sie hinter den Gebäuden links ab. Es geht auf einer Traktorspur mitten durch das Feld auf ein Wäldchen zu, durch das Sie erst steil nach unten zur Brücke über einen Nebenfluss des Andelva gehen, um es dann steil nach oben zu verlassen. Oben wartet eine Tischgruppe ❺ auf müde Pilgerbeine – und die Rast können Sie brauchen, denn vor Ihnen liegen 2,1 km auf der Asphaltstraße Dønnumskia.

Tipp: Rufen Sie nun die Gastgeberin des Eidsvoll gamle prestegård an, damit Sie nicht warten müssen, bis Ihnen die Pilgerherberge aufgeschlossen wird (48 89 51 51). Allerdings dauert es auch dann nicht lange, wenn Sie erst zur Eidsvoll-Kirche gehen und von dort anrufen.

Um dort hinzugelangen, biegen Sie nach dem Feld hinter der Tischgruppe auf Höhe des großen Hofes zur Rechten nach links auf den Dønnumvegen ab. Dieser bringt Sie über die Bahnschienen und nach 450 m biegen Sie rechts auf die bereits erwähnte Asphaltstraße Dønnumskia ab.

Nach 2,1 km biegen Sie dann an der T-Kreuzung am Ende der Straße rechts auf den Fuß- und Radweg am Eidsvollvegen ab und gelangen zu den ersten Häusern von Eidsvoll. Vor der großen Linkskurve folgen Sie dem Hinweisschild Richtung Eidsvoll kirke (☞ Etappe O5) nach rechts auf den Eidsvollbakken. Um zur Pilgerherberge zu gelangen, biegen Sie aber an der folgenden Gabelung dann nicht links in Richtung Kirche ab, sondern kehren dem Olavsweg den Rücken und halten sich rechts auf den Camilla Colletts veg. Sie passieren den Friedhof zu Ihrer Linken und bald taucht rechts vor Ihnen das große weiße Gebäude des **Eidsvoll gamle prestegård** auf. Das restaurierte „alte Pfarrhaus" liegt mitten in einem parkähnlichen Garten (km 14,9).

Eidsvoll gamle prestegård, Camilla Collettsveg 27, 2080 Eidvoll, 93 27 12 13, kt289@kirken.no, ca. 450 m vom Olavsweg entfernt, 1. Mai bis 1. September, neun Schlafplätze verteilt auf drei Räume, NOK 350/Pers., Schlafsack mitbringen, Etagenbad und große Gemeinschaftsküche, im großen Garten darf auch das Zelt aufgeschlagen werden: NOK 150 (mit Zugang zu Küche und Waschräumen).

☺ In der Herberge können kostenfrei Hängematten ausgeliehen werden. Die Rückgabe kann entweder in der Pilgerherberge Millom in Espa oder im Pilgercenter Hamar erfolgen.

Fußweg ins Zentrum von **Eidsvoll**: ca. 15 bis 20 Min. an der Kirche vorbei, den Berg hinab und über den Fluss (Etappe O5).

Etappe O5: Eidsvoll gamle prestegård – Sannfredstun

25,5 km, ca. 7 Std. 15 Min., ↑ 370 m, ↓ 170 m, ⇧ 130-400 m

0,0 km	⇧ 179 m	Eidsvoll gamle prestegård
0,7 km	⇧ 178 m	Eidsvoll kirke
1,9 km	⇧ 134 m	Eidsvoll
4,5 km	⇧ 197 m	Haug pilegrimsrast og herberge
9,6 km	⇧ 204 m	Unterstand Ljødalstuvegen
13,3 km	⇧ 271 m	See Fløyta
18,8 km	⇧ 326 m	Lysjøhimet
23,4 km	⇧ 359 m	Pilegrimsbua ved Granerud
25,5 km	⇧ 381 m	Sannfredstun

Es geht in den Wald! Zwar verlaufen die ersten Kilometer um Eidsvoll noch auf asphaltierten Rad- und Fußwegen oder auf der Straße, doch nach etwa der Hälfte der Etappe ist man nur noch von Bäumen umgeben. Am See Fløyta vorbei gelangen Sie an eine von zwei möglichen, sehr einfachen Übernachtungsmöglichkeiten mitten im tiefen Wald, die echte Pilgergefühle hervorrufen.

Laufen Sie von der Herberge zurück bis zum Olavsweg und biegen Sie nach rechts ab auf den Eidsvollbakken. Vorbei an der Kirche gelangen Sie zum Eidsvollvegen.

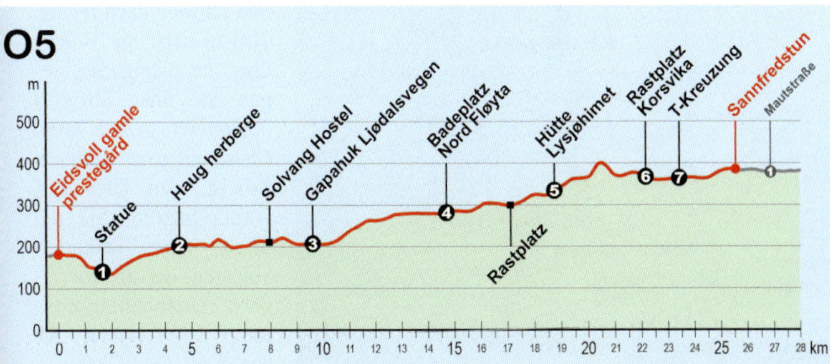

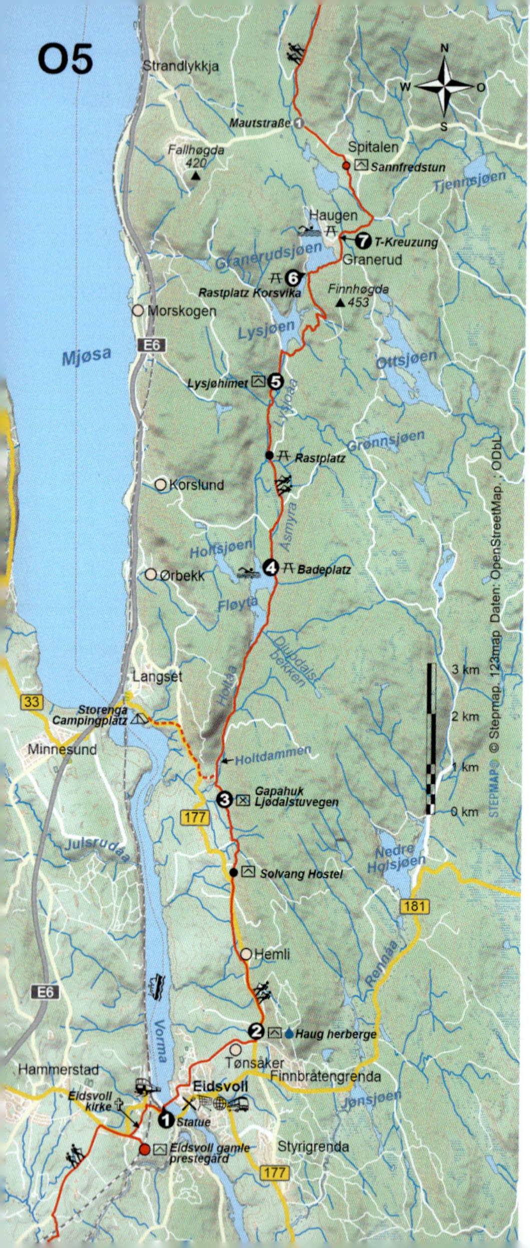

✝ **Eidsvoll kirke**. Nach mehreren Bränden ist die heutige Kreuzkirche mit vom Rokokostil geprägter Inneneinrichtung v. a. das Ergebnis der Restaurierung von 1885. Die Wände des Altarraums (Chor) und der beiden Querschiffe stammen aber von der ursprünglichen Kirche aus dem Jahre 1200. Sie entstand unter König Sverres Styringstid (1177-1202) und gilt als älteste Steinkirche Norwegens in Kreuzform.

♦ Eidsvollbakken 19, 2028 Eidsvoll, ☏ 63 96 52 20, ✉ kirkekontoret@eidsvoll.kirken.no, 🚪 Mo, Mi und Fr 13:30 bis 17:00, Sonntagsgottesdienst 11:00

Wechseln Sie durch die Unterführung auf die gegenüberliegende Seite und folgen Sie dem Fuß- und Radweg nach rechts. 200 m nach der Brücke über die Bahngleise biegen Sie links ab und überqueren die nächsten Gleise auf einer weiteren Brücke. Am Ufer des Vorma begrüßt Sie die Statue eines knienden Soldaten, der an Norwegens Unabhängigkeitskampf 1814 erinnert ❶ (km 1,6). Der Olavsweg führt Sie geradeaus auf der Sundbrua über den Fluss ins Zentrum von Eidsvoll am gegenüberliegenden Ufer. Gleich rechter Hand finden Sie diverse Geschäfte.

Die Uferstraße vor der Brücke nach links führt zur Anlegestelle des Skibladner und zur Eidsvoll stasjon.

Sundet/Eidsvoll

Rema 1000, Vormavegen 19, 2080 Eidsvoll, Mo bis Sa 7:00 bis 23:00

♦ **Kiwi Eidsvoll**, Vormavegen 25, 2080 Eidsvoll, Mo bis Sa 7:00 bis 23:00

♦ **Extra Eidsvoll**, Nedre Vilberg 6, 2080 Eidsvoll, Mo bis Sa 7:00 bis 23:00

Sporten Eidsvoll, Rådhusgata 8, 2080 Eidsvoll, Mo bis Fr 10:00 bis 18:00, Sa 10:00 bis 16:00

Vitusapotek, Vormavegen 15, 2080 Eidsvoll, Mo bis Fr 9:00 bis 18:00, Sa 9:00 bis 15:00

Die Hovedbane von Oslo nach Eidsvoll war Norwegens erste Eisenbahnstrecke und die Fahrtzeit in die norwegische Hauptstadt beträgt nur etwa 35 Min. In die Gegenrichtung erreicht man mit der RE10 in Richtung Lillehammer in ebenfalls etwa 35 Minuten Hamar. Aktuelle Fahrpläne unter www.vy.no

Skibladner, 61 14 40 80 skibladner@skibladner.no, www.skibladner.no, Pilgerpreis mit Pilgerpass (der Wasserweg über den Mjøsa hat schon seit Beginn der Wallfahrt eine große Rolle gespielt): einfache Fahrt NOK 100, unabhängig von der Entfernung. Der älteste in Betrieb befindliche Raddampfer der Welt (Baujahr 1856) verkehr von Ende Juni bis Mitte/Ende August. Die Strecke Gjøvik – Eidsvoll – Gjøvik wird Di und Do bedient.

Besorgen Sie in Eidsvoll ausreichend **Proviant für den heutigen sowie den kommenden Tag**, denn die nächste Einkaufsmöglichkeit erreichen Sie erst am Endpunkt der nächsten Etappe in Tangen (☞ Etappe O6).

Folgen Sie der Straße nach der Brücke geradeaus und biegen Sie dann an der T-Kreuzung am Ende links ab. Es geht nach oben und nachdem Sie an der Shell-Tankstelle nochmals links abgebogen sind, geht es aus der Stadt hinaus. Sie laufen auf die Häuseransammlung Finnbråtengrenda zu, vor der Sie an der Kreuzung links in den Østsidavegen gehen (Verkehrsschild „Minnesund 177" und Informationsschild über das Eisenzeit-Grabfeld von Tønsåker).

Knapp 200 m auf dem Straßenrand der 177 gelaufen, finden Sie links die einfach ausgestattete, aber zauberhafte **Haug herberge** mit dem braunen Haupthaus und dem Gewächshaus hinten dran. Wenn Sie mögen, dürfen Sie hier auch einfach Pause machen und/oder das Wasser auffüllen ❷ (km 4,5).

Haug Pilegrimsrast og Herberge, Sandholt/Røkoltgutua 32, 2080 Eidsvoll, 95 11 10 32 (Anne Mette Mortvedt) oder 90 89 99 54 (Ole Andreas Isager), Juni bis September, NOK 200 für eines der fünf Betten im Haupthaus (Schlafsack mitbringen), NOK 250/Pers. im Doppelbett des gläsernen Gewächshauses (Vorhang), Bettwäsche NOK 50, Zelten mit Benutzung des Plumpsklos und der Küche NOK 100, kalte Dusche mit Handtuch NOK 20, Bezahlung und Preisliste (verschiedene

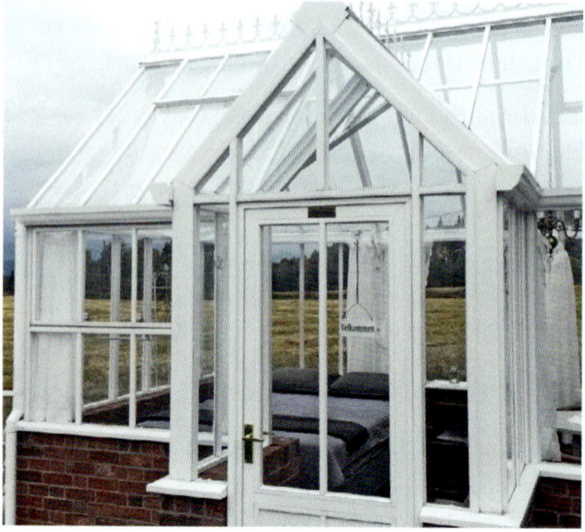

Das Gewächshaus der Haug herberge (hf)

Nahrungsmittel und Getränke im Verkauf) im Haus. Sie finden einen Schlüssel zum Haupthaus im Schlüsselkasten an der Eingangstür (Code 1960).

Der Olavsweg führt nun für etwa 3 km mal auf und mal parallel zur Straße 177 durch die Agrarlandschaft in nördliche Richtung. Biegen Sie dann vor der Linkskurve bei den Hausnummern 401-407 rechts auf den Feldweg ab (km 7,8). Keine 200 m weiter liegt die nächste Übernachtungsmöglichkeit am Wegesrand.

Solvang Hostel, Østsidavegen 407, 2080 Eidsvoll, 46 95 37 63, Mitte Mai bis Mitte Oktober, einfache Selbstversorgerhütte mit zwei Liegeflächen (Schlafsack und Isomatte erforderlich) sowie Platz für zwei bis drei Zelte. Es gibt ein WC, kaltes und warmes Wasser sowie die Möglichkeit, das Smartphone aufzuladen. Die Übernachtung ist kostenfrei, es wird aber um eine Spende für die Unterhaltungskosten gebeten.

150 m weiter wenden Sie sich auf dem Hestdalsvegen für gut 320 m nach rechts und biegen dann in der Rechtskurve nach links ab. Der Trampelpfad führt nach gut 300 m auf die nächste Schotterpiste (Habberstadkleiva), der Sie nach rechts folgen. Nach weiteren 200 m, dort, wo die Straße nach rechts ansteigt, laufen Sie geradeaus durch das Tor und der gut zu laufende Pfad bringt Sie zum Ljødalstuvegen, wo Sie nach 300 m den urigen **Gapahuk Ljødalstuvegen** ❸ (km 9,6) am rechten Wegesrand finden. Der Unterstand in Form einer einfachen Hütte bietet keinerlei Annehmlichkeiten und wer hier übernachten möchte, muss Schlafsack, Isomatte, Proviant und Wasser selbst mitbringen.

Knapp 600 m hinter dem Unterstand mündet der Ljødalstuvegen in den Habberstadvangvegen.

Auf der schmalen Straße Habberstadvangvegen nach links und anschließend auf dem Østsidavegen nach rechts gelangen Sie nach knapp 2,3 km zum Storenga Camping am Ufer des Vorma.

Storenga Camping, Østsidavegen 860, 2092 Minnesund, 97 03 33 09, storenga.camping@gmail.com, www.nafcamp.no/campingplasser/1073-Storenga-Camping, ca. 2,3 km vom Olavsweg entfernt, ganzjährig (voller Service vom 1. Juni bis 1. September), unbemannter Campingplatz mit Check-in und Zahlung am Automaten, Zelt NOK 260, Dusche NOK 20

Die Olavskreuze führen Sie auf dem Habberstadvangvegen weiter. Nachdem Sie den kleinen See Holtdammen (km 10,6) hinter sich gelassen haben und oben bei den Häusern auf der Brücke über den kleinen Fluss gegangen sind, biegen Sie bei der Schranke nach links auf den breiten Forstpfad ab und laufen nun immer auf der rechten Seite des Flusses entlang durch den einsamen Wald – um sich herum dürften Sie nichts anderes als Bäume und die Olavswegmarkierungen sehen – bis zum See Fløyta (km 13).

Mit schönen Ausblicken über die Wasserfläche laufen Sie am Ostufer des Sees weiter, kürzen auf direktem Weg eine größere Landzunge, die sich in den See erstreckt, ab und laufen dann am Nordufer über eine Brücke auf einen Feldweg ❹ (km 14,8).

Weniger als 150 m nach links liegt der idyllische **Badeplatz Nord Fløyta** mit schönem Badestrand, mehreren Tischgruppen und Plumpsklo.

Der Pfeil auf dem Olavswegpfosten leitet Sie am Abzweig zur Badestelle nach rechts. Das Gleiche gilt für die nächste T-Kreuzung etwa 700 m weiter. Sie laufen nun leicht ansteigend durch den Wald und wenden sich an der nach etwa 550 m folgenden Gabelung links in Richtung Dorrsvangen.

Unterwegs auf Waldpfaden

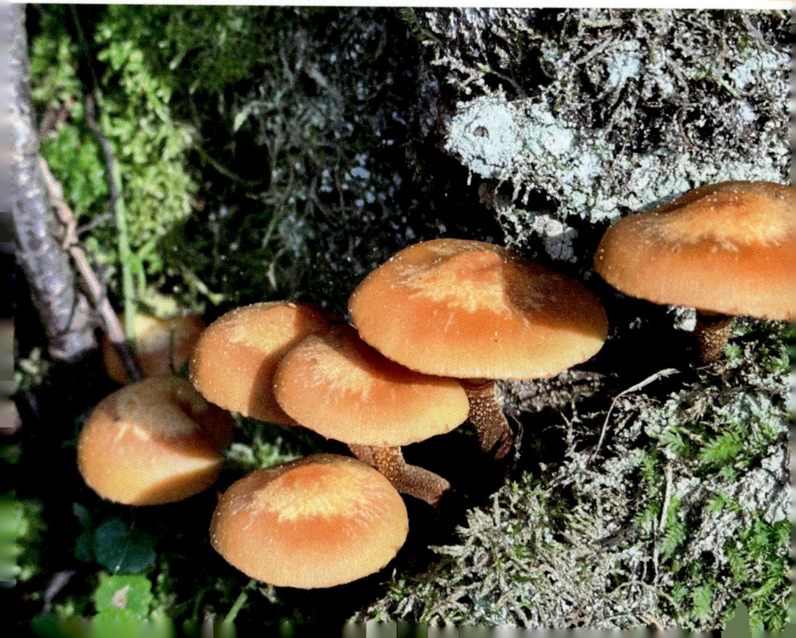

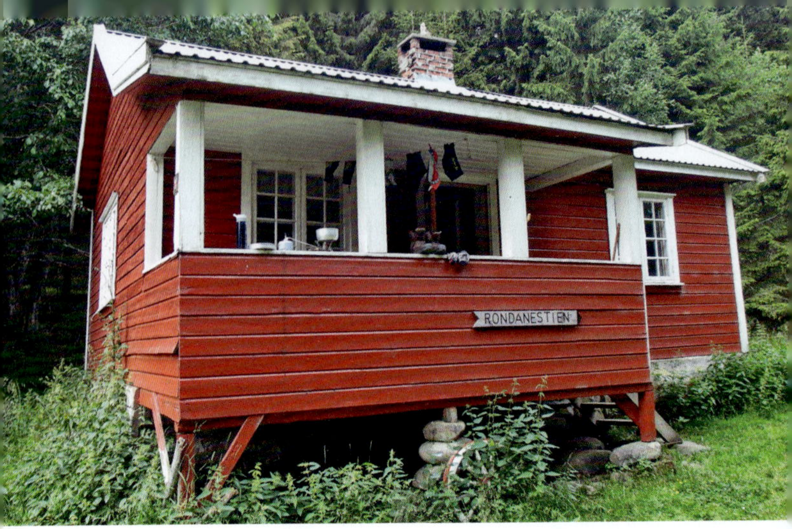

Die einfache, jedoch idyllisch gelegene Lysjøhimet-Hütte (hf)

Rund 1 km später gelangen Sie an eine Dreiwegekreuzung, auf deren niedrigem Hügel Sie einen kleinen ⛼ Rastplatz mit Holzbänken und einer Feuerstelle finden (km 17,1). Gehen Sie hier links an dem Grundstück mit rotem Haus und Spielplatz vorbei. Kurz darauf wird der breite Waldweg zu einem kleinen Trampelpfad, der Sie mitten durch den Wald führt. Linker Hand begleitet Sie wieder der Bach. Bretter und Bohlen erleichtern den Weg über den idyllischen Pfad, der manchmal von kleineren Baumstämmen versperrt wird. Die einzigen Geräusche stammen von den Glocken, die um die Hälse der frei herumlaufenden Schafe baumeln.

An einer Kreuzung weist Sie ein großes „Pilegrimsleden"-Schild links über eine kleine Brücke. Dahinter geht es rechts vom Trampelpfad auf einen breiteren Waldweg, der Sie nun direkt zur links am Weg liegenden ⌂ **Hütte Lysjøhimet** bringt ❺ (km 18,8).

⌂ **Lysjøhimet,** Lysjøen, 2080 Eidsvoll, Mai bis September, einfache, unbemannte Hütte, NOK 100/Pers., Schlafsack und Proviant mitbringen, weder Kochmöglichkeit noch Strom. Wasser muss aus dem nahe gelegenen Bach geholt werden: Folgen Sie dem Weg ein kurzes Stück nach oben, dort kommt eine gute Stelle, an der Sie rechts hinab zum Bach gelangen können. Die simple und gerade deshalb so geruhsame Lysjø-Hütte liegt mitten im Wald, in der Nähe des Sees Lysjøen. Es gibt ein Zimmer mit drei Betten, eine (Schlaf-)Couch im Wohnbereich und eine kleine Küche (ohne Herd). Eine Latrine und Holz für den Kamin befinden sich im roten Holzhäuschen auf der rechten Seite des Weges unterhalb der Hütte. Die Einfachheit und Abgeschiedenheit von jeglicher Zivilisation macht den idyllischen Ort zu etwas Besonderem.

Folgen Sie dem Waldweg für weitere knapp 700 m bis zum **See Lysjøen**. Wenden Sie sich am Südufer nach rechts und passieren Sie die Hüttensiedlung Lysjødammen. Kurz nach dem letzten Haus biegen Sie links ab in den Wald (Schilder „Gammelsaga" und „Rondanestienroute").

Der Trampelpfad führt Sie zunächst am See entlang, es geht steil nach unten und oben und über einige kleinere Zuflüsse. Der Pfad verlässt dann den See gen Osten, der Wald wird hier etwas lichter und der Bodenbewuchs dichter. Folgen Sie vorsichtig den gut sichtbaren Olavswegzeichen (ansonsten helfen die blau angemalten Hölzer der regionalen Wanderwege weiter, die in den Bäumen hängen), bis Sie auf einen breiten Weg stoßen (km 21). Gehen Sie hier nach rechts (Schild „Rondanestien"), nach einigen Metern weist Sie das Olavswegkreuz direkt wieder nach links.

Der Waldweg bringt Sie zum ⛼ **Rastplatz Korsvika mit Pilgerbank** am Südufer des Sees Granerudsjøen ❻ (km 22,2). Folgen Sie dem Forstweg immer am Ufer entlang, bis Sie nach gut 800 m auf einen breiteren Schotterweg treffen. Diesem folgen Sie für knapp 450 m nach links bis zur T-Kreuzung mit dem Granerudvegen ❼ (km 23,4).

↳ Keine 50 m auf dem Granerudvegen nach links in Richtung Seeufer liegt die ⛼ **Pilegrimsbua ved Granerud**, ein unter Nachhaltigkeitsaspekten angelegter Unterstand für den Pilgerstopp. Sie finden eine Toilette ebenso wie eine Feuerstelle samt Feuerholz und eine Pumpe fürs Trinkwasser. Selbst an durch Solarenergie gespeiste Steckdosen zum Nachladen des Smartphones wurden gedacht. Noch ein Stückchen weiter finden Sie die idyllische Badestelle mit ⛼ Bänken und Tischen am Ufer des Granerudsjøen, die nicht nur bei Pilgernden, sondern auch bei den Eigentümerinnen und Eigentümern der umliegenden Hütten beliebt ist.

Folgen Sie dem Granerudvegen für gut 850 m weiter durch das Hüttengebiet. An der T-Kreuzung nach der Brücke über den Raskerudelva biegt der Olavsweg nach links ab, während der Wegweiser für den Rondanestien nach rechts zeigt (km 24,3).

Lassen Sie die Abzweigung nach Haugen links liegen, direkt danach geht ein kleiner Weg links von der Straße ab (Pilgerwegweiser „Sannfredstun"). Durch ein Tor gelangen Sie nach Spitalen Søndre. Auf dem Hof wohnen die Besitzerin und der Besitzer der wunderschönen Unterkunft **Sannfredstun.**

Sannfredstun, Erikstuvegen 38, 2338 Espa, 95 73 11 56 oder 95 73 17 96, info@sannfredstun.no, www.sannfredstun.no, Mai bis Oktober, Schlafplatz im alten Schulhaus NOK 200/Pers. (Schlafsack und Proviant mitbringen), Zelt NOK 100/Pers., Plumpsklo und Außendusche sowie Steckdosen zum Smartphone-Laden. Das liebevoll eingerichtete Haus beherbergt neben den zwei Zimmern mit sieben Betten ein heimeliges Wohnzimmer (zwei Doppelschlafsofas, ein Klappbett) mit

Holzofen, Esstisch, Radio und einer Auswahl an (deutschen) Büchern – perfekt für einen entspannten Nachmittag nach dem langen Wandertag. Es empfiehlt sich, Sandra und Manfred, die die Unterkunft besitzen, vorab zu kontaktieren, da sie zwar in der Farm nebenan wohnen, aber nicht immer zu Hause sind.

Etappe O6: Sannfredstun – Tangen

17,5 km, ca. 5 Std., ↑ 190 m, ↓ 430 m, ⇧ 120-460 m

0,0 km	⇧ 381 m	Sannfredstun
4,3 km	⇧ 448 m	Romsætra
7,9 km	⇧ 335 m	Pilgerbank Nilsbergvegen
8,1 km	⇧ 329 m	Pilgerherberge Millom
15,0 km	⇧ 128 m	Badestelle Korsødegårdsvika
16,5 km	⇧ 169 m	Tangen
17,5 km	⇧ 144 m	Tangen, Tangenodden Camping

Man sieht den Wald vor lauter Bäumen nicht! Die gesamte Etappe führt durch Wald, mal auf kleinen Trampelpfaden, auf denen Sie jeden Fuß vorsichtig setzen sollten, und mal auf breiten Wegen wie die über den Romsæterberget. Meist werden Sie von Bächen begleitet, oft blitzt einer der Seen durch die Nadeln – wenn Sie nicht gerade direkt an einem entlanglaufen. Schließlich kommen Sie am größten, dem Mjøsa-See, an. Ihre einzigen Begleiter sind neben Wasser und Bäumen nur die Schaffamilien mit ihrem Glockengebimmel.

Starten Sie von der Unterkunft Sannfredstun aus auf dem Erikstuvegen, der Sie bald auf den breiten Spitalsvegen bringt. Diesem folgen Sie für rund 1,1 km nach links. Ignorieren Sie die erste Abfahrt nach rechts in Richtung Nordre Spitalen und biegen Sie erst an der zweiten Möglichkeit rechts ab, und zwar auf

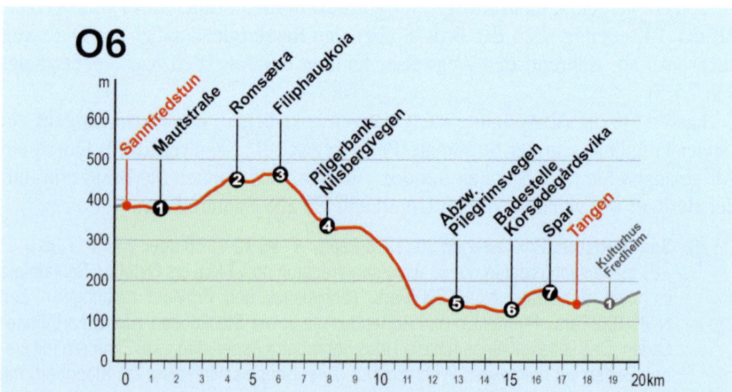

die Mautstraße Richtung Romsætra ❶ (km 1,4).

Es geht mit leichter Steigung durch den Wald bergauf und an der Gabelung nach rund 1,1 km halten Sie sich rechts in Richtung Romsætra. Der hiesige Fichtenwald wurde bereits 1923 per königlichem Erlass unter Schutz gestellt und war eines der ersten Naturschutzgebiete in Norwegen. Am Ende des breiten Forstweges halten Sie sich links und laufen auf dem Trampelpfad in einer Serpentine hinab zu einer Lichtung mit den Gebäuden des alten **Bauernhofs Romsætra**, der sich für eine Rast anbietet ❷ (km 4,3).

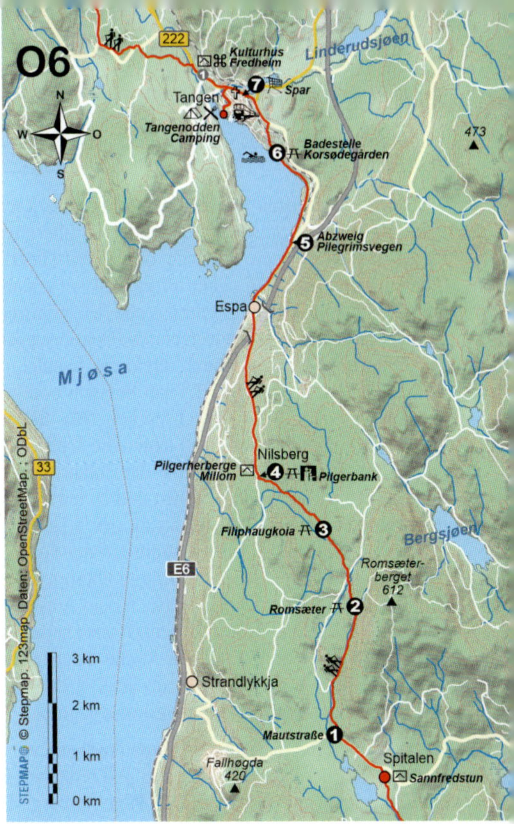

Von dort führt der Olavsweg durch den Nadelwald hinab, kreuzt gut 700 m weiter eine Schotterstraße sowie eine Stromleitung und führt weiter bergab vorbei an der Hütte **Filiphaugkoia** mit Feuerstelle und drei Holzbänken ❸ (km 6). Weiter unten wird der Pfad etwas breiter und sobald Sie den Wald verlassen haben, taucht zu Ihren Füßen das erste Mal der riesige Mjøsa-See auf.

An der Einmündung in den **Nilsbergvegen** lädt eine Pilgerbank dazu ein, das Panorama ausgiebig zu genießen ❹ (km 7,9). Um dem Olavsweg weiter zu folgen, wenden Sie sich hier nach rechts in Richtung der ersten Häuser von Nilsberg. Kaum 300 m weiter erreichen Sie die Abzweigung der Straße Kjeldsrudvegen. Der Olvasweg folgt weiter geradeaus dem Nilsbergvegen.

Gleich das erste Anwesen links des Kjeldsrudvegen ist die Pilgerherberge Millom auf einem kleinen Bauernhof von 1865 und die ältesten Gebäude sind über 100 Jahre alt.

Pilgerherberge Millom, Kjeldsrudvegen 95, 2338 Espa, 90 78 53 62, jemathiassen@gmail.com, Mai bis Oktober, insgesamt vier Schlafplätze im umgebauten *stabbur* oder eine Hütte, NOK 300/Pers., Bettwäsche NOK 50, Zelt NOK 200, einfache Kochmöglichkeit, Plumpsklo und Außendusche mit warmem Wasser

Der Nilsbergvegen bringt Sie nun für rund 3,6 km hinab bis nach **Espa** und mündet, nachdem Sie einen Tunnel der E6 überquert haben, vor den Bahnschienen in den Espavegen oberhalb des Mjøsa-Ufers. Folgen Sie dem Wegweiser „Tangen" nach rechts. Es geht für ca. 1,4 km entlang der links von Ihnen liegenden Gleise, dann macht die Straße eine leicht ansteigende Rechtskurve. Hier folgen Sie dem nach links abzweigenden Pilegrimsvegen ❺ (km 12,9). Dieser bringt Sie unter den Gleisen hindurch direkt ans Seeufer.

Nun laufen Sie für etwa 2,1 km bequem und mit schönen Ausblicken immer am Wasser entlang. An der idyllischen **Badestelle Korsødegården** mit Tischen und Bänken ❻ (km 15) laufen Sie schließlich rechts hoch zum alten Bauernhof Korsødegården. Lassen Sie die Zufahrt zu den Häusern hinter der Brücke über die Bahnschienen links liegen und laufen Sie am Ende auf der Asphaltstraße Espavegen/Fv 1600 nach links bis zu den ersten Häusern von **Tangen**.

An der Gabelung, kurz nachdem auf der linken Straßenseite der Bürgersteig begonnen hat, halten Sie sich links und überqueren erneut die Gleise (linker Hand liegt der Bahnhof Tangen). Nach dem Aufstocken des Proviantvorrats im Spar ❼ (letzte Einkaufsmöglichkeit vor Hamar) (km 16,5) können Sie links einen Abstecher zur ✞ Tangener Kirche machen, der Olavsweg führt geradeaus weiter. Biegen Sie nach ca. 300 m links in den Refling Hagens veg ab, um auf dem **Tangenodden Camping** zu übernachten.

☺ Ziehen Sie die **Pilgerherberge Fredheim** vor, so laufen Sie weiter geradeaus auf der Brücke über den Vikselva und erreichen 550 m weiter kurz hinter dem großen Kreisverkehr die ⌘ **Pilgerherberge Fredheim**.

Tangen

⌘ **Pilgerherberge Fredheim**, Vikslia 2, 2337 Tangen, 91 78 17 33 oder 97 00 87 08, post@kulturhusfredheim.no, www.Kulturhusfredheim.no, Mai bis September, vier Betten im Haupthaus und eine Hütte mit einem Raum mit zwei Betten und kleiner Küche, Dusche und Toiletten in separatem Gebäude, NOK 500/Pers. (inkl. Bettwäsche und Handtücher), Feldbett im Lavvo-Zelt NOK 250 (eigener Schlafsack erforderlich), Zelt NOK 200, Vorabbuchung erwünscht, Kreditkartenzahlung möglich. ⌘ Das Hauptgebäude ist das ehemalige Wohnhaus der berühmten Schriftstellerin und Poetin Ingeborg Refling Hagen (1895-1989) und dient heute als Museum. Ihre zentralen Themen waren der Kampf gegen Faschismus und Nationalsozialismus. Dauerausstellung (u. a. mit Werken von Henrik Wergeland) sowie wechselnde Ausstellungen, Konzerte, Veranstaltungen etc.

Tangenodden Camping, Refling Hagens veg 54, 2337 Tangen, 90 19 89 17, info@tangenodden.no, www.tangenodden.no, ca. 500 m vom Olavsweg entfernt, Hütten für 1-4 Pers. ab NOK 690, Zelt NOK 130 (plus NOK 20/Pers.), neben den einfachen Hütten gibt es auch besser ausgestattete mit eigenem Bad und WC, Bettwäsche NOK 100, WLAN, Campingplatz direkt am Ufer des Sees mit Restaurant, Strand und Shop

Spar, Tangstubakken 2, 2337 Tangen, Mo bis Fr 7:00 bis 22:00, Sa 9:00 bis 20:00,

Dovrebahn ☞ Reise-Infos von A bis Z, Verkehrsmittel am Weg

Tangen kirke, hölzerne Kirche von 1861 mit achteckigem Grundriss
Kirkebakken 7, 2337 Tangen, im Sommer in der Regel tgl. 8:00 bis 14:00 und 18:00 bis 20:00 (☏ Kirchenrat: 62 57 89 30)

Etappe O7: Tangen – Hamar

30,6 km, ca. 8 Std. 15 Min., ↑ 220 m, ↓ 230 m, ⇧ 120-290 m

0,0 km	⇧ 144 m	Tangen, Tangenodden Camping
8,6 km	⇧ 268 m	Pilgerherberge Gørdammen
14,6 km	⇧ 196 m	Stange kirke
18,4 km	⇧ 172 m	Herkestad gård
21,9 km	⇧ 126 m	Clubhaus Atlungstad Golfclub
23,5 km	⇧ 125 m	Naturlehrpfad
26,9 km	⇧ 123 m	Abzweigung Vandrerhjem Hamar
30,6 km	⇧ 124 m	Hamar, Pilgerzentrum BANK

Am See entlang in die Stadt! Nachdem die Steigung zu Beginn der Etappe bewältig ist, haben Sie immer wieder einen schönen Blick auf den Mjøsa-See und über die Täler mit ihren Feldern und Wäldern. Je näher Sie Hamar kommen, umso stärker ändert sich die Umgebung von ländlich zu städtisch. Vom Stadtanfang bis zu dem an den Domruinen liegenden Pilgercenter warten dann noch fast 4 km auf der schönen Uferpromenade auf Sie.

Laufen Sie vom Campingplatz zurück zur Hauptstraße Tangstubakken und weiter nach links über den **Fluss Vikselva**. Die Straße heißt nun Tangenvegen und der Rad- und Fußweg bringt Sie – vorbei am ⌘ **Kulturhus Fredheim** mit einer Büste der Schriftstellerin Ingeborg Refling Hagen im Garten ❶ (☞Etappe O6) (km 1,3) – aus dem Ort hinaus.

Knapp 400 m weiter geht es von der Landstraße links ab auf einen ruhigen Feldweg, der Sie vor einem einzelnen rotbraunen Gebäude nach oben in den Wald führt. Nach 800 m stoßen Sie auf einen breiteren Weg, dem Sie nach rechts folgen. An der folgenden T-Kreuzung halten Sie sich ebenfalls rechts, biegen aber sogleich nach nur 50 m links auf den schmalen Pfad ab. Dieser führt erneut auf eine breite Straße, der Sie für ca. 120 m nach links oben folgen, dann geht es wieder rechts in den Wald hinein.

Auf dem zunächst ansteigenden, dann wieder hinabführenden Weg laufen Sie, bis Sie auf eine sandige Straße kommen. Hier biegen Sie rechts ab auf den Vardebergvegen. Keine 200 m weiter geht es dann bei dem Wegweiser für den Radweg Nr. 7 rechts ab auf den Ekebergvegen.

Nach knapp 500 m auf der Schotterpiste passieren Sie die Zufahrt zur einfachen Hütte Husmannsplassen Skomakerbakken ❷ (km 4,3).

Husmannsplassen Skomakerbakken, Ekebergvegen 791, 2337 Tangen, 95 98 09 68, frank.ostby@gmail.com, ca. 200 m vom Olavsweg entfernt, Mai bis September, NOK 150/Pers. in einer von zwei einfachen, unbewirtschafteten Hütten (13 Betten insgesamt), Zelt NOK 50, Schlafsack mitbringen, Küche mit Propan, einfache Waschmöglichkeit außerhalb, kein Strom, Vorabbuchung erwünscht

Die Schotterpiste führt Sie die nächsten gut 2,5 km vorbei an vereinzelt stehenden Häusern und Bauernhöfen, durch Felder und Waldstücke, an Kuhherden und Pferdekoppeln vorbei – es sind dabei einige steile Anstiege zu meistern. Nach der Farm Ekeberg gård treffen Sie auf die Straßenkreuzung zweier Landstraßen und laufen geradeaus weiter Richtung Såstad. Es geht nun nur noch leicht bergan und gut 350 m hinter dem höchsten Punkt der Piste liegt am rechten Wegesrand die nächste Pilgerunterkunft auf dem **Hof Gørdammen** ❸ (km 8,6).

Gørdammen, Ekebergvegen 360, 2335 Stange, 93 49 11 56, jeanette@salmakeriet.com, Mai bis Oktober, eine gemütliche Hütte mit drei Schlafplätzen und einfacher Kochmöglichkeit, NOK 200/Pers., Bettwäsche NOK 40, Zelt NOK 100, die Gastgeberin Jeanette und der Gastgeber Gøran bitten um Voranmeldung.

Anschließend laufen Sie etwa 1,5 km durch den Wald bergab, dann öffnet sich die Landschaft und der Blick kann frei über die umliegenden Felder schweifen. Der **Rastplatz Feginsbrekka** mit einer Tisch-Bank-Kombination bietet die Möglichkeit zu einer Pause, bevor es weiter vorbei an einzelnen Bauernhöfen geht und bald können Sie den Turm der Stange-Kirche vor sich sehen.

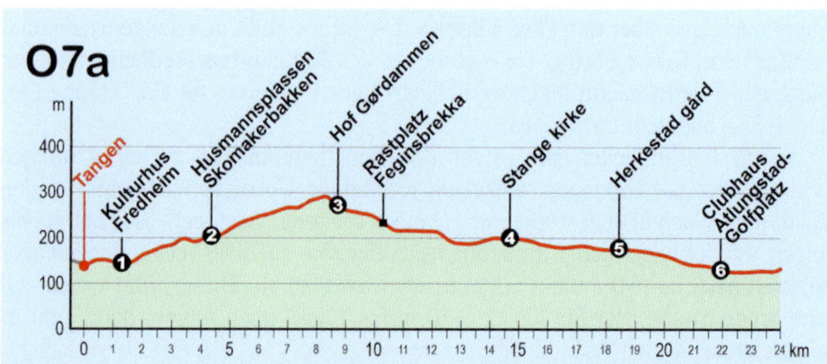

07

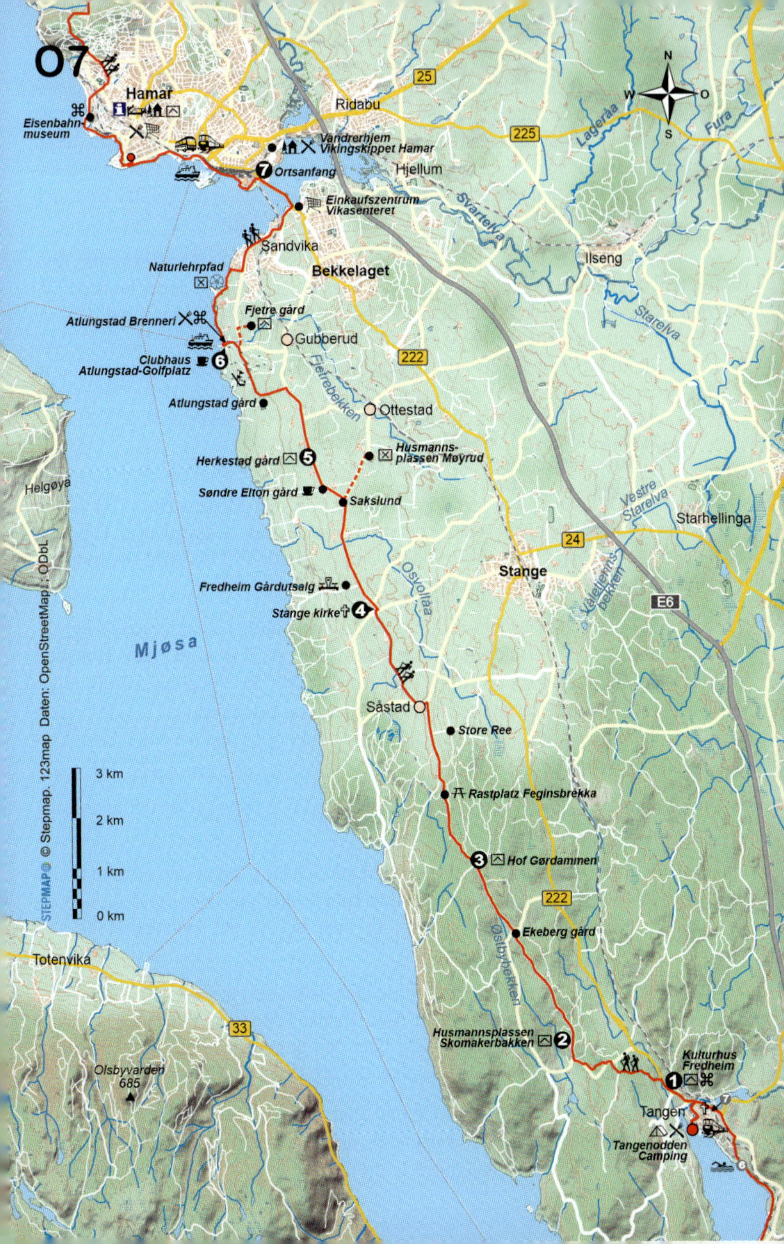

Hamar
Eisenbahn-museum
Ridabu
Vandrerhjem Vikingskippet Hamar
Ortsanfang
Hjellum
Einkaufszentrum Vikasenteret
Sandvika
Bekkelaget
Naturlehrpfad
Svartelva
Ilseng
Lageraa
Fura
Starelva
Fjetre gård
Atlungstad Brenneri
Gubberud
Clubhaus Atlungstad-Golfplatz
Fjetrebekken
Ottestad
Atlungstad gård
Husmanns-plassen Møyrud
Herkestad gård
Søndre Elton gård
Sakslund
Vestre Starelva
Starhellinga
Helgøya
Stange
Osvollåa
Fredheim Gårdutsalg
Stange kirke
Mjøsa
Såstad
Store Ree
Rastplatz Feginsbrekka
Hof Gørdammen
Ekeberg gård
Østbybekken
Husmannsplassen Skomakerbakken
Kulturhus Fredheim
Tangen
Tangenodden Camping
Totenvika
Olsbyvarden 685
3 km
2 km
1 km
0 km
STEPMAP © Stepmap, 123map Daten: OpenStreetMap, ODbL

Vorbei an der von Bäumen gesäumten Zufahrtsstraße zur der rechts auf einem Hügel liegenden Ochsenzuchtfarm Store Ree erreichen Sie die T-Kreuzung mit der Asphaltstraße Såstadvegen. Wenden Sie sich dort kurz nach links (Wegweiser zur Kirche) und biegen Sie gleich hinter dem großen Bauernhof rechts ab und folgen Sie dem schmalen Feldweg Almsgutua leicht ansteigend für gut 2,2 km durch die Maisfelder bis direkt zur ✞ **Stange kirke** ❹ (km 14,6).

✞ **Stange kirke**. Die Steinkirche mit dem für die gotische Architektur des Mittelalters typisch spitzen, über 20 m hohen Westportal zählt zu den schönsten Kirchen in der Provinz Hedmark. Benannt nach dem Bauernhof Stangir, auf dem sie 1225 gebaut wurde, gab die Stange-Kirche der Gemeinde ihren Namen. Nach einem Brand im Jahre 1620 erhielt sie verschiedene Stücke im Barockstil, u. a. eine reich mit biblischen Motiven geschmückte Kanzel von 1630.

♦ zentrales Kirchenamt Stange menighetssenter Vollbo, Vollasvingen 1, 2335 Stange, ☏ 62 57 89 30, ✉ kirkekontoret@stangemenighet.no, 💻 www.stangemenighet.no, 🚪 Sommer Mo bis Fr 11:00 bis 15:00

Auf dem Parkplatz vor der Kirche finden Sie den **Meilenstein** „503 km til Nidaros“. Gehen Sie an diesem vorbei nach links auf den Vestbygdvegen Richtung Hamar. Bleiben Sie für ca. 600 m auf der Landstraße (✋ Vorsicht, es kann für norwegische Verhältnisse viel Verkehr herrschen).

➯ Auf dem nach links in Richtung See abbiegenden Gillundvegen (Wegweiser „Gillundstrand“) erreichen Sie nach nicht einmal 200 m den **Hofladen Fredheims Gårdutsalg** (🚪 Di bis Fr 12:00 bis 17:00, Sa 10:00 bis 15:00). Hier können Sie nicht nur saisonales Gemüse und frische Eier einkaufen, sondern auch auf der Terrasse Platz nehmen und die Aussicht über den See bei einer Tasse Kaffee genießen.

Für den Weg nach Hamar laufen Sie auf dem Vestbygdvegen weiter geradeaus durch die Agrarlandschaft.

☺ Achten Sie auf dem Vestbygdvegen auf Schilder, die in den Hofeinfahrten stehen: Je nach Saison bieten einige Bauernhöfe hier ihre Him- und Erdbeeren direkt vom Feld zum Verkauf an (z. B. eine Schale mit Himbeeren für ca. NOK 30).

🚌 Am Vestbygdvegen und später auf dem Sandvikavegen finden Sie regelmäßig Bushaltestellen, an denen Busse nach Hamar halten (z. B. Linie 54). Allerdings bestehen die Verbindungen nicht über den gesamten Tag und nur werktags (☞ Reise-Infos von A bis Z, Verkehrsmittel am Weg).

➯ In der Linkskurve nach weiteren etwa 1,8 km auf dem Vestbygdvegen zweigt nach rechts der Grimerudvegen ab, auf dem Sie nach gut 1 km eine Übernachtungsmöglichkeit für Pilgerinnen und Pilger finden.

⌂ **Husmannsplassen Møyrud**, Grimerudvegen 118, 2313 Ottestad, ☎ 95 80 70 32, ✉ post@moyrud.no, 💻 www.moyrud.com, zwei Hütten mit insgesamt sieben Schlafplätzen, privaten Bädern und tollem Blick über das Farmland und den See Mjøsa, Gemeinschaftsküche, Waschmaschine und Feuerstelle im Garten, NOK 450/Pers. inkl. Bettwäsche, Vorausbuchung erwünscht

Knapp 500 m nach dem Abzweig zum **Husmannsplassen Møyrud** passieren Sie die Farm **Søndre Elton gård** mit einem kleinen ☕ Hofcafé (🚪 während der Erdbeersaison bis etwa Mitte August tgl. 10:00 bis 18:00), das hausgemachte Waffeln mit frischen Erdbeeren und Quark serviert. Nur knapp 800 m weiter gelangen Sie zum Hof ⌂ ⛺ **Herkestad gård** ❺ (km 18,4).

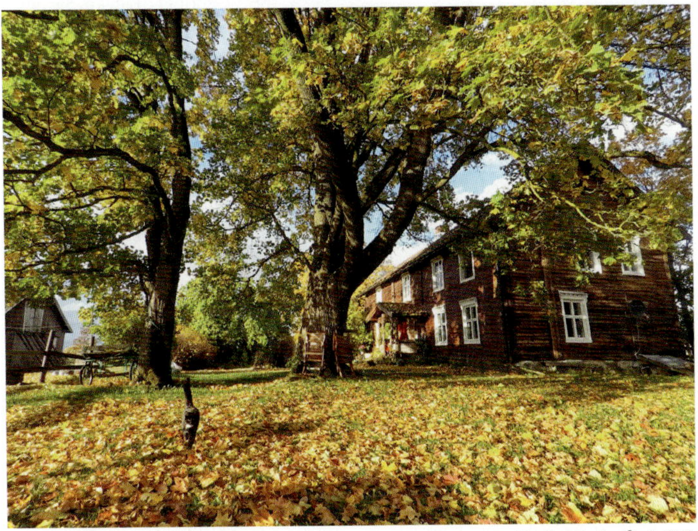

Herkestad gård (hf)

⌂ ⛺ **Herkestad gård**, Vestbygdvegen 370, 2312 Ottestad, ☎ 99 35 26 53, ✉ annebentepedersenki@gmail.com, großes, historisches Bauernhaus von 1820 mit insges. 22 Betten in Einzel-, Doppel- oder Mehrbettzimmern, NOK 450/Pers. inkl. Bettwäsche, Zelt NOK 200, Frühstück und Abendessen nach Vorbestellung möglich, Selbstversorgerküche, Waschmaschine, Vorausbuchung erwünscht. Ihre Gastgeberin Bente möchte einfach nur ein Teil des Olavsweges sein – und das spürt man auch: Der Herkestad-Hof und der Pilgerweg, die bilden sofort eine Einheit, wenn man von der Straße in den Vorgarten abbiegt und über die Koppel mit den Ponys auf den Mjøsa-See blickt, der fast wie ein stilles Meer anmutet. Dazu trägt Bente auch mit ihrem vollsten Vertrauen in die Pilgerinnen und Pilger bei, die notfalls per Telefon ins

Haus geleitet werden und für die Getränke und Obst auf dem Tisch vor der Tür bereitstehen. Zudem weiß die herzliche Frau viele schöne Geschichten über die „Kornkammer Norwegens“ zu erzählen, die die Strecke auf dem asphaltierten Vestbygdvegen abwechslungsreicher machen. In ihrem wunderschön bunt gestalteten Holzhaus fühlt man sich sofort wohl, ein modernes Bad und warmes Essen machen die „Zur-Ruhe-kommen“-Aura, die einen hier empfängt, perfekt.

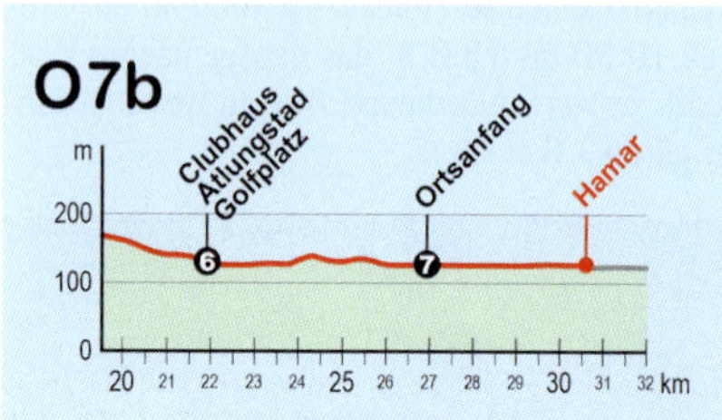

Nach weiteren 1,6 km auf dem Vestbygdvegen finden Sie die Abzweigung deutlich markiert, die Sie von der Landstraße wegbringt. Biegen Sie links in den von Bäumen gesäumten Schotterweg ein. Sie gelangen auf diesem durch zwei Steinsäulen auf das Privatgrundstück des Atlungstad gård: Bitte respektieren Sie das! Auf dem Ottestadstien-Weg gelangen Sie zum Golfplatz Atlungstad und gehen ca. 800 m auf dem Hauptweg durch diesen hindurch. Am Ende des Grüns (km 21,6) gehen Sie links hinab vorbei am großen Parkplatz bis zum Café im Clubhaus des Golfclubs ❻ (Mai bis Oktober Mo bis So 8:00 bis 20:00) (km 21,9).

Zur Herberge **Fjetre gård** gehen Sie am Ende des Golfplatzes geradeaus auf dem Sandvikavegen weiter.

Fjetre gård, Sandvikavegen 185, 2312 Ottestad, 40 47 93 19, post@fjetre.no, www.fjetre.no, ca. 700 m vom Olavsweg entfernt, Haus mit zwölf Betten (im DZ) und Selbstversorgerküche auf altem Bauernhof, NOK 690/Pers. (inkl. Bettwäsche und Handtücher) oder NOK 875/Pers. (inkl. Frühstück). Vorzugsweise für kleinere Gruppen, vorher anfragen!

Laufen Sie dann vor der **Anlegestelle des Skibladner** (Reise-Infos von A bis Z, Verkehrsmittel am Weg) rechts um die **Atlungstad Brenneri** mit Brennereimuseum (62 33 00 55, aktuelle Öffnungszeiten unter www.atlungstadbrenneri.no) herum. Die Backsteingebäude beherbergen die älteste Destille Norwegens, deren Wurzeln bis in das Jahr 1855 zurückreichen.

☺ Mit gültigem Pilgerpass gibt es die Kartoffelsuppe mit Speck zum reduzierten Preis.

Folgen Sie dem Pfad an der Brennerei vorbei und am See entlang. Nachdem Sie den Sportplatz vor der Kläranlage Hias hinter sich gelassen haben, führt der Pfad etwas vom Seeuferweg durch ein kleines Waldstückchen zum wunderschönen **Naturlehrpfad Naturstien Nordsveodden** (ca. 300 m lang), der Sie wieder direkt am Mjøsa entlang durch ein kleines Wäldchen führt. Hier gibt es viele Rastmöglichkeiten, u. a. auf einem Steg im Wasser.

Wenn Sie sich an der Gabelung hinter dem Industriepark links halten, finden Sie am Ende der Landzunge Nordveodden einen schönen Unterstand direkt am Mjøsa-Ufer.

Am Ende des Lehrpfades gelangen Sie über eine Straße nach rechts hoch auf den breiten Sandvikavegen. Folgen Sie der Straße auf dem Fuß- und Radweg nach links. Sie haben immer wieder einen schönen Blick über den See hinweg auf die Domstadt Hamar mit der Kuppel der Olympiahalle.

Sie gelangen an Bahngleise (km 25,4), überqueren diese und halten sich links. Folgen Sie weiter dem Sandvikavegen zum Kreisel (Vikasenteret, u. a. mit dem Discounter Extra, Mo bis Fr 7:00 bis 23:00, Sa 8:00 bis 21:00), überqueren diesen auf dem Zebrastreifen und gehen links über die Brücke nach **Hamar**. Direkt am nächsten Kreisel ❼ (km 26,9) finden Sie nach rechts die erste Übernachtungsmöglichkeit ausgeschildert, das **Vandrerhjem Vikingskippet Hamar**.

Zum Pilgercenter direkt an den Domruinen sind es vom Kreisel aus noch 3,7 km. Folgen Sie den Olavskreuzen über den Kreisel hinweg und hinter diesem nach links über den Zebrastreifen Richtung Shell/7-Eleven. Biegen Sie davor links ab und gehen Sie in der Unterführung unter den Gleisen hindurch und danach die Treppenstufen hinauf.

Gehen Sie quer über den Parkplatz zum See und folgen Sie dem Fuß- und Radweg immer am Mjøsa entlang. Sie kommen am **Hamar Bahnhof** (Dovrebahn ☞ Reise-Infos von A bis Z, Verkehrsmittel am Weg) und am **Victoria Hotel** vorbei (auf der anderen Seite der Gleise). Überqueren Sie den Parkplatz und gehen Sie um den Motorsportboothafen herum (Skibladner ☞ Reise-Infos von A bis Z, Verkehrsmittel am Weg).

Wenn Sie am Hafen nach rechts durch die Unterführung gehen, kommen Sie an einen großen Platz im Zentrum von Hamar mit Schnellrestaurants und Cafés und weiter geradeaus zur Hamar domkirke.

Am Ende des kleinen Hafens finden Sie einen Kiosk. Gehen Sie an diesem vorbei und folgen Sie der Promenade, die von vielen Bewohnerinnen und Bewohnern für Sport und Freizeit genutzt wird. Sie passieren u. a. das ⌘ Glockenspiel im See, den Hochwasserstein, einen kleinen Strand und eine ehemals militärisch genutzte Reithalle. Es geht am Mjøsa entlang bis zu den ersten historischen Gebäuden (dem mittelalterlichen Bischofssitz) des ⌘ **Domkirkeodden**. Gehen Sie hier nicht links in den Park mit den **Domruinen**, sondern biegen Sie nach dem Promenadenweg direkt rechts in die Straße Storhamargata ein: Hier liegt auf der linken Seite das weiße Gebäude des ⊙ **Pilgercenters Hamar** (km 30,6).

Hamar

Hamarregionen Turistkontor, Strandgata 45, 2317 Hamar, 40 03 60 36, post@visitmjosa.no, www.visitmjosa.no, Mo bis Fr 10:00 bis 16:00, Mitte Juni bis Ende August länger sowie Sa und So geöffnet

Pilegrimssenter Hamar, Storhamargata 125, 2315 Hamar, 47 47 82 66, hamar@pilegrimssenter.no, hamar.pilegrimsleden.no, Mai bis September tgl. 9:00 bis 16:00, Pilgerinformation und -herberge unter einem Dach, zwei Schlafräume mit insgesamt zehn Betten, NOK 350/Pers. (inkl. Bettwäsche und Handtücher), Gemeinschaftsbad und -küche, WLAN, Vorausbuchung empfohlen

Seiersted Pensjonat, Platousgate 5, 2318 Hamar, 99 71 70 66, hamarbooking@gmail.com, www.seiersted.no, ca. 1 km vom Olavsweg entfernt, Zimmer im zentral gelegenen, jahrhundertealten Gästehaus mit eigenem Bad und Balkon, Gemeinschaftsküche, WLAN, EZ NOK ab 460, DZ ab NOK 660 (fragen Sie nach Pilgerpreisen)

♦ **Thon Partner Hotel Victoria Hamar**, Strandgaten 121, 2317 Hamar, 62 02 55 00, victoria@firsthotels.com www.thonhotels.no/hoteller/norge/hamar, EZ ab NOK 1.395, DZ ab NOK 1.495 (13 % Pilgerrabatt), WLAN

♦ **Clarion Collection Hotel Astoria**, Torggata 23, 2317 Hamar, 62 70 70 00, cc.astoria@choice.no, www.choice.no, ca. 300 m vom Olavsweg entfernt, EZ ab NOK 1.090, DZ ab NOK 1.290 inkl. Frühstück und Abendessen (Buffet 18:00 bis 20:00), WLAN

Hamar Vandrerhjem Vikingskipet, Åkersvikvegen 24, 2321 Hamar, 62 52 60 60, post@vikingskipet.no, www.vikingskipet.no, ca. 600 m vom Olavsweg entfernt, Restaurant Ny & Ne tgl. 7:00 bis 22:00, Bett im Schlafsaal NOK 490, EZ ab NOK 985, DZ ab NOK 1.085, Preise inkl. Frühstück, Bettwäsche, Handtücher, WLAN, Waschmaschine, gegenüber der ⌘ Olympiahalle

Hedmarktoppen Hamar Hytteutleie, Limhusveien 15, 2315 Hamar, 62 51 93 70, kontor@hedmarktoppen.no, www.hamar-hytteutleie.no, ca. 2,5 km vom Olavsweg entfernt, Hüttenvermietung ganzjährig, Camping 1. Juni bis 15. August, Schlafplatz im Mehrbettzimmer ab NOK 375 bzw. 450/Pers. (ohne/mit Frühstück, eigener Schlafsack), Hütte für 4 Pers. ab NOK 1.060, Zelt NOK 200

Matkvartalet, Torggata 13, 2317 Hamar, www.matkvartalet.no, Mo bis Do 10:45 bis 21:00, Fr/Sa 10:45 bis 22:00, So 12:00 bis 21:00, der liebevoll renovierte Innenhof eines Wohnhauses aus dem Jahr 1910 ist Treffpunkt für Feinschmeckerinnen und Feinschmecker von nah und fern und lockt mit Brauerei, Kaffeerösterei, Schlachterei und Käseladen sowie köstlichem Streetfood aus der ganzen Welt.

♦ **Mjøsfronten**, Brygga, www.hamar.kommune.no/mjosfronten, im Sommer lockt Hamars Strandpromenade mit zahlreichen Imbisswagen.

BANK **Einkaufszentrum Maxi Storsenter Hamar**, Aslak Bolts Gate 48, 2316 Hamar, Mo bis Sa 10:00 bis 18:00

♦ **Einkaufszentrum Vikasenteret**, Vikavegen 15, 2312 Hamar, Mo bis Fr 9:00 bis 20:00, Sa 9:00 bis 18:00

Rema 1000 Basarene Hamar, Lille Strandgate 3, 2317 Hamar, Mo bis Sa 7:00 bis 23:00

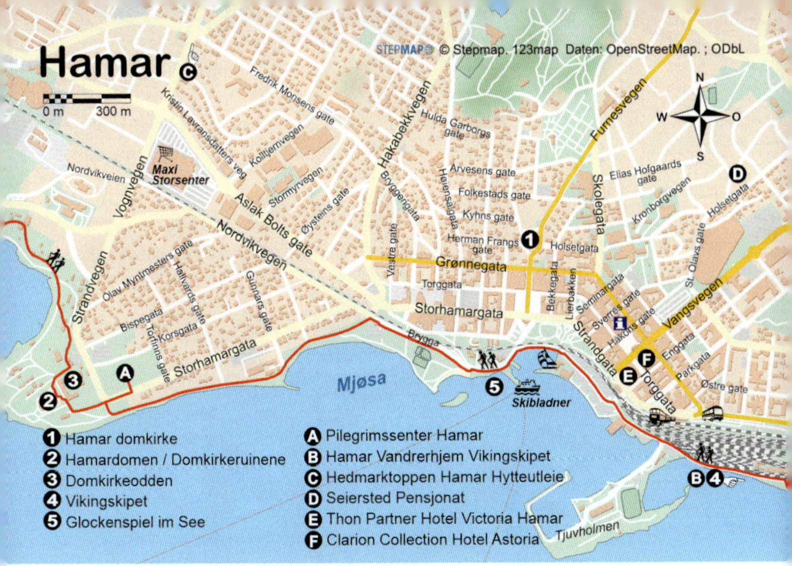

♦ **Rema 1000 Bispehaugen**, Aslak Bolts Gate 40a, 2316 Hamar, Mo bis Sa 7:00 bis 23:00

YX/7-Eleven Vikingskipet, Stangevegen 113, 2321 Hamar, Mo bis Fr 6:00 bis 24:00, Sa 8:00 bis 24:00, So 9:00 bis 24:00

✝ **Hamar domkirke**. Die Kathedrale von Hamar wurde 1866 aus Backstein gebaut.

♦ Kirkebakken 14, 2317 Hamar, 62 56 37 50, post.hamar@kirken.no, www.kirken-hamar.no, 20. Juni bis 20. August Di bis So unregelmäßig, Gottesdienste Di 8:30 und So 11:00

✝ Hamardomen: Die Ruinen der mittelalterlichen Kathedrale

Vermutlich wurde mit dem Bau des Hamardomen um 1152/53 begonnen, doch erst im frühen 14. Jh. erreichte die Kathedrale ihre ehemals beeindruckende Höhe (bis zu 50 m hoch) und Länge (56,8 m). Sie bestand aus Kalkstein vom Furuberget (☞ Etappe O8) und war für die nächsten drei Jahrhunderte der wichtigste Pilgerort zwischen Oslo und Trondheim. Die Domkirche verlor 1537 an Bedeutung, als im Zuge der Reformation die beiden Bistümer Oslo und Hamar vereinigt wurden, und erlitt im Nordischen Siebenjährigen Krieg (1567) erhebliche Schäden. Die Kirche verfiel mit der Zeit immer mehr und die Menschen holten sich die Steine, um damit Häuser zu bauen. Schließlich musste die historische Stätte geschützt werden – der ausgefallene Glasbau von 1998 ist das Ergebnis davon.

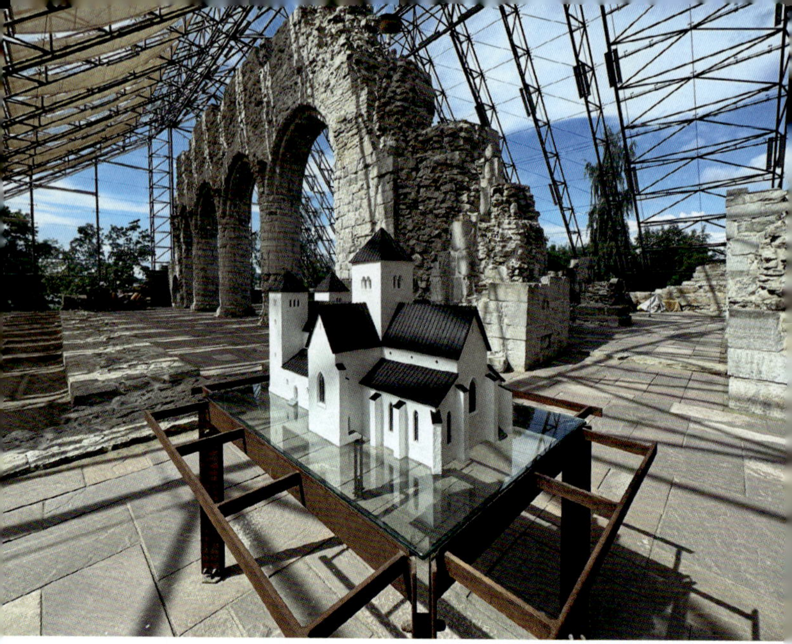

Ruinen der Domkirche

⌘ ✞ ❀ ✕ **Domkirkeodden**. Großes Freilichtmuseum mit Gebäuden von der Eisenzeit bis zu den frühen Gesellschaften des 20. Jh., mit Kräutergarten, wechselnden Ausstelllungen, dem alten Bischofspalast (Dauerausstellung) und den Ruinen des Hamardomen

♦ Strandveien 100, 2315 Hamar, ☏ 62 54 27 00, ✉ domkirkeodden@annomuseum.no, 💻 www.domkirkeodden.no, 🚪 Ende Mai bis Mitte Juni Di bis So 10:00 bis 16:00, Mitte Juni bis Mitte August tgl. 10:00 bis 17:00, Mitte August bis Anfang September Di bis So 10:00 bis 16:00, September tgl. 10:00 bis 16:00, Park frei zugänglich, Erwachsene NOK 140, Kinder (6-17 Jahre) NOK 70, ⊙ mit dem Pilgerausweis ist der Eintritt zum Hamardomen kostenlos, Führungen im Sommer (nach Anfrage auf Englisch), Auskunft im Museum und im Pilgercenter.

⌘ **Vikingskipet**. Die Form der Olympiahalle ist einem auf dem Kopf stehenden Wikingerschiff nachempfunden, sie wird im Sommer als Mehrzweckhalle für Konzerte, Ausstellungen etc. genutzt und im Winter dazu als Eisbahn.

♦ Åkersvikvegen 1, 2321 Hamar, ☏ 62 51 75 00, ✉ post@hoa.no, 💻 www.vikingskipet.no

⌘ Das Glockenspiel im See besteht aus 24 Glocken und dem Uhrturm. Sie spielen zu jeder vollen Stunde zwischen 9:00 und 21:00.

⌘ **Norwegisches Eisenbahnmuseum**
♦ Strandvegen 161, 2316 Hamar, 📱 40 44 88 80, ✉ postmottak@norsk-jernbanemuseum.no, 💻 www.jernbanemuseet.no, 1. Juli bis Ende August tgl. 10:00 bis 16:00, außerhalb der Sommersaison eingeschränkte Öffnungszeiten, Erwachsene NOK 120, Kinder 4-15 Jahre NOK 75, ✕ der nach der ersten norwegischen Lokführerin benannte historische Speisewagen Kari-Sofie aus dem Jahre 1911 verkehrte einst auf der Bergenbahn und versorgt heute durstige und hungrige Gäste mit Kaffee, Kuchen und Snacks.

Die charmante Stadt am Ostufer des Mjøsa-Sees mit rund 30.000 Einwohnerinnen und Einwohnern wurde 1152 als Bischofsitz gegründet und war bis zur Reformation 1537 das geistliche Zentrum Norwegens. Weithin bekannt wurde die heutige Hauptstadt der Region Hedmark als Austragungsort einiger Wettkämpfe der Olympischen Winterspiele von Lillehammer 1994.

Etappe O8: Pilgerzentrum Hamar – Ringsaker

33,4 km, ca. 9 Std. 15 Min., ↑ 500 m, ↓ 460 m ⇧ 120-340 m

0,0 km	⇧ 124 m	Hamar, Pilgerzentrum BANK ⌘
0,3 km	⇧ 123 m	Hamardomen ✝ ⌘
8,1 km	⇧ 228 m	Furnes kirke ✝
15,4 km	⇧ 146 m	Pax Gjestehus
16,2 km	⇧ 140 m	Brumunddal, Fußgängerzone ✕ BANK
22,1 km	⇧ 300 m	Veldre kirke ✝
25,3 km	⇧ 225 m	Tokstadfurua-Kiefer
26,9 km	⇧ 250 m	Rudshøgda ✕
28,4 km	⇧ 249 m	Prøysenhuset ⌘
33,4 km	⇧ 162 m	Ringsaker kirke ✝

Die Etappe beginnt mit dem Wahrzeichen Hamars: Die beeindruckenden steinernen Überreste der Kathedrale, unter einem Glasdach eingepackt, sind allemal ein Besuch wert. Danach geht es idyllisch am See entlang und auf z. T. schmalen, verwurzelten Pfaden durch den Kiefernwald vom Naturreservat Furuberget zur Furnes-Kirche und hinunter in die Stadt Brumunddal. Weiter über Felder und durch Wälder gelangen Sie über die Kirche in Veldre ans Wasser. Zum Schluss der Etappe will aber noch ein langes Stück auf Asphalt bewältigt werden, bevor die müden Beine in der Pilgerherberge an der wunderschön am Mjøsa-See gelegenen Ringsaker-Kirche Ruhe finden.

☺ *Wem die Etappe zu lang ist, der kann Sie leicht mit einer Übernachtung in Brumunddal oder Veldre auf zwei kürzere Wandertage aufteilen. So bleibt auch mehr Zeit für die ausgiebige Besichtigung des Domkirkeodden-Freilichtmuseums in Hamar.*

Starten Sie vom Pilgerzentrum auf der Storhamargate nach rechts und laufen Sie gleich in der Rechtskurve geradeaus, um zum ⌘ ❀ Park des **Domkirkeodden-Freilichtmuseums** mit den Ruinen des ✞ ⌘ **Hamardomen** (☞ Etappe O7) zu gelangen. Gehen Sie durch die zwei Steinsäulen hinein, an den rechts liegenden, mittelalterlichen Bischofsgebäuden vorbei und auf die mit Glas überdachten Ruinen zu.

☺ Auch wenn die Zeit angesichts der langen Etappe drängt: Der Besuch der Ruinen ist ein Muss! Für Pilgerinnen und Pilger ist der Eintritt in das Glasdreieck umsonst und die Guides in ihren mittelalterlichen Gewändern singen Ihnen gerne etwas vor – der Klang ist atemberaubend schön.

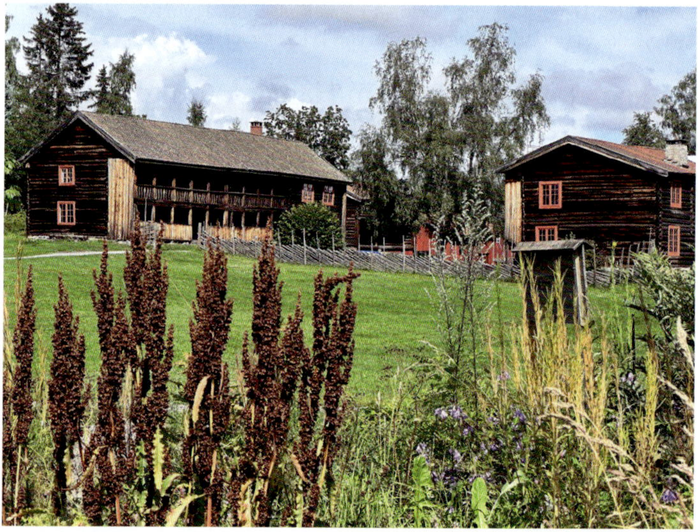

Freilichtmuseum

Von den Domruinen aus gehen Sie auf dem Pfad weiter und nach rechts zum Haupteingang des Museumsparks und am **Meilenstein** „488 km til Nidaros" vorbei. Laufen Sie vor dem Kassenhäuschen nach links und folgen Sie dem Spazierweg vorbei an den historischen Gehöften und Lagerhäusern über das Gelände des Freilichtmuseums.

Vorbei am Kletterpark direkt am Seeufer erreichen Sie den zu einem ✕ Café umfunktionierten Speisewagen (Getränke, Mittagstisch, Kuchen) des ⌘ Norwegischen Eisenbahnmuseums (☞ Etappe O7). Laufen Sie dahinter auf der Straße Strandvegen nach links (km 1,9).

Folgen Sie dem Fuß- und Radweg für ca. 350 m, vorbei an einem Kiosk (Eis, Getränke), bis Sie zu einem Backsteingebäude gelangen. Hier biegen Sie rechts in den Nystuvegen ab, laufen unter der Eisenbahnbrücke hindurch, überqueren die Straße Kornsilovegen/Furubergvegen und gehen geradeaus auf dem kleinen Weg weiter.

Gehen Sie quer über den Parkplatz des Fußballplatzes. Rechts liegt nun eine Schule, vor dieser geht links ein schmaler Graspfad ab (Olavswegkreuz „Almueveien"), dem Sie durch Häuser nach oben folgen. Nach gut 350 m gelangen Sie an den Furubergvegen, überqueren Sie diesen nach links und achten Sie sofort auf ein Olavswegkreuz, das Sie rechts von

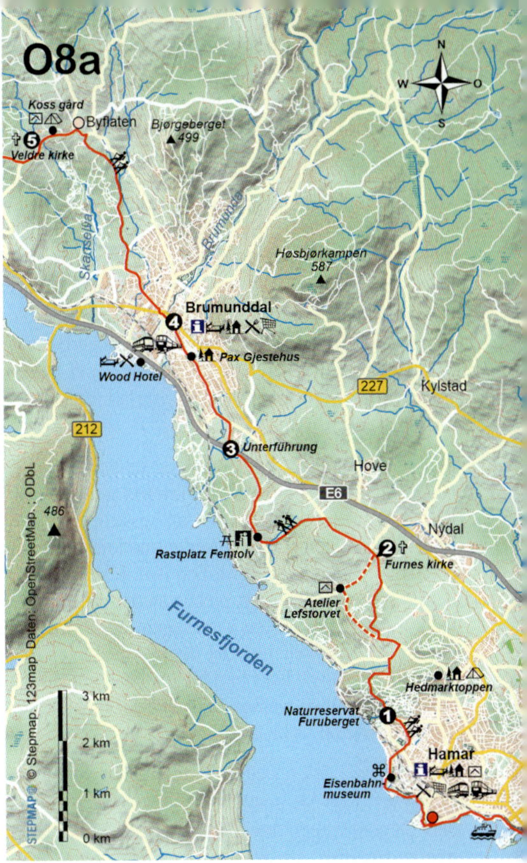

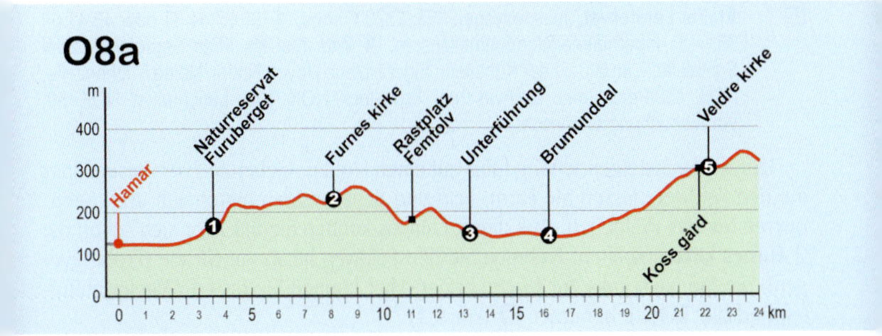

der Straße ab und einen kleinen Waldpfad hinaufweist. Sie gelangen in das **Naturreservat Furuberget** ❶ (km 3,6) mit einem wunderschönen Kiefernwald.

Naturreservat Furuberget

Das Naturschutzgebiet auf dem Furuberget ist eine Kalksteinformation zwischen Mjøsa-See und Ringsaker. Aufgrund des harten Kalks fließt das Wasser schnell ab. Der Boden ist daher nährstoffarm und so behaupten sich dort v. a. die genügsamen Kiefern, speziell Pinien. Ergebnis der Kombination aus besonderer Bodenqualität und Klima ist eine reichhaltige und vielfältige Vegetation von Moosen, Pilzen und Flechten, aber auch Walderdbeeren und Orchideen blühen hier. Das Schutzgebiet wird von Rehen, Hirschen und Elchen sowie Hasen, Füchsen und Dachsen bewohnt, bietet vielen Vogelarten eine Heimat und ist Erholungsgebiet für die Menschen aus Hamar.

Es folgt ein etwa 1,2 km langer, schöner Abschnitt durch den Wald, der auch einige Steigungen parat hält. Abwärts geht es erst nach der Abzweigung zum Kalksteinbruch (ca. 200 m bis zur Aussicht über den See, nicht zwingend sehenswert). Gehen Sie geradeaus weiter und folgen Sie dem Pfad, bis Sie aus dem Wald heraus auf einen Kiesweg stoßen (km 4,6).

Sie gehen rechts hoch, biegen an der nächsten Weggabelung links ab und treffen auf den asphaltierten Vikervegen, dem Sie für rund 300 m durch die Felder hinab bis zur T-Kreuzung mit dem Jessnesvegen folgen. Hier wenden Sie sich für knapp 500 m nach links und biegen dann auf Höhe der kreuzenden Stromleitung hinter dem großen weißen Haus auf der rechten Straßenseite nach rechts auf die Schotterpiste ab.

Etwa 1,3 km weiter geradeaus auf dem Jessnesvegen liegt das **Atelier Lefstorvet**. Falls Sie dort übernachten möchten, können Sie am nächsten Tag auf dem Deglumsvegen direkt zur Kirche in Furnes laufen, um wieder auf den Olavsweg zu stoßen.

Atelier Lefstorvet, Jessnesvegen 325, 2320 Furnes, 90 97 44 37 oder 40 41 09 35, ingerhelene@toppenatelier.com, Mitte Mai bis Mitte September, zwei Schlafplätze im Studio der Künstlerin Inger Helene Høyen Hodøl, kleine Küchenzeile, NOK 450/Pers. (inkl. Bettwäsche), Frühstück NOK 100, Lunchpaket NOK 50, Vorausbuchung erwünscht

Der leicht ansteigende Weg führt auf einen Hof zu. Gehen Sie vor diesem links auf den Feldweg, lassen Sie Farm, Feld und Schafsweiden hinter sich und durchqueren Sie das Wäldchen. Aus diesem hinaus können Sie links vor sich schon die **Furnes kirke** erspähen. Nehmen Sie den Feldweg hinab zur Straße (Frøbergvegen), die Sie nach links zur Kirche bringt. Hier können Sie rasten, Wasser auffüllen und die Toilette benutzen ❷ (km 8,1).

✞ **Furnes kirke**. Kreuzförmige Kirche von 1708, gebaut aus Steinen des Hamardomen

♦ Frøbergvegen 370, 2320 Furnes, ☎ 62 33 07 70 (Kirchenamt Brumunddal), ✉ post.ringsaker@kirken.no, Sommer (i. d. Regel) 8:00 bis 10:00 und 18:00 bis 21:00

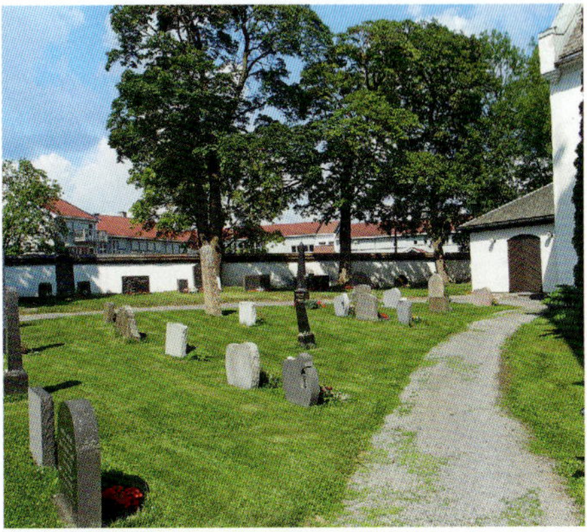
An der Furnes kirke (hf)

Von der Kirche laufen Sie geradeaus weiter am Sportplatz der Schule entlang. Die Straße heißt nun Gamle Kongsveg. Nach 250 m am Ortsende hört der Rad- und Fußweg auf und Sie setzen die Wanderung auf dem breiten Feldweg durch die sanften Hügel mit Wäldern und Feldern fort. Nach etwa 1,1 km biegen Sie vor dem Haus mit dem traditionellen Staketenzaun mit schräg liegenden Hölzern links auf den schmalen Pfad ab.

Dieser bringt Sie durch vereinzelt stehende Häuser, kleine Wälder und Felder auf einen Schotterweg, dem Sie leicht nach rechts folgen. Durchqueren Sie die nächste Ansiedlung von Häusern und biegen Sie bei der weißen Doppelgarage am Ende nach rechts auf den Kongsvegen ab (km 10,9).

Nur 125 m weiter bietet die Holzterrasse mit Stühlen die Möglichkeit zu einer komfortablen Rast mit tollem Blick über den See.

Der breite Feldweg führt Sie in einem Bogen zur altbekannten E6. Der Belag wechselt von Schotter zu Asphalt und schließlich geht es durch eine Unterführung unter der E6 hindurch ❸ (km 13,2). Gut 500 m weiter gelangen Sie zu den ersten Häusern von Brumunddal (größte Stadt der Ringsaker-Kommune) und folgen dem Kongsvegen an der Gabelung nach links durch ein ruhiges Wohngebiet.

Nach gut 1,6 km passieren Sie das **Pax Gjestehus** (zu Ihrer Rechten), 700 m weiter gelangen Sie an einen Kreisverkehr, an dem eine Shell-Tankstelle und das große BANK Einkaufszentrum **Møllas Storsenter** liegen. Biegen Sie davor links ab und laufen Sie nach rechts über den Zebrastreifen in die **Fußgängerzone von Brumunddal** ❹ (km 16,2), in der Sie Restaurants, Cafés, Bankautomaten finden.

Brumunddal

Turistkontoret i Brumunddal, Brugata 11, 2380 Brumunddal, 41 80 97 31, www.visit-innlandet.no, Sommer Mo bis Sa 11:00 bis 16:00, Winter Mo bis Fr 11:00 bis 15:00

Wood Hotel, Tårnvegen 55, 2380 Brumunddal, 48 11 02 00, woodhotel@frich.no, www.frich.no, ca. 1,2 km vom Olavsweg entfernt, modernes Hotel im Mjøstårnet, dem höchsten Holzgebäude der Welt, DZ ab NOK 1.940

Pax Gjestehus, Kongsvegen 36, 2380 Brumunddal, 95 73 11 05, ingerbraastad@gmail.com, 15. Mai bis 15. August, NOK 700/Pers. (inkl. Bettwäsche, Handtücher und Frühstück), Reservierung bevorzugt einen Tag vor Anreise per SMS oder E-Mail, nur Barzahlung

Møllas Storsenter, Brugata 16, 2380 Brumunddal, Mo bis Fr 9:00 bis 19:00, Sa 9:00 bis 18:00 (Eurospar, Mo bis Sa 8:00 bis 22:00), BANK

Brumunddal stasjon, Jernbanevegen, Dovrebahn Reise-Infos von A bis Z, Verkehrsmittel am Weg

Gehen Sie durch die Fußgängerzone vorbei an Elch-Brunnen und Tourismusbüro. Am Ende bringt Sie eine blumengeschmückte Brücke über den Fluss Brumunda und Sie laufen weiter geradeaus bis zum nächsten Kreisverkehr. Gehen Sie davor nach rechts durch die Unterführung und anschließend am Imbiss Bua Grill vorbei. Folgen Sie der Straße Fagerlundvegen an der Feuerwache vorbei stadtauswärts.

Kurz nachdem Sie die letzten, vereinzelt stehenden Häuser hinter sich gelassen haben, zeigt Ihnen das blaue Fußgängerschild „Pilegrimsleden" den Weg nach rechts ab (km 17,8). Der Ånnerudvegen führt Sie über den gleichnamigen Hof hinaus ins offene Feld.

Biegen Sie gleich an der ersten Gabelung links ab auf den leicht ansteigenden Lillenhaugenvegen. Dort, wo dieser nach rund 750 m eine Linkskurve beschreibt, laufen Sie geradeaus auf den schmalen Pfad, der Sie immer leicht ansteigend durch Felder, kleine Wälder und vorbei an einer Ansiedlung von Grundstücken führt. Am Ende der Siedlung (Elvsvea) nehmen Sie nicht den Weg rechts über die Brücke, sondern bleiben auf dem Feldweg geradeaus (Wanderwegweiser Richtung Byflaten/Solstadt) (km 20).

Knapp 950 m weiter erreichen Sie die Asphaltstraße Byflatvegen und laufen auf dem Rad- und Fußweg nach links. Die **Veldre kirke** ist schon ausgeschildert und an der nächsten Gabelung nach gut 250 m biegen Sie links in den Flesakervegen ein.

Für eine Übernachtung auf dem Bauernhof **Koss gård**, biegen Sie nach gut 300 m rechts auf den Schotterweg Kossgutua ab.

Koss gård, Kossgutua 10, 2385 Brumunddal, 90 19 44 22, livtho@gmail.com, www.kossgaard.com, ca. 300 m vom Olavsweg entfernt, Übernachtung im *stabbur* (2 Betten, 250 NOK/Pers.), 4-Bett-Hütte (NOK 350/Pers.)

sowie drei Doppelzimmer im Haupthaus (NOK 500/Pers., inkl. Bettwäsche und Handtücher), Zelt NOK 200, Waschmaschine NOK 50, Frühstück und Abendessen nach Absprache, Vorausbuchung erwünscht

Nach der nächsten Kurve taucht die imposante ✞ **Veldre kirke** vor Ihnen auf und die Straße führt direkt darauf zu ❺ (km 22,1).

✞ ☉ ♦ **Veldre kirke**. Junge Holzkirche aus dem Jahr 2000
Flesakervegen 23, 2385 Brumunddal, ☏ 62 34 73 70, i. d. Regel tgl. 8:00 bis 10:00 und 18:00 bis 21:00. ☺ Links der Kirche (vom Parkplatz vor dem Haupteingang aus gesehen) ist die kleine Marienkapelle extra für Pilgerinnen und Pilger angebaut worden und steht immer offen.

Folgen Sie dem Flesakervegen an der Kirche vorbei. An der Gabelung nach knapp 600 m biegen Sie rechts in den Storlisvegen Richtung Wald ein. Es geht für gut 450 m nach oben, dann biegen Sie bei der ⩩ Pilgerbank mit Tisch links auf den nun abwärts verlaufenden Pfad ab. Bis Ringsaker folgen Sie nun mehr oder weniger durchgehend dem Prestvegen, den einst auch der Priester der Ringsaker-Kirche nutzte, der auch für die Kirche in Veldre zuständig war. Sie passieren einen weiteren ⩩ Pilgerrastplatz mit Tisch, Bänken und sogar einer Trockentoilette und der Waldweg wird zur Asphaltstraße, der Sie bis zum querenden Løkendalsvegen folgen. Hier biegen Sie

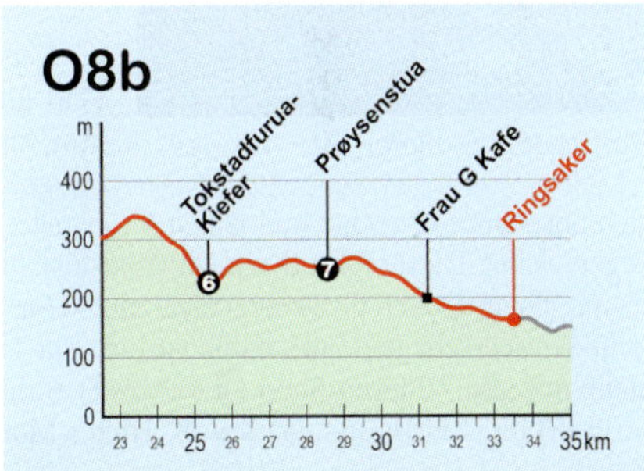

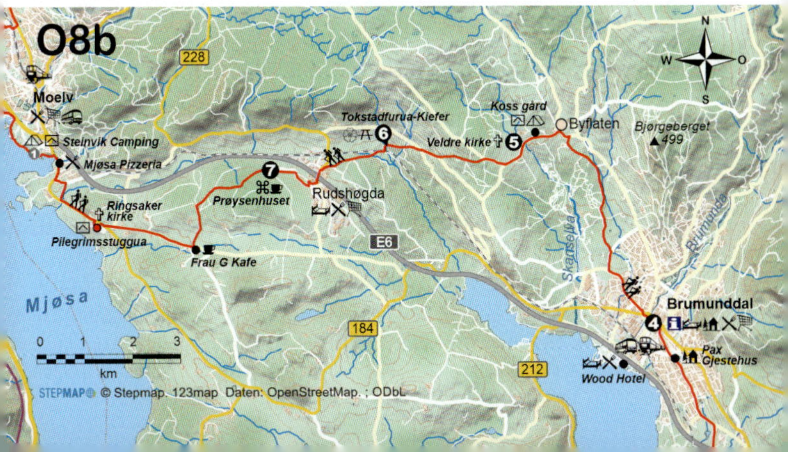

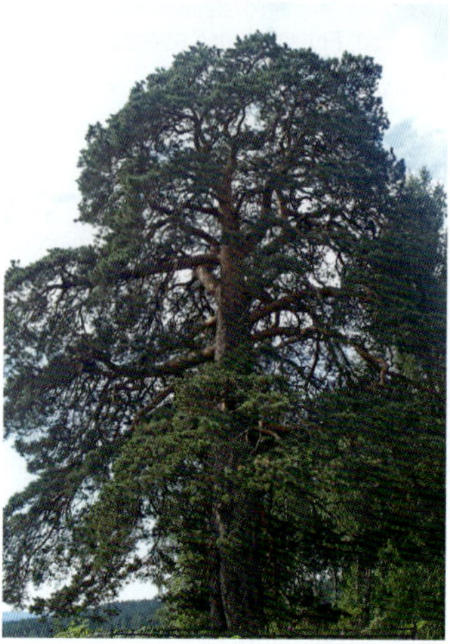
Tokstadfurua-Kiefer (hf)

rechts ab, verlassen die Straße aber nach weniger als 400 m nach links auf einen kleinen Feldweg. Der Grasweg bringt Sie an einer Schafweide vorbei zu der geschützten, 500 Jahre alten, beeindruckenden ✿ ⩚ **Tokstadfurua-Kiefer ❻** (km 25,3).

☺ **Tokstadfurua-Kiefer**: Eine Tischbank und eine kleine Hütte mit Gästebuch laden zum Verweilen ein. Die zwei Holzsessel in der Hütte sind so platziert, dass man überdacht Pause machen kann, während man gleichzeitig den imposanten Baum durch die eingelassenen Dachfenster anschaut.

Gehen Sie weiter auf dem kleinen Pfad über eine kleine Holzbrücke. Der Weg wird breiter und die nächste Brücke bringt Sie über die Zuggleise. Halten Sie sich anschließend rechts und laufen Sie parallel zur Bahnstrecke auf dem Prestvegen weiter. Dieser führt durch ein Waldstück bis an den Ortsrand von Rudshøgda mit einem großen Gewerbegebiet. Laufen Sie an den ersten Häusern vorbei bis zum Kreisverkehr und links daran vorbei. Zur Linken finden Sie eine Shell-Tankstelle mit 7-Eleven-Shop (Mo bis Fr 6:00 bis 22:00, Sa 8:00 bis 20:00, So 9:00 bis 20:00) und das ✕ **Frich's Motell og Spiseri Rudshøgda**.

✕ **Frich's Motell og Spiseri Rudshøgda**, Rudsvegen 2-5, 2360 Rudshøgda, ☎ 62 35 50 50, rudshogda@frich.no, www.frich.no, EZ NOK 800, DZ NOK 1.100 inkl. Frühstück (vorab per Telefon buchen und nach Pilgerrabatt fragen), WLAN, Restaurant: Mo bis Fr 7:00 bis 20:00, Sa 11:00 bis 18:00, So 11:00 bis 20:00

Gehen Sie geradeaus über den zweiten Kreisel und weiter auf der Brücke über die E6. Auch im dritten Kreisverkehr laufen Sie geradeaus weiter. Falls Sie den Proviant auffüllen müssen, liegt auf der linken Straßenseite ein großes Einkaufszentrum.

Obs Rudshøgda, Stolvstadvegen 2, 2360 Rudshøgda, Mo bis Fr 8:00 bis 22:00, Sa 8:00 bis 20:00

Laufen Sie vor dem vierten Kreisverkehr nach rechts über die Autobahnraststätte. Lassen Sie das ✕ Bolstad Restaurant (Mo bis Mi 11:00 bis 16:00, Do bis So 11:00 bis 18:00) rechts hinter sich liegen und wenden Sie sich am Ende der Parkflächen auf dem schmalen Fußweg für knapp 100 m nach links. Folgen

Sie an der folgenden T-Kreuzung dann dem Wegweiser „Prøysen" nach rechts. Sie sind zurück auf dem Prestvegen, der in einiger Entfernung parallel zur E6 verläuft. Nach knapp 900 m erreichen Sie einen kleinen Platz ⛼ vor der Prøysenstua ❼ (km 28,5), dem Elternhaus des Sängers und Schriftstellers Alf Prøysen (1914-1970). Anlässlich seines 100-jährigen Geburtstages wurde das Prøysenhuset eröffnet (links von Ihnen), in dem Interessierte mehr über Leben und Werk des Künstlers erfahren können.

⌘ ☕ **Prøysenhuset museum und Prøysenstua**, Prestvegen 1-2, 2360 Rudshøgda, ☏ 62 35 18 00, ✉ proysenhuset@ringsaker.kommune.no, 💻 www.proysenhuset.no, 🚪 Do und Fr 10:00 bis 16:00, Sa und So 11:00 bis 17:00 (Zeiten gelt auch für Café Julie), Erwachsene NOK 140, Kinder (6-15 Jahre) NOK 70

Für die Fortsetzung des Olavsweges laufen Sie geradeaus an dem Denkmal des Künstlers vorbei auf den grasbewachsenen Pfad, der Sie leicht ansteigend in den Fichtenwald führt. Der Weg wird nun breiter, gehen Sie weiter geradeaus und auf einem Pfad durch eine Rodung hindurch. Nach dieser geht es wieder in den Wald und hinab, es folgen ein kurzer Feldabschnitt und ein letztes Wäldchen. Sie stoßen auf die schmale, querende Asphaltstraße Ulvegutua (km 30,3), der Sie nach links abwärts für etwa 900 m folgen, bis Sie beim ☕ **Frau G Kafe** (🚪 im Sommer Di bis So 12:00 bis 16:00) auf die Landstraße Åshøgdvegen stoßen.

Folgen Sie dieser nach rechts (kein Fußweg) hinab auf den Mjøsa-See und die Ringsaker kirke zu. Die Asphaltstraße zieht sich über gut 2 km hin, bis Sie schließlich die weiße ✞ **Ringsaker kirke** direkt oberhalb des Mjøsa-Ufers erreichen. Laufen Sie bei der ⛼ Rastbank nach links und vor der Kirche über den Friedhof. Die ⌂ **Pilgerstube** ist dann gleich das erste Gebäude zu Ihrer Linken (km 33,4).

⌂ **Pilegrimsstuggua**, Storgata 550, 2390 Moelv, ✉ pilgrimringsakersogn@gmail.com, 🚪 Mai bis August, Bett im 8-Bett-Zimmer NOK 250, Schlafsack mitbringen. ☝ Die Übernachtung muss im Voraus online gebucht und bezahlt werden: 💻 https://romis.no/booking-c/pilegrimsstuggua?onlyroom=1290. Mit der Buchungsbestätigung bekommt man den Code für das Türschloss und weitere praktische Informationen zum Aufenthalt.

✞ **Ringsaker kirke**. Viele Merkmale der Kalkstein-Kirche weisen darauf hin, dass sie Mitte des 12. Jh. gebaut wurde. Ihre Form ist der einer Kathedrale im Kleinformat nachempfunden. Eine Legende besagt, dass der heilige Olav hier im Jahr 1030 fünf Könige besiegt hat, die ihm und der Christianisierung feindlich gegenüberstanden. So ist die Kirche dem König geweiht und ein wichtiger Stopp für Pilgerinnen und Pilger.

♦ Storgata 550, 2390 Moelv, ☏ 62 33 07 70, ✉ post@kirken-ringsaker.no, 💻 www.kirken-ringsaker.no, 🚪 tgl. 8:00 bis 10:00 und 18:00 bis 21:00, Führungen im Sommer möglich (vorher anfragen)

Etappe O9: Ringsaker – Johannesgården (Brøttum)

27,6 km, ca. 8 Std., 620 m, 390 m, 120-470 m

0,0 km	162 m	Ringsaker kirke
2,7 km	124 m	Steinvik Camping og Hyttegrend
4,2 km	125 m	Skibladner
7,4 km	150 m	Platz Lundehøgda
8,3 km	156 m	Vea grønne fagskole ( )
10,6 km	320 m	Ringen Rehabiliteringssenter
19,4 km	432 m	Aussichtspunkt (Kløvstadhøgda naturreservat)
24,8 km	323 m	Brøttum
27,6 km	370 m	Johannesgården

Anstrengende Kilometer zu schönen Aussichten! Es ist ein Wechselbad, das Sie heute zu einem idyllischen Fleckchen Erde führt: Nach dem schönen Waldpfad entlang des Sees und einem Stück auf Landstraße kommt der ermüdende Serpentinengang hinauf zum Rehazentrum. Die nie enden wollenden Schritte auf Asphalt werden allerdings mit Traumaussichten über den Mjøsa belohnt und es folgt ein spritziger Abschnitt durch den Wald. Eine lange Strecke auf einer breiten Schotterstraße bringt Sie zur Kirche in Brøttum und ein letzter ansteigender Trampelpfad bis Johannesgården mit seiner kleinen Kapelle.

Laufen Sie von der Pilgerherberge über den Parkplatz vor der Kirche zurück zur Landstraße Storgata und dort auf dem Fuß- und Radweg für knapp 850 m nach links weiter. Biegen Sie dann vor den weißen Häusern vor der Rechtskurve nach rechts auf den Feldweg und laufen Sie hoch bis zur T-Kreuzung mit dem asphaltierten Skarpsnovegen. Hier folgen Sie dem Radwegweiser nach links, gelangen abwärts zurück auf den Fuß- und Radweg an der Storgata und folgen diesem weiter nach rechts.

Nachdem Sie gut 300 m weiter durch eine Unterführung gegangen sind, passieren Sie erst einen Autohändler und dann die Mjøsa Pizzeria (62 36 75 76, tgl. 13:00 bis 22:00). Kurz darauf wechseln Sie nach links über den Zebrastreifen und nehmen den schmalen Sandweg links neben der Leitplanke. Der Pfad führt Sie zum See (links von Ihnen) und an diesem entlang (Parkbänke) bis zur direkt am Wasser liegenden Rezeption des **Steinvik Camping ❶** (km 2,7).

Steinvik Camping, Kastbakkveien 5, 2390 Moelv, 91 70 38 90, www.steinvikcamping.no, Hüttenvermietung ganzjährig, Camping 1. April bis 1. November, insgesamt 21 Hütten unterschiedlicher Größe und Kategorien ab NOK 1.000, Zelt ab NOK 200. Der am Wasser gelegene Campingplatz hat einen kleinen Shop (1. Juni bis 31. August), von Juni bis August finden Sie ca. 300 m entfernt (an der Rezeption nach dem Weg fragen) die Strandstua Spiseri (wechselnde Öffnungszeiten), .

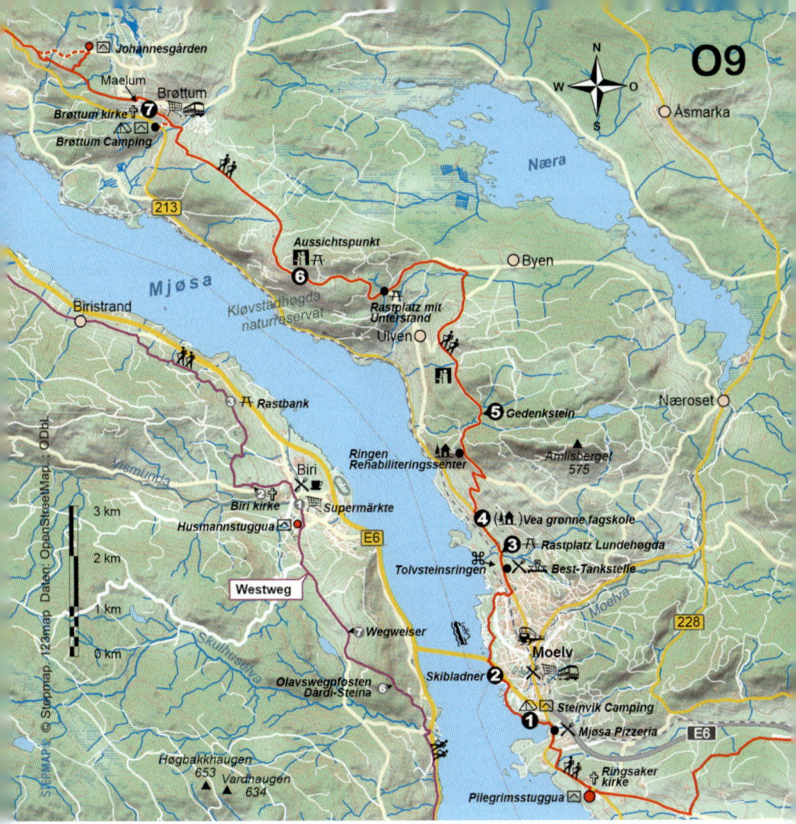
O9
N
W
O
S
Johannesgården
Maelum
Brøttum
Brøttum kirke
7
Brøttum Camping
Åsmarka
Næra
213
Aussichtspunkt
6
Rastplatz mit Unterstand
Byen
Mjøsa
Kløvstadhøgda naturreservat
Biristrand
Ulven
Rastbank
5
Gedenkstein
Næroset
Ringen Rehabiliteringssenter
Amlisberget
575
Vismunda
Biri
Biri kirke
Supermärkte
Husmannstuggua
E6
4
Vea grønne fagskole
3
Rastplatz Lundehøgda
3 km
2 km
1 km
0 km
Tolvsteinsringen
Best-Tankstelle
Westweg
Moelva
228
Wegweiser
Moelv
Skulhuselva
Skibladner
2
Olavswegpfosten Dårdi-Steina
1
Steinvik Camping
Mjøsa Pizzeria
Høgbakkhaugen
653
Vardhaugen
634
Ringsaker kirke
Pilegrimsstuggua
STEPMAP © Stepmap, 123map Daten: OpenStreetMap, ODbL

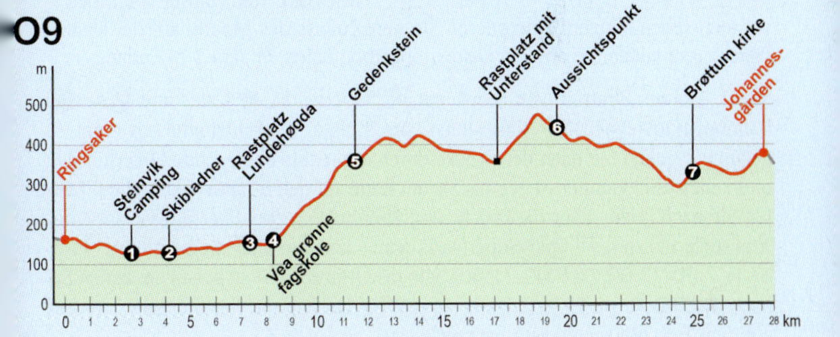
O9
m
500
400
300
200
100
0
Ringsaker
Steinvik Camping
Skibladner
Rastplatz Lundehøgda
Vea grønne fagskole
Gedenkstein
Rastplatz mit Unterstand
Aussichtspunkt
Brøttum kirke
Johannes-gården
0 1 2 3 4 5 6 7 8 9 10 11 12 13 14 15 16 17 18 19 20 21 22 23 24 25 26 27 28 km

Es ist ein schöner Weg vom Campingplatz durch den Wald und am Mjøsa entlang (⩩ einige Tische und Bänke), aber an einigen Stellen sind die Markierungen leicht zu übersehen. Achten Sie nicht nur auf die Olavswegkreuze, sondern auch auf lokale **Wanderschilder aus Holz** (*Moelvrunden*): In kleiner blauer Schrift ist hier der „Pilegrimsleden“ angeschrieben.

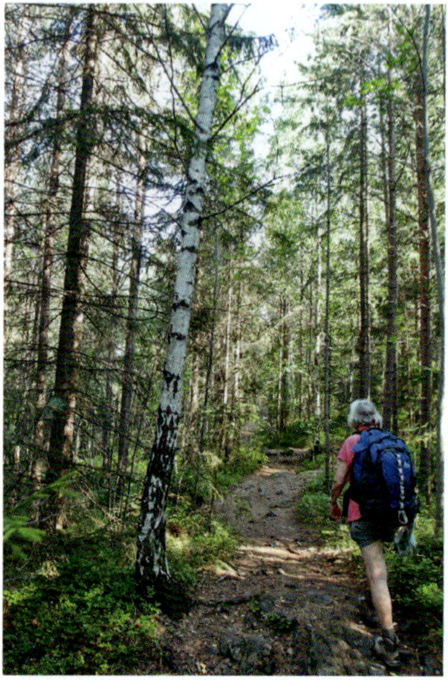

Waldweg hinter dem Campingplatz (hf)

Vor der Rezeption stehend (Blick zum See) folgen Sie dem Weg nach rechts und verlassen dort den Campingplatz durch einen kleinen Durchgang. Sie laufen auf dem Waldweg an einem schmalen Uferstreifen mit ⩩ Bänken vorbei und halten sich möglichst immer direkt am See entlang. Dann geht es etwas vom See weg durch den lichten Mischwald, hier leiten Sie auch neongelbe und -rote Pfeile weiter. An einer weiteren Gabelung folgen Sie dem Wegweiser „Moelvrunden“ und „Pilegrimsleden“ nach links auf einen kurzen, aber steil ansteigenden Pfad über Steine und Wurzeln. Es geht auf diesem wieder hinab und am See entlang bis zu einer kleinen, sehr idyllischen Bucht, an der Sie vorbei zum kleinen Hafen gehen, den Sie – genau wie die ersten Häuser von **Moelv** – vor sich sehen können. Überqueren Sie den Zufluss des Moelva auf der kleinen Brücke und laufen Sie an dem kleinen Sportboothafen ⩩ (km 3,8) entlang.

Um ins Zentrum von Moelv mit Supermarkt, Cafés und Bahnhof (Dovrebahn ☞ Reise-Infos von A bis Z, Verkehrsmittel am Weg) zu gelangen, gehen Sie nach der Brücke durch die rechts abbiegende Unterführung und laufen am Flussufer weiter, bis Sie am Ende auf den Strandvegen treffen. Laufen Sie nach rechts über die Brücke und dann nach rechts über das Gelände der Tankstelle bis zum Spar-Supermarkt (ca. 1 km vom Olavsweg entfernt, Mo bis Fr 7:00-22:00, Sa 9:00-21:00). Um ins Ortszentrum zu gelangen, laufen Sie nach der Brücke weiter geradeaus bis zur T-Kreuzung mit der Storgata und dort auf dem Fuß-/Radweg weiter nach links.

Ab Moelv können Sie mit dem Bus 270 (Richtung Lillehammer) nach Brøttum oder bis Johannesgården (Haltestelle „Krokrampa") fahren. Die Verbindung besteht nur Mo bis Fr, www.ruter.no.

Am Ende des Hafens folgen Sie weiter der Straße am Wasser (Strandvegen), vorbei an der **Anlegestelle für den Skibladner** ❷ (km 4,2) (Reise-Infos von A bis Z, Verkehrsmittel am Weg). Kurz darauf stoßen Sie auf die E6. Gehen Sie vor der Brücke (Mjøsabru) links und unter dieser hindurch. Dahinter, auf dem Pfad nach oben, führt der Olavsweg links weg auf einen schönen Trampelpfad, der Sie knapp 1,5 km durch den Wald bringt.

Halten Sie sich an der nächsten Weggabelung rechts und bleiben Sie auf dem leicht ansteigenden Hauptweg, der sich vom See entfernt. Sie stoßen auf einen breiteren Weg, folgen diesem links bis zur Gabelung und nehmen dort den gut begehbaren Waldweg links hinab. Lassen Sie alle Abzweigungen liegen, bis Sie ein Olavswegpfahl (mit Bänkchen) an der nächsten Weggabelung nach links weist.

Sie gehen abwärts, über einen kreuzenden Weg (rechts von Ihnen die Fabrik Moelven ByggModul AS) und geradeaus weiter auf einem schmalen Waldpfad, der auf eine asphaltierte Straße stößt (Industrivegen). Gehen Sie hier kurz nach links und dann nach rechts auf den Fußweg. Dieser beschreibt eine leichte S-Kurve. Überqueren Sie die Gleise vor Ihnen und gehen Sie vor zur T-Kreuzung. Biegen Sie hier nach links auf die Landstraße Storgata ab und folgen Sie ihr für die nächsten 1,9 km auf dem Fußweg.

Nach knapp 500 m kommen Sie dabei an der Best-Tankstelle mit kleinem Shop und ✕ Imbiss (Mo bis Fr 8:00 bis 21:00, Sa/So 10:00 bis 21:00) vorbei und rund 150 m weiter an der Abzweigung zum ⌘ Monument Tolvsteinsringen („Kreis aus zwölf Steinen"), erkennbar am Olavswegpfosten „Tolvstenene" (von der Storgata bis zu den Steinen sind es nur gut 100 m). Keine 100 m weiter macht der Fuß- und Radweg einen kleinen Schlenker von der Straße weg zur Brücke über den Fluss Smedstadbekken. Hier finden Sie den Rastplatz Lundehøgda mit Bänken zum Ausruhen ❸ (km 7,4).

Die Storgata wird zum Turistvegen, dem Sie noch für knapp 1 km weiter folgen. Links von Ihnen blicken Sie über den See, rechts auf die mit Wald, Feldern und Weiden bespickten Fjellberge: Hier können Sie oben vor sich schon die großen weißen Gebäude des Rehabilitationszentrums ausmachen, zu denen es über 2 km hochgehen wird.

Um die strapazierenden Kilo- und Höhenmeter auf der Straße (Asphalt und Schotter) zu umgehen, können Sie geradeaus auf dem Turistvegen weiterlaufen, bis Sie unterhalb von Brøttum angelangt sind (Bushaltestelle „Brøttumskrysset"). Dort müssen Sie den Sjusjøvegen hoch (Weg insgesamt bis zur Brøttum kirke ca. 12,5 km). Der Weg ist kürzer, aber Sie verpassen tolle Aussichten und einige Waldabschnitte auf dem Olavsweg.

Sie erreichen die (🏠) **Vea grønne fagskole** ❹ (km 8,3), die staatliche norwegischen Schule für Gärtnerinnen und Gärtner, in der während des Sommers auch Pilgergruppen Unterkunft finden (Turistveien 92, 2390 Moelv, 📱 47 37 64 30, ✉ hybel@vea-fs.no, 💻 www.vea-fs.no, Preise auf Anfrage, ✋ Einzelpersonen werden nicht aufgenommen, der letzte Buchungstermin für die aktuelle Saison ist jeweils der 1. Juli).

Nachdem Sie die Gewächshäuser hinter sich gelassen haben, beginnt der schweißtreibende Teil der Etappe: Biegen Sie rechts in den Ringsvegen ein und gehen Sie auf der in Serpentinen verlaufenden Straße nach oben. An der Gabelung nach 1,4 km bleiben Sie auf dem Asphalt und laufen links auf dem Nordre Ringsveg weiter hinauf (Wegweiser Richtung Ulven), bis zu Ihrer linken Seite schließlich die Einfahrt zum 🏠 **Ringen Rehabiliteringssenter** auftaucht (km 10,6).

🏠 **Ringen Rehabiliteringssenter**, Nordre Ringsveg 82, 2390 Moelv, ☎ 62 33 45 00, ✉ post@ringen-rehab.no, 💻 www.ringen-rehab.no, das nur 200 m vom Olavsweg entfernt gelegene Rehabilitationszentrum mit tollem Ausblick über den Mjøsa bietet 40 komfortable Einzel- sowie fünf Doppelzimmer, alle mit eigenem Badezimmer, TV und WLAN, die auch Pilgerinnen und Pilgern offenstehen, EZ/DZ NOK 700/NOK 1.000 (inkl. Frühstück), außerdem Swimming Pool und Waschmaschine.

Gehen Sie daran vorbei. Keinen Kilometer weiter auf der kurvigen, nicht stark befahrenen Straße passieren Sie zu Ihrer Linken einen Gedenkstein ❺ (für am 18. April 1940 gefallene Soldaten) (km 11,5), einen weiteren Kilometer später haben Sie den Anstieg geschafft und laufen auf der Kuppe entlang.

Sie haben immer wieder tolle Aussichten über den Mjøsa im Tal.

☹ Rastmöglichkeiten gibt es auf der Straße nicht und kaum Schatten (auch in Norwegen gibt es heiße Sommertage).

Der Nordre Ringsveg führt Sie nun hinab zu einer T-Kreuzung (km 13,4) mit dem Wegweiser „Ulven" nach links sowie „Byen" nach rechts. In die zweite Richtung zeigt auch der Pilegrimsleden-Wegweiser mit dem Olavskreuz. Die stetig ansteigende Schotterpiste (Nordheimvegen) bringt Sie vorbei an zahlreichen Wohnhäusern hinauf bis zum Gemeindezentrum von Nordvang mit Kindergarten, wo Sie an einer der Tisch-Bank-Kombinationen nach der schweißtreibenden Kletterpartie verschnaufen können (km 14,5).

Direkt dahinter biegen Sie links auf die Fahrspur und keine 100 m weiter rechts auf einen schmalen Pfad in den Wald hinein ab. Laufen Sie hinab zu dem kleinen Bach, den Sie überqueren, um weiter geradeaus auf dem Trampelpfad zu gehen. Rechts von Ihnen liegt eine kahl geschlagene Stelle, an deren Ende Sie nach links in den Wald einbiegen. Über Wurzeln geht es durch die Nadelbäume, folgen Sie dem gut gekennzeichneten Waldpfad bis zum breiten Nærosvegen (km 15,8), auf dem Sie nach links Richtung Mjøsa gehen.

Sie laufen nun wieder am Hang entlang und parallel zur Wasserfläche des Sees. Es geht durch vereinzelte Häuseransammlungen hinab zu einem kleinen Rastplatz mit Unterstand und Tisch-Bank-Kombination an der Einmündung des Ulvenvegen. Von dort bringt Sie die breite Schotterstraße Kløvstadhøgdvegen in lang gezogenen Kurven wieder aufwärts. Nur vereinzelt stehen Farmgebäude und Wohnhäuser am Weg, den Rand der wenig befahrenen Straße säumen v. a. Felder, Wiesen und Waldstücke.

Nachdem der höchste Punkt geschafft ist (ca. km 18,7), geht es eben weiter bzw. leicht absteigend. Sie gelangen ca. 700 m weiter an einen **Aussichtspunkt mit Tischbank ❻** (km 19,4) und einer Infotafel über das Naturschutzgebiet Kløvstadhøgda naturreservat. Sie lassen Wald und See hinter sich und gehen abwärts an ersten Häusern vorbei und können Brøttum mit Kirche auf dem Hügel vor sich erkennen. An der Kreuzung mit dem nach rechts abzweigenden Almslivegen beginnt rechts von der Straße ein Rad- und Fußweg (km 23,9), der an der Gabelung knapp 300 m weiter dem Brøttumsvegen nach rechts folgt.

Links dem Kløvstadhøgdvegen weiter folgend gelangen Sie zum **Campingplatz Brøttum**.

Brøttum Camping, Turistvegen 1265, 2372 Brøttum, 99 62 68 03, ca. 400 m vom Olavsweg entfernt, Juni bis August, Gemeinschaftsküche, Waschmaschine, einfache Campinghütten NOK 300/Pers. (eigenen Schlafsack mitbringen), Zelt NOK 150

Zum Zentrum von Brøttum biegen Sie hier rechts ab (Wegweiser „Brøttum skole") und gehen auf dem Bürgersteig hinauf bis zur links von Ihnen liegenden **Brøttum kirke ❼** (km 24,8), wo Sie wieder rasten sowie Wasser und Kraft tanken können. Auf der gegenüberliegenden Straßenseite finden Sie den Joker (letzte Einkaufsmöglichkeit vor Johannesgården; zu der Herberge fährt aus Brøttum der Bus 270).

Brøttum

Joker, Mælumsvegen 5, 2372 Brøttum, Mo bis Fr 9:00 bis 21:00, Sa 9:00 bis 18:00

Brøttum kirke
Mælumsvegen 2, 2372 Brøttum, 62 33 07 70, post@kirken-ringsaker.no, www.kirken-ringsaker.no, unregelmäßige Öffnungszeiten und Gottesdienste

Lassen Sie Supermarkt und Kirche hinter sich und folgen Sie der Straße weiter bergauf. Direkt hinter der Kurve wechseln Sie die Straßenseite und gehen links in die Hofeinfahrt der **Farm Maelum**. Laufen Sie in Richtung des roten Gebäudes, biegen Sie dann aber direkt am Zaun rechts ab und gehen Sie durch das Tor. Sie laufen zwischen Wald und Weideland parallel zur rechts von Ihnen verlaufenden Straße.

Auf dem Feldweg geht es durch ein Tor, um das nächste führt Sie eine Art Klapptür herum. Sie gehen durch ein Wäldchen von Hänge-Birken hinab, erneut durch ein Tor mit Klapptürumgehung, dann am Waldrand entlang und durch ein ähnliches Tor. Durch einen Nadelwald gelangen Sie abwärts zu einer abgeholzten Waldstelle, anschließend geht es wieder hoch.

Sie treffen nun an einer Weggabelung auf das Schild „Johannesgården“. Verlassen Sie den geradeaus weiterführenden Olavsweg und nehmen Sie den Trampelpfad nach rechts (knapp 600 m lang), der Ihnen einen letzten Anstieg über Stock und Stein abverlangt. Sie wenden sich nach einer Rechtskurve links durch die Bäume, überqueren die kreuzende Schotterstraße geradeaus und gelangen so auf das Gartengrundstück von ⌂ **Johannesgården**. Rechts liegen Herberge und Kapelle, gehen Sie aber zunächst vorbei zum weißen Hauptgebäude, um sich dort bei der Gastgeberin anzumelden (km 27,6). Genießen Sie die Ruhe des herrlichen Fleckchens Natur und der einfachen, gemütlichen Einzelzimmer. Der riesige Garten mit vielen schönen Sitzmöglichkeiten, einem Teich und der kleinen Kapelle machen Johannesgården zu einer erholsamen Oase am Ende der fordernden Etappe.

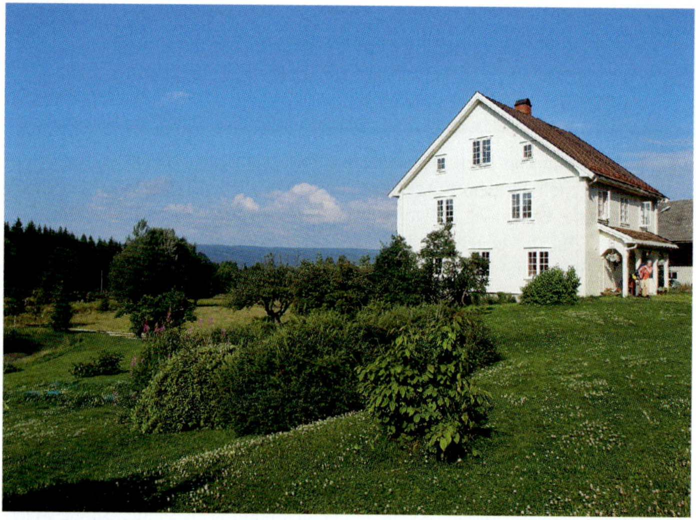

Johannesgården (hf)

⌂ **Johannesgården**, Holtevegen 192, 2372 Brøttum, ☎ 93 03 50 18, ✉ post@johannesgarden.no, 💻 www.johannesgarden.no, ca. 800 m vom Olavsweg entfernt, 🚪 15. Mai bis 15. September, insgesamt neun Schlafplätze, NOK 300/Pers. (eigenen Schlafsack mitbringen), Etagenbad und Gemeinschaftsküche, WLAN, hofeigene Kapelle

Etappe O10: Johannesgården (Brøttum) – Lillehammer

14 km, ca. 4 Std., 150 m, 340 m, 140-380 m

0,0 km	370 m	Johannesgården
3,7 km	142 m	Brynn
7,2 km	215 m	Abzweig vom Kongsvegen
9,0 km	252 m	Einmündung Hamarvegen
10,6 km	262 m	Søre Ål kirke
13,4 km	195 m	Lillehammer kirke
14,0 km	200 m	Lillehammer, Vandrerhjem Stasjonen BANK

Erholung ist angesagt! Es sind nur 14 km, die Sie heute nach Lillehammer bringen, bekannt durch die Olympischen Winterspiele 1994. Auf breiten Straßen werden Sie hinab zum Mjøsa-See geführt und an diesem entlang zur Lillehammer-Kirche, wo der nächste Meilenstein wartet. Die Stadt selbst begrüßt Sie, sollten Sie nicht nur bis zum Vandrerhjem am Stadtanfang laufen, mit Feriendorfcharme in der Fußgängerzone. Sie haben nun etwa das erste Drittel des Olavsweges geschafft.

Sie können nach Verlassen des Grundstücks direkt rechts abbiegen und dem Holtevegen 1,2 km folgen. Sie stoßen dann auf den von links kommenden Pilgerpfad.

Gehen Sie von Johannesgården den Trampelpfad hinab bis zur Wegkreuzung, an der Sie auf der vorigen Etappe vom Olavsweg zur Unterkunft abgebogen sind. Biegen Sie hier nach rechts wieder auf den Pilgerweg ab, der Pfad führt Sie hinab durch den Wald. Sie gehen über einen kleinen Bach und auf den Hof eines Privatgrundstücks. Laufen Sie geradeaus weiter, der Pfad wird breiter und führt vorbei an Feldern und lichten Wäldern. Sie stoßen auf die Schotterstraße Holtevegen (km 1,7), der Sie links hinab folgen.

Überqueren Sie knapp 700 m weiter die kreuzende Asphaltstraße (Turistvegen) und gehen Sie auf dem Bergsengvegen in Serpentinen hinab zum See. Nach rund 1,4 km auf dem breiten Schotterweg passieren Sie die Zufahrt zur **Pilgerherberge Brynn** ❶ (km 3,7), kommen kurz darauf an eine T-Kreuzung und biegen rechts ab.

Brynn, Bergsengvegen 134, 2372 Brøttum, 91 77 38 99, asmundjohannes@hotmail.com, Mai bis September, Übernachtung im ausgebauten *stabbur* mit zwei großen Doppelbetten für jeweils 1-2 Pers., einfache Küche im Untergeschoss und WC sowie Dusche im Stall nebenan, NOK 350/Pers., Bettwäsche NOK 50, Zelt NOK 200, Vorabbuchung erwünscht.

Sie laufen nun für 3,4 km auf dem Nordre Kongsveg (später Kongsvegen) parallel zum Mjøsa, es geht leicht bergauf. Der Straßenbelag wechselt von Schotter zu Asphalt, kurz danach weist Sie das Olavswegzeichen am Anfang einer Rechtskurve vor einem roten Wohnhaus (Nr. 57) links hinab ❷ (km 7,2). Es beginnt ein unter Umständen sehr matschiger **Abschnitt durch Felder** und wild wachsende Landschaftsteile (ca. 1,9 km bis zur Rückkehr auf Asphalt, nämlich auf die Straße Hamarvegen).

↳ Sollten es z. B. die Wetterumstände nicht zulassen, diesem Pfad zu folgen, können Sie diese Abzweigung links liegen lassen und auf dem Kongsvegen weiter geradeaus gehen. Etwa 600 m später würden Sie dann auf den Hamarvegen stoßen, links abbiegen und ca. 1,1 km auf diesem laufen, bis der Olavsweg von links zurück auf die Straße stößt.

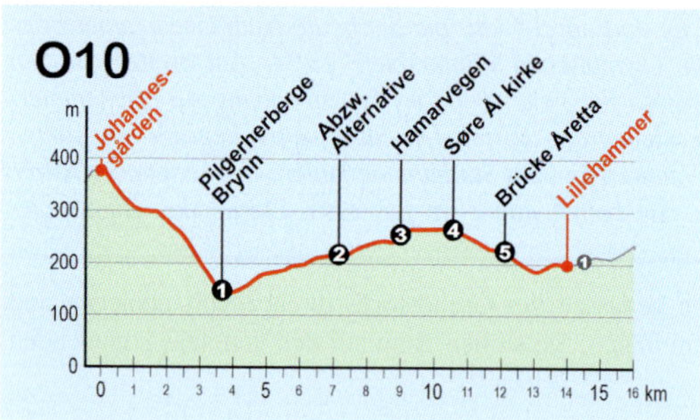

Der breite Weg führt auf ein Feld zu, kurz davor biegen Sie auf einen schmalen Trampelpfad rechts ab und folgen diesem am Feldrand wieder hinauf in Richtung eines braunen Holzhauses. Sobald dieses rechts von Ihnen ist, gehen Sie links auf dem schmalen Pfad direkt durchs Feld. Sie gelangen von dem Pfad auf eine Straße, die ein Stück hinab zu einem landwirtschaftlichen Hof führt. Gehen Sie um dessen Müllhäuschen herum und direkt wieder rechts hinauf in das nächste Feld hinein (knapp 300 m durch dieses hindurch). Orientieren Sie sich an den Strommasten, sollten die Zeichen bei hoch stehendem Korn nicht so gut zu sehen sein.

Aus dem Feld hinaus gelangen Sie auf einen Graspfad. Folgen Sie diesem durch ein kleines, wildes Waldstück hindurch, über Steine über den kleinen Bach, ein kleines Stück an dem links liegenden Feld entlang und dann weg von diesem weiter durch die verwilderte Waldlandschaft. Der Pfad führt hinauf in Richtung der Autostraße. Rechter Hand liegt ein gelbes Gehöft mit Schafweide, gehen Sie vor dem dazugehörigen Holzzaun links und dann an diesem entlang (links wieder ein Feld, rechts Zaun). Sie stoßen an seinem Ende auf eine kreuzende Schotterstraße, gehen über diese hinweg auf einen breiten Grasweg und wieder durch ein ähnliches Waldstück wie zuvor.

Sie kommen an ein Tor. Gehen Sie auf dem breiten, gemütlichen Weg weiter und durch den lichten Wald über einen Fluss, hinter dem Sie Schafe finden. Verlassen Sie die Weidefläche durch ein weiteres Tor und gehen Sie auf der Schotterstraße rechts hoch (vorbei an ein paar Häusern).

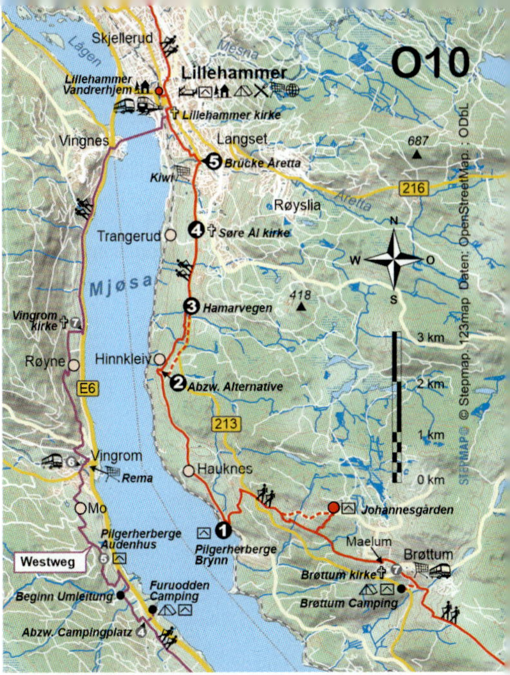

Sie stoßen auf den **Hamarvegen** ❸ (km 9), auf dem Sie nun ca. 3 km nach Lillehammer hineinlaufen. Biegen Sie links auf die Autostraße. Nach rund 600 m beginnt ein Fuß- und Radweg rechts von der Straße und am Hang hinter der Stadt können Sie schon die Skisprungschanze erspähen (Wegweiser: „422 km Trondheim").

Gut 800 m weiter passieren Sie die ✞ **Søre Ål kirke** auf der linken Straßenseite ❹ (km 10,6).

✞ **Søre Ål kirke**

♦ Hamarvegen 180, 2614 Lillehammer, 📱 97 99 13 03, ✉ ts799@kirken.no, 🚪 unregelmäßig im Sommerhalbjahr, wenn der Kirchendiener in der Kirche oder auf dem Friedhof anwesend ist

1 km weiter passieren Sie auf Ihrer rechten Seite die Circle-K-Tankstelle und kurz darauf den 🛒 Kiwi-Supermarkt linker Hand (🚪 Mo bis Sa 7:00 bis 23:00). In der S-Kurve dahinter geht es rechts von der Straße ab. Sie nehmen die **Unterführung** nach links und gelangen so auf die gegenüberliegende Straßenseite.

Dort bringt Sie eine Brücke über den Fluss Åretta ❺ (km 12,1) in ein ruhiges Wohnviertel hinein. Verlassen Sie die Straße nach links auf den Årettavegen, keine 100 m hinabgelaufen geht es rechts in die Møinichens gate. Biegen Sie direkt wieder ab, links auf die Weidemanns gate, auf der Sie zur Straße Bjørnstjerne Bjørnsons gate kommen. Auf dieser gelangen Sie an einem Sportplatz vorbei schließlich zur ✞ **Lillehammer kirke** (km 13,4), deren gotische Spitze Sie schon von Weitem sehen können.

Dort treffen **Westweg und Ostweg** zusammen und es gibt nur noch einen Olavsweg, der nach Trondheim führt! Sie laufen über den Friedhof an der Kirche vorbei. Auf der anderen Seite steht links der **Meilenstein** „417 km til Nidaros“.

Gehen Sie rechts zur Hauptstraße und an der nächsten Kreuzung vor den Wohnhäusern nach links. Folgen Sie der Kirkegata vorbei an der Uno-X auf der linken Seite und dem Joker (Mo bis Fr 6:00 bis 23:00, Sa/So 9:00 bis 22:00) rechts. An der nächsten Kreuzung vor dem Stortorget im Herzen von Lillehammer geht es links hinab zum Bahnhof mit dem Vandrerhjem Stasjonen Lillehammer.

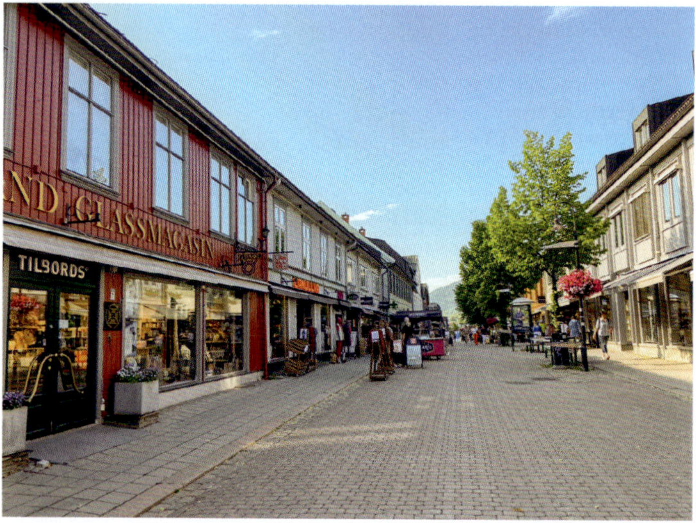

Einkaufsstraße Lillehammer

Lillehammer

Birkebeineren Hotel & Apartments, Birkebeinervegen 24, 2618 Lillehammer, 61 05 00 80, booking@birkebeineren.no, www.birkebeineren.no, ca. 1 km vom Olavsweg entfernt, Hotelzimmer ab NOK 425 (inkl. Frühstück), WLAN

Lillehammer Vandrerhjem Stasjonen, Jernbanetorget 2, 2609 Lillehammer, 61 26 00 24, post@stasjonen.no, www.stasjonen.no/pilegrim, die Jugendherberge von Lillehammer liegt direkt im Bahn- und Busbahnhof im Stadtzentrum, ca. 100 m vom Olavsweg entfernt, Café (Frühstück) Mo bis Fr ab 6:30, Sa und So ab 7:30 bis jeweils 10:00, Restaurant tgl. 11:00 bis 21:00, Bett im Mehrbettzimmer mit eigenem Bad ohne/mit Frühstück NOK 450/NOK 495 (inkl. Bettwäsche und Handtücher), mit aktuellem Pilgerpass kostenloses Frühstück und 15 % Rabatt für EZ (ab

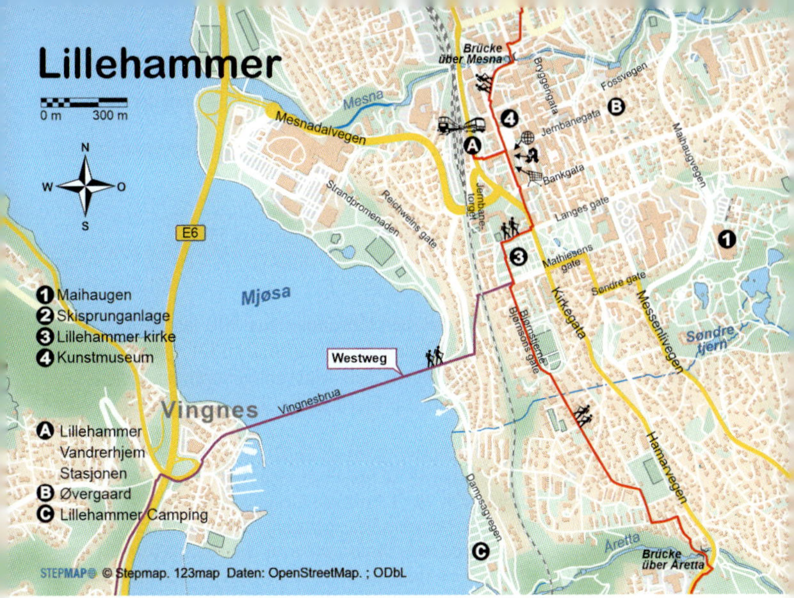

NOK 745) und DZ (ab 945 NOK) sowie 10 % auf Mittag- und Abendessen im Restaurant, Gästeküche, Waschmaschine/Trockner, WLAN. Die Rezeption finden Sie im Café links vom Eingang. Das Hostel ist stark frequentiert, Reservierung empfohlen (Code „Pilgrim" für den Pilgerrabatt bei Online-Buchung).

♦ **Øvergaard**, Jernbanegata 24, 2609 Lillehammer, 92 22 28 93, egil.sorgendal@gmail.com, www.oevergaard.no, ca. 400 m vom Olavsweg entfernt, insgesamt sechs Zimmer mit Gemeinschaftsküche und -bad in einer Villa von 1850 mit großem Garten in Laufweite zur Fußgängerzone, EZ ab NOK 650, DZ ab 995, Preise inkl. Bettwäsche, Handtücher und WLAN

Lillehammer Camping, Dampsagveien 47, 2609 Lillehammer, 61 25 33 33, resepsjon@lillehammer.camp, www.lillehammer-camping.no, ca. 700 m vom Olavsweg entfernt südlich des Stadtzentrums direkt am Ufer des Mjøsa, Zelt ab NOK 375, 2-Pers.-Hütten ab NOK 650

Det Lille Pannekakehuset, Storgata 46, 2609 Lillehammer, 91 99 30 52, www.detlillepannekakehuset.no, Mo bis Fr 10:00 bis 18:00, Sa 10:00 bis 17:00

♦ **Egon**, Elvegaten 12, 2609 Lillehammer, 61 05 70 90, www.egon.no, So bis Do 10:00 bis 23:00, Fr/Sa 10:00 bis 24:00

♦ **Hvelvet**, Stortorget 1, 2609 Lillehammer, 90 72 91 00, www.hvelvet.no, Mo bis Do 16:00 bis 21:30, Fr bis Sa 16:00 bis 23:00

Mehrere Supermärkte im Stadtzentrum. Auch sonntags geöffnet ist der Joker Kuben, Kirkegata 53-55, 2609 Lillehammer, Mo bis Fr 6:40 bis 23:00, Sa/So 9:00 bis 22:00.

Sport 1, Kirkegata 55, 2609 Lillehammer, Mo bis Fr 9:00 bis 18:00, Sa 9:00 bis 16:00

Busverbindungen nach Oslo und Bergen, Fahrpläne auf www.nor-way.no und www.vybuss.com

Bahnlinien RE10 (Drammen – Lillehammer) und F6 (Oslo S – Trondheim S) auf der Dovrebahn, Fahrpläne unter www.vy.no und www.sj.no

✞ **Lillehammer kirke**

♦ Kirkegata 28, 2609 Lillehammer, ☏ 61 27 08 88 (9:00 bis 15:00), post@kirkekontoret.no, 19. Juni bis 20. August tgl. 12:00 bis 16:00, Sonntagsgottesdienst 11:00

⌘ **Maihaugen**, mit 200 historischen Gebäuden aus 500 Jahren (das älteste von 1459) und kulturhistorischer Dauerausstellung (seit 1887), gilt als eines der schönsten Freilichtmuseen in Norwegen. Zum Museum gehören auch die Häuser von Sigrid Undset (Bjerkebæk) und von Bjørnstjerne Bjørnsons (Aulestad) sowie ein Postmuseum.

♦ Maihaugvegen 1, 2609 Lillehammer, ☏ 61 28 89 00, post@lillehammermuseum.no, www.maihaugen.no, Erwachsene NOK 165-215, Kinder (6-25 Jahre) NOK 75, Parktüren Freilichtmuseum tgl. 7:00 bis 22:00 (freier Eintritt außerhalb der Museumsöffnungszeiten), Museum Juni bis August tgl. 11:00 bis 16:00, September bis Mitte Oktober Di bis So 11:00 bis 16:00, Mitte Oktober bis Mitte Mai Di bis Fr 11:00 bis 15:00, Sa/So 11:00 bis 16:00, Touren das ganze Jahr über buchbar, das Café im Hauptgebäude hat die gleichen Öffnungszeiten.

⌘ **Lysgårdsbakkene-Skisprunganlage**. Die hoch über den Dächern der Stadt thronende Großschanze (120 m) und Normalschanze (90 m) sind die markantesten Zeugnisse der Olympischen Winterspiele 1994 und vom Turm bietet sich ein unvergessliches Panorama aus der Vogelperspektive. Wer sich das Treppensteigen ersparen will (936 Stufen), kann auch mit dem Sessellift hinauffahren (NOK 65/Pers.).

♦ Birkebeinervegen 122, 2618 Lillehammer, ☏ 61 05 42 00, post@olympiaparken.no, www.olympiaparken.no, Mai bis August

⌘ **Lillehammer Kunstmuseum**

♦ Stortorget 2, 2609 Lillehammer, ☏ 61 05 44 60, post@lillehammerartmuseum.com, www.lillehammerartmuseum.com, Erwachsener NOK 150, Kinder (6-25 Jahre) NOK 65, 1. Juni bis 31. August tgl. 10:00 bis 17:00, im Winterhalbjahr Di bis So 11:00 bis 16:00, Öffnungszeiten wie Museum

In Lillehammer, auch „Klein Hamar" genannt, gibt es viele Supermärkte, Shops, Cafés, Restaurants, Museen, Bankfilialen, Post und Apotheken. Das Flair der ca. 27.000 Bewohnerinnen und Bewohner starken Kleinstadt wird in der Fußgängerzone Storgata spür- und erlebbar. Dabei schließen die meisten Cafés samstags um 16:00 und bleiben sonntags geschlossen. Ein paar Restaurants und Imbisse sowie der Joker-Supermarkt haben aber auch sonntags geöffnet.

Westweg: Oslo – Lillehammer

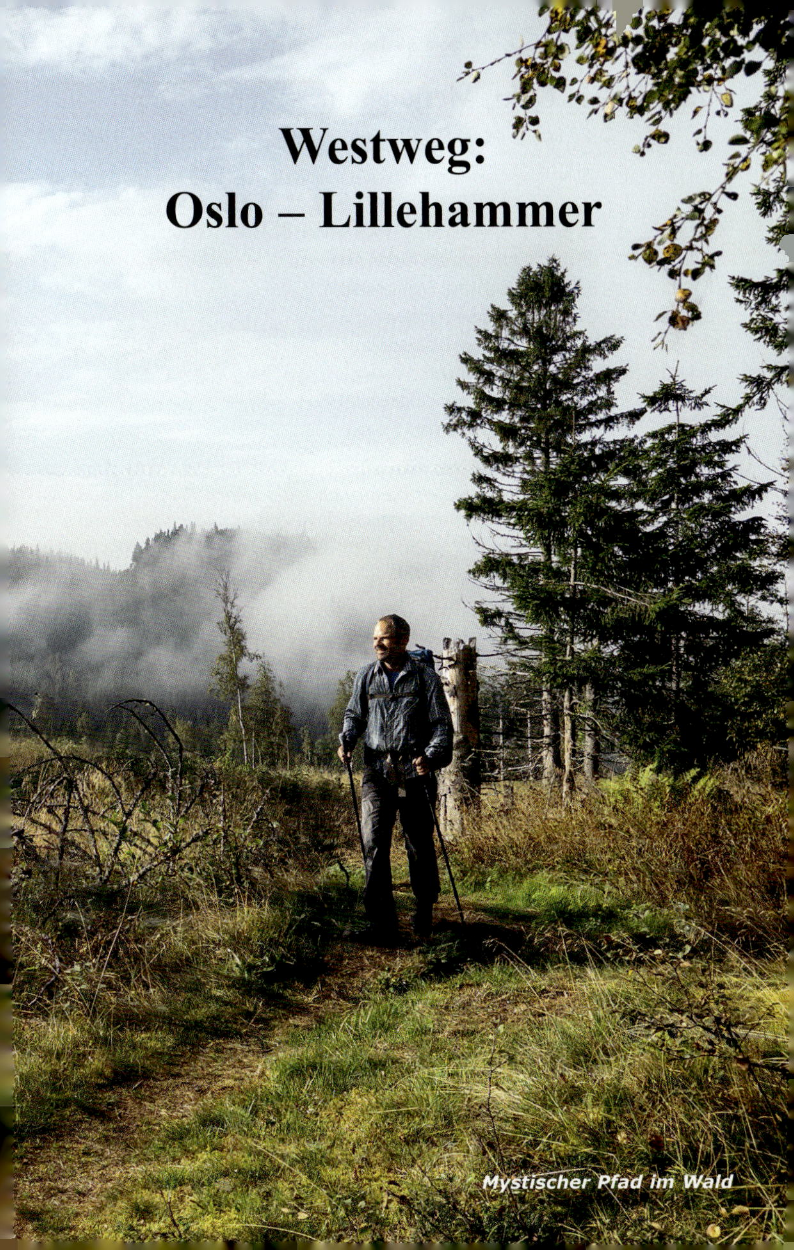

Mystischer Pfad im Wald

Etappe W1: Oslo, Meilenstein – Sæteren gård

23 km, ca. 6 Std. 30 Min., ↑ 410 m, ↓ 470 m, ⇧ 10-210 m

0,0 km	⇧ 20 m	Oslo, Minneparken/Hallvardskatedralen
2,3 km	⇧ 25 m	Eingang Botanischer Garten ⌘
4,0 km	⇧ 46 m	Meilenstein Gamle Aker kirke
6,5 km	⇧ 55 m	Denkmal Frognerstadion
8,9 km	⇧ 21 m	Brücke Hoffselva
12,5 km	⇧ 26 m	Brücke Lysakerelva
19,3 km	⇧ 114 m	Haslum kirke
22,0 km	⇧ 207 m	Unterstand Bærum
23,0 km	⇧ 167 m	Sæteren gård

Die Etappe zum Auftakt führt vom mittelalterlichen Oslo im Minnepark durch das lebhafte Zentrum der norwegischen Hauptstadt mit schönen Parks, einladenden Restaurants und vielfältigen Einkaufsmöglichkeiten. Am westlichen Stadtrand wird es ruhiger und nachdem Sie die letzten Vororte hinter sich gelassen haben, geht es auf einem schönen Pfad in den Wald der Bærumsmarka.

☺ *Wer sich den Etappenauftakt durch die Stadt sparen möchte, gelangt von der Haltestelle „Jernbarnetorget" direkt vor dem Hauptausgang des Bahnhofs mit der Straßenbahnlinie 12 Richtung Majorstuen tagsüber unkompliziert alle 10 Min. zur Haltestelle „Vigelandsparken". Um den Marsch durch die Stadt auf ein Minimum zu reduzieren, fährt man mit der Linie 13 in gut 30 Min. bis zur Endhaltestelle „Jar". Keine 300 m weiter steigt man dann bei Etappenkilometer 14,5 am Stadtrand von Oslo in den Olavsweg ein.*

☞ Infos zu Oslo ab S. 39

Laufen Sie vom Meilenstein „643 km til Nidaros" im Minnepark durch das Tor auf die St. Halvards gate und nach gut 400 m links auf der Brücke über die Bahngleise. Für die Westweg-Variante biegen Sie dann an der folgenden Straßenkreuzung nach links ab und laufen vorbei am Lebensmittelladen Galgeberg Dagligvarer (Mo bis Sa 9:00 bis 21:00, So 10:00 bis 21:00).

Keine 150 m weiter geht es beim Rema 1000 (Mo bis Fr 7:00 bis 23:00, Sa 8:00 bis 21:00) geradeaus über den Kreisverkehr – biegen Sie nicht rechts in die Nurmansgate ab. Der Åkebergveien bringt Sie leicht bergab und Sie biegen gleich die nächste Möglichkeit rechts ab. Die Straße Brinken führt leicht bergan vorbei an schönen, bunten Holzhäusern und bei der Gabelung am Coop Prix (Mo bis Fr 8:00 bis 23:00, Sa 9:00 bis 22:00, So 14:00 bis 20:00) laufen Sie geradeaus weiter vorbei an den modernen Mehrfamilienhäusern. Am Ende folgen Sie dem Brinken in einer Kurve nach links und laufen dann am Ende der Straße vor dem Gebäude über die Rampe nach links runter zur mehrspurigen

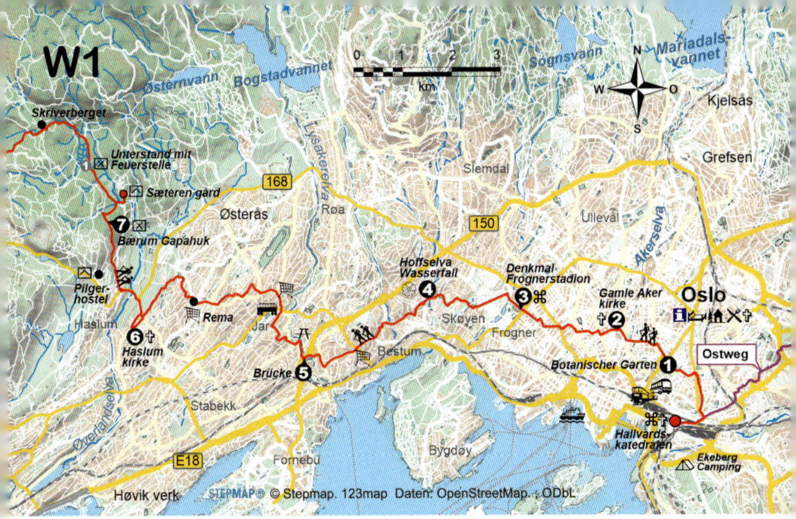

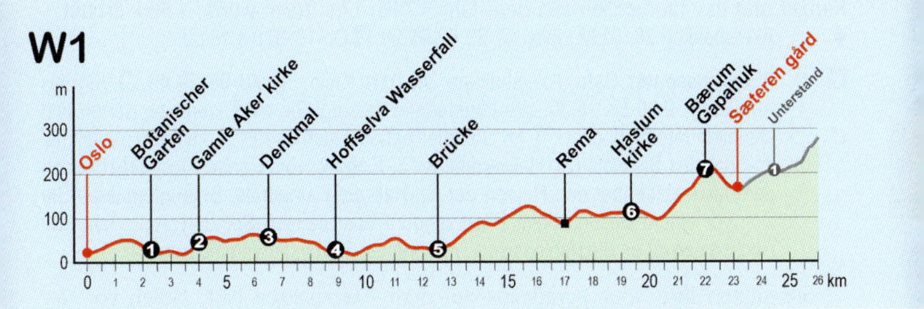

Straße. Auf dieser wenden Sie sich kurz nach rechts und wechseln dann an der Ampel die Straßenseite. Dort überqueren Sie an der nächsten Fußgängerampel den Økernveien nach rechts und laufen diesen auf dem Bürgersteig nach links bergab. Nach der Rechtskurve gegenüber dem Rema 1000 (Mo bis Sa 7:00 bis 23:00) wechselt der Straßenname zur Hagegata. Rechter Hand passieren Sie das kleine, aber feine Restaurant Pillefyken (Do 12:00 bis 15:00, Fr/Sa 11:00 bis 19:00, So 12:00 bis 16:00) und laufen am Ende geradeaus über die Straße und auf dem Weg gerade durch den **Snippenparken** mit interessanten Klettergeräten in Form einer Skulptur und zahlreichen Hängematten. Am gegenüberliegenden Tor wenden Sie sich beim Eingang zum **Botanischen Garten** auf der Jens Bjelkes gate nach rechts ❶ (km 2,3).

Sie erreichen nun das zentrale Stadtviertel **Grünerløkka**. Der ehemalige Arbeiterbezirk hat sich zu einem beliebten Szenetreff entwickelt und lockt mit gemütlichen Cafés und spannenden Geschäften entlang charmanter Straßen.

Bei der T-Kreuzung am Ende der Jens Bjelkes gate biegen Sie links in die Rathkes gate ein und laufen auf Höhe des Kreisverkehrs nach rechts durch eine kleine Grünanlage auf den **Schous Plass** mit mehreren Tischtennisplatten.

Auf der gegenüberliegenden Seite biegen Sie vor dem 7-Eleven (So bis Mi 6:00 bis 1:00, Do 6:00 bis 0:00, Fr/Sa durchgehend) nach links in die Norde gate ein. Diese bringt Sie hinunter zur Brücke über den **Akerselva**. Anschließend laufen Sie hinauf bis zum Kreisverkehr. Hier halten Sie sich rechts, wechseln am Zebrastreifen die Straßenseite und laufen dann auf dem Bürgersteig neben dem Maridalsveien ein paar Schritte nach rechts bis zu den Treppenstufen. Diese bringen Sie nach links hoch in eine Kleingartenanlage (Kjaerlighetsstien) und voraus erhebt sich schon der Kirchturm der ✞ Gamle Aker kirke über die Dächer und Hecken. Am Ende der Kleingartenanlage halten Sie sich vor den Holzhäusern auf dem Telthusbakken links und erreichen den Meilenstein „639 km til Nidaros“ vor der ✞ **Gamle Aker kirke** ❷ (km 4). Gegenüber hat das Osloer Pilgerzentrum sein Büro.

✞ **Gamle Aker kirke**. Die romanische Kirche aus dem 12. Jh. gilt als das älteste Bauwerk der norwegischen Hauptstadt. Die Kirche verfügt über eine barocke Kanzel und ein Taufbecken aus dem Jahr 1715. Der Turm wurde 1861 erbaut.

♦ Akersbakken 26, 0172 Oslo, ☏ 23 62 91 20, Do 16:00 bis 18:00

Pilegrimssenter Oslo, Akersbakken 30, 0172 Oslo, 48 05 29 49, Juni bis August tgl. 9:00 bis 15:30, das Pilgercenter versorgt Sie mit Pilgerpass, Karten und aktuellen Informationen. Im Sommer befindet sich das Pilgerzentrum manchmal im Büro des Bischofs (St. Hallvardsplass 3; Eingang vom Egedes-Tor) direkt neben dem Meilenstein bei den Ruinen der St.-Hallvard-Kathedrale. Bitte informieren Sie sich vor einem Besuch beim Pilgerzentrum über dessen Standort. Außerhalb der Hochsaison ist es empfehlenswert, vorab einen Termin zu vereinbaren.

Sie setzen Ihre Tour geradeaus auf dem Akersbakken fort, laufen vor der Buchhandlung auf dem geschäftige Ullevålsveien für etwa 100 m nach rechts und biegen gleich an der ersten Möglichkeit nach links ab. Der Dalbergstien bringt Sie vorbei an mehreren Bars. Etwa 100 m nach der Rechtskurve biegen Sie noch vor den Sportanlagen links ab und bleiben weiterhin auf dem Dalsbergstien.

An der Ecke hinter dem Coop Mega (Mo bis Fr 7:00 bis 22:00, Sa 7:00 bis 20:00, So 14:00 bis 20:00) biegen Sie nach rechts ab.

Aber aufgepasst: Laufen Sie nicht geradeaus weiter, sondern biegen Sie vor dem Pizza Baronen links auf die Homansbakken ab.

Nachdem Sie den Schulhof des christlichen Gymnasiums überquert haben, laufen Sie auf der Josefines gate nach links. Wechseln Sie am Zebrastreifen auf die gegenüberliegende Straßenseite und laufen Sie an der Kreuzung nach den drei skurrilen Skulpturen in Gelb, Rot und Blau auf den Baumstümpfen in einem kleinen Park nach rechts.

Keine 100 m weiter laufen Sie über den Zebrastreifen nach links über die Straßenbahnschienen in die Professor Dahlsgate. Dieser folgen Sie für gut 300 m immer geradeaus und biegen dann an der Kreuzung mit der Verkehrsinsel rechts auf den Majorstuveien ab. An der nächsten Kreuzung geht es links in die Industrigata und gleich an der nächsten Möglichkeit noch vor dem Pflegeheim rechts auf die Ole Fladagers gate. Ein paar Treppenstufen führen Sie hinunter zu einem Parkplatz mit zahlreichen E-Auto-Ladestationen und es geht weiter geradeaus auf der Middelthuns gate bis zum Frognerstadion, wo Sie ein Denkmal des legendären norwegischen Eisschnellläufers Oscar Mathisen (1888-1954) begrüßt ❸ (km 6,5).

Sie laufen am Stadion entlang. Auf der gegenüberliegenden Straßenseite liegen die Restaurants Botaniske Majorstuen und Frenchie Frognerparken. Nach dem Eingang zum Skøytemuseet passieren Sie das Frognerbad. Biegen Sie dann hinter dem Parkplatz nach links auf den Weg ab, nehmen Sie noch vor dem Spielplatz die erste Möglichkeit nach links und laufen Sie quer durch den ⌘ **Vigelandspark**. Sie laufen direkt an der Sonnenuhr vor dem großen Monolithen, der über 17 m hohen Säule, die das Zentrum des Parks bildet, vorbei und tauchen am gegenüberliegenden Ende in ein schattiges Wäldchen ein.

Vigelandspark

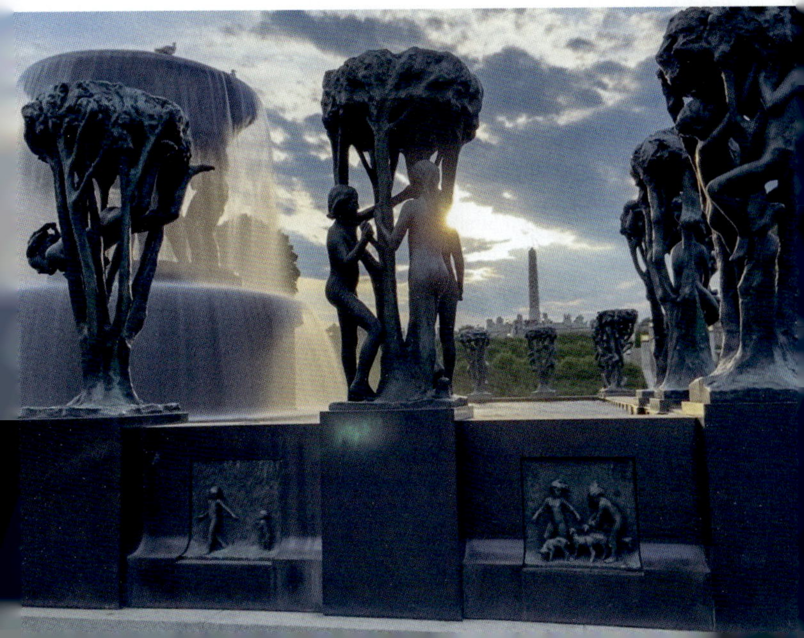

Der Weg führt Sie in einer Linkskurve zu einem Kindergarten. Dahinter biegen Sie am Schlagbaum nach rechts ab und laufen vorbei an mehreren Sportplätzen bis zum großen Schulgebäude. Vor der modernen ✞ **Skøyen kirke** mit dem ☕ Kafebønnen (🚪 Mo bis Fr 11:00 bis 18:00, Sa/So 12:00 bis 17:00) laufen Sie nach links vorbei am kleinen Lebensmittelladen 🛒 **Nærbutikken Skøyen** (🚪 Mo bis Sa 9:00 bis 20:00, So 10:00 bis 20:00).

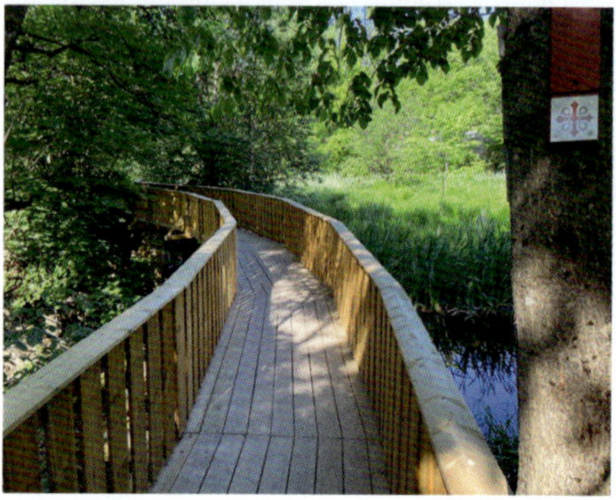

Brücke über den Hoffselva

An der Gabelung 50 m weiter halten Sie sich rechts und laufen auf dem ruhigen Weg vorbei an ein paar Wohnhäusern und in einer Linkskurve um einen Fußballplatz. Am Glascontainer laufen Sie geradeaus über den Konventveien auf einen idyllischen Waldweg, der Sie zur Brücke über den ❀ **Hoffselva-Wasserfall** bringt ❹ (km 8,9).

Laufen Sie von dort geradeaus weiter und in einem schmalen Grünstreifen zwischen Mehrfamilienhäusern weiter. Sie treffen auf den St. Edmunds vei und laufen nach rechts an den Bahnschienen weiter. Nach knapp 800 m laufen Sie vor der Straßenbahnhaltestelle „Ullern" nach links über den Bahnübergang und biegen gleich rechts in die nächste Straße ein. Direkt hinter den Garagen laufen Sie nach links am Schlagbaum vorbei. Sie durchqueren eine Siedlung mit schmucken Holzhäusern und wenden sich nach dem Schotterparkplatz auf der Straße nach rechts bergan, nun mit den Straßenbahnschienen zur Rechten.

An der Ampelkreuzung hinter der Haltestelle „Furulund" setzen Sie die Wanderung geradeaus auf dem Bestumveien fort (links 🛒 Coop Prix, 🚪 Mo bis Fr 7:00 bis 23:00, Sa 8:00 bis 21:00, So 14:00 bis 20:00). Rund 800 m weiter stehen Sie am Kreisverkehr vor dem großen 🛒 ✕ **Einkaufszentrum CC Vest** (🚪 Mo bis Fr 10:00 bis 21:00, Sa 9:00 bis 19:00). Laufen Sie davor auf dem Lilleakerveien nach rechts und am Ende bei der Brasserie Mats & Martin vor der Lärmbetonschutzwand nach links (Wegweiser „Lysakerelva"). Rund 120 m weiter laufen Sie nach rechts durch die Unterführung und vor dem Volkswagenautohaus auf dem Mustads vei bergan. Oben vor dem weißen Haus laufen Sie vor der Hecke auf den schmalen Weg, der Sie zur **Brücke über den Lysakerelva mit dem Wasserfall Granfossen** bringt ❺ (km 12,5).

Auf der gegenüberliegenden Flussseite wenden Sie sich gleich nach rechts und folgen dem schönen Weg am Flussufer entlang durch den Wald. Nach etwa

450 m treffen Sie unterhalb einiger Einfamilienhäuser auf eine Rastbank und laufen auf dem Schotterweg nach links bergan. Oben bei der Bushaltestelle laufen Sie auf dem Vollsveien nach rechts, wechseln am Zebrasteifen die Straßenseite und biegen dann hinter der nächsten Bushaltestelle kurz links ab und gleich darauf rechts in den Peder Ankers vei. Diesem bleiben Sie für knapp 350 m treu und biegen dann an der T-Kreuzung vor der Garage und der breiten Auffahrt zur Hausnummer 11 nach rechts auf den Skogveien ab.

Es geht leicht bergab und auf einem Höhenzug am Horizont ist die Holmenkollenschanze zu erkennen. Hinter der Bremsschwelle biegen Sie links auf den schmalen Pilgrimstien ab, der Sie zwischen den Zäunen entlang der Vorgärten weiterführt. Am Ende laufen Sie für knapp 80 m nach links und biegen dann rechts in den Jarveien ein. Hinter dem Meny-Supermarkt (Mo bis Fr 8:00 bis 22:00, Sa 8:00 bis 20:00) und der Steam Kaffebar Jar (tgl. 7:00 bis 16:00) laufen Sie über die Straßenbrücke und am Kreisverkehr dahinter rechts weiter.

Im nächsten Kreisverkehr nach dem Joker-Supermarkt (Mi bis Fr 7:00 bis 23:00, Sa/So 8:00 bis 22:00) geht es geradeaus auf dem Bjerkelundsveien weiter. Beim Zebrastreifen über den querenden Nordveien laufen Sie ein paar Schritte nach rechts, biegen aber vor der Garage der Hausnummer 2 nach links auf den Vestre Almelien ab. An der Kreuzung nach 100 m laufen Sie geradeaus weiter und halten sich hinter dem Parkplatz halb rechts. Der Weg bringt Sie rechts um das Wohnhaus herum auf eine Straße. Auf dieser laufen Sie nur ein paar Schritte bergauf und biegen dann nach links in die Straße Capralhaugen ein. Der Blick zurück über die Schulter eröffnet ein schönes Panorama über den Oslofjord.

Nach gut 260 m endet die Straße in einer Sackgasse und Sie laufen hinter der Absperrung vor der Hausnummer 103 links auf dem Fußweg weiter. Die folgende Fußgängerbrücke über die Straße lassen Sie links liegen und laufen bei dem großen Parkplatz geradeaus am gelben Absperrgitter vorbei und in einer Linkskurve weiter. Knapp 400 m nachdem Sie den Fagertunveien überquert haben, erreichen Sie den Rad- und Fußweg an der Straße Hosleveien. Hier wenden Sie sich nach rechts. Im Kreisverkehr hinter der Cirkle K mit Autowaschanlage setzen Sie die Tour geradewegs auf dem Hosleveien bis zum nächsten Kreisverkehr fort (km 16,9).

Dort laufen Sie nach rechts, vorbei am Rema 1000 (Mo bis Sa 7:00 bis 23:00, So 14:00 bis 20:00) bis zu einer y-förmigen Kreuzung. Vor der Fuchs-und-Gans-Statue auf der gegenüberliegenden Straßenseite wenden Sie sich nach links, überqueren die nach links abzweigende Straße und laufen gleich danach links auf den Schotterweg. Der bringt Sie in einer Rechtskurve zur nächsten Straße, die überquert wird. Sie laufen auf dem Schotterweg weiter durchs Wohngebiet bis zur nächsten kreuzenden Straße. Hier laufen Sie geradeaus weiter in die

Sackgasse und biegen in der Kurve vor der Hausnummer 5 rechts auf den Weg mit Holzhackschnitzeln ab.

An der nächsten Gabelung halten Sie sich links und laufen vor den Fußballplätzen weiter bis zur nächsten Straße. Folgen Sie dem Griniveien für knapp 250 m nach links und biegen Sie dann an der Zufahrt zu dem großen Bauernhof links auf den Schotterweg durch den Wald ab. Dieser bringt Sie auf die Hoslegata. Während sich links Einfamilienhaus an Einfamilienhaus reiht, kann der Blick nach rechts zunächst noch frei über die Wiesen schweifen. Nach gut 700 m gelangen Sie durch eine Umlaufsperre auf die breite Straße Gamle Ringeriksvei.

☺ ↬ Wenn Sie sich die knapp 800 m lange Schleife zur ✞ **Haslum kirke** sparen wollen, laufen Sie hier einfach auf dem Fußweg nach rechts und treffen nach weniger als 100 m wieder auf den Olavsweg.

Die Olavskreuze führen Sie über den Zebrastreifen nach links und dann nach rechts über den Friedhof bis zur ✞ **Haslum kirke ❻** (km 19,3).

✞ **Haslum kirke**. Der Ursprung der kreuzförmigen Kirche aus weißem Stein reicht bis in das 12. Jh. zurück. Sie wurde im Laufe der Jahrhunderte erweitert und umgebaut, wobei der markante achteckige Dachreiter erhalten geblieben ist. Das Innere beherbergt ein vielfältiges Inventar aus dem 17. und 18. Jh., darunter ein Altar von 1631 sowie eine Renaissancekanzel.

♦ Kirkeveien 143, 1344 Bærum, ☏ 67 50 05 00, Anfang Juni bis Anfang August Di bis Do 17:00 bis 20:00, Sa/So 13:00 bis 16:00

Vor der Kirchenmauer laufen Sie auf der Straße nach rechts zurück zum Gamle Ringerikesvei. Hier wechseln Sie zuerst über den Zebrastreifen die Straßenseite und laufen dann über den nächsten Zebrastreifen nach rechts über die Straße und weiter auf dem Rad- und Fußweg leicht bergab auf den bewaldeten Höhenzug vor Ihnen zu. Vor dem nächsten Kreisverkehr laufen Sie über den Zebrastreifen nach links und weiter am Radweg links neben der Straße 168 in Richtung Bæerum verk.

Es geht zunächst hinab zur Brücke über den **Øverlandselva** und anschließend hoch zu einem großen Parkplatz, wo Sie nach rechts durch die Unterführung unter der Straße hindurchlaufen. Auf der gegenüberliegenden Seite laufen Sie nach links hoch und dann rechts auf der Straße Richtung Sæter weiter. Der Schotterweg bringt Sie geradeaus vorbei an einem Kindergarten und gut 400 m weiter an eine Art Doppelkreuzung hinter einem roten Holzhaus.

↬ Gut 250 m weiter den Ankerveien geradeaus liegt die ⌂ **Gardlaus Markastue und Pilgerhostel**.

⌂ **Gardlaus Markastue und Pilgerhostel**, Gamle Ringeriksveien 161, 1357 Bekkestua, 📱 94 33 24 09, ✉ naturjenten@gmail.com, ca. 300 m vom Olavsweg entfernt, Mai bis August, Übernachtung im eigenen Schlafsack in einer einfachen Hütte mit vier Betten, NOK 400/Pers.

Der Olavsweg biegt an der zuvor erwähnten Kreuzung auf dem hinteren/zweiten Weg nach rechts ab (Schild „Pilegrimsleden"). Der steinige Waldweg bringt Sie weiter bergauf und zur Rechten gibt es immer mal wieder einen Blick durch die Bäume. Schließlich erreichen Sie den Abzweig zum unmittelbar neben dem Weg liegenden Unterstand ⊠ ⊼ **Bærum Gapahuk** mit Sitzbänken ❼ (km 22). Liegeflächen gibt es keine, aber man kann die Isomatte auf dem Boden ausrollen.

Um im Sæteren gård zu übernachten, folgen Sie dem Olavsweg weiter vorbei an der Rekonstruktion eines historischen Kohlenmeilers und biegen dann am Wegweiser in der Linkskurve nach rechts auf den Pfad ab, der Sie über eine erste Schotterpiste hinweg auf den Zufahrtsweg zum Sæteren gård bringt.

DNT Sæteren gård, Murenveien 151, 1356 Bekkestua, 99 53 11 53, seterengard@dnt.no, www.dnt.no/seterengard, ca. 800 m vom Olavsweg entfernt. Sæteren gård wird vom norwegischen Wanderverein DNT betrieben und bietet einfache Selbstversorgerhütten (ohne Strom und fließendes Wasser) mit Platz für 4-5 Pers. (NOK 950) und eine große Zeltwiese (NOK 110/Pers.), mit dem Pilgerausweis bekommt man den Mitgliederrabatt, die Übernachtung muss im Voraus gebucht werden und es gibt keinen Lebensmittelverkauf, sodass man seinen eigenen Proviant mitbringen muss, Mi 11:00 bis 14:00, Sa/So 11:00 bis 16:00.

Etappe W2: Sæteren gård – Gjesvold gård

26,5 km, ca. 8 Std., ↑ 590 m, ↓ 660 m, ⇧ 60-450 m

0,0 km	⇧ 167 m	Sæteren gård
1,3 km	⇧ 204 m	Unterstand am Straßenrand ⊠ ⊼
3,0 km	⇧ 280 m	Skriverberget
6,4 km	⇧ 159 m	Golfklub Bærum
8,5 km	⇧ 186 m	Schranke Krokskogen
12,2 km	⇧ 307 m	Amtsbrua ⊼
13,0 km	⇧ 333 m	Unterstand ⊼
21,6 km	⇧ 386 m	Kleivstua
23,5 km	⇧ 84 m	Sundvollen
26,5 km	⇧ 99 m	Gjesvold gård

Der zweite Tag auf dem Olavsweg hält eine ausgedehnte, aber angenehm zu laufende Etappe auf der historischen Königsstraße nach Bergen („Bergenske Kongeveg") durch den sagenumwobenen Wald Krokskogen bereit. 1826 eröffnet war dies die erste befahrbare Strecke über die Bergkette, die West- und Ostnorwegen voneinander trennt. Heute ist die Route vor allem zum Wandern und Radfahren beliebt und am Wegesrand informieren mehrere Schautafeln über Natur, Legenden und lokale Geschichte. Am Ende des Tages bringt Sie ein steiler Abstieg hinab an das Ufer des Tyrifjord.

Sie brauchen zum Beginn der Etappe nicht den kompletten Weg zurück bis zum Abzweig des Olavsweg zu laufen. Biegen Sie stattdessen nach knapp 300 m rechts in die Schotterpiste ein, in die der Olavsweg nach weiteren gut 400 m von links einmündet. Nun wieder von den Olavswegmarkierungen begleitet erreichen Sie nach knapp 600 m einen weiteren ⊠ ⩚ **Unterstand mit Feuerstelle** links neben der Straße ❶ (km 1,3).

Von dort folgen Sie der breiten Schotterpiste noch für gut 900 m bis zu einem großen Anwesen mit mehreren roten Gebäuden. Dort biegen Sie in einer Linkskurve auf die Loipe Skriverberget ab und der steinige Pfad bringt Sie durch den Wald hoch auf den „Gipfel" des Hügels. Der **Skriverberget** liegt am alten Weg von Fossum nach Lommedalen und erhielt seinen Namen, weil viele Reisende ihre Initialen in die großen Basaltblöcke geritzt haben. Die älteste Inschrift datiert zurück bis 1786.

Ignorieren Sie die nach links und rechts abzweigenden Pfade und folgenden Sie den Olavskreuzen weiter geradeaus bergab. Das gilt auch für die breitere Weggabelung (links nach Steingard, rechts zum See Burudvann) und nach gut 900 m treffen Sie auf einen grauen Schotterweg. Folgen Sie diesem nach rechts bis zur Einmündung in eine breitere Schotterpiste am oberen Rand einer Wohnsiedlung. Sie laufen den Trulsebråten nach rechts bis zur T-Kreuzung mit dem Annikveien. Hier halten Sie sich links und treffen bei einer Reitanlage auf die Asphaltstraße Skollerudveien. Auf dieser geht es für knapp 700 m nach rechts, dann biegen Sie vor der Bushaltestelle nach rechts in den Burudveien.

Nach gut 350 m laufen Sie bei den Hausnummern 32/32c halb links auf den schmaleren Hellerudveien, der Sie zum Parkplatz des Golfklubs Bærum bringt. Das ✕ **Restaurant Hole in One Cafe im Klubhaus** (◨ Mai bis Oktober Mo bis Do 9:00 bis 20:00, Fr bis So 9:00 bis 17:00) serviert neben Kaffee und Kuchen auch Nudelgerichte, Pizza und Burger und steht auch Nicht- Vereinsmitgliedern offen ❷ (km 6,4).

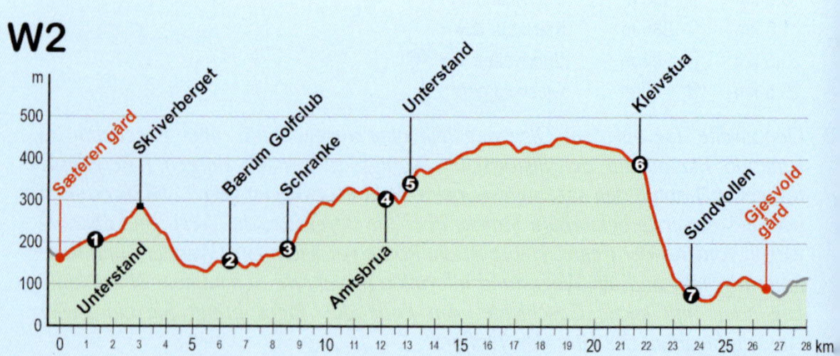

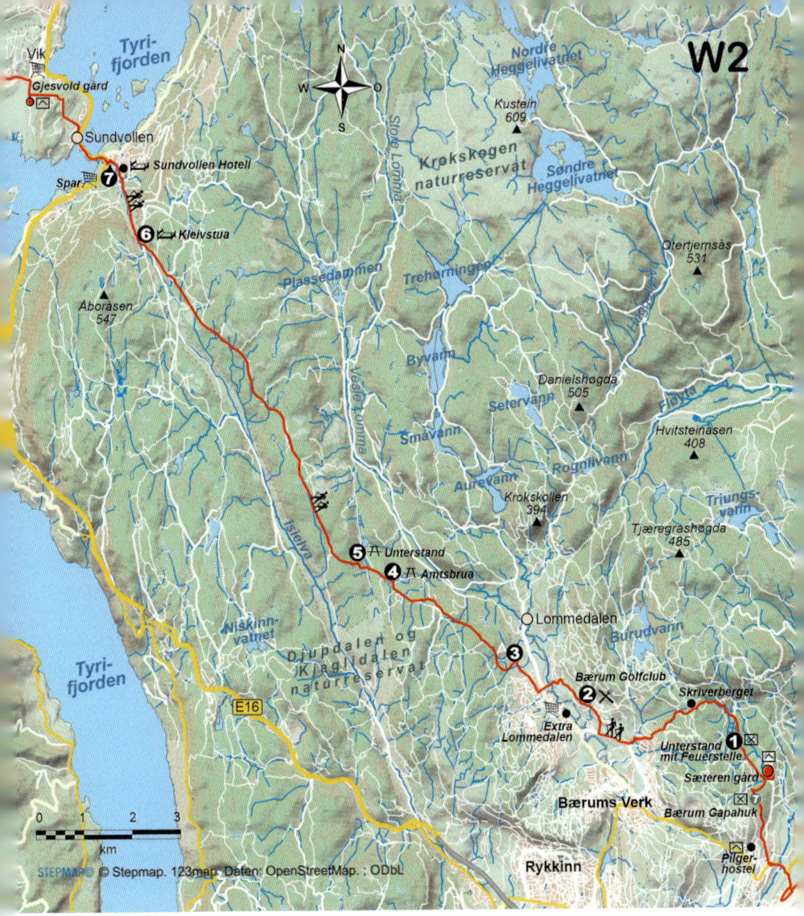

Die Olavskreuze führen Sie links am Klubhaus vorbei und bei dem weiteren Weg über den Platz können Sie den Golfspielerinnen und Golfspielern beim Abschlagüben und Putten zugucken. Schließlich biegen Sie am Ende des Geländes bei einem großen, braunen Gebäude nach links ab. An der nächsten Gabelung geht es ebenfalls nach links zur Brücke über den Lommedalselva und weiter zur Kreuzung mit dem Lommedalsveien.

↳ Auf der Straße nach links sind es knapp 800 m bis zum 🛒 Extra Lommedalen (🚪 Mo bis Sa 7:00 bis 23:00).

Ohne Abstecher zum Supermarkt wird der Lommedalsveien geradewegs überquert. Biegen Sie dann gut 100 m weiter rechts in den Gamleveien ab und laufen Sie am Ende an der Kreuzung mit der Johnsrudgata weiter geradeaus in die Sackgasse. Sie passieren einen weiteren Golfplatz und biegen 300 m weiter bei der Schranke nach links auf die Schotterpiste ab ❸ (km 8,5).

Die Schranke markiert den Auftakt des Bergenske kongeveg durch den Krokskogen und die breite Schotterpiste führt Sie nun für rund 13 km in beständigem Auf und Ab, in der Tendenz aber bergan bis zur **Kleivstua** oberhalb des Tyrifjords.

Markante Wegmarken auf dem Weg dorthin sind der **Rastplatz an der historischen Amtsbrua** ❹ (km 12,2) sowie ein kleiner **Unterstand** rechts neben der Straße ❺ (km 13), bis Sie schließlich das Ende einer asphaltierten Straße an der **Kleivstua** ❻ (km 21,6) mit einer grandiosen Aussicht auf den Steinsfjord und das Vikerfjell am Horizont in der Ferne erreichen.

Kleivstua, Dronningveien 500, 3531 Krokkleiva, ☏ 32 16 14 00, booking@kleivstua.no, www.kleivstua.no, EZ ab NOK 1.300, DZ ab NOK 1.700 inkl. Frühstück, sowohl Mittag- wie auch Abendessen muss mindestens einen Tag im Voraus bestellt werden.

Biegen Sie noch vor dem ersten gelben Gebäude nach links durch das Tor im Zaun ab. Der Weg hinab zum Fjord ist recht steil und wird von steil aufragenden Felswänden eingerahmt. Mit der Einsamkeit des Krokskogen ist es spätestens hier vorbei, denn es sind zahlreiche Tagestouristinnen und -touristen unterwegs. Nach etwa 1,5 km stoßen Sie an einem Wanderparkplatz auf den Dronningveien und setzen die Wanderung auf der asphaltierten Straße nach links fort. An der Kreuzung bei einem Parkplatz ❼ (km 23,5) führen Sie die Olavskreuze nach links zum **Spar** (Mo bis Fr 7:00 bis 23:00, Sa 8:00 bis 20:00), rechter Hand liegt das **Hotel Sundvolden**.

Sundvollen Hotell, Dronningveien 2, 3531 Krokkleiva, ☏ 32 16 21 00, sundvolden@sundvolden.no, www.sundvolden.no, EZ/DZ inkl. Frühstück NOK 1.090/1.590 (Preise gelten während der Pilgersaison mit gültigem Pilgerpass, sonst + NOK 200), das Hotel aus dem Jahr 1648 gehört zu den ältesten des Landes und war es bei der Fertigstellung der Königsstraße 1805 noch eine einfache Herberge, so ist der Standard heute deutlich besser.

Am Ende des Supermarktparkplatzes laufen Sie bei der Bushaltestelle auf dem Fußweg nach rechts und vor der Tankstelle nach links durch die Unterführung unter der E16 hindurch. Auf der gegenüberliegenden Seite setzen Sie die Wanderung nach rechts zur Brücke über den Kroksund, die Engstelle zwischen dem Steinsfjord im Norden und Tyrifjord im Süden, fort. Während der Fußweg über eine alte Steinbrücke führt, rauscht eine Etage darüber der Verkehr auf der E16.

Am letzten Brückenpfeiler halten Sie sich links und treffen auf den Gamleveien. Folgen Sie der Straße durch das Wohngebiet und halten Sie sich an der Kreuzung mit dem weißen Holzzaun links. Die einsame Straße bringt Sie mit weitem Blick auf den Fjord durch die Felder, bis Sie schließlich in einer Rechtskurve den Wegweiser zum Gjesvold gård erreichen. Folgen Sie dem Feldweg für ein paar Schritte nach links bis zu den alten, braunen Holzgebäuden der ⌂ Pilgerherberge.

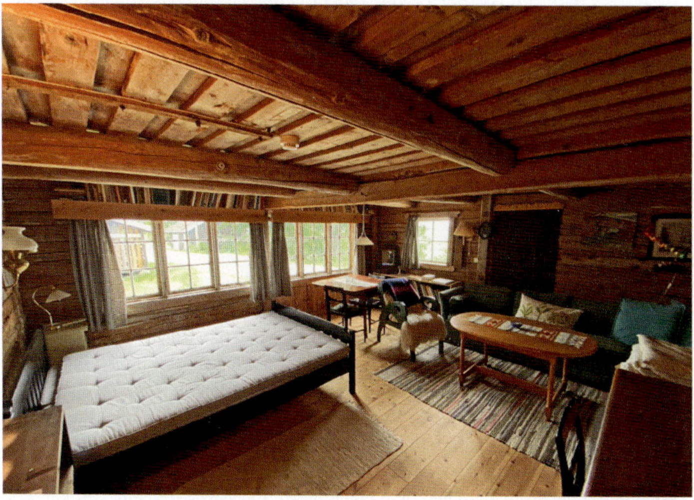

Pilgerherberge Gjesvold gård

⌂ **Gjesvold gård**, Fekjærveien 10, 3530 Røyse, 📱 48 28 53 43, ✉ christian@gjesvold.no, 💻 www.gjesvold.no, NOK 200/Pers., Bettwäsche NOK 50, Unterbringung im Bryggerhuset (2 Schlafplätze), Hønsehuset (3 Schlafplätze und Drengestua (2 Schlafplätze), Zugang zu WC, Dusche & Küche, Voranmeldung erwünscht

Etappe W3: Gjesvold gård – Stall Lisletta

➲ 20,2 km, ⌛ ca. 5 Std. 30 Min., ↑ 350 m, ↓ 250 m, ⇧ 70-210 m

0,0 km	⇧ 99 m	Gjesvold gård ⌂
3,5 km	⇧ 88 m	Abzweig ↬ Abkürzung
6,2 km	⇧ 143 m	Abzweig ↬ Bøsnes kirke ✞
8,3 km	⇧ 177 m	Frøyshov-Grabfeld ⛩ ⌘
8,8 km	⇧ 171 m	Skomakerstuen ⌂ ⛩
10,4 km	⇧ 110 m	Hole kirke ✞
17,4 km	⇧ 109 m	Norderhov kirke/Ringerikes Museum ✞ ⌘
18,8 km	⇧ 181 m	Stavhella-Grabhügel ⌘
20,2 km	⇧ 188 m	Stall Lisletta 🏠 ⛺

Mal Asphalt, mal Feldwege und mal Waldpfade. Diese Etappe führt auf den unterschiedlichsten Wegarten ohne übermäßige Steigungen durch die fruchtbare, leicht hügelige Landschaft der weit in den Tyrifjord hineinragenden Halbinsel Røyse. Das Bild wird von der Landwirtschaft geprägt. Neben einzelnen Gehöften und weitläufigen Feldern warten aber auch einige schöne Waldabschnitte und gleich drei Kirchen liegen am Wegesrand.

Vom Gjesvold gård laufen Sie den vom Vortag bekannten Weg zurück zum Abzweig vom Olavsweg und die Straße weiter geradeaus hinab zum Kreisverkehr am Ortsrand von Vik.

Nehmen Sie im Kreisverkehr die Ausfahrt nach rechts, so können Sie nach gut 150 m für den Einkauf zwischen zwei Supermärkten wählen. Als Erstes kommt Kiwi (Mo bis Sa 7:00 bis 23:00), gleich nebenan liegt Rema 1000 (Mo bis Sa 7:00 bis 23:00).

Die Olavskreuze führen Sie nach links und leicht bergan aus dem Ort hinaus. Dort, wo der Røyseveien nach etwa 230 m zu einer Linkskurve ansetzt, laufen Sie vor dem grauen Haus nach rechts auf den Brattbakken und halten sich gleich an der nächsten Gabelung links, um auf dem Fußweg neben dem Løkenmoveien durch das Wohngebiet zu laufen. Am Ende treffen Sie wieder auf den Røyseveien und folgen dem breiten Fußweg neben der Straße vorbei an einem Baumarkt und durch die Felder. Nach knapp 2,5 km haben Sie an der **Kreuzung mit dem Zebrasteifen** die Wahl zwischen dem eigentlichen Olavsweg und einer Abkürzung ❶ (km 3,5).

Um die Etappe um rund 7 km abzukürzen, wenden Sie sich hier auf der Trongmoen nach rechts, laufen vorbei an Sporthalle und Kindergarten und treffen nach insgesamt gut 1,1 km wieder auf den Olavsweg.

Um dem Olavsweg zu folgen, überqueren Sie die Straße Trongmoen auf dem Zebrastreifen und biegen nur 70 m weiter nach links in den Bønsnesveien ein. An der Gabelung nach gut 750 m halten Sie sich rechts (Nöstret). Der Feldweg schlängelt sich in leichten Kurven durch die Wiesen und Felder und trifft nach 1,1 km bei einigen Häusern auf die Asphaltstraße Søholgata. Dieser folgen Sie für 720 m bis zur T-Kreuzung mit dem Hundstadveien, wo nach links der Weg zur ✝ **Bønsnes kirke** abzweigt ❷ (km 6,2).

Halten Sie sich an der Gabelung nach knapp 400 m auf dem Hundstadveien links und folgen Sie der Schotterpiste für knapp 1,2 km bis zu Kirche, die wohl aber leider meistens geschlossen ist.

✝ **Bønsnes kirke.** Die mittelalterliche weiße Steinkirche mit einem Holzturm aus den 1850er-Jahren vor dem Westgiebel hat einen großartigen Blick auf den

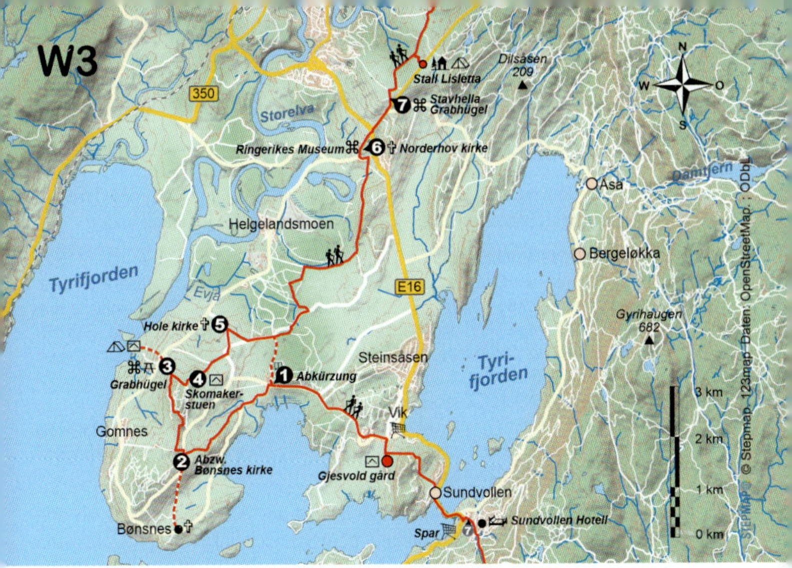

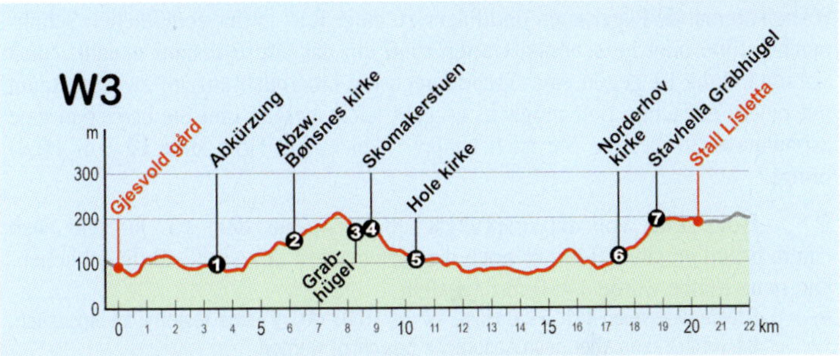

Tyrifjord. Zu den besonderen Schätzen im Innenraum gehören eine Madonnenskulptur von etwa 1250 sowie ein Kruzifix aus dem 15. Jh. Die Legende besagt, dass kein Geringerer als Olav der Heilige die Kirche als Dank dafür errichtete, dass er nach einem Schiffsunglück auf dem Tyrifjord mit dem Leben davongekommen ist.

♦ Mosengbakken 121, 3530 Hole, ☏ 32 16 01 00

Vom Abzweig zur Kirche laufen Sie erst auf dem Hundstadveien ein paar Schritte nach rechts, dann ein paar auf dem Fjellsveien nach links und biegen rechts in den nach Norden führenden Skinnillveien ein. Nach gut 500 m führen Sie die Markierungen in einem Bogen nach rechts durch den Wald um das

Krankenhaus herum und zu einem ⌘ **archäologischen Friedhof mit über 20 Grabhügeln aus der Eisenzeit ❸** (km 8,3). Von der Bank bietet sich ein breites Panorama über die Felder und den Tyrifjord.

Etwa 1,5 km weiter geradeaus liegen unmittelbar am Ufer des Tyrifjord zwei schöne Campingplätze mit tollen Sandstränden direkt nebeneinander.

Topcamp Onsakervika Camping, Øvre Onsakerveien 64, 3530 Røyse, ☏ 32 15 73 33, onsakervika@topcamp.no, https://topcamp.no/topcamp-onsakervika, ca. 1,5 km vom Olavsweg entfernt, Mai bis Oktober, NOK 550 bis 775 für einfache Hütten mit Blick auf den Fjord und Platz für bis zu 3 Pers., kleine Küchenzeile, Geschirr kann gegen eine zusätzliche Gebühr gemietet werden, Zeltplatz je nach Saison NOK 195 bis 215.

♦ **Odin Camping**, Nedre Onsakerveien 49, 3530 Røyse, 45 60 03 82, post@odincamping.com, www.odincamping.com, ca. 1,5 km vom Olavsweg entfernt, Mai bis Mitte September, insgesamt elf Hütten für NOK 345 bis NOK 995, Zelt je nach Saison NOK 155 bis 175.

Der Olavsweg biegt nach rechts auf den Pfad am Waldrand entlang ab und mündet in den Schotterweg Skarpsnogata, dem Sie nach links folgen. Rechts vom Weg liegt die **Skomakerstuen ❹** (48 28 53 46 (Karin Røyse)), die vorbeikommende Pilgerinnen und Pilger zu einer Rast in der gemütlichen Schuhmacherstube oder im schönen Garten rund um das alte Holzhaus einlädt. Nach Voranmeldung ist gegen eine Spende auch die Übernachtung im zweiten Raum mit einem einfachen Bett möglich. Es geht leicht bergab und Sie erreichen eine asphaltierte Straße, die Sie nach knapp 1 km zur ✞ **Hole kirke ❺** (km 10,4) bringt.

✞ **Hole kirke**. Von der ursprünglichen Kirche aus dem 13. Jh. sind nach einem Brand im Jahr 1944 nur noch die Steinmauern des Schiffs übrig geblieben. Die neue Kirche wurde 1950 fertiggestellt

♦ Prestegårdsveien 111, 3530 Hole, ☏ 32 16 01 00, keine festen Öffnungszeiten, die Kirche kann aber nach Absprache besichtigt werden.

Von der Kirche nehmen Sie den Schotterweg im spitzen Winkel nach rechts, der nach gut 500 m auf den Jørgen Moes vei trifft. Hier wenden Sie sich nach links und erreichen nach etwa 500 m eine Kreuzung, an der von rechts die zuvor erwähnte Abkürzung eintrifft. Hier laufen Sie geradeaus auf den Pfad, der Sie nach knapp 500 m wieder auf die Straße zurückbringt. Nur 500 m weiter biegen Sie nach links auf den Waldweg ab. Der Olavsweg führt erst durch den Wald und dann am Feldrand entlang.

Nach etwa 1,2 km biegen Sie nach rechts auf einen breiteren Weg ab, der Sie nach und nach aus dem Kiefernwald herausbringt. Der Feldweg führt Sie für gut 3 km in einer weiten Kurve durch die hügelige Landschaft, bis Sie schließlich auf die asphaltierte Straße Norderhovsveien stoßen, wo Sie nach links auf den Fuß-

und Radweg Richtung Hønefoss abbiegen. Oben an der Kreuzung vor der ⩚ Bank auf einer kleinen Kuppe biegen Sie rechts ab und stehen nach knapp 200 m vor der ✞ **Norderhov kirke** und dem ⌘ **Ringerikes Museum** auf der gegenüberliegenden Straßenseite ❻ (km 17,4).

✞ **Norderhov kirke**. Die Kirche soll auf einem alten heidnischen Hof (Kultstätte) errichtet worden sein und war während des Mittelalters wahrscheinlich die bedeutendste Kirche in Ringerike. Als älteste Teile aus dem 13. Jh. sind Turm und die Steinmauern des Kirchenschiffs erhalten.

♦ Norderhovsbakken 7, 3512 Ringerike, 📱 90 12 73 64

⌘ **Ringerikes Museum**. Die Ausstellung präsentiert mit über 500 Objekten das Leben und Werk des Pfarrers und Märchensammlers Jorgen Moe. Im zweiten Stock zeigt das Heimatmuseum Waffen und Ausrüstung, die der Widerstand während der Besatzungsjahre 1940-1945 verwendet hat.

♦ Norderhovsbakken 8, 3512 Hønefoss, ☎ 32 13 50 50, ✉ ringerikesmuseum@buskerudmuseet.no, 💻 https://buskerudmuseet.com/ringerikes-museum, 🚪 4. Juni bis 10. September Di bis So 11:00 bis 16:00, Eintritt NOK 100

Mit Kirche und Museum im Rücken laufen Sie auf der Allee zwischen den Obstbäumen weiter bis zur Unterführung unter der E16 hindurch und weiter

Ringerikes Museum

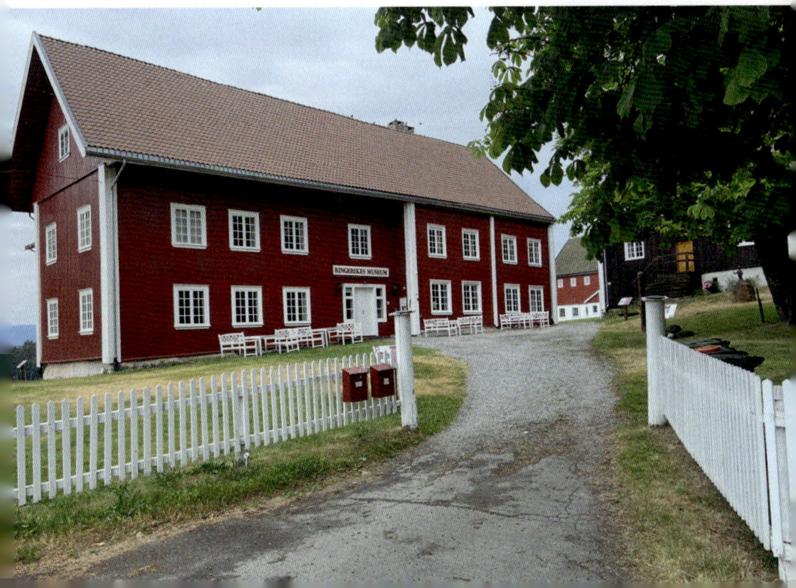

geradeaus. Nach gut 500 m zweigt nach rechts die Straße in Richtung Åsa ab und der Rad- und Fußweg endet. Sie laufen noch etwa 150 m geradeaus vorsichtig am Straßenrand des Hadelandsveien weiter, dann biegen Sie auf Höhe der Hofzufahrt schräg auf den Pfad nach links ab und nach wenigen Schritten macht der **Olavswegpfosten „Stavhella"** ❼ (km 18,8) auf das Grabhügelfeld aus der jüngeren Eisenzeit aufmerksam. Der Olavsweg führt noch knapp 200 m zwischen zwei Felder hindurch und trifft auf einen Feldweg. Hier laufen Sie gut 150 m nach rechts und biegen dann vor dem einzelnen Baum links ab. Rund 500 m nachdem der Weg im Wald verschwunden ist, liegt rechts vom Weg der **Stall Lisletta**.

Stall Lisletta, Hadelandsveien 122, 3511 Hønefoss, 99 60 86 04 oder 91 87 12 02, stall.lisletta@gmail.com, ganzjährig mit Voranmeldung, einfache Übernachtung in kleiner Hütte oder Appartement (1 Pers. NOK 650, 2 Pers. NOK 750) oder im eigenen Zelt (NOK 150, Dusche NOK 40), Frühstück nach Vereinbarung NOK 60

Etappe W4: Stall Lisletta – Sløvika Camping

21 km, ca. 6 Std., ↑ 320 m, ↓ 360 m, ⇧ 150-330 m

0,0 km	⇧ 188 m	Stall Lisletta
2,4 km	⇧ 192 m	Zebrastreifen
3,6 km	⇧ 216 m	Haug
7,0 km	⇧ 262 m	Unterstand Honerud gård
10,1 km	⇧ 252 m	Almstua
11,8 km	⇧ 188 m	Steinring i Mosmoen ⌘
16,6 km	⇧ 182 m	Jevenaker kirke
19,2 km	⇧ 184 m	Husmannsplass
21,0 km	⇧ 154 m	Sløvika Camping

Die unkomplizierte Etappe hält viel Asphalt bereit. Am Wegesrand erwarten Sie rätselhafte Steinringe, die imposante Holzkirche von Jevnaker und ein paar schöne Ausblicke über den Fjord. Auf den letzten Kilometern verläuft der Weg größtenteils auf Schotterpisten und Pfaden bis zum Campingplatz, wo Sie den Tag mit einem kühlenden Bad im Randsfjord ausklingen lassen können.

Vom Gelände des Stall Lisletta zurück auf dem Olavsweg wenden Sie sich nach rechts und folgen dem Feldweg für knapp 500 m nach rechts bis zur Einmündung in die Schotterpiste. Es geht nach links weiter und für rund 1,6 km durch eine Feld- und Wiesenlandschaft mit weit verstreut liegenden Gehöften.

Schließlich ist die Straße Klekkenveien erreicht. Hier laufen Sie 120 m nach rechts, überqueren den Zebrastreifen ❶ (km 2,4) nach links und folgen dann der Straße Fløytingen für etwa 1,1 km bis ins Zentrum von Haug mit dem Coop Extra ❷ (Mo bis Sa 7:00 bis 23:00, So 14:00 bis 20:00) (km 3,6).

☝ Bis Brandbu (☞ Etappe W6) finden Sie keinen Supermarkt mehr direkt am Olavsweg. Denken Sie daher daran, sich mit ausreichend Proviant für mindestens zwei Tage zu versorgen.

Die ✝ Kirche finden Sie knapp 200 m weiter geradeaus auf der linken Straßenseite

✝ **Haug kirke**. Die ursprüngliche Kirche aus dem 14. Jh. wies eine rechteckige Grundform und einen schmaleren Chor auf. 1712 wurde der Altarraum abgerissen und das Kirchenschiff erweitert. 1878 folgte ein weiterer Umbau, bei dem Teile des Westteils entfernt und ein Glockenturm hinzugefügt wurde. Die Kirche ist üblicherweise verschlossen, aber beim

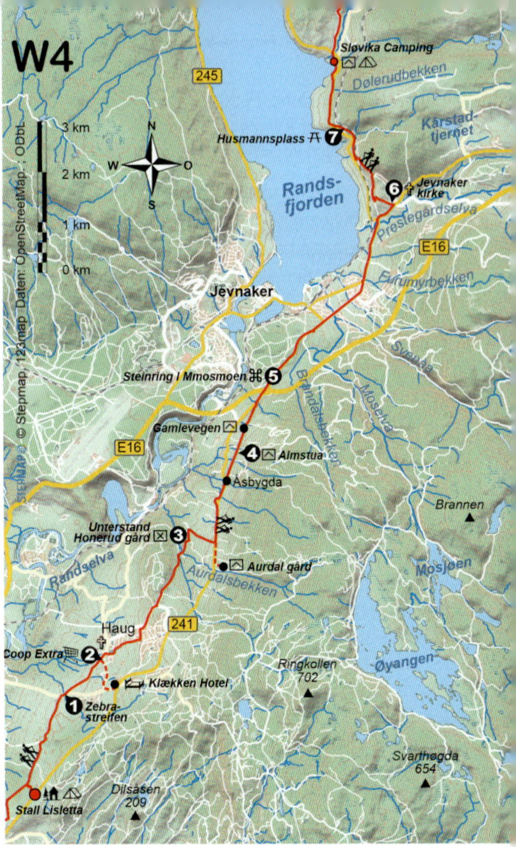

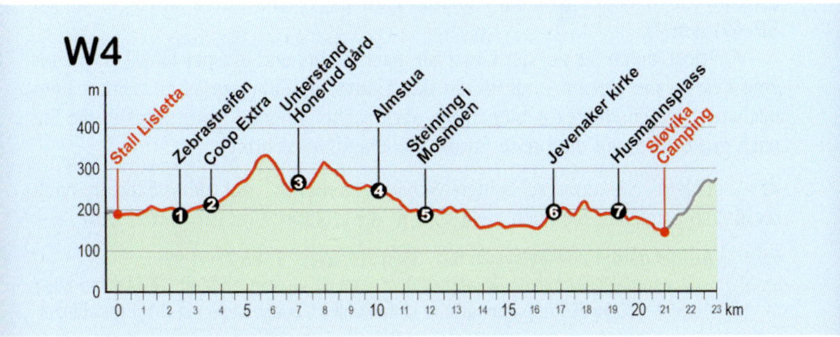

Pfarramt gibt es eine ⛼ Rastbank und einen ⦿ Pilgerpostkasten mit Informationen und Stempel für den Pilgerpass.

♦ Fløytingen 96, 3514 Hønefoss, ☏ 32 18 15 20

↳ Für die Übernachtung im Hotel laufen Sie hinter dem Supermarktparkplatz auf dem Fußweg nach rechts und dann weiter am Øvre Klekkenvei entlang. An der T-Kreuzung folgen Sie dem Klekkenveien für gut 260 nach links, biegen links auf den Fußweg neben dem breiten Haddelandsveien ab und erreichen nach rund 100 m die Zufahrt zum Hotel.

Klækken Hotel, Hadelandsveien 386, 3514 Hønefoss, ☏ 32 14 00 00, ✉ salg@klaekken.no, 🖳 www.klaekken.no, ca. 1,3 km vom Olavsweg entfernt, EZ/DZ inkl. Frühstück ab NOK 1.195/1.890. Das große Hotel bietet 156 Zimmer unterschiedlicher Kategorien auf drei Etagen mit herrlicher Aussicht auf den schönen Garten.

Für die Fortsetzung des Olavsweges laufen Sie an der Gabelung vor der größeren Halle gegenüber der Kirche nach rechts auf den asphaltierten Fuß- und Radweg. Er führt am örtlichen Kindergarten vorbei und an der folgenden Gabelung geht es rechts weiter. Es geht am Ortsrand entlang leicht bergan und die abzweigenden Straßen lassen Sie links liegen, bis Sie nach gut 600 m kurz nach links laufen, die einmündende Straße überqueren und nach rechts auf dem Loveien weiterlaufen.

Nach knapp 200 m halten Sie sich rechts und treffen am Ende auf den breiten Harehaugveien. Hier halten Sie sich rechts und laufen bergan vorbei an einer ersten Bushaltestelle. In der Kurve vor der nächsten Bushaltestelle (Harehaugveien) biegen Sie links ab. An der Dreiergabelung keine 300 m weiter laufen Sie geradeaus auf dem Torpveien, der Sie leicht bergab bis zu einer Gabelung bei einem grauen Holzhaus bringt. Hier geht es geradeaus weiter und hinter dem nächsten Hof taucht der Weg in einen idyllischen, ruhigen Wald ein. An der Gabelung im Wald halten Sie sich rechts und laufen über zwei Brücken und eine Zauntreppe bis zum ☒ ⛼ **Unterstand am Honerud gård ❸** (Voranmeldung unter 📱 97 06 89 49) (km 7).

Von dort laufen Sie auf der Graspiste nach rechts und in einer Linkskurve über eine Wiese, die Sie am Ende durch das Gatter im Zaun verlassen. Hinter dem nächsten weißen Holzhaus biegen Sie nach rechts auf eine Schotterpiste, die Sie nach gut 650 m auf die breite Straße Hadelandsveien bringt.

↳ Folgen Sie dem schlichten Schild „Herberge" auf dem Fußweg nach rechts, so erreichen Sie nach etwa 420 m die Zufahrt zum ⌂ Aurdal gård.

⌂ **Aurdal gård**, Hadelandsveien 621, 3520 Jevnaker, 📱 95 77 51 99, ✉ eaurdal@hotmail.no, knapp 650 m vom Olavsweg entfernt, 🚪 Mai bis Mitte August, 230 NOK/Pers., gemütliche Unterkunft im ausgebauten *stabbur* (ein Einzelbett) sowie zwei Schlafplätze im Raum über der Garage, einfache Außenküche mit Kochplatte und Wasserkocher, Mitnutzung der Dusche und Toiletten im Haus der freundlichen Gastgeber

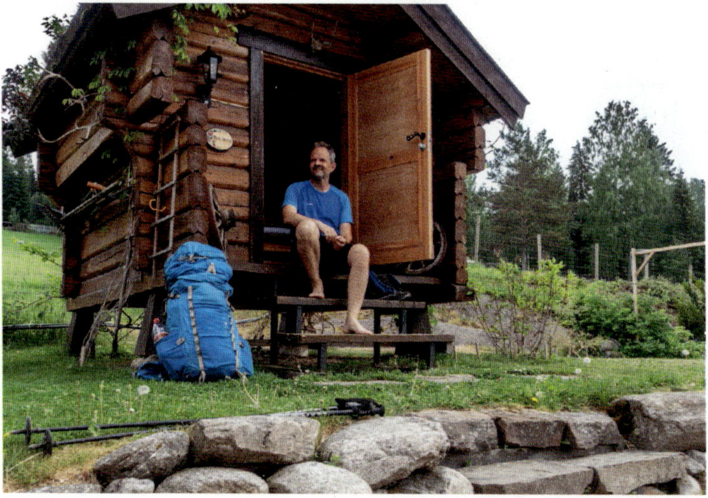

Stabbur am Aurdal gård

Laufen Sie auf dem Fußweg auf der gegenüberliegenden Straßenseite nach links. Nach etwa 250 m wechselt der Fußweg die Straßenseite und Sie laufen vom Verkehr durch eine Leitplanke getrennt in Richtung Norden. Der Radweg macht einen Schlenker um ein Haus herum, führt dann aber zurück an die Straße. Vor der Linkskurve des Hadelandsveien laufen Sie nach rechts durch die Unterführung und folgen auf der anderen Seite dem Gamleveien nach links. Nach knapp 700 m liegt auf der rechten Straßenseite die ⌂ **Almstua** ❹ (km 10,1).

⌂ **Almstua**, Almveien 1, 3520 Jevnaker, ☎ 48 24 14 96, ✉ mariannemauer@hotmail.com, April bis September, unbesetzte Hütte mit zwei Schlafplätzen und Wasser sowie Strom, Außentoilette, NOK 100/Pers., Bettwäschen, NOK 50

Nur 500 m später folgt, dieses Mal auf der linken Straßenseite, die nächste Übernachtungsmöglichkeit:

⌂ **Gamlevegen 60**, Gamlevegen 60, Åsbygda, 3520 Jevnaker, ☎ 48 12 96 53, ✉ jnbng49@gmail.com, Übernachtung in einer kleinen, gemütlichen Hütte mit drei Schlafplätzen neben dem Wohnhaus der Familie, Außentoilette, NOK 100/Pers.

Gut 550 m weiter treffen Sie wieder auf den breiten Hadelandsveien und setzen die Wanderung auf dem Fuß- und Radweg nach rechts fort. Sie passieren den

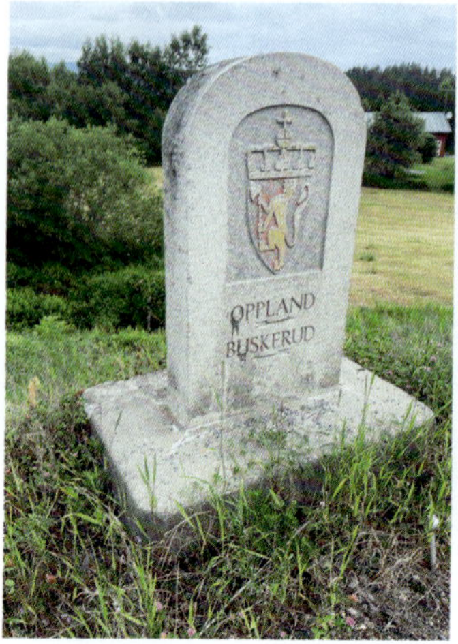

Grenzstein

Grenzstein zwischen den Provinzen Buskerud und Oppland. Im ersten der beiden folgenden Kreisverkehre halten Sie sich links, im zweiten laufen Sie geradeaus Richtung Jevnaker weiter.

Keine 200 m weiter macht der **Olavswegpfosten „Steinring i Mosmoen"** ❺ (km 11,8) auf den Steinring aus der Eisenzeit im Feld neben Ihnen aufmerksam. Die Steinringe wurden von Menschenhand geschaffen, datieren auf die Völkerwanderungszeit (400 bis 600 n. Chr.) und wurden wohl als Opferstätte für Opfergaben, Zeremonien und Beerdigungen genutzt.

Sie setzen die Wanderung auf dem Fußweg fort und zur Linken bietet sich ein schöner Blick über den Fjord. Nach weiteren etwa 1,7 km kehren Sie dem Fußweg und der breiten Straße den Rücken und biegen zu Beginn der Linkskurve rechts auf den Gamlevegen ab. Diesem folgen Sie für weitere 1,2 km immer geradeaus bis zur T-Kreuzung mit dem Glassverkvegen.

Diesem folgen Sie auf dem Fuß- und Radweg neben der Straße nach rechts und bald taucht voraus die weiße ✞ **Jevnaker kirke** vor Ihnen auf. Nach etwa 1,2 km laufen Sie auf einer Brücke über einen schmalen Fluss und geradeaus über die nach links abzweigende Straße. Der Fußweg bringt Sie noch etwa 500 m bergan, dann biegen Sie hinter der Bushaltestelle links ab zur schmucken Holzkirche aus dem Jahr 1834. Neben dem Meilenstein „547 km til Nidaros" finden Sie vor der Kirche auch eine ⩩ Rastbank sowie eine ⊙ Pilgerbox mit Informationen und Pilgerstempel ❻ (km 16,6).

✞ **Jevnaker kirke**. Der Innenraum der achteckigen Holzkirche wird vom prächtigen Kanzelaltar mit einer siebenseitigen Kanzel und einem kunstvollen Baldachin darüber sowie der neuen Orgel aus dem Jahr 2017 bestimmt.

♦ Øvre Vangsvei 11, 3520 Jevnaker, 📱 40 00 38 85, 🚪 Ende Juni bis Anfang August Di, Mi bis Fr 10:00 bis 14:00

Der Weg führt Sie von der Kirche zum Øvre Van gård. An dessen Zufahrt halten Sie sich rechts in Richtung Parkplatz und laufen in einem Bogen herum durch die Gebäude bis zu einer Schotterpiste oberhalb des Fjords. Nach gut 400 m folgen Sie dem schmalen Pfad nach links zum ehemaligen Rehabilitationszentrum Vangseter, dessen verlassene Gebäude einen morbiden Charme verströmen.

Laufen Sie auf der Rückseite der Gebäude nach links und dann in einer Rechtskurve links am Schuppen vorbei. Passieren Sie erst das Tor und dann vorsichtig die Bahnschienen. Auf der gegenüberliegenden Seite erwartet Sie eine Zauntreppe. Sie laufen am oberen Feldrand entlang und erreichen nach einer weiteren Zauntreppe schließlich den ⩩ **Rastplatz Husmannsplass** ❼ (km 19,2).

350 m weiter treffen Sie auf eine Schotterpiste, der Sie nach rechts folgen. Sie verläuft parallel zur breiten Straße links von Ihnen. Schließlich laufen Sie ein kurzes Stück auf der Straße und nehmen dann den links abzweigenden Pfad, der Sie durch den Wald zum Campingplatz direkt am Ufer des Fjords führt.

Sløvika Camping, Fjordlinna 1665, 3520 Jevnaker, ☏ 61 31 55 80, slovikacamping@hotmail.com, www.slovikacamping.no, 1. Mai bis 15. September, DZ ab NOK 800 (inkl. Bettwäsche und Handtücher), Campinghütte für 2 Pers. ab NOK 600, Campinghütte für 4 Pers. ab NOK 700, Zelt ab NOK 260

Etappe W5: Sløvika Camping – Majorsalm

16 km, ca. 4 Std. 45 Min., ↑ 440 m, ↓ 260 m, ⇧ 150-410 m

0,0 km	⇧ 154 m	Sløvika Camping
2,6 km	⇧ 321 m	Rastplatz Sognsbygda ⩩
3,4 km	⇧ 378 m	Grabfeld Velo ⌘
4,8 km	⇧ 353 m	Straßenkreuzung
7,6 km	⇧ 282 m	Falang Bru ⩩
11,0 km	⇧ 337 m	Grabhügel Gamme ⌘ ⩩
13,3 km	⇧ 344 m	Granavollen ✕ ✞ ⦿ ⌘ ⩩
13,7 km	⇧ 340 m	Abzweig Hotel Hadeland
16,0 km	⇧ 312 m	Majorsalm

Ist der Anstieg vom Fjord auf den ersten Kilometern der Etappe bewältigt, geht es ohne größere Höhenunterschiede auf größtenteils unbefestigten Straßen durch eine traditionsreiche Kulturlandschaft mit altehrwürdigen Höfen und prähistorischen Grabhügeln. Dank der kurzen Etappenlänge bleibt ausreichend Zeit für eine ausgiebige Erkundung von Granavollen mit seinen beiden mittelalterlichen Schwesternkirchen direkt nebeneinander.

Verlassen Sie den Campingplatz auf dem Pfad in nördliche Richtung. Überqueren Sie die Straße, laufen Sie in Richtung Sognsbygda ordentlich bergan und halten Sie sich an der Gabelung nach 2,5 km links in Richtung Kittelsrud. Kurz darauf können Sie am ⩩ **Rastplatz Sognsbygda** mit kleiner Schutzhütte und Picknickbank ❶ (km 2,6) eine wohlverdiente Pause einlegen, denn der Löwenanteil des Anstiegs ist bereits geschafft.

Anschließend laufen Sie nach rechts weiter in Richtung Kittelsrud und nach gut 100 m weist der **Olavswegpfosten „Gravfelt Velo"** auf prähistorische

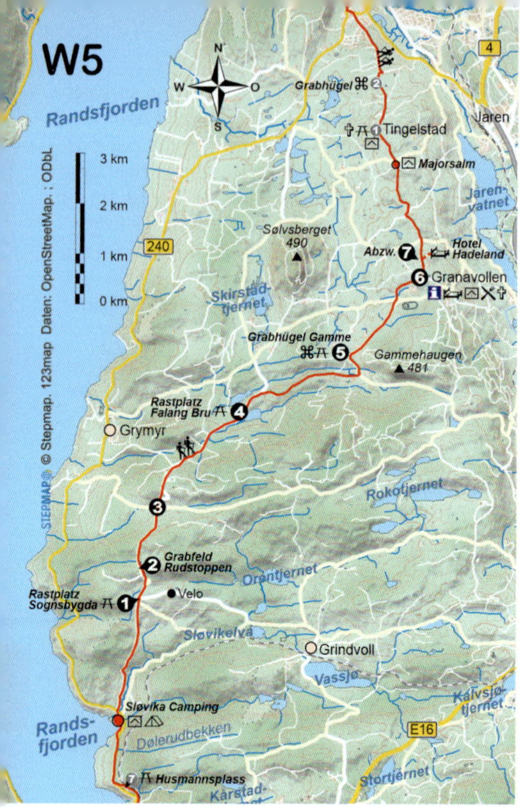

Grabhügel in 100 m Entfernung links vom Weg hin, die Sie über eine Zauntreppe erreichen können.

200 m weiter leiten Sie die Olavskreuze auf einen links abzweigenden Pfad, um eine Kurve der Straße abzukürzen. Wieder zurück auf der Straße erreichen Sie den **Olavswegpfosten „Gravfelt Rudstoppen“ ❷** (km 3,4), der Grabhügel ist dieses Mal etwa 100 m links von der Straße gelegen.

Die Straße windet sich weiter durch eine hügelige Landschaft und führt schließlich leicht hinab zu einer größeren Kreuzung ❸ (km 4,8), an der Sie dem Wegweiser „Knarud 5 km“ geradeaus folgen. In der nächsten Rechtskurve der leicht ansteigenden Straße laufen Sie geradeaus auf der Schotterpiste unter der Stromleitung durch und auf dem Grasweg weiter hoch und rechts an der großen Halle vorbei. Am höchsten Punkt treffen Sie wieder auf den asphaltierten Falangvegen.

Die Olavskreuze führen Sie anschließend noch auf einen kleinen Schlenker über einer Schotterpiste zur Linken, Sie können aber auch einfach auf der Straße weiterlaufen. Begleitet von der akustischen Untermalung von Kuhglocken und Treckertuckern erreichen Sie nach 2,4 km erst eine ⛼ Pilgerbank am Straßenrand und kurz darauf den ⛼ **Rastplatz Falang Bru** mit einer Tisch-Bank-Kombination ❹ (km 7,6) an der restaurierten Steinbrücke aus dem Jahr 1834.

An der Gabelung 400 m weiter biegen Sie rechts auf die Schotterpiste ab. Diese gewinnt schnell an Höhe und die Mühe für den kurzen Anstieg wird mit einem schönen Weitblick über die Felder belohnt, auf denen geschäftig die Trecker hin- und herflitzen und auch die ein oder andere Kuh schaut Ihnen neugierig hinterher.

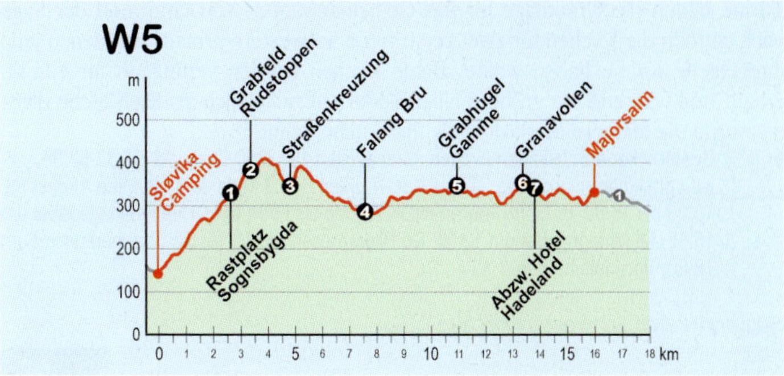

An der Gabelung hinter einem größeren Stall biegen Sie links auf den Gammevegen ab, der Sie nach knapp 500 m zum **Grabfeld Gamme mit 21 Grabhügeln** führt, wo ein paar ⛼ Sitzbänke zum Verschnaufen einladen ❺ (km 11) und am Horizont taucht schon die markante Silhouette der beiden mittelalterlichen ✞ Steinkirchen in Granavollen auf.

Um dort hinzugelangen, folgen Sie dem Gammevegen noch für gut 1,5 km und laufen dann auf einem Weg links ab und rechts vom Zaun vor den Häusern hinunter zur Straße Helgumsdalen. Nachdem Sie diese überquert haben, bringt Sie die Straße Vollgutua in einer Rechtskurve hoch nach Granavollen ❻ (km 13,3).

Gran/Granavollen

Pilgerzentrum Granavollen, Granavollen 14, 2750 Gran, 97 02 26 84 oder 40 60 01 77, pilegrimssenter.granavollen@gmail.com, http://granavollen.pilegrimsleden.no, 1. Juni bis 31. August tgl. 10:00 bis 15:00

Sanner Hotell, Jomfruburet, Drengstua und Pilegrimstua, Granavollen 3-5, 2750 Gran, 61 33 33 00, post@sanner-hotell.no, www.jomfruburet.net und www.sanner-hotell.no, ca. 500 m vom Olavsweg entfernt, ganzjährig nach Voranmeldung, Hotel im Juli geschlossen, Hotel EZ/DZ NOK 895/1.295 (inkl. Frühstück), Übernachtung in der Selbstversorgerhütte Pilegrimstua NOK 1.395 für 1 Pers. bzw. NOK 1.695 für 2 Pers.

Granavolden Gjæstgiveri, Granavollen 16, 2750 Gran, 61 33 77 00, post@granavolden.no, www.granavolden.no, das moderne Gasthaus mit historischem Ambiente bietet direkt gegenüber der beiden Schwesternkirchen insgesamt 63 Betten in 43 Zimmern und fünf Gebäuden, die sich rund um einen zentralen Hof reihen, EZ/DZ ab NOK 1.295/1.595 (inkl. Frühstück), eine Buchung im Voraus ist empfehlenswert, da an einigen Tagen geschlossen sein kann.

✞ **Die Schwesternkirchen in Granavollen (Søsterkirkene)**. Keine 50 m trennen Nikolaikirke und Mariakirke, die aufgrund des ungewöhnlichen Anblicks wohl zu den bekanntesten Dorfkirchen Norwegen zählen. Die beiden benachbarten

Türme bilden die Grundlage für das Gemeindewappen von Gran und der Sage nach wurden die Kirchen für zwei zerstrittene Schwestern erbaut, von denen jede ihre eigene Kirche haben wollte. Beide Kirchen wurden vermutlich im 12. Jh. erbaut und während die größere Nikolaikirke wahrscheinlich als Kreiskirche diente, wurde die kleinere Mariakirke als Pfarrkirche genutzt.

♦ Søsterkirkene/Schwesternkirchen, Granavollen 19, 2750 Gran, ☏ 61 33 52 05, ✉ post@gran.kirken.no, 💻 www.gran.kirken.no, 🚪 Mitte Juni bis Mitte August tgl. 10:00 bis 16:00, geführte Touren (NOK 75) Mo bis Fr 14:00, Di Nachmittagsgebet um 15:15, Mi Mittagsgebet um 12:00, Do Pilgermesse um 15:15, So Sommerkonzert um 18:00, Veranstaltungen

Søsterkirkene/Schwesternkirchen

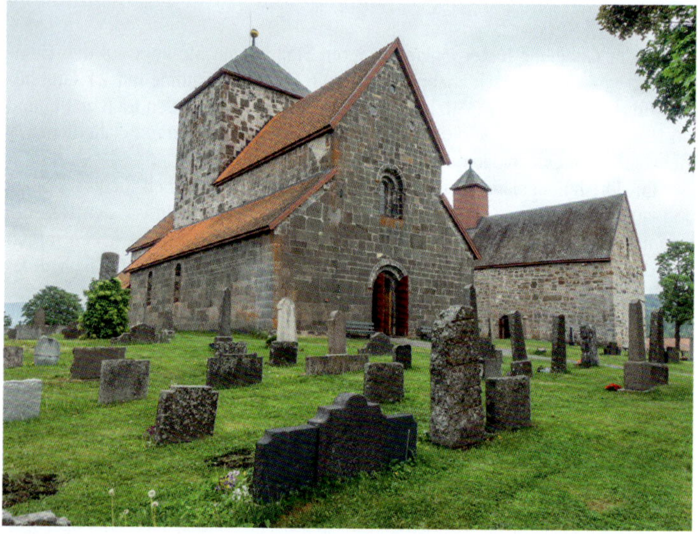

⌘ **Telthuset**. Das ehemalige Lager für militärische Ausrüstung aus der Mitte des 18. Jh. dient heute als rund um die Uhr zugängliches Museum für Lokalgeschichte

♦ Granavollen 21-23, 2750 Gran, 🚪 rund um die Uhr, der Eintritt ist frei.

Felsritzungen und Opferstätten aus der Bronzezeit deuten darauf hin, dass Granavollen seit mehr als 2.000 Jahren ein kultureller und religiöser Treffpunkt in Hadeland ist.

Für die Fortsetzung der Etappe laufen Sie geradeaus am ⩩ Rastplatz vor dem Pilgerzentrum vorbei auf der Schotterstraße aus dem Ort. Auf dem folgenden

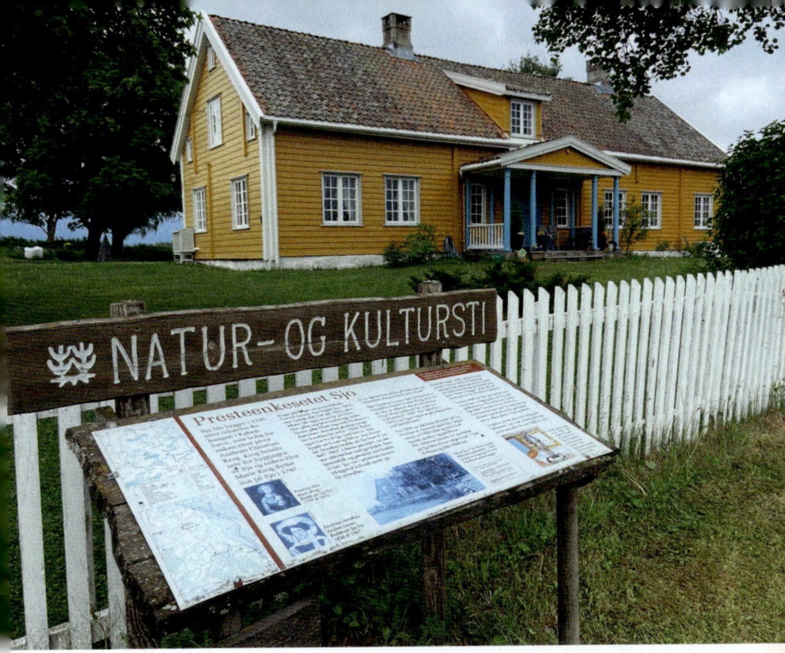

Natur- und Kulturpfad Granavollen

Abschnitt folgt der Weg einem Natur- und Kulturlehrpfad und zahlreiche Schautafeln am Straßenrand liefern vielfältige Informationen zur lokalen Kultur, Natur und Geologie. Nach gut 350 m passieren Sie den Abzweig zum 🛏 **Hotel Hadeland ❼** (km 13,7).

↳ Das Hotel erreichen Sie nach 250 m auf dem Weg nach rechts.

🛏 **Hotel Hadeland**, Granavollen 35, 2750 Gran, ☎ 61 33 02 25, post@hotell-hadeland.no, www.hotell-hadeland.no, ca. 250 m vom Olavsweg entfernt, das Hotel ist im Juli geschlossen. Das Seminar- und Konferenzhotel bietet auch Pilgerinnen und Pilgern eine Unterkunft, ab NOK 895 (inkl. Frühstück).

Der Feldweg schlängelt sich in leichtem Auf und Ab durch die offene Landschaft mit weiten Feldern und grasendem Vieh und an der Kreuzung nach 400 m laufen Sie geradeaus weiter und erreichen schließlich die Farm **Majorsalm** auf der linken Straßenseite (km 16).

Steinkjelleren pa Majorsalm, Kongevegen 56, 2770 Jaren, 41 62 19 44, pcalm@live.no, zum Appartement ausgebauter ehemaliger Lagerkeller mit drei Schlafplätzen, 500 NOK/Pers. (inkl. Handtücher und Bettwäsche), Dusche, Waschmaschine, WLAN und Fernseher, Vorabbuchen per SMS oder Mail erwünscht

Etappe W6: Majorsalm – Høgkorsplassen

15,4 km, ca. 4 Std. 30 Min., ↑ 510 m, ↓ 180 m, ⇧ 170-664 m

0,0 km	⇧ 312 m	Majorsalm
0,9 km	⇧ 325 m	Tingelstad gamle kirke
1,0 km	⇧ 322 m	Hadeland Folkemuseum ⌘
1,9 km	⇧ 293 m	Grabhügel ⌘
4,9 km	⇧ 174 m	Brandbu BANK
9,6 km	⇧ 457 m	Pilgerbank und Schutzunterstand
12,7 km	⇧ 647 m	Schutzunterstand
13,8 km	⇧ 663 m	Skulptur „Roten" ⌘
15,4 km	⇧ 660 m	Skysstasjon Høgkorsplassen

Der erste Etappenabschnitt führt weiter durch eine hügelige Agrarlandschaft und hält mit der charmanten, alten Kirche von Tingelstad und dem Hadeland-Volksmuseum zwei kulturelle Kleinode bereit. Danach geht es hinunter in das Städtchen Brandbu mit guten Möglichkeiten zum Einkaufen und Einkehren und anschließen durch ein ruhiges Waldgebiet stetig hinauf zur urigen Skysstasjon Høgkorsplassen auf etwa 660 m am Etappenziel.

Sie setzen die Tour auf dem Kongevegen fort und laufen knapp 100 m hinter der Majorsalm gerade über die Kreuzung und bald thront auf einem kleinen Hügel vor Ihnen die malerische **Tingelstad gamle kirke**. Auf dem Weg dorthin passieren Sie zwei weitere Pilgerunterkünfte.

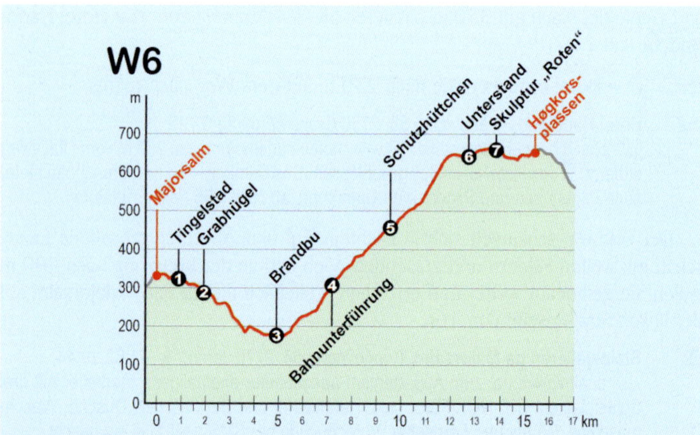

⌂ **Kongevegen 78**, Kongevegen 78, 2770 Jaren, ✆ 93 06 36 05, ✉ m-tingel@frisurf.no, ein Zimmer für maximal 2 Pers. im Haus der Gastgeberin, NOK 400/Pers.

♦ **Søndre Tingelstad**, Kongevegen 82, 2770 Jaren, ✆ 91 53 55 90 oder 95 48 10 49, ✉ olhoff2@online.no, Juni bis August, NOK 350/Pers., der aktive Landwirtschaftsbetrieb bietet auf seinem Hof Platz für acht Übernachtungsgäste verteilt auf drei Schlafzimmer, Küchenzeile mit Kühlschrank und Wasserkocher.

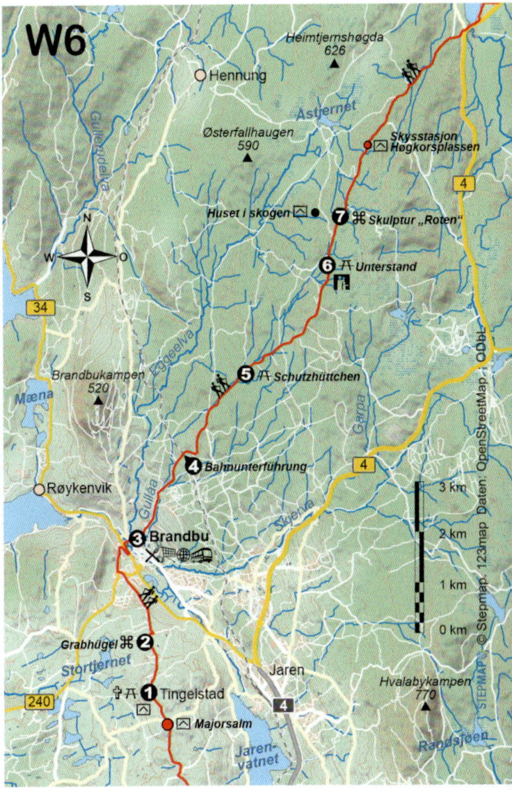

Sie laufen rechts um die Kirche herum zu einer schönen Wiese mit mehreren Tisch-Bank-Kombinationen für ein frühes Picknick ❶ (km 0,9) auf der Rückseite der Kirche. Keine 100 m weiter erreichen Sie den Eingang zum ⌘ **Hadeland Folkemuseum** am linken Wegesrand, das mit über 30 Gebäuden aus verschiedenen Epochen zu einer Reise in die Vergangenheit einlädt. Zu sehen gibt es auch eine Kopie des Dynasteins. Der reich verzierte Runenstein zählt zu den bedeutendsten norwegischen Denkmälern aus der frühchristlichen Zeit.

✝ **Tingelstad gamle kirke**. Die imposante, romanische Steinkirche aus der ersten Hälfte des 13. Jh. wurde wahrscheinlich als private Kirche für die wohlhabenden Bauersleute der Region errichtet und ist dem heiligen Petrus gewidmet. Fragen Sie bei Interesse im benachbarten Hadeland-Volksmuseum nach einer Führung.

♦ Kongevegen 88, 2770 Gran, ☏ 61 33 52 05

⌘ ☕ ♦ Hadeland Folkemuseum

Kongevegen 92, 2770 Jaren, ☎ 61 31 32 80, ✉ hadeland.folkemuseum@randsfjordmuseet.no, 💻 https://randsfjordmuseet.no/hadeland-folkemuseum, 🚪 Juni bis September Di bis So 11:00 bis 16:00, Eintritt NOK 110. Das gemütliche Museumscafé serviert Kaffee, Waffeln, verschiedene Eissorten und lokal produzierten Apfelsaft.

Der Kongevegen bringt Sie weiter durch die Felder und nachdem Sie 500 m weiter die nächste Kreuzung gerade überquert haben, laufen Sie knapp 100 m weiter in der Linkskurve geradeaus weiter auf den idyllischen Grasweg zwischen einem Zaun auf der rechten und einer Baumreihe auf der linken Seite.

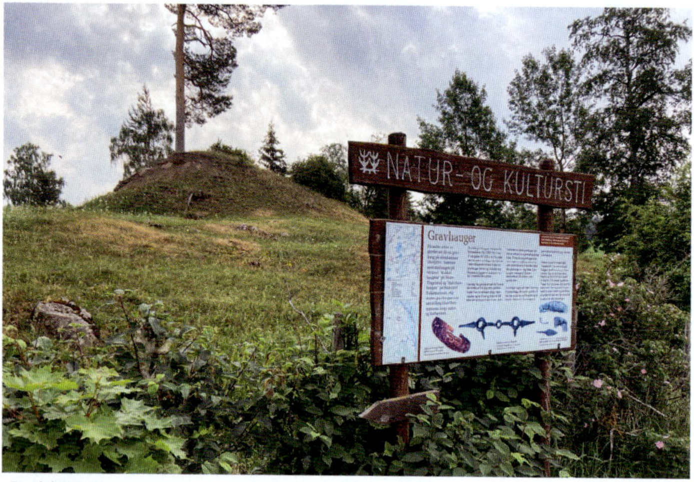

Grabhügel

Knapp 350 m weiter erhebt sich links von Ihnen ein markanter **Grabhügel ❷** (km 1,9) und knapp 250 m weiter treffen Sie auf eine Schotterpiste, auf der Sie ein paar Schritte nach rechts laufen, um dann an der Gabelung nach links abzubiegen.

Rechts unten im Tal ist schon der Ortskern von Brandbu zu sehen und entsprechend wird die Besiedlung mit jedem Schritt dichter. Der Belag wechselt von Schotter zu Asphalt und unten angekommen laufen Sie auf dem Fußweg neben der Straße für knapp 150 m nach links, biegen dann vor der nächsten Straßenkurve bei den historischen Traktoren im Vorgarten einer Fahrschule rechts ab und folgen den Hinweisschildern Richtung „Folkehøgskole/Gartneri".

Der Augedalsvegen bringt Sie in einer Kurve nach rechts bis zur Unterführung unter der Hauptdurchgangsstraße des Ortes hindurch. Auf der gegenüberliegenden Seite laufen Sie wieder zurück und am Gebäude des Roten Kreuzes vorbei auf die Brücke über den Fluss Vigga und weiter bis zur Straßenkreuzung vor dem Gartenbaumarkt Europris im Zentrum von Brandbu ❸ (km 4,9).

↳ Auf der Straße nach rechts sind es nur wenige Meter bis zu den verschiedenen Läden und Restaurants.

Brandbu

- **Lung Garden**, Storlinna 25, ☎ 61 33 57 87, 2760 Brandbu, Mi bis Mo 13:00 bis 21:30
- ♦ **Peppes Pizza**, Storlinna 44, ☎ 22 22 55 55, 2760 Brandbu, Di bis Do 11:00 bis 21:00, Fr 11:00 bis 22:00, Sa 13:00 bis 22:00, So 13:00 bis 21:00
- **Centrum Café** (im ☞ Coop Extra), Mo bis Sa 9:00 bis 18:00
- **Spar**, Storlinna 5, 2760 Brandbu, Mo bis Fr 8:00 bis 21:00, Sa 8:00 bis 20:00
- **Coop Extra**, Torgvegen 3, 2760 Brandbu, Mo bis Sa 7:00 bis 23:00, So 9:00 bis 21:00
- **Intersport**, Storlinna 47, 2760 Brandbu, Mo bis Fr 9:00 bis 17:00, Sa 9:00 bis 15:00
- **Apotek 1**, Parkvegen 2, 2760 Brandbu, Mo bis Fr 9:00 bis 17:00, Sa 9:00 bis 15:00
- Brandbu skysstasjon, Torgvegen 5, u. a. Buslinie 103 nach Lillehammer und Buslinie 126 nach Oslo, https://innlandstrafikk.no

Brandbu mit knapp 5.000 Einwohnerinnen und Einwohnern dient als wichtiger lokaler Knotenpunkt für die umliegenden Gemeinden am Ostufer des großen Sees Randsfjorden rund 60 km nordwestlich von Oslo.

Für die Fortsetzung des Olavsweges laufen Sie geradewegs am Europris vorbei. An der Gabelung, vor der der Bürgersteig endet, laufen Sie geradeaus auf dem Kjølvegen weiter. Es geht leicht ansteigend aus dem Ort hinaus. Die Häuser werden weniger und rund 2,3 km hinter dem Ortszentrum von Brandbu passieren Sie die Unterführung unter den Bahngleisen ❹ (km 7,2). Vorbei an einem Hof geht es mit einer Rechtskurve in den Wald. Hinter der nächsten Kurve hört die Teerdecke auf und an der folgenden Gabelung mit dem nach links abzweigenden Mautweg halten Sie sich rechts.

Es geht nicht besonders steil, aber beständig bergan und nach etwa 1 km wartet am rechten Straßenrand eine erste Sitzbank und für regnerisches Wetter steht sogar ein kleines Schutzhüttchen bereit ❺ (km 9,6). Sie folgen nun immer der breiten Piste durch den Wald und können die nach links und rechts abzweigenden Zufahrten und Wanderwege ignorieren. Nach etwa 2,3 km erreichen Sie einen größeren Wanderparkplatz und kurz darauf eine Schranke, die den Beginn eines Privatweges markiert.

↳ Keine 200 m hinter dem Wanderparkplatz zeigt der Wegweiser „Cabin in the woods" den nach links abzweigenden Pfad zur etwa 1 km entfernten Hütte an.

Huset i skogen/Cabin in den Woods, 91 12 04 03 (Roger Jenserud), ganzjährig nach Vereinbarung, die kleine, charmante Hütte mitten im Wald bietet Platz für 4 Pers. und ist mit zwei Holzöfen, einem Gasherd und Petroleumlampen ausgestattet, Strom gibt es nicht, aber Trinkwasser und ein separates Plumpsklo, ab NOK 800 (inkl. Bettwäsche).

Vorbei an einer einzelnen Sitzbank mit schönem Ausblick erreichen Sie eine weitere kleine Schutzhütte ❻ (km 12,7). Nachdem eine Hundeschlitten-Loipe den Weg gekreuzt hat, zieht das Kunstwerk „Roten" (= Wurzel), eine 4,5 m hohe Skulptur aus Beton und silikathaltiger Farbe, die Blicke auf sich ❼ (km 13,8). Das Werk der Künstlergruppe aiPotu, bestehend aus Anders Kjellesvik und Andreas Siqueland, zeigt die Rinde des mystischen Weltenbaumes, lädt zu vielfältigen Interpretationen ein und regt zum Nachdenken an. Genießen Sie noch einmal den weiten Ausblick, dann geht es durch den Nadelwald zur **Skysstasjon Høgkorsplassen**.

Skysstasjon Høgkorsplassen, Kjølvegen, 2760 Brandbu, 99 70 80 60, cathrinebarlinn@hotmail.com, Juni bis September, NOK 300/Pers. Die urige Posthalterei aus dem Jahr 1790 bietet einfache Schlafplätze für Pilgerinnen und Pilger und der mangelnde Komfort wird durch das charmante, rustikale Ambiente mehr als ausgeglichen. Strom gibt es keinen und das Wasser muss aus dem nahen Brunnen geholt werden, die Basics wie ein Gasherd zum Kochen und ein einfaches Trockenklo außerhalb des Hauses sind aber vorhanden. Die unbewirtschaftete Hütte erfordert eine Buchung im Voraus, damit man den Code für das Zahlenschloss erhält.

Etappe W7: Høgkorsplassen – Hoff

32,6 km, ca. 9 Std., ↑ 510 m, ↓ 320 m, ⇧ 220-675 m

0,0 km	⇧ 660 m	Skysstasjon Høgkorsplassen
4,3 km	⇧ 400 m	Unterstand am Einafjord
6,8 km	⇧ 513 m	Rastbank mit Getränkekühlbox
8,0 km	⇧ 528 m	rote Holzpalmen
12,6 km	⇧ 440 m	Brücke über den Brandelva
19,5 km	⇧ 379 m	Betania Kolbu
22,0 km	⇧ 389 m	Kirche Kolbu
30,5 km	⇧ 230 m	Abzweig ins Zentrum von Lena BANK
32,6 km	⇧ 253 m	Hoff

Die Etappe führt vom Høgkorsplassen mit großartigen Ausblicken hinab zum idyllischen Einafjord und verläuft dann abwechselnd mal auf Asphalt, mal auf schmalen Graspfaden, aber meist auf Schotter durch die Region Toten, die zu den größten landwirtschaftlich genutzten Gebieten Norwegens gehört. Wem die ausgedehnte Etappe zu lang erscheint, der kann sie dank des guten Angebots an Unterkunftsmöglichkeiten auch auf zwei Tage aufteilen.

Keine 100 m hinter der Herberge finden Sie den ⩚ Rastplatz Høgkorsplassen auf 675 m Höhe. Die Schautafel informiert über die besondere Geschichte des Ortes, denn bereits im Jahr 1594 erwähnte Bischof Jens Nilsson nach einer Reise mehrere Kruzifixe entlang der Straße zwischen Hadeland und Toten. Diese Kruzifixe waren wohl bis ins 19. Jh. vorhanden und auch wenn der genaue Standort unbekannt ist, geht man davon aus, dass diese sich wohl an dem höchsten Punkt befunden haben werden, und der Legende nach spielten die Kreuze auch eine Rolle auf der Pilgerfahrt zum Grab des heiligen Olav in Nidaros.

In jedem Fall geht es von nun an erst einmal nur bergab und bald kommt voraus der Fjord in Sicht. Folgen Sie der breiten Piste (Kjølvegen). Die akustische Untermalung wechselt von Schafglocken zu Verkehrsgeräuschen. Nachdem Sie die rot-weiße Schranke am unteren Ende der Privatstraße passiert haben, verlassen Sie die Piste bei dem größeren Findling nach rechts und laufen auf dem schmaleren Weg hinab bis zur E4 (km 3,5).

Dort laufen Sie hinter der Leitplanke nach links, überqueren zwei Flussläufe, die in das südliche Ende des Einafjords münden, klettern dann auf der Holztreppe einen felsigen Absatz hinauf und weiter geht es durch den Wald bis zum Fjord. Nach ein paar privaten Hütten erreichen Sie den idyllischen ⩚ ⊠ **Unterstand**

Unterstand am Einafjord

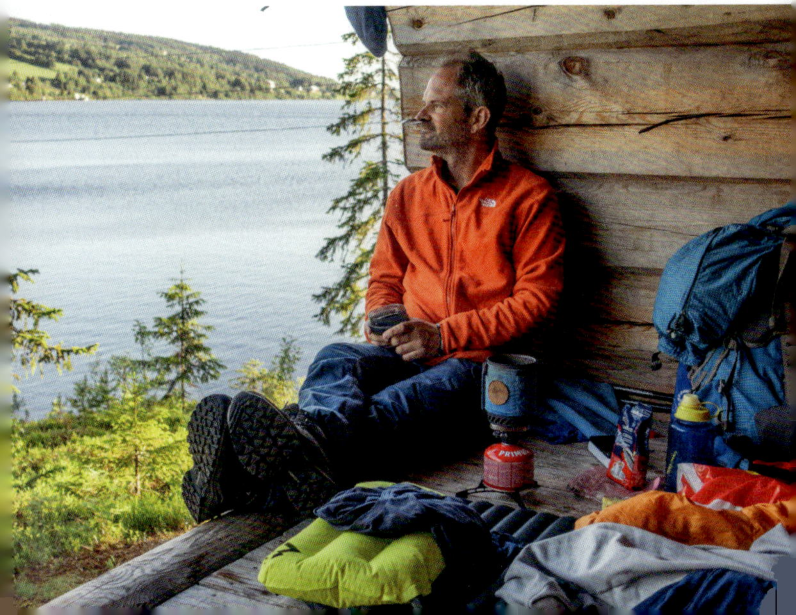

Einavoll ❶ (km 4,3). Er eignet sich mit seiner Picknickbank nicht nur hervorragend für eine Pause, sondern dank Trockentoilette auch zum Übernachten mit Blick aufs Wasser.

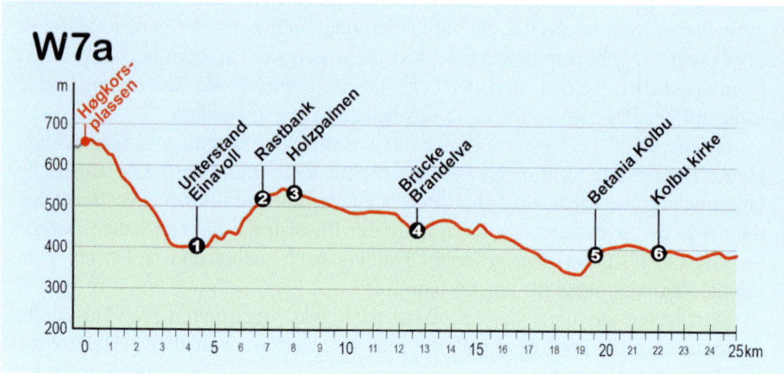

Sie laufen auf dem Feldweg am Unterstand vorbei. Auf dem Parkplatz hinter dem Schlagbaum finden Sie eine Infotafel samt Pilgerbox mit ⊙ Stempel. Anschließend laufen Sie auf der Fahrspur für 150 m nach links weiter und biegen dann auf den Pfad nach rechts ab, der Sie durch den Wald zurück zur E4 bringt.

Nun gilt es, die Leitplanke zu überwinden und die recht stark befahrene Straße zu überqueren. Gegenüber erwartet Sie eine Zauntreppe und die Markierungen führen Sie zunächst oberhalb parallel zur Straße weiter. Dann überqueren Sie eine kreuzende Piste und laufen auf dem grasbewachsenen Weg an den Hütten vorbei. Hinter dem Holztor im Zaun (km 5) laufen Sie nach links auf der Piste weiter durch den Wald.

Nach etwa 350 m biegen Sie vor der Rechtskurve nach links auf den Pfad durch den Wald ab. Eine einfache Brücke bringt Sie über einen Bach und Sie nähern sich noch einmal der Straße, laufen aber rechts davon auf der Piste weiter. Zu Ihrer Linken öffnet sich ein weites Panorama über den Fjord und Sie laufen leicht bergan vorbei an vereinzelten Höfen und Häusern. Vor dem weißen Holzhaus mit der Hausnummer 103 haben die Bewohnerinnen und Bewohner nicht nur eine Bank zum Ausruhen aufgestellt, sondern auch eine Box mit Softdrinks für durstige Pilgerinnen und Pilger ❷ (km 6,8).

Die Piste führt weiter bergauf und auf dem Hof mit dem fantastischen Weitblick laufen Sie hinter der letzten Scheune weiter. Der breite Weg führt durch ein abgeholztes Gebiet und Sie laufen mal über Graswege, mal durch niedrigen Wald mit jungem Baumbewuchs. Nachdem ein paar rote Holzpalmen links vom Weg für Verwunderung gesorgt haben ❸ (km 8), treffen Sie wieder auf eine Schotterpiste, der Sie weiter geradeaus folgen.

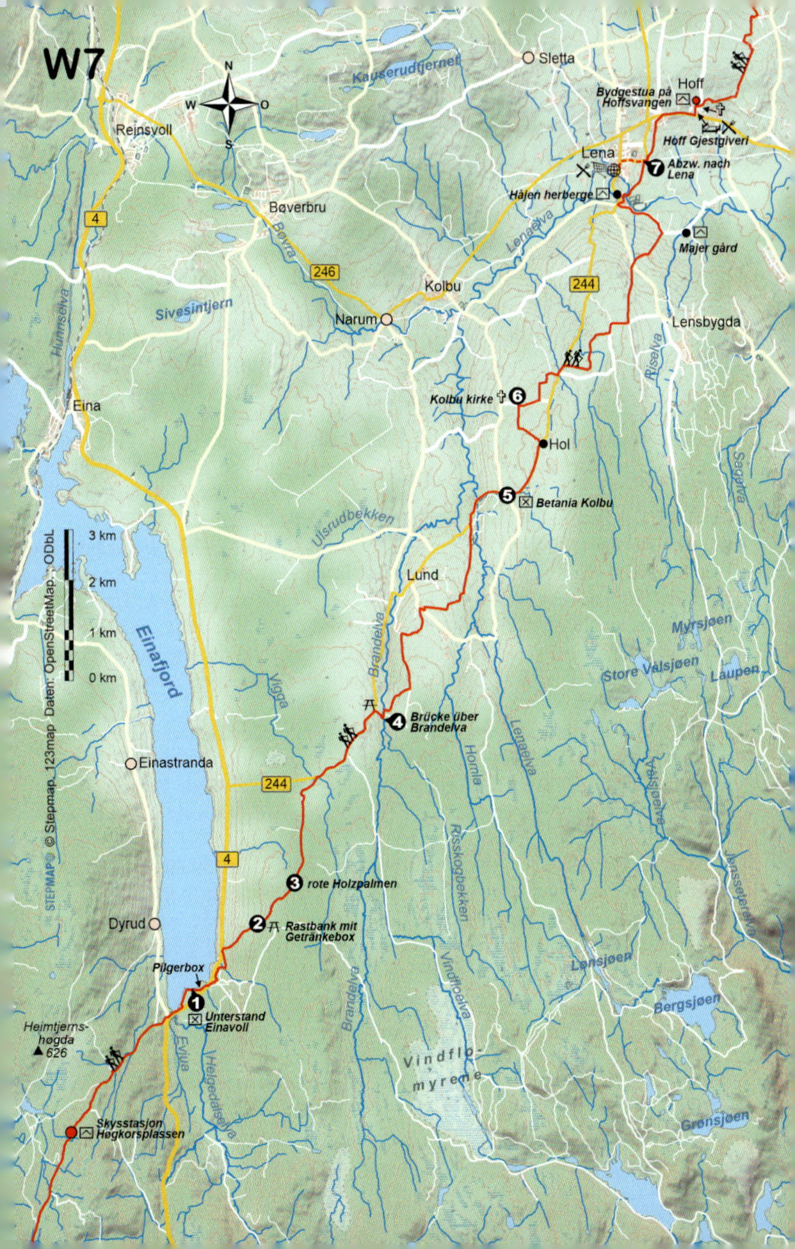
W7
N
W
O
S
Reinsvoll
Kauserudtjernet
Sletta
Hoff
Bydgestua på Hoffsvangen
Hoff Gjestgiveri
Lena
Abzw. nach Lena
Håjen herberge
Majer gård
Bøverbru
Bøvra
246
4
Lenaelva
Kolbu
244
Narum
Sivesintjern
Hunnselva
Lensbygda
Riselva
Kolbu kirke
6
Eina
Hol
Saggrva
5
Betania Kolbu
Ulsrudbekken
3 km
2 km
1 km
0 km
Daten: OpenStreetMap, ODbL
© Stepmap, 123map
STEPMAP
Lund
Einafjord
Brandelva
Vigga
Myrsjøen
Store Valsjøen
Laupen
4
Brücke über Brandelva
Homla
Lenaelva
Einastranda
244
Risskogbekken
Valsjøelva
Jonsselerelva
3
rote Holzpalmen
2
Rastbank mit Getränkebox
Dyrud
Pilgerbox
1
Unterstand Einavoll
Lensjøen
Bergsjøen
Heimtjerns-høgda
626
Eyjua
Helgedalselva
Brandelva
Vindfloelva
Vindflo-myrene
Skysstasjon Høgkorsplassen
Grønsjøen

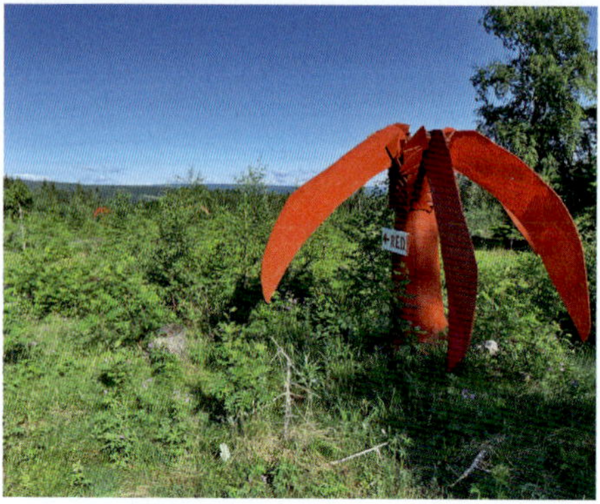

Rote Holzpalmen am Weg

Um den nächsten Bauernhof laufen Sie rechtsherum und dann hinter dem Silo auf der Schotterpiste weiter an der Stromleitung entlang bis zur asphaltierten Straße. Dieser folgen Sie nun für 2 km nach rechts. Es geht in einer leichten Kurve auf ein paar Häuser zu und dann leicht bergab bis zu einer ⛼ Sitzbank am rechten Straßenrand (km 12,4). Hier biegen Sie nach rechts in den Wald ab und halten sich nach der Brücke über den Brandelva links ❹ (km 12,6).

Die Olavskreuze führen Sie noch ein Stück flussabwärts, dann schwenkt der Pfad am Rand der Wiese hoch zu den nächsten Häusern. An der T-Kreuzung unter der Stromleitung biegen Sie auf dem Fargovegen nach links ab (km 13,6), an der Gabelung nach gut 1,1 km halten Sie sich rechts. Die Piste bringt Sie mit freier Sicht bis zum Horizont durch die Felder, bis Sie an der Kreuzung vor der großen Farm mit dem Silo und den ockerfarbenen Gebäuden rechts abbiegen (km 15,7).

Am Abzweig hinter der roten Scheune mit dem weißen Glockenturm wenden Sie sich nach links. Es geht weiter durch die Felder und vor dem nächsten Anwesen laufen Sie an der Buschreihe entlang nach rechts und am Ende über die Zauntreppe. Danach geht es nach links auf der Fahrspur weiter bis zu einem großen Fußballplatz (km 18).

Kurz darauf treffen Sie in einer Kurve auf eine asphaltierte Straße, der Sie nach rechts hinab zum Fluss folgen. Danach geht es wieder leicht hoch und an der nächsten Kreuzung weiter geradeaus Richtung Lena. Das große, weiße Holzhaus auf der rechten Straßenseite wird als Versammlungsraum und ⌂ Pilgerherberge genutzt ❺ (km 19,5).

⌂ **Betania Kolbu**, Kolbulinna 701, 2847 Kolbu, 📱 95 98 12 51 (Kjell Dahl) oder 91 11 38 64 (Roger Grønstad), NOK 200/Pers. Das Haus verfügt über mehrere Schlafsofas im Flur (eigenen Schlafsack mitbringen) und es steht eine gute Auswahl an Trockenwaren zum Verkauf, eine Voranmeldung ist erforderlich, damit man den Schlüsselcode erhält.

Nach weiteren rund 1,5 km auf Asphalt verlassen Sie die Straße bei dem größeren Anwesen mit dem weißen Zaun nach links und laufen an der letzten Scheune mit dem Silo nach rechts auf den Feldweg. Dieser führt Sie in einem Bogen an den privaten braunen Holzhütten vorbei und entlässt Sie auf eine Schotterpiste. Laufen Sie dort nach rechts weiter bis zur weißen Kirche von Kolbu ❻ (km 22).

✞ **Kolbu kirke**. Die kreuzförmige Holzkirche aus dem Jahr 1730 ist wohl meist verschlossen.

♦ Presterudgutua 68, 2847 Østre Toten, ☏ 61 14 70 10

Laufen Sie vor dem Friedhof und der Kirche auf der Asphaltstraße für gut 450 m nach rechts und biegen Sie dann bei den Mülltonnen für die Hausnummern 22-24 nach links auf die Schotterpiste ab. Nach etwa 350 m biegen Sie in einiger Entfernung vor der Farm mit dem weißen Wohnhaus am Feldrand erst nach rechts und dann nach links ab.

Auf Höhe des zuvor erwähnten Wohnhauses laufen Sie dann auf der Piste nach rechts, bis Sie nach 250 m wieder auf die asphaltierte Straße (Kolbulinna) stoßen. Hier wenden Sie sich nach links, ignorieren den nach rechts abzweigenden Smebyvegen und laufen geradeaus weiter Richtung Lena. Es geht leicht bergan und 200 m weiter biegen Sie rechts ab und laufen an den Gewächshäusern vorbei (km 23,8).

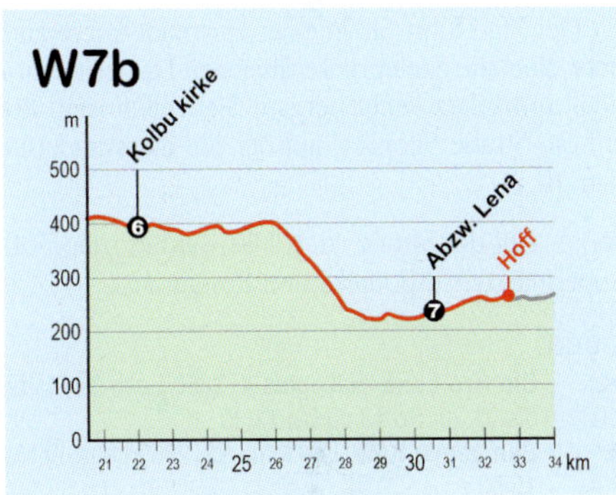

Sie erreichen die nächste Farm und laufen hinter den Schuppen und Ställen zwischen dem Wohnhaus und den Briefkästen hindurch weiter geradeaus. Knapp 600 m weiter treffen Sie bei ein paar weißen Häusern auf eine Schotterstraße. In der nächsten Kurve laufen Sie nach rechts auf den grasbewachsenen Weg zwischen den Feldern und Wiesen, der Sie zur nächsten Piste vor dem nächsten Gehöft bringt. Sie laufen weiter geradeaus durch die hügelige Agrarlandschaft und der Straßenbelag wechselt zu Asphalt. An der Kreuzung vor dem gelben Haus geht es links weiter (km 25,3).

Die Straße beschreibt eine enge Rechtskurve und beim Haus mit dem Mobilfunkmast nebenan biegen Sie links ab. Es geht nun beständig leicht bergab und voraus können Sie schon das Städtchen Lena erkennen.

Sie queren eine Teerstraße und laufen auf der Skjefstadgutua weiter bis zu einem großen Gutshof. Dort halten Sie sich links und biegen an der folgenden Gabelung bei den beiden roten Gebäuden und dem markanten Baum links ab (km 28).

↳ Auf der Piste Kloppvegen nach rechts sind es nur etwa 450 m bis zu einem der ältesten Bauernhöfe der Region.

⌂ **Majer gård**, Kloppvegen 168, 2850 Lena, ☎ +99 47 52 09 oder 40 24 10 37, ✉ livmajer@yahoo.com, Mitte Juni bis Ende August, NOK 400/Pers. Der Bauernhof blickt auf eine lange Geschichte zurück und das älteste Gebäude stammt aus dem 17. Jh., der ausgebaute *stabbur* umfasst zwei Schlafzimmer (ein Einzelzimmer, ein Vierbettzimmer) und eine gut ausgestattete Küche sowie einen Gemeinschaftsraum, eigenen Schlafsack mitbringen, Voranmeldung erwünscht.

Die Piste wird am Rand des Gewerbegebiets zur Asphaltstraße und hinter der gelben Halle biegen Sie noch vor der breiten Straße nach rechts ab, laufen links von der roten Halle weiter und biegen bei dem weißen Wohnhaus rechts auf den Pfad ab.

↳ Keine 100 m nach links liegt die ⌂ Pilgerunterkunft Håjen herberge.

⌂ **Håjen herberge**, Kampenvegen 8, 2850 Lena, 📱 41 28 05 52, ✉ blaavarp@online.no, Übernachtung in einem Appartement mit zwei Schlafzimmern und Gemeinschaftsbad, ab NOK 150/Pers. (mit eigenem Schlafsack)

Der Pfad führt Sie in einer Haarnadelkurve zurück und Sie laufen nach rechts über eine alte Steinbrücke über den Lenaelva (km 29,6) und gegenüber links vor dem Sportplatz leicht bergan. Sie treffen rund 800 m weiter bei einer Bank auf die Straße Silogata, auf der Sie die Wanderungen nach rechts fortsetzen ❼ (km 30,5).

↳ Auf der Straße nach links, sind es rund 700 km ins Zentrum von Lena mit Supermärkten, Apotheke und Restaurants.

Lena

Din Kro Lena, Hauggata 4, 2850 Lena, Mo bis Do 14:00 bis 21:00, Fr/Sa 14:00 bis 21:30, So 13:00 bis 21:30

Den gamle Kafé, Lenagata 92, 2850 Lena, Mo bis Fr 9:00 bis 16:00, Sa 9:00 bis 15:00

Spar, Valsetvegen 10, 2850 Lena, Mo bis Fr 8:00 bis 21:00, Sa 9:00 bis 19:00

Kiwi, Hauggata 6, 2850 Lena, Mo bis Sa 7:00 bis 23:00

Esso, Lenagata 84, 2850 Lena, Mo bis Fr 7:00 bis 21:00, Sa 8:00 bis 21:00, So 10:00 bis 21:00

Sport 1/Torensen Sport, Lenagata 36, 2850 Lena, Mo bis Mi und Fr 9:00 bis 17:00, Do 9:00 bis 19:00, Sa 9:00 bis 15:00

Vitusapotek, Lenagata 88, 2850 Lena, Mo bis Mi und Fr 9:00 bis 17:00, Do 9:00 bis 18:00, Sa 9:00 bis 15:00

BANK **Totens Sparebank**, Lenagata 30, 2850 Lena, Mo bis Fr 9:00 bis 15:00

Als wichtiges Handelszentrum für die umliegenden Gemeinden finden sich im Zentrum von Lena mehrere Geschäfte und Restaurants.

Folgen Sie dem Fußweg neben der Straße. Dieser endet nach der nächsten Kurve und Sie biegen nach rechts auf die Schotterpiste Øvre Evangsgutua ab. Es ist nun nicht mehr weit bis zum Etappenziel und am Horizont taucht der Kirchturm in Hoff auf. Halten Sie sich an der nächsten Gabelung links, laufen Sie hinter dem Bekleidungsgeschäft am Zebrastreifen über die Straße und folgen Sie dem Fußweg neben dem Totenvegen für knapp 700 m nach rechts. Biegen Sie dann vor der 🛏 Hoff Gjestgiveri nach links ab. Vorbei an der Friedhofsmauer vor der ✝ Kirche gelangen Sie zum Pilgerdenkmal am ⌂ Gemeindehaus (Bygdestua).

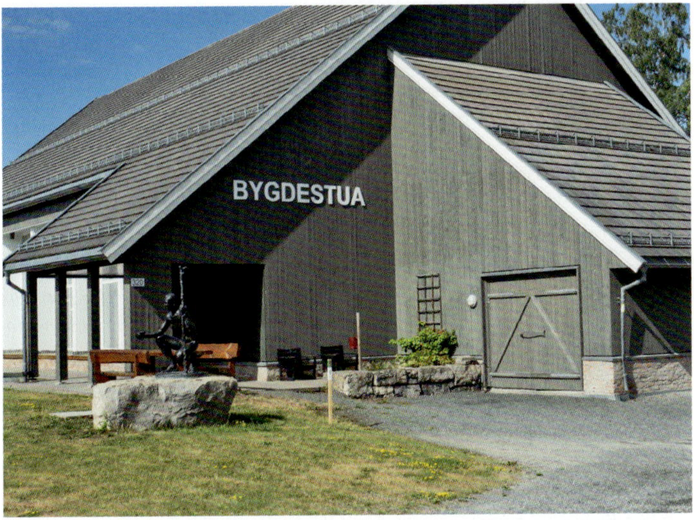

Bygdestua på Hoffsvangen

Hoff

🛏 ⌂ ✝ ✕

🛏✕ **Hoff Gjestgiveri**, Totenvegen 105, 2850 Lena, ☎ 61 16 10 16 oder 91 18 55 44, ✉ postmaster@hoffgjestgiveri.com, 💻 www.hoffgjestgiveri.com, 🚪 im Juli z. T. geschlossen, EZ/DZ NOK 850/1.250 (inkl. Frühstück), das Gebäude wurde 1884 als Poststation errichtet und bietet insgesamt 20 Übernachtungsmöglichkeiten in sechs Zimmern, davon zwei mit eigenem Bad, die anderen mit Gemeinschaftsbad,

⌂ **Bygdestua på Hoffsvangen**, Tømmerholsvegen 320, 2850 Lena, 📱 41 37 33 78 oder 41 31 42 39, ✉ bygdestua@outlook.com, 🚪 Mitte Mai bis Mitte August, NOK 100/Pers., während der Sommermonate wird der hintere Teil des Gemeindehauses als Pilgerherberge genutzt, es stehen ca. 15 Feldbetten in einem großen Raum bereit und es gibt eine kleine Küchenzeile sowie Duschen und eine Sauna. Die Schlüsselkarte erhält man während der Öffnungszeiten in der Kirche.

Hoff kirke. Die von einem großen Friedhof umgebene Kirche wurde im frühen 13. Jh. als Hauptkirche der Region errichtet.

- Tømmerholsvegen 313, 2850 Lena, 61 16 59 10, im Sommer tgl. 10:00 bis 19:00.

Etappe W8: Hoff – Gjøvik

23,8 km, ca. 6 Std. 45 Min., 260 m, 330 m, 130-290 m

0,0 km	253 m	Hoff
3,0 km	281 m	Enmannsstien
6,3 km	133 m	Kapp
7,1 km	131 m	Hekshusstranda Camping
15,5 km	137 m	Holztreppe
20,4 km	165 m	Extra Kirkeby
22,9 km	163 m	Kirche Gjøvik
23,8 km	192 m	Gjøvik, Vandrerhjem Hovdetun

Bereits rund 3 km hinter Hoff rückt der größte See Norwegens in den Blick und der Weg führt hinab in das idyllische Örtchen Kapp am Mjøsa-Ufer. Von dort geht es erst auf einsamen und ruhigen Pfaden am Wasser entlang und die letzten Kilometer dann auf Asphalt bis nach Gjøvik. Sowohl Kapp wie auch Gjøvik sind Haltestellen des historischen Dampfschiffs Skibladner und wer möchte, kann für den weiteren Weg nach Lillehammer ans Nordufer übersetzen, um die Pilgerreise auf dem Ostweg über Hamar fortzusetzen.

Für den Etappenstart laufen Sie am **Meilenstein „474 km til Nidaros"** vor der Kirche vorbei und an der Kreuzung dahinter geradeaus auf den Feldweg und links um den Bauernhof herum. Es geht durch die Felder, an der T-Kreuzung nach gut

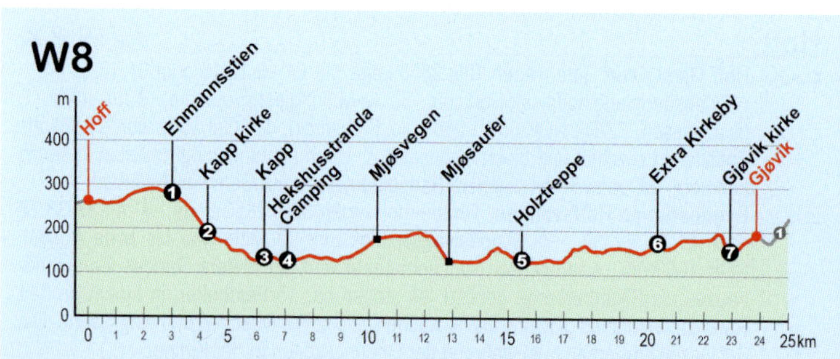

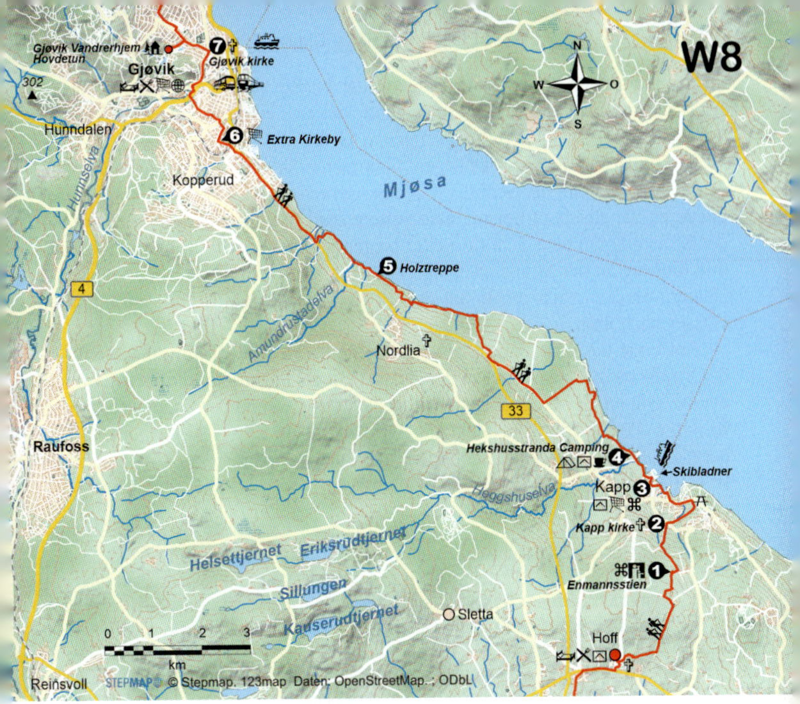

500 m halten Sie sich links und erreichen den nächsten Bauernhof mit einer großen Halle mit grauen Betonwänden (km 2,1).

Dahinter halten Sie sich, ebenso wie an der Abzweigung vor dem roten Holzhaus mit dem Glockenturm, links. An der nächsten Kreuzung vor der Hochspannungsleitung biegen Sie nach rechts ab und zwischen den Bäumen am rechten und linken Straßenrand bietet sich der erste Blick auf die riesige Wasserfläche des Mjøsa, der auf den folgenden Etappen bis Lillehammer stets präsent sein wird. Vor der Hütte mit Grasdach laufen Sie dann nach links vom Feldweg runter.

Auch an der nächsten Weggabelung halten Sie sich links und folgen dem Grasweg am Feldrand entlang hinab bis zum ⌘ **Enmannsstien** ❶ (km 3). Die Seiten des schmalen, 15 m langen Betonstegs sind mit verspiegelten Acrylplatten besetzt und sollen die Betrachterinnen und Betrachter zu einem dynamischen Wechselspiel mit der Natur anregen und die Grenzen zwischen Realität und Fantasie auflösen. Das weite Panorama über den in eine hügelige Landschaft eingebetteten Mjøsa ist in jedem Fall beeindruckend und ein paar Sitzbänke laden zum Verweilen ein.

Von den Treppenstufen am Ende der Kunstinstallation führt der Pfad in einem Halbkreis zurück zum Feldweg. Auf Höhe der roten Scheune biegen Sie vor der

Stromleitung nach links ab und laufen weiter bergab vorbei an einigen landwirtschaftlichen Forschungsanpflanzungen und über ein Gehöft, bis Sie schließlich die ✝ **Kirche** am Ortsrand von Kapp erreichen ❷ (km 4,3).

Lassen Sie die Kirche links liegen, überqueren Sie den Zebrastreifen und setzen Sie die Tour auf der Schotterstraße Skrivervegen fort. Eine erste Rastbank passieren Sie gleich zu Beginn, eine weitere etwa 750 m weiter am Feldrand. An der Kreuzung ein paar Schritte weiter biegen Sie für knapp 500 m auf dem Fuß- und Radweg an der Straße nach links ab und folgen dann dem blauen Wegweiser „Pilegrimsleden" nach rechts auf den Bryggevegen und wenden sich unten am Wasser nach links.

Am Ende des Badestrands laufen Sie vor dem großen, weißen Haus auf der Straße nach links, vorbei an der Zufahrt zur **Pilgerherberge Stensveen** und bei der grauen Gewerbehalle nach rechts auf das Gelände der **Kapp Melkefabrikk** ❸ (km 6,3). Die Fabrik aus dem Jahr 1889 wurde 1957 geschlossen und beherbergt heute das ⌘ Mjøsmuseet, auch der Anlegehafen für den **Skibladner** ist hier zu finden.

Kapp/Østre Toten

Pilgerherberge Stensveen, Fabrikkvegen 26, 2849 Kapp, 97 68 92 83 oder 91 12 74 54, tryggstensveen.no, www.stensveen.no, ganzjährig nach Voranmeldung, Pilgerunterkunft in einer alten Villa mit großem Garten und alten Obstbäumen, sieben Schlafplätze in vier Zimmern (ein EZ, drei DZ), NOK 450/Pers., Bettwäsche und Handtücher NOK 100

Hekshusstranda Camping, Brennerivegen 43, 2849 Kapp, ☏ 61 16 91 57 oder 91 59 43 69, mayliss@hekshusstrandacamping.no, www.hekshusstrandacamping.no, Mai bis September, insgesamt 16 Hütten, ab NOK 500, Reservierung empfehlenswert, Zelt NOK 200,

Kiwi Kapp, Mjøsvegen 466, 2849 Kapp, ca. 500 m vom Olavsweg entfernt, Mo bis Sa 7:00 bis 23:00

Skibladner, der älteste Passagierdampfer der Welt ist nach wie vor im Linienbetrieb unterwegs und verkehrt im Sommer zwischen Eidsvoll, Hamar, Kapp, Gjøvik, Moelv und Lillehammer (☞ Reise-Infos von A bis Z, Verkehrsmittel am Weg), www.skibladner.no

✝ **Kapp kirke**. Die leuchtend weiße Holzkirche aus dem Jahre 1939 ist in der Regel verschlossen.

♦ Nylinna 54, 2849 Kapp

⌘ **Mjøsmuseet**. Fischfang, Flößerei, Schiffsgeschichte und das Leben der Menschen: Das Museum Mjøsas Ark widmet sich der Geschichte am und auf Norwegens größtem See und wer ausprobieren möchte, wie es sich anfühlt, am Ruder eines Dampfschiffs zu stehen, kann auf das Oberdeck des Dampfers Tordenskjold steigen.

♦ Fabrikkvegen 88, 2849 Kapp, 91 17 05 00, post@mjosmuseet.no, Eintritt NOK 60

Laufen Sie hinter dem letzten Fabrikgebäude aus rotem Backstein nach rechts, vorbei am kleinen Bryggerhus, der ehemaligen Wäscherei für die Arbeitsbekleidung der Fabrikarbeiterinnen und -arbeiter, und dahinter nach links weiter. Nehmen Sie dann knapp 200 m weiter den Pfad links vom weißen Zaun. Der bringt Sie über eine kleine Brücke auf das Gelände des malerisch am Mjøsa-Ufer gelegenen ⛺ ⌂ ☕ 🍷 **Hekshusstranda Camping** mit kleinem Kiosk und Café in der Rezeption ❹ (km 7,1).

Uferweg von Kapp nach Gjøvik

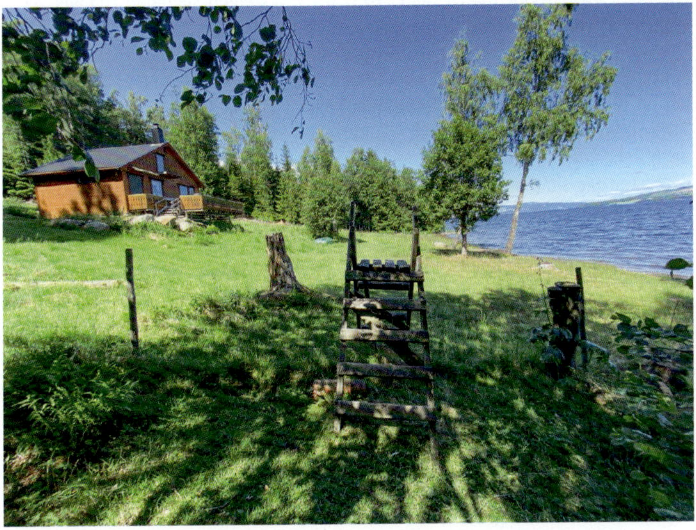

Hinter dem Campingplatz empfängt Sie ein schöner Sandstrand, dann taucht der Pfad bei einer Rastbank in den Kiefernwald ein. Bei den Briefkästen für die Hausnummern 58 und 54 biegen Sie rechts ab auf die ruhige Schotterpiste, die Sie bald parallel zum Seeufer durch die Felder führt. Unterwegs bietet eine weitere Rastbank die Möglichkeit zu einer Verschnaufpause. Vor den braunen Bootsschuppen führen Sie die Olavskreuze nach links ins Landesinnere und hoch zur asphaltierten Straße **Mjøsvegen**, der Sie für rund 1,3 km nach rechts folgen.

Bevor sie am Ende in eine breitere Straße mündet, biegen Sie rechts ab und laufen auf dem Pfad am Feldrand parallel zur Straße weiter und biegen am Ende auf die Straße Glemmestadgutua ab. Am Ende des weißen Zauns halten Sie sich links, laufen am Feld-/Waldrand in einem Bogen runter in Richtung See und biegen nach knapp 500 m links in den Wald ab (km 12,5).

Nun geht es durch den Wald hinab zum See und an dessen Ufer entlang nach links, vorbei an einigen Hütten und über mehrere Zauntreppen, bis Sie schließlich am Feldrand stehen und sich in einiger Entfernung der Kirchturm der Nordlien kirke über die Baumwipfel erhebt.

Folgen Sie der Fahrspur am Feldrand nach rechts und laufen Sie am Ende die Schotterpiste nach rechts weiter. Keine 150 m weiter biegen Sie links auf den Pfad ab, der Sie zu einer Zauntreppe bringt. 50 m weiter biegen Sie gegenüber dem roten Holzhaus mit der Hausnummer 40 links auf den Pfad ab. Die Fahrspur am Feldrand nach rechts bringt Sie zu einem Pfad durch den Kiefernwald und über eine steile **Holztreppe** mit Geländer ❺ (km 15,5) steigen Sie hinab zu einer schönen Bucht mit einem breiten Kieselstrand.

Am Ende der Bucht setzen Sie die Wanderung für knapp 130 m auf der Schotterpiste fort, laufen dann nach rechts über die Holzbrücke und kommen vorbei an dem gelben Holzhaus zu einem kleinen Hafen. Es geht noch einmal gut 700 m direkt am Seeufer entlang, dann treffen Sie auf eine Schotterpiste, der Sie nach links folgen. An der Gabelung vor dem roten Holzhaus ein paar Meter weiter halten Sie sich ebenfalls links und laufen hoch zum breiten **Gjøvikvegen**.

Hier laufen Sie auf dem Fußweg nach rechts weiter und der lange Etappenendspurt ins Stadtzentrum beginnt (km 17,3). Nach 2,8 km laufen Sie unter einer Bahnbrücke durch und biegen hinter dem Extra Kirkeby ❻ (Mo bis Fr 7:00 bis 23:00, Sa 8:00 bis 21:00) (km 20,4) für 300 m nach rechts ab, um dann nach links auf dem Kirkebyvegen weiterzulaufen. Am Ende geht es hinter der Halle mit dem schwarzen Dach gerade über die Straße, kurz nach rechts und dann gleich links in den **Kallerudvegen**. Halten Sie sich an der folgenden Gabelung vor dem gelben Holzhaus links.

Sie passieren ein paar Wohnblöcke mit orange- und gelbfarbenen Balkonen und laufen am Zebrastreifen über den Teknologivegen auf das Campusgelände

Hafen von Gjøvik

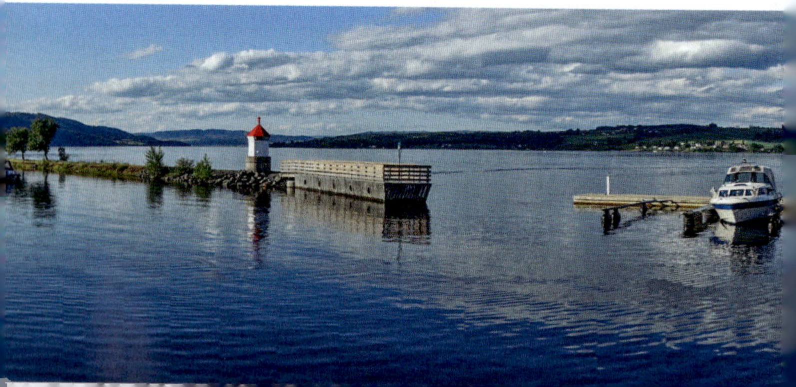

der Berufsschule mit einem Freizeitgelände samt Tischtennisplatten, Beachvolleyballfeld und Sitzbänken. Anschließend bringt Sie eine erste Brücke über die E4 und eine zweite über den Hunnselva.

Überqueren Sie dann die querende Straße auf dem Zebrastreifen und laufen Sie vorbei an der **Statue des Fabrikanten Hans Mustad** auf dem Fußweg weiter. Die Straße führt hinab bis vor die **Kirche** im Stadtzentrum ❼ (km 22,9). Dort wenden Sie sich auf dem Hunnsvegen für knapp 300 m nach links. Bei den Sportplätzen führen die Olavskreuze weiter geradeaus in die Einbahnstraße, für den kürzesten Weg zur Jugendherberge laufen Sie aber auf der Prost Bloms Gate nach links und hinter den Parkplätzen zum idyllischen **Naherholungsgebiet** Fastland mit Badesee (Eintritt frei) und vielfältigen Sportmöglichkeiten links in den Parkvegen und weiter bis zur Zufahrt des **Gjøvik Vandrerhjem Hovdetun**.

Gjøvik

Clarion Collection Hotel Grand, Jernbanegata 5, 2821 Gjøvik, ☏ 61 14 00 00, cc.grandgjovik@strawberry.no, www.strawberry.no, ca. 300 m vom Olavsweg entfernt, 90 Zimmer, EZ/DZ ab ca. NOK 1.780/1.980 (inkl. Frühstück), Egon. Das älteste Hotel der Stadt wurde bereits 1902 eröffnet und empfängt seine Gäste mit einer einzigartigen Atmosphäre mitten in der Stadt.

♦ **Quality Hotel Strand**, Elvegata 2-4, 2815 Gjøvik, ☏ 61 13 20 00, q.strand@strawberry.no, www.strawberry.no, ca. 600 m vom Olavsweg entfernt, großes Konferenzhotel mit 151 Zimmern unweit der Hafenpromenade und mit schönem Ausblick über den Mjøsa, EZ/DZ ab NOK 1.390/1.700 (inkl. Frühstück), großer Spa-Bereich

Gjøvik Vandrerhjem Hovdetun, Parkveien 8, 2821 Gjøvik, ☏ 61 17 10 11, post@hovdetun.no, https://hovdetun.no, ca. 500 m vom Olavsweg entfernt, insgesamt 114 Betten in unterschiedlichen Zimmerkategorien, Schlafplatz im Mehrbettzimmer mit Gemeinschaftsbad ab NOK 385, EZ ohne/mit eigenem Bad ab NOK 740/920, DZ ohne/mit eigenem Bad NOK 910/1.095 (immer inkl. Bettwäsche, Handtücher und Frühstück), eine Gemeinschaftsküche ermöglicht die Selbstversorgung und eine Waschmaschine steht ebenfalls zur Verfügung.

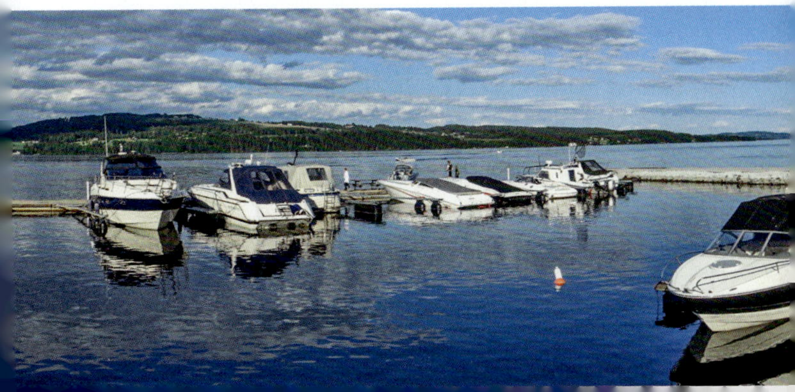

Rema 1000, Marcus Thranes gate 8, 2821 Gjøvik, Mo bis Sa 7:00 bis 21:00
Coop Prix, Prost Bloms gate 28, 2819 Gjøvik, Mo – Sa 7:00 bis 22:00, Sa 8:00 bis 21:00
♦ **CC-Einkaufszentrum** (u. a. auch **Sport 1** Amundsen), Jernbanesvingen 6, 2821 Gjøvik, Mo bis Fr 9:00 bis 21:00, Sa 9:00 bis 18:00
Vitusapotek, Nedre Torvgate 3, 2815 Gjøvik, Mo bis Fr 8:30 bis 16:30, Sa 9:00 bis 14:00
BANK **DNB** (Geldautomat), Fahlstrøms plass 1, 2815 Gjøvik
♦ **SpareBank1**, Trondhjemsvegen 3, 2821 Gjøvik, Mo bis Fr 10:00 bis 14:00
Mit dem Innlandstrafikk-Bus der Linie 102 kommt man in 42 bis 55 Min. nach Lillehammer, Tickets und aktuelle Fahrpläne unter www.entur.no.
Die Bahnlinie RE30 fährt in gut 2 Std. bis 2 Std. 30 Min. von Gjøvik nach Oslo, Tickets und aktuelle Fahrpläne unter www.vy.no.
Skibladner ☞ Reise-Infos von A bis Z, Verkehrsmittel am Weg

✝ **Gjøvik kirke**. Die Kirche aus dem Jahre 1882 ist eine der wenigen Holzkirchen Norwegens im neugotischen Stil.
♦ Kirkegata 9, 2821 Gjøvik, ☏ 61 14 64 80, www.kirken.no/gjovik

Mit seinen knapp 28.600 Einwohnerinnen und Einwohnern ist Gjøvik am Westufer des Mjøsa-Sees die größte Stadt in Oppland und zudem der Heimathafen des Skibladner. Keimzelle der Stadt war die 1807 gegründete Glasfabrik. Im Stadtzentrum laden schöne Gassen zum Bummeln ein und im Sommer sind die Sitzplätze auf den Terrassen der Restaurants bei Touristinnen und Touristen sowie Einheimischen gleichermaßen beliebt.

Etappe W9: Gjøvik – Biri

22 km, ca. 6 Std. 45 Min., ↑ 570 m, ↓ 610 m, ⇧ 130-340 m

0,0 km	⇧ 192 m	Gjøvik, Vandrerhjem Hovdetun
0,7 km	⇧ 199 m	Friedhof
1,7 km	⇧ 282 m	Torbogen
3,8 km	⇧ 215 m	Trondhjemsvegen
13,1 km	⇧ 139 m	Zufahrt Sveastrand Camping
17,6 km	⇧ 142 m	Dårdi-Steina ⌘
19,3 km	⇧ 267 m	Wegweiser 430 km bis Trondheim
22,0 km	⇧ 160 m	Biri, Husmannstuggua BANK

Die Etappe führt auf schmalen Pfaden und ruhigen Feldwegen über die drei Bergrücken Tranberg, Ramberget und Skulhusbakken. Es geht also ständig auf und ab und Sie werden mit atemberaubenden Ausblicken für das Höhenmetersammeln belohnt. Die E4 verläuft zwar meist nur einen Steinwurf vom Olavsweg entfernt, drängt sich aber nicht in den Vordergrund und stört den Naturgenuss nur selten.

Nehmen Sie den vom Vortag bekannten Weg von der Jugendherberge über den Parkvegen zurück bis zur Prost Bloms gate, laufen Sie nach links hoch und vor dem Coop Prix (Mo bis Fr 7:00 bis 22:00 und Sa 8:00 bis 20:00) nach rechts. Biegen Sie dann vor der **Friedhofsmauer** nach links ❶ (km 0,7) auf den Hunnsvegen ab.

300 m nach dem Ende der Friedhofsmauer halten Sie sich rechts. Es geht kräftig bergan und die schönen Ausblicke über die Stadt und die scheinbar unendliche Wasserfläche des Mjøsa entschädigen für die Mühen. Am Torbogen zum **Gård Tranberg** ❷ (km 1,7) haben Sie den ersten steilen Anstieg des Tages gemeistert und laufen nach links am weißen Zaun des Hofs entlang und halb um das Anwesen herum. Auf der gegenüberliegenden Seite laufen Sie zunächst ein paar Schritte nach rechts und biegen dann nach links auf den Pfad ab, der schöne Weitsichten auf den Mjøsa bereithält.

Später wird der Weg zu einer Fahrspur zwischen jungen Bäumen und Büschen. Die nach rechts und links abzweigenden Wanderwegweiser können Sie ignorieren und erreichen nach 800 m eine Schotterpiste, die in einer Rechtskurve vorbei an ein paar Häusern bis hinab zum **Trondhjemsvegen** führt ❸ (km 3,8).

Sie setzen die Wanderung nach links fort. Knapp 150 m nach der Brücke über den Fluss laufen Sie an der Kreuzung geradeaus in die Sackgasse. Kurz bevor diese den breiten Lillehammervegen erreicht, leitet Sie der Olavskreuz-Wegweiser „445 km Trondheim" nach links und Sie laufen auf einem Pfad am Feldrand entlang und biegen vor dem braunen Holzschuppen nach rechts aufs Feld ab, um dann rechts am Gebäude vorbeizulaufen. Vorbei an einer Rastbank mit weitem Ausblick erreichen Sie den **Olavswegpfosten „Gravrøyser"** ❹ (km 6,2).

Der Weg wird breiter und bringt Sie zur **Rastbank auf dem Ramberget** (km 6,7) am Rand einer abgeholzten Fläche. Gut 350 m weiter biegen Sie nach rechts in die breitere Fahrspur ein. Sie führt erst durch Wald und nach dem Holzsteg über einen kleineren Bach dann als Grasweg am oberen Rand des Felds mit freiem Panoramablick entlang. Der Pfad verschwindet vorübergehend noch einmal im Wald (Olavswegweiser „440 km Trondheim") und trifft dann vor einer hellblauen und einer roten Hütte auf die nächste Schotterstraße (km 10,8).

Dieser nach rechts folgend laufen Sie an der Gabelung nach 300 m rechts auf die Fahrspur und gelangen so knapp 250 m später zur nächsten Schotterpiste. Der **Slettumvegen** bringt Sie weiter durch die Felder und zur Rechten erstreckt sich, getrennt durch den grauen Asphaltstreifen der E4, das blaue Band des lang gestreckten Mjøsa. Nach gut 1,4 km folgen Sie dem Kollsvegen für 150 m nach rechts und laufen dann an der T-Kreuzung mit dem Stokkevegen auf diesem nach links in Richtung Lillehammer.

Auf dem Stokkevegen nach rechts kommen Sie unter der E4 hindurch nach rund 250 m an die Zufahrt zum **Stokke Nedre gård.**

Stokke Nedre gård, Stokkevegen 139, 2825 Gjøvik, 93 09 20 21, marit@stokkenedre.no, www.stokkenedre.no, diverse Unterkunftsmöglichkeiten auf einem alten Bauernhof direkt am Ufer des Mjøsa, u. a. EZ/DZ im alten Haupthaus von 1810 NOK 990/1.450, Hütte für 4-6 Pers. NOK 1.650 (alle Preise inkl. Bettwäsche und Handtücher), Frühstück NOK 185

Kurz hinter der Brücke über den **Stokkeelva** erreichen Sie einen großen Parkplatz mit Bushaltestelle an der E4 ❺ (km 13,1).

Bei der gleich zu Beginn des Parkplatzes nach rechts abzweigenden Straße handelt es sich um die Zufahrt zum **Sveastranda Camping.**

Sveastranda Camping, Stokkevegen 147, 2825 Gjøvik, 61 18 15 29, resepsjon@sveastranda.no, www.sveastranda.no, ca. 400 m vom Olavsweg entfernt, Zelt ab NOK 360, insgesamt 33 Hütten unterschiedlicher Kategorien ab NOK 699 und zwei moderne Appartements ab NOK 995, kleiner Kiosk in der Sommersaison (Mai/September 9:00 bis 21:00, Juni-August 9:00 bis 22:00)

Laufen Sie am Ende des Parkplatzes für knapp 400 m auf dem Snertingdalsvegen weiter und dann in der Linkskurve bei dem weißen Holzhaus geradeaus. Der Redalsvegen verläuft parallel zur E4 und dient als reiner Rad- und Fußweg. So lässt es sich zwar gut laufen, der Verkehrslärm der Autos nebenan bleibt einem aber nicht erspart. Nach knapp 2 km führt Sie der Olavswegweiser „435 km Trondheim" vor dem Grundstückszaun nach links auf eine Schotterstraße. Auf dieser laufen Sie weiter parallel zur E4 und oberhalb der Bushaltestelle weiter.

Knapp 300 m weiter biegen Sie hinter der Garage an der Hausnummer 11 rechts ab und gelangen über eine Fahrspur zur nächsten Schotterstraße, die wieder parallel neben der E4 entlangführt. An der Gabelung hinter der Brücke folgen Sie dem Skulhusvegen nach links, passieren einen größeren Parkplatz und es geht leicht bergan. An der nach gut 250 m folgenden Gabelung laufen Sie links leicht weiter bergauf und genießen bald einen Blick auf die beeindruckende Mjøsbrua,

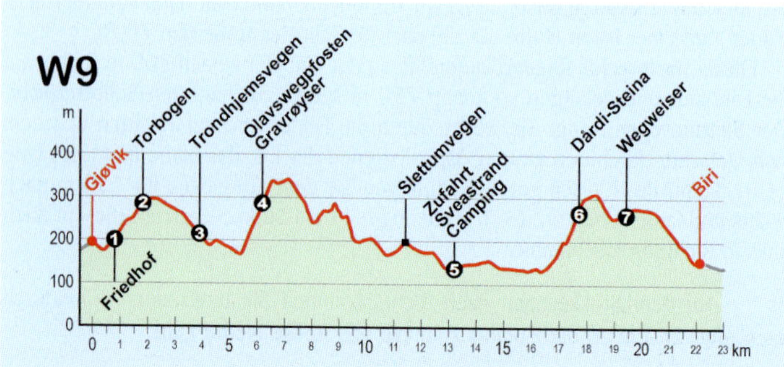

die mit einer Länge von 1,4 km das Ost- mit dem Westufer verbindet.

Bei der Hausnummer 103 (Geweih an der Garage) wenden Sie sich nach links, setzen die Kletterpartie auf dem Pfad im Wald fort und erreichen 400 m weiter den **Olavswegpfosten „Dårdi-Steina“** ❻ (km 17,6). Laut Legende sollen sich die Steine einst jedes Mal umgedreht haben, wenn die Glocken der Kirche in Rinsgaker geläutet wurden.

Den Abzweig des Wanderweges Kremmerodden lassen Sie rechts liegen und treten bald aus dem Wald an den Feldrand, wo Sie nach rechts und an der verfallenen Hütte vorbei weiterlaufen. Vor dem nächsten Hof laufen Sie am Feldrand entlang bis zur Schotterstraße und dort nach rechts weiter über das Gelände des Bauernhofs.

An der Einmündung in die breitere Schotterstraße 500 m weiter folgen Sie dieser nach rechts und erreichen bald den Olavswegwegweiser „430 km Trondheim“ ❼ (km 19,3).

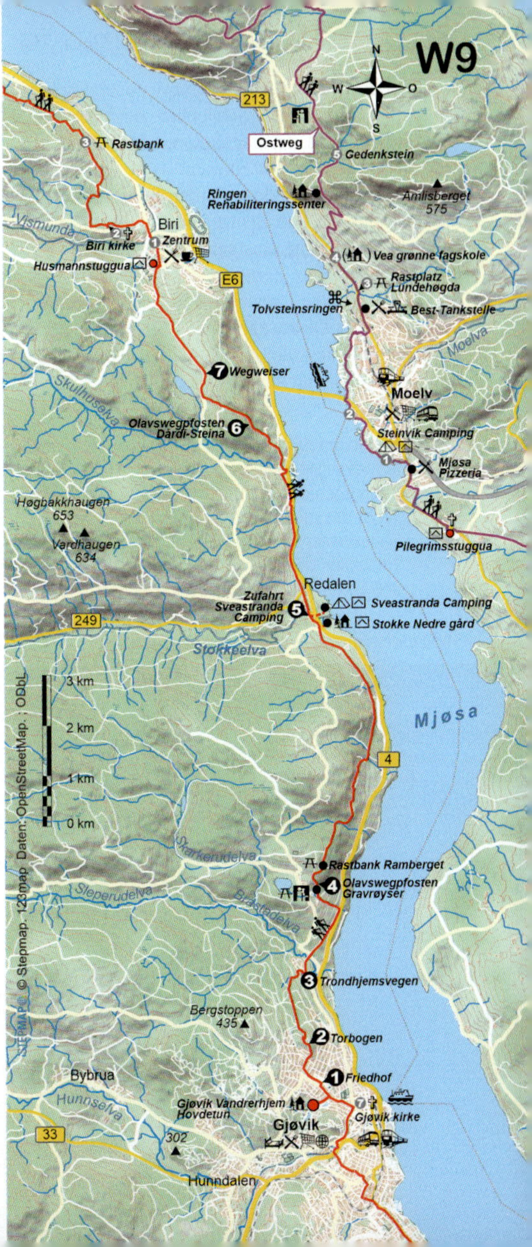

Die Besiedlung nimmt langsam zu und schon bald können Sie voraus das Etappenziel Biri sehen. Schließlich wechselt der Straßenbelag zu Asphalt und etwa 500 m nach der markanteren Rechtskurve wechseln Sie auf den links von der Straße verlaufenden Fußweg.

Keine 200 m nachdem Sie den Sportplatz links liegen gelassen haben, biegen Sie nach links in den Beinvegen ab, wo gleich im ersten Haus auf der rechten Seite die freundliche Gastgeberin der urigen ⌂ **Husmannstugga** (rotes Holzgebäude) wohnt. Das **Zentrum von Biri** mit zwei 🛒 Supermärkten, ✕ Cafeteria und ⚕ Apotheke ist keine 400 m Fußweg entfernt. Direkt vor dem weißen Zaun finden Sie den **Olavswegpfosten „Steinring"**, der auf eine ⌘ Grabstätte aus der Römerzeit aufmerksam macht. Von den ursprünglich neun Steinen, die zu einem Ring mit einem Durchmesser von 20 m angeordnet wurden, sind noch acht erhalten.

⌂ **Husmannstuggua**, Klomsteinrovegen 41, 2836 Biri, 📱 91 14 26 11, ✉ ellen@krageberg.no, 💻 www.husmannstuggua.com, 🚪 15. Mai bis 15. September, insgesamt fünf Betten in einem liebevoll restaurierten alten Bauernhaus von 1780, das müde Pilgerinnen und Pilger mit viel Charme und einem top-modernen Badezimmer samt Whirlpool empfängt, Geschirr für die Selbstversorgung ist ebenso vorhanden wie eine Kochplatte und ein Wasserkocher, NOK 200/Pers., Handtücher und Bettwäsche NOK 50, Whirlpool NOK 150, Barzahlung oder Paypal.

Whirlpool in der Husmannstuggua

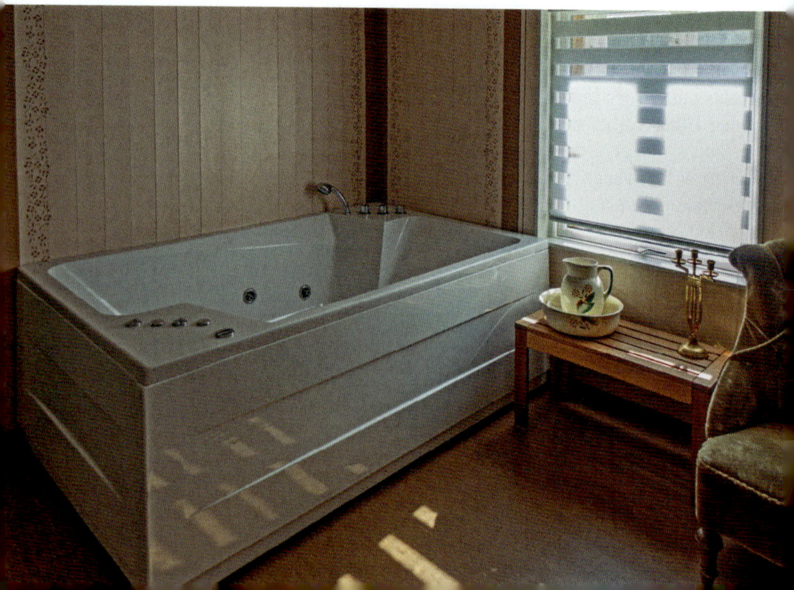

Etappe W10: Biri – Lillehammer

28,8 km, ca. 8 Std. 30 Min., 460 m, 420 m, 120-240 m

0,0 km	160 m	Biri, Husmannstuggua
0,6 km	144 m	Biri, Zentrum BANK
2,0 km	199 m	Kirche Biri
4,5 km	222 m	Rastbank
13,8 km	169 m	Abzweig Furuodden Camping
16,3 km	187 m	Pilgerherberge Audenhus
18,8 km	137 m	Bushaltestelle „Vingrom Skole“
22,6 km	134 m	Kirche Vingrom
28,8 km	200 m	Lillehammer, Vandrerhjem Stasjonen BANK ⌘

Auf geht es nach Lillehammer, wo West- und Ostweg zusammentreffen und der Routenabschnitt durch das Gudbrands-Tal beginnt. Doch bis es so weit ist, sind noch fast 30 km zurückzulegen. Während die ruhigen Feldwege auf der ersten Etappenhälfte noch den ein oder anderen schönen Ausblick bereithalten, will im weiteren Verlauf mehr Asphalt bezwungen werden. Besonders zäh gestalten sich die letzten 6 km von der Kirche in Vingrom bis ins Stadtzentrum von Lillehammer auf einer Parallelstraße in direkter Nachbarschaft zur stark befahrenen E6.

Starten Sie von der Husmannstugga vorbei am Steinring nach links und biegen Sie gleich an der nächsten Möglichkeit nach links in den Snippvegen ab. Dieser bringt Sie nach 300 m auf den Birivegen im Ortszentrum mit den beiden Supermärkten ❶ (km 0,6).

Biri

BANK

Hem Kosli kafe & spiseri, Birivegen 56, 2836 Biri, Mo bis Mi 10:00 bis 18:00, Do bis Sa 10:00 bis 21:00, So 14:00 bis 21:00

X Extra, Birivegen 56, 2836 Biri, Mo bis Sa 7:00 bis 23:00

Kiwi, Birivegen 58, 2836 Biri, Mo bis Sa 7:00 bis 23:00

Vitusapotek, Birivegen 56, 2836 Biri, Mo bis Fr 9:00 bis 17:00, Sa 10:00 bis 14:00

Folgen Sie der Hauptstraße durch den Ort bis zum Kreisverkehr und gerade darüber hinweg bis zur Brücke über die Vismunda. Gut 200 m weiter biegen Sie links in den Øverbygdsvegen ab. Dieser führt am Friedhof vorbei leicht bergauf und knapp 150 m nach der Zufahrt zum Gartenbaubetrieb halten Sie sich rechts auf die geschotterte Zufahrt zu den Häusern, laufen davor aber auf den nach links abzweigenden Pfad.

Dieser bringt Sie zur **Kirche von Biri**, vor der eine Rastbank mit Tisch zum Innehalten einlädt ❷ (km 2). Der Meilenstein „424 km til Nidaros“ bringt Sie auf einen mit Buschreihen gesäumten Grasweg. Am Ende laufen Sie vor den nächsten Häusern auf der Schotterpiste für knapp 400 m nach rechts und biegen dann auf einen Pfad ab, der durch ein Waldstück zur nächsten Straße führt. Der Lierengvegen wird gerade überquert (Infotafel „Biri turstier" zu den Wanderwegen in der Region). Es geht noch ein Stück durch den Wald und dann am Feldrand entlang bis zur Fahrspur beim Bauernhof Sem. Nun geht es – wieder einfacher zu laufen – vorbei an Kuhweiden und mit schönen Ausblicken auf den Mjøsa zur Rechten und nach etwa 400 m lädt eine Rastbank am Wegesrand ❸ (km 4,5) ein, das Panorama in Ruhe auf sich wirken zu lassen.

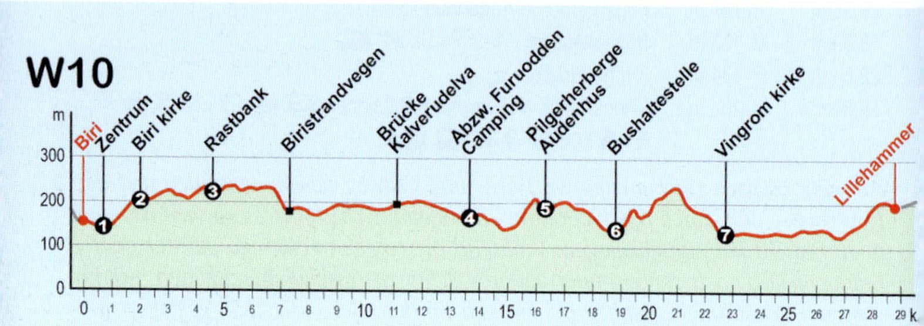

Anschließend folgt der Olavsweg mit einigen kurzen Schlenkern nach links oder rechts der Stromtrasse und die ein oder andere Zauntreppe ist zu überwinden. Sie passieren einen privaten Unterstand (km 6) am rechten Wegesrand, biegen schließlich am Ende des Feldes oberhalb des großen, roten Bauernhofs nach rechts auf die Schotterstraße ab (km 7,1) und erreichen 150 m weiter eine Asphaltstraße.

Auf dem Biristrandvegen wenden Sie sich nach links. Nach etwa 1,9 km begleitet ein Rad- und Fußweg die Straße und noch einmal 1,9 km weiter bringt eine Brücke Sie über den **Kalverudelva**. Nach weiteren rund 2,2 km endet der Fußweg und die letzten knapp 400 km bis zur Zufahrt zum **Furuodden Camping** ❹ (km 13,8) müssen wieder auf der Straße zurückgelegt werden.

Furuodden Camping, Biristrandvegen 888, 2837 Biristrand, ☎ 61 18 48 21 oder 90 17 51 24, ca. 350 m vom Olavsweg entfernt, Mai bis August, schön am Mjøsa-Ufer gelegener Campingplatz mit eigener Marina und geschütztem Badebereich, Zelt ab NOK 270, 24 Hütten unterschiedlicher Größe und Kategorien, einfache 2-Personen-Hütte ab NOK 400

Keine 100 m weiter biegen Sie beim Wegweiser „415 km Trondheim" für knapp 120 m nach links auf die Schotterpiste ab, nehmen aber noch den vor der Kurve rechts abzweigenden Pfad. Der entlässt Sie an der Zufahrt zu einem Hof mit großem, weißem Wohnhaus, wo Sie nach links über das Gelände und vorbei an der kleinen, roten Holzhütte laufen. Weiter geht es zu und zwischen den nächsten Häusern weiter geradeaus. An der T-Kreuzung 200 m weiter wenden Sie sich nach rechts.

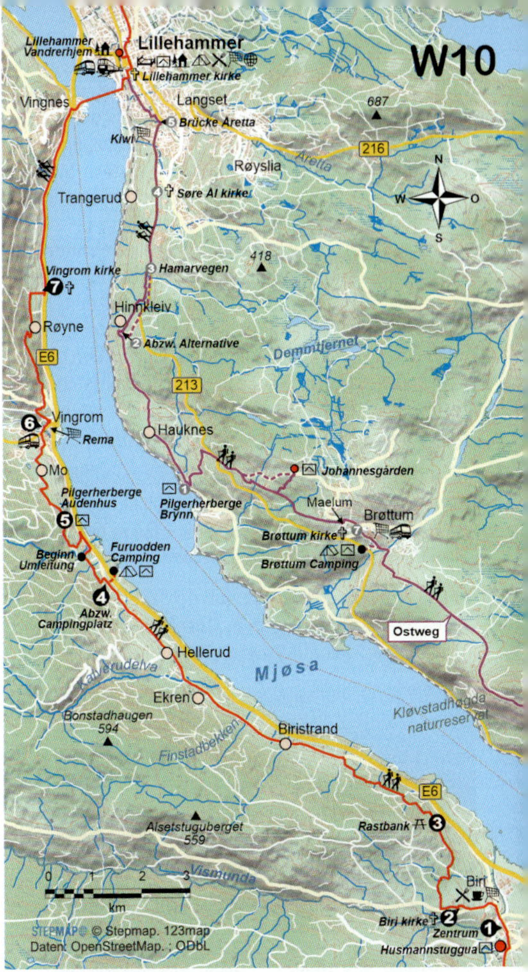

Ursprünglich führte der Olavsweg hier nach links. Aufgrund eines Brückenschadens im oberen Teil des Bjørnstadelva war der Weg im Sommer 2023 aber verlegt und folgte dem im Folgenden beschriebenen Verlauf.

Sie gelangen zurück zum Biristrandvegen, folgen diesem nach links und biegen knapp 300 m nach der Brücke über den Bjørnstadelva bei der Bushaltestelle auf die Schotterpiste ab, die hoch zu einem stattlichen, weißen Holzhaus führt. Davor halten Sie sich rechts und laufen hinter der roten Halle und am Ende des Parkplatzes auf dem Waldweg weiter.

An der Gabelung 200 m weiter folgen Sie dem schmaleren, rechts abzweigenden Pfad, der Sie oberhalb der **Pilgerherberge Audenhus** vorbeiführt ❺ (km 16,3).

Audenhus, Paul A Owrens vei 231, 2607 Vingrom, 95 99 23 09, audenhus@hotmail.com, Juni bis August oder nach Voranmeldung, insgesamt zehn Schlafplätze in fünf Zimmern in einer charmanten, einfachen Herberge mit schöner Aussicht auf den Mjøsa, ab NOK 400 (im eigenen Schlafsack inkl. einfachem Frühstück), Handtücher NOK 100, Selbstversorgerküche, Gemeinschaftsbad im Haupthaus. Der kleine Hof ist seit 1826 im Familienbesitz.

Nur ein paar Schritte weiter setzen Sie die Tour auf der Schotterpiste nach links fort. An der Gabelung unterhalb des nächsten Hauses 450 m weiter halten Sie sich rechts. Gleiches gilt für die T-Kreuzung knapp 400 m weiter. An der ersten Gabelung 230 m weiter dagegen laufen Sie links und an der zweiten nach weiteren 200 m dann wieder nach rechts und über den Hof Mo mit den roten Gebäuden (km 17,7).

Laufen Sie gerade über die querende Schotterpiste und folgen Sie dann der beinahe rechtwinkligen Rechtskurve. Voraus sind schon die Dächer von Vingrom zu sehen, dem nächsten Zwischenziel auf dem Weg nach Lillehammer, und Sie laufen leicht bergab in Richtung See. Nach etwa 400 m erreichen Sie eine Straße im Gewerbegebiet und laufen nach links in den Ort, vorbei am ehemaligen Supermarkt. Etwa 200 m weiter biegen Sie nach dem Überqueren des Zebrastreifens rechts ab und gelangen auf der Brücke über den breiten Fluss Rinna zur 🚌 **Bushaltestelle „Vingrom Skole" ❻** (km 18,8).

☺ Auf der verbleibenden Strecke nach Lillehammer warten noch eine kurze, aber steile Kletterpartie und viel Asphalt auf Sie. Alternativ gelangen Sie mit der regelmäßig verkehrende 🚌 Linie 102 in nur 15 Min. Fahrzeit ins Zentrum von Lillehammer, aktuelle Fahrpläne und Tickets unter 💻 https://entur.no.

Im Gewerbegebiet auf der gegenüberliegenden Straßenseite bietet ein Rema 1000 (Torpavegen 2, 2607 Vingrom, Mo bis Sa 7:00 bis 23:00) die Möglichkeit, sich mit Proviant für die verbleibenden 10 km zu versorgen.

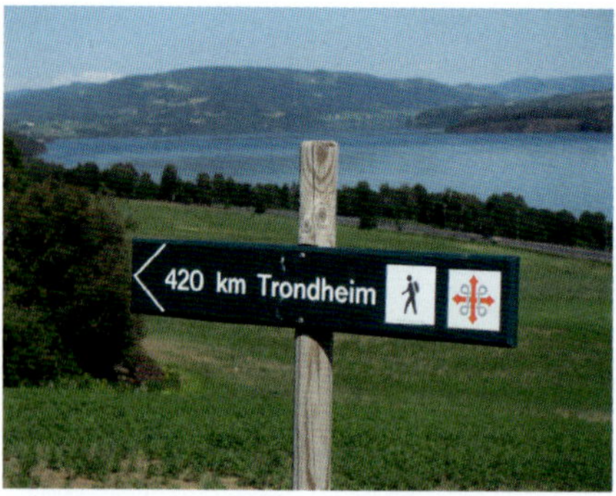

Blick über den Mjøsa

Um den Olavsweg nach Lillehammer zu nehmen, laufen Sie hinter dem Wartehäuschen der Bushaltestelle nach links auf den Schulhof und in einem Bogen nach rechts um das Hauptgebäude herum. Auf der Rückseite geht es dann unter der Stromleitung steil bergauf. Oben bei den Hütten laufen Sie für knapp 200 m nach links auf der Schotterpiste weiter und dann bei dem Hof mit den braunen Holzgebäuden nach rechts und unterhalb der Halle mit dem gelben Futtersilo ebenfalls nach rechts.

Etwa 150 m weiter treffen Sie auf die Kurve einer Piste und folgen dieser nach links bis zu einer Asphaltstraße, der Sie nach rechts folgen. Etwa 60 m hinter der ansteigenden Zufahrt zu den Häusern 87-101 laufen Sie vor der nächsten Straßenkurve links auf einen Pfad, der Sie zu einem Forstweg am Hang entlang und vorbei an einem Hinweispfosten auf einen Grabhügel rechts vom Weg bis zu einer zerfurchten, breiten Fahrspur führt. Laufen Sie rechts abwärts und genießen Sie nach der folgenden Serpentine das breite Panorama über den Mjøsa. Die Fahrspur mündet in eine Piste (km 21,8), Sie laufen nach links weiter und voraus ist schon der nächste Zwischenstopp zu sehen, die weiße ✞ **Vingrom kirke** mit ihrem schwarzen Turmhelm. Auf Höhe des nächsten Gehöfts biegen Sie scharf rechts ab und laufen hinab zur Kirche ❼ (km 22,6).

✞ **Vingrom kirke**. Die Holzkirche aus dem Jahre 1908 umfasst 220 Sitzplätze und kann während der Sommermonate besichtigt werden, wenn eine Kirchendienerin oder ein Kirchendiener in der Kirche oder auf dem Friedhof anwesend ist.
♦ Vingromsvegen 401, 2608 Lillehammer, 97 99 13 19

Vingrom kirke

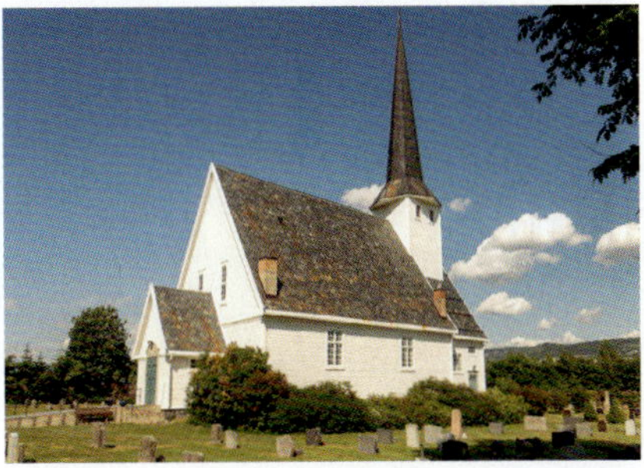

Die Kirche markiert den Start des rund 6 km langen Endspurts auf Asphalt. Die ersten beiden Drittel der Strecke folgen Sie durchgehend der ruhigen Straße Vingromsvegen, die parallel neben der E6 verläuft. Lillehammer kommt nur langsam näher, aber nach 4 km ist es schließlich geschafft und Sie laufen am Zebrastreifen nach rechts und auf einer Überführung über die E6. Anschließend bringt Sie die schnurgerade Fußgänger- und Radbrücke Vingnesbrua auf das gegenüberliegende Mjøsa-Ufer. In der Mitte wartet eine Rastbank, am Ende laufen Sie die Treppenstufen nach links hoch und rechts durch die Unterführung unter den Bahngleisen durch zur ✞ **Lillehammer kirke** (☞ Etappe O10: Brøttum – Lillehammer Vandrerhjem Stasjonen), wo sich Ost- und Westweg vereinen.

Laufen Sie vor der Kirche nach links über den Friedhof. Auf der anderen Seite wenden Sie sich beim **Meilenstein „417 km til Nidaros“** nach rechts und an der nächsten Kreuzung vor den Wohnhäusern nach links. Folgen Sie der Kirkegata vorbei an der Uno-X auf der linken Seite und dem Joker (Mo bis Fr 6:00 bis 23:00, Sa/So 9:00 bis 22:00) rechts. An der nächsten Kreuzung vor dem Stortorget im Herzen von Lillehammer geht es links hinab zum Bahnhof mit dem Vandrerhjem Stasjonen Lillehammer.

Lillehammer

BANK

☞ Etappe O10: Brøttum – Lillehammer Vandrerhjem Stasjonen

Lillehammer – Trondheim

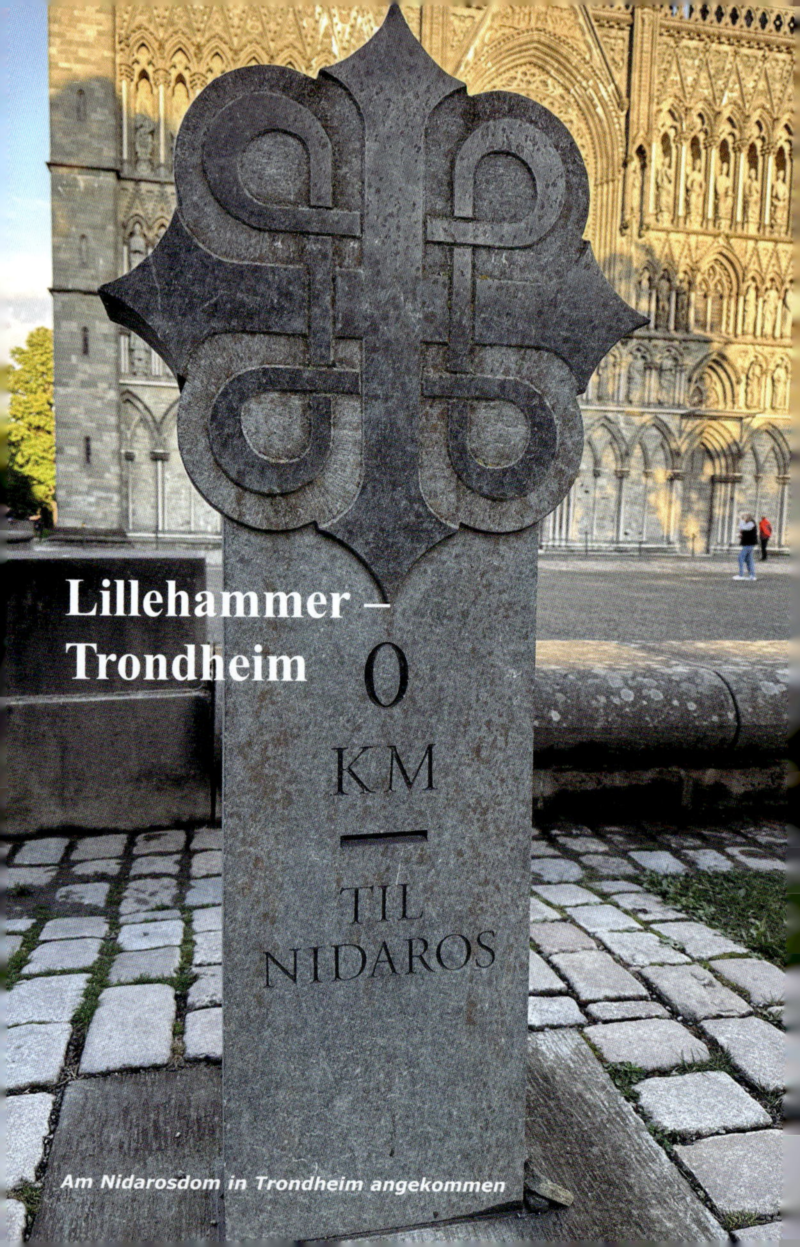

Am Nidarosdom in Trondheim angekommen

Etappe 11: Lillehammer – Nermo Hotell (Hafjell/Øyer)

18,5 km, ca. 5 Std. 15 Min., ↑ 390 m, ↓ 290 m, ⇧ 138-392 m

0,0 km	⇧ 200 m	Lillehammer, Vandrerhjem Stasjonen ⌘
0,5 km	⇧ 205 m	Lillehammer Brücke Mesna (Abzweig Fußgängerzone) ⌘
1,9 km	⇧ 228 m	Skurva bru
6,2 km	⇧ 147 m	Sundgården
7,9 km	⇧ 167 m	Bushaltestelle „Fåberg menighetshus“
11,9 km	⇧ 229 m	Pilegrimsbu Øyer
13,5 km	⇧ 242 m	Abzweig zum Wasserfall
17,2 km	⇧ 358 m	Hafjell-Tunnel
18,5 km	⇧ 312 m	Nermo Hotell, Ortskern Hafjell

Auf Wiedersehen Mjøsa, hallo Gudbrandsdalen! Der Abschied vom größten Binnensee Norwegens fällt aber nicht schwer, denn vor Ihnen liegt eine wunderschöne, allerdings auch etwas anspruchsvollere Wanderung. Es müssen einige Höhenmeter zurückgelegt werden, z. T. auf Asphalt, z. T. aber auch auf schönen Pfaden durch Wald und Feld. Durch die Vereinigung von West- und Ostweg in Lillehammer teilen sich nun mehr Pilgerinnen und Pilger den Weg. Geprägt wird dieser Abschnitt von den fantastischen Aussichten über den im Tal fließenden Fluss (Gudbrandsdalslågen) und die an den Seiten sanft aufragenden, waldbesetzten Fjells.

Laufen Sie zurück zur Kreuzung, an der Sie am Vortag vom Olavsweg abgebogen sind. Gehen Sie links in die Kirkegata – auf ihr lassen Sie das efeubewachsene Restaurant Hvelvet rechts liegen, ebenso ⌘ Kunstmuseum, Kino und Bibliothek. Biegen Sie hinter der ⌘ Statue des Birkebeiner mit dem kindlichen Kronprinzen Håkon Håkonsson unter dem Arm und vor der gelben Fassade der BANK Bank schräg nach rechts in den Nymosvingen ab (keine Markierung). Laufen Sie dann am Scandic Victoria Hotel vorbei bis zur Brücke über den Fluss Mesna ❶ (rechts von Ihnen liegt die **Fußgängerzone** von Lillehammer).

Gleich nachdem der Fluss überquert ist, biegen Sie rechts auf den Gamlevegen ab und folgen diesem vorbei an einem roten Holzhaus. Beim Zebrastreifen laufen Sie gerade über die querenden Tomtegata und setzen die Wanderung auf dem leicht ansteigenden Gamlevegen (Radwegweiser Richtung Smestad) fort. Dieser bringt Sie langsam, aber sicher aus Lillehammer heraus.

Rund 850 m weiter trifft der Gamlevegen auf den Kristen Holbøes vei, wird zu einem für den Autoverkehr gesperrten Schotterweg für Fahrräder und

Fußgängerinnen und Fußgänger und bringt Sie vorbei an einer ⍑ Sitzbank zur **Skurva bru ❷** (km 1,9). Gut 500 m nachdem Sie den Fluss Skurva überquert haben, erreichen Sie den kreuzenden Hammersengvegen, den Sie gefahrlos auf einem Zebrastreifen passieren können. Auf der gegenüberliegenden Seite setzen Sie die Tour auf dem Fuß- und Radweg durch ein Wohngebiet fort und erreichen den Kiwi mini pris im Stadtteil Smestad (Mo bis Sa 7:00 bis 23:00).

Der Olavsweg führt auf dem folgenden Abschnitt oben am Hang entlang, während sich die Einkaufsmöglichkeiten meist unten im Tal befinden. Den nächsten Supermarkt direkt am Weg, der ohne einen langwierigen Abstieg zu erreichen ist, finden Sie erst wieder in Fåvang (☞ Etappe 13).

Nachdem Sie den Supermarkt hinter sich gelassen haben, bringt Sie eine Unterführung unter der Straße Sigrid Undsets veg hindurch und der Gamlevegen bringt Sie am Sportplatz der Ekrom-Schule vorbei. Nachdem Sie die Straße Fagabergvegen auf dem Zebrastreifen überquert haben, geht es durch Felder Richtung Wald. Langsam lassen Sie alles Städtische hinter sich und der Møjsa-See geht in den Gudbrandsdalslågen über.

Sie laufen über eine weitere Brücke (km 3,8) und für gut 1 km weiter geradeaus bis zum asphaltierten Gudbrandsdalsvegen. Biegen Sie hier rechts auf den Fußweg ab und gehen Sie direkt links durch die Unterführung auf die andere Straßenseite. Sie gelangen auf das Grundstück der **Lillehammer-Hochschule** (km 5,2). Gehen Sie links am Unigebäude vorbei und über den Parkplatz und anschließend auf der Straße nach links leicht bergab.

Sie laufen vorbei an der Zufahrt zum Fakkelgården, einem Gebäude, das für die Olympiade 1994 errichtet wurde und heute als Gewerbegebäude genutzt wird, und unter der E6 hindurch. Direkt hinter der Unterführung (noch vor der Brücke) biegen Sie rechts auf einen kleinen Pfad ab, links von Ihnen liegen Gleise.

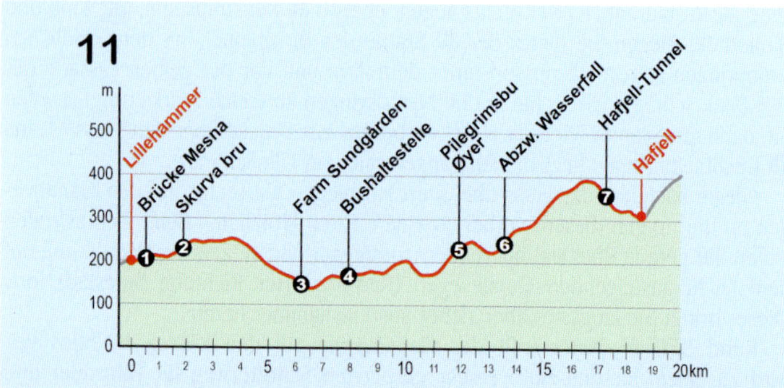

Gehen Sie nach 250 m unter diesen hindurch, sodass die Schienen nun rechts verlaufen.

Sie stoßen auf einen breiten Weg, dem Sie nach links folgen. Sie überqueren einen Bach und gehen weiter geradeaus auf dem grasbewachsenen Pfad durch den Wald, links liegt der Fluss. Sie kommen an die alte **Farm Sundgården** ❸ (km 6,2). Hier können Sie links hinab zum Wasser, um dem Mjøsa Adieu zu sagen. Der Olavsweg führt Sie an der Farm vorbei und auf einem schmalen Pfad wieder an den Gleisen entlang.

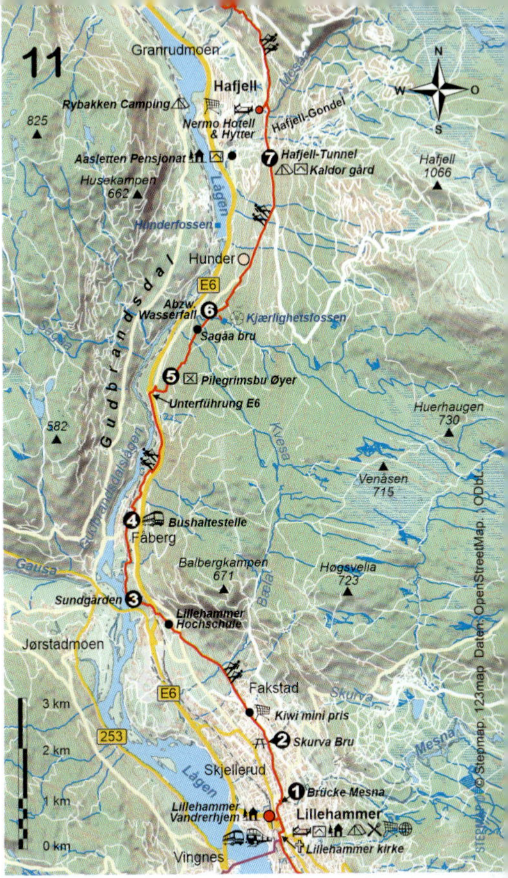

Sie kommen in einen Nadelwald und gehen hier an der Weggabelung rechts, sodass Sie an den Gleisen bleiben. Sie stoßen auf einen breiteren Pfad, der Sie rechts unter der Eisenbahnbrücke hindurchführt. Hinter dieser nehmen Sie direkt links einen kleinen Weg nach oben. Gehen Sie am Feldrand entlang ca. 70 m hinauf und biegen Sie am Ende des Grundstückszauns bei den Stromleitungsmasten links ab.

Bei einem gelben Schuppen stoßen Sie auf eine Schotterstraße, der Sie nach rechts folgen. Sie überqueren die aufgelassenen Gleise (rechts im alten Bahntunnel sehen Sie eine Umspannstation der Hochspannungsleitung) und laufen auf der Schotterstraße parallel zu den Gleisen leicht bergan zu den ersten Häusern von **Fåberg,** bis der Smerudstuguvegen auf eine Asphaltstraße (Brunlaugbakken) stößt.

Gehen Sie hier rechts an der Bushaltestelle „Fåberg menighetshus“ vorbei ❹ (km 7,9) und links über den Zebrastreifen in den Carl Haugens veg. Im

Wendehammer am Ende der Asphaltstraße biegen Sie links in den Schotterweg ab, folgen diesem hinab und gehen an der T-Kreuzung rechts weiter, nun wieder bergauf. An der Gabelung oben heißt es aufgepasst, denn der Olavsweg folgt dem überwachsenen und daher leicht zu übersehenden Graspfad zwischen dem Schotterweg nach links und dem Weg hinauf zum Gudbrandsdalsvegen rechts. Der Pfad verläuft ein kurzes Stück parallel zur Straße, führt dann hinab zu den Gleisen und parallel dazu durch einen lichten Mischwald. Auf einer Holzbrücke überqueren Sie einen Bach. Sie stoßen auf einen Schotterweg, dem Sie nach rechts oben zur Bushaltestelle am Gudbrandsdalsvegen folgen.

Hier wenden Sie sich nach links und laufen für ca. 1,6 km an der Leitplanke entlang. Über Ihnen verläuft parallel die E6, links unten liegt der dunkelgrüne Fluss, vor Ihnen ausgebreitet das Gudbrandsdalen. Sie kommen an einen ersten Kreisel (km 11) und gehen nach rechts unter der E6 hindurch zum nächsten Kreisel. Gehen Sie an diesem geradeaus und biegen Sie ca. 50 m danach bei der Bushaltestelle rechts ab in den Hundervegen. Noch einmal 50 m weiter geht es bei der Infotafel und dem ⩩ Picknicktisch in den Schotterweg Tytterbærskogen, der knackig nach oben Richtung Wald führt.

Gehen Sie an der Farm vorbei und hinter dem Gatter des Hofs nach links in den Wald. Gut 100 m weiter finden Sie rechts neben dem Weg die ⩩ ⊠ **Pilegrimsbu Øyer ❺** (km 11,9), einen liebevoll mit traditioneller Handwerkskunst und nachhaltigen Materialien angelegten Pilgerstopp mit modernen Verbrennertoiletten (☝ vor der Benutzung unbedingt die Anleitung lesen!), einer überdachten Sitzgruppe und einem Unterstand mit einer Liegefläche für eine Person. Sogar Steckdosen, um das Smartphone aufzuladen, gibt es.

Pilegrimsbu Øyer

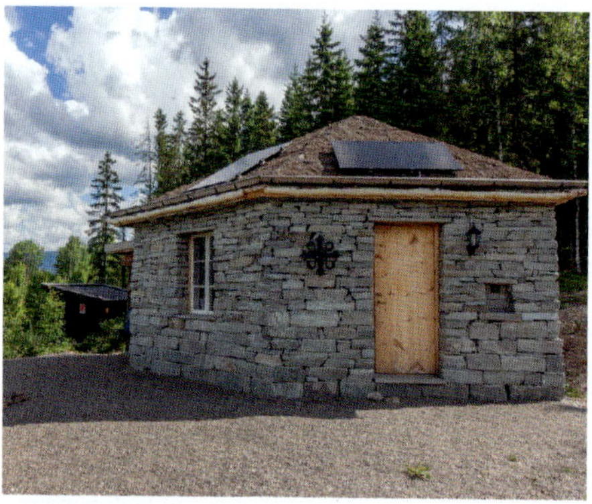

Nach der Rast setzen Sie die Wanderung auf der Fahrspur fort. Hinter dem roten Holzhaus mit der Aufschrift „Granly" (Hausnummer 131) führen Sie die Markierungen kurz nach links und sogleich rechts auf einen schmalen Pfad.

⇘ Sie können auch einfach weiter geradeaus auf dem Tytterbærskogen bleiben (kürzere Strecke).

Die Markierungen führen Sie am Rande eines Privatgartens entlang bis zu einem Kiesweg, von dem man zurück auf den Schotter des Tytterbærskogen gelangt. Sie folgen der breiten Schotterpiste vorbei an einzelnen Häusern und es geht leicht bergab mit schönem Blick ins vor Ihnen liegende Tal. Gehen Sie, kurz nachdem Sie das erste Straßenschild lesen konnten, rechts über einen Bach und auf einem Pfad in den Wald hinein (km 12,7).

☺ Seit der Pilegrimsbu folgen Sie dem historischen **Tjodveigen** und neben dem vertrauten Olavskreuz finden Sie auf diesem Abschnitt auch Holzschilder mit der Silhouette eines Pilgers.

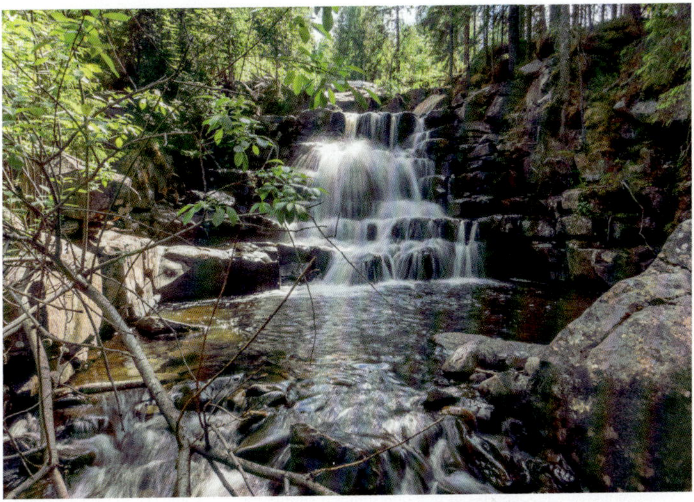

Wasserfall Kjærlighetsfossen

Sie überqueren erst auf einem Holzsteg einen Bach, dann auf einer Brücke einen Fluss und es folgt ein sehr schöner Pfad durch den Wald. Sie gelangen an ein Anwesen, vor dem Sie nach rechts auf dem Feldweg weiterlaufen. Vor den nächsten Hütten zweigt nach links ein Pfad ab, der Sie zur **Sagåa bru** bringt. Nachdem Sie am gegenüberliegenden Ufer die Pforte wieder geschlossen haben, fordert ein kräftiger Anstieg die Beinmuskeln heraus und oben weist ein Schild auf den Abzweig zum **Wasserfall Kjærlighetsfossen** hin ❻ (km 13,5).

➪ In ca. 5 Min. sind Sie am „Wasserfall der Liebe" angekommen, der sich prima für eine Rast anbietet. Der Trampelpfad dorthin ist klar zu erkennen und führt über Baumwurzeln und Steine, die bei nasser Witterung recht rutschig werden können.

Der Olavsweg folgt dem Weg durch den Wald über einige Rinnsäle und je nach Wetterlage Matschfelder. Der Pfad führt Sie geradeaus durch eine Waldschneise, unter Stromleitungen hindurch und über einen kreuzenden Feldweg hinweg weiter aufsteigend durch den Wald. Am Ende übersteigen Sie eine Zauntreppe und gehen quer über die Weide hinab zur Straße, die Sie über eine weitere Zauntreppe erreichen (Wegweiser „Trondheim 398 km") (km 14,6).

Gehen Sie auf der breiten Asphaltstraße (Sørbygdsvegen) etwa 1,6 km nach rechts bergan, vorbei an der Farm Hunder, bis Sie auf den Hundersætervegen stoßen. Unten im Tal können Sie verschiedene Campingplätze auf der gegenüberliegenden Seite des Flusses liegen sehen. Sie biegen links in Richtung „Øyer Sentrum" ab und laufen auf dem Fußgängerweg neben dem Sørbygdsvegen weiter. Es geht leicht bergab und Sie passieren eine Trinkwasserquelle am **Kaldor gård**.

Kaldor gård, Sørbygdsvegen 379, 2636 Øyer, 90 67 72 51 oder 99 55 20 70, Juni bis August, Übernachtung in vollausgestatteter 2- bis 3-Personen-Hütte oder im ausgebauten *stabbur* mit zwei DZ ab NOK 300/Pers., Zelt NOK 150

Nachdem Sie den röhrenförmigen Hafjell-Tunnel ❼ (km 17,2) hinter sich gelassen haben, laufen Sie unter der Hafjell-Gondel hindurch und erreichen etwa 400 m weiter die Zufahrt zum **Hofladen Mat fra Øyerfjellet** (tgl. 7:00 bis 22:00) des Moe gård. Noch einmal knapp 400 m später zeigt in der Linkskurve oberhalb des Golfplatzes ein Wegweiser nach links hinab zum **Nermo Hotell & Hytter.** Der eigentliche Ortskern von Hafjell mit weiteren Übernachtungsmöglichkeiten und Supermärkten liegt unten an der E6 (➲ ca. 2 km/100 Höhenmeter).

Hafjell (Øyer)

Nermo Hotell & Hytter, Nermosvegen 56, 2636 Øyer, ☏ 61 27 55 80, booking@nermohotell.no, www.nermohotell.no, ca. 200 m vom Olavsweg entfernt, die Geschichte des charmanten Hotels reicht bis ins 17. Jh. zurück und es wird inzwischen in der fünften Generation geführt, DZ (inkl. Frühstück) ab NOK 1.700, 4-Personen-Appartement ab NOK 2.300, 10 % Pilgerrabatt, ✗

Aasletten Pensjonat og hytter, Hundervegen 92, 2636 Øyer, ☏ 61 27 76 12, post@aasletten.no, www.aasletten.no, ca. 2 km vom Olavsweg entfernt, Juni und August, insgesamt 70 Betten, aufgeteilt auf Pension, Hütten und Appartements, DZ ab NOK 500, 4-Personen-Hütte/Appartement ab NOK 1.000, Bettwäsche und Handtücher NOK 150/Pers. (Nutzung von Schlafsäcken verboten), Vorbuchung erwünscht

Rybakken Camping, Vestsidevegen 95, 2636 Øyer, 97 09 37 30, post@rybakken.com, www.rybakken.com, ca. 2,5 km vom Olavsweg entfernt (auf gegenüberliegender Flussseite!), Mai bis Sept., Zelt inkl. 4 Pers. ab NOK 380

Spar Øyer, Hundervegen 17, 2636 Øyer, Mo bis Fr 7:00 bis 22:00, Sa 8:00 bis 21, So 9:00 bis 21:00

♦ **Kiwi Øyer**, Kongsvegen 10, 2636 Øyer, Mo bis Sa 7:00 bis 23:00, So 9:00 bis 21:00

♦ **Extra Hafjell**, Kongsvegen 5, 2636 Øyer, Mo bis Sa 7:00 bis 23:00, So 9:00 bis 21:00

Etappe 12: Nermo Hotell (Hafjell/Øyer) – Mageli Camping og Hytter (Tretten)

23,8 km, ca. 7 Std. 15 Min., ↑ 770 m, ↓ 880 m, ⇧ 190-550 m

0,0 km	⇧ 312 m	Nermo Hotell
3,7 km	⇧ 376 m	Rastbank Håkåberget
7,4 km	⇧ 456 m	Grabfeld ⌘
12,9 km	⇧ 528 m	Pilgerherbe Stalsbergsvea
15,4 km	⇧ 529 m	Kjørkjehaugen ⌘
17,8 km	⇧ 539 m	Pilgerbank
19,9 km	⇧ 495 m	Glomstad Gjestehus
21,5 km	⇧ 354 m	Rastplatz Vedemselva
23,8 km	⇧ 190 m	Mageli Camping og Hytter

Zauntreppen-Marathon! Eine erlebnis- und aussichtsreiche Etappe nah an der Natur. Es sind viele schöne Pfade, die sich durch den Wald schlängeln und über Wiesen und Felder führen. Einige sind allerdings – je nach Wetter – nicht einfach zu begehen; matschige, nasse und holprige Stellen sowie dichter Bewuchs erschweren das Vorankommen. Doch wer ein bisschen Kraxelei mag, wird diese Strecke lieben! Am Ende geht es nach vielen Zauntreppen, Flussüberquerungen und schönen Aussichten gut 3 km bergab bis zur E6 und dem Campingplatz direkt am See.

Laufen Sie vom Hotel zurück zum Sørbygdsvegen und nehmen Sie an der Infotafel mit der kleinen Rastbank den schmalen Pfad, der nach rechts den Hang hinaufführt. Er verläuft in etwa auf einer Höhe immer geradeaus durch den Wald und auch über einige gerodete Flächen. Nach knapp 1 km überqueren Sie eine breite Schotterstraße und setzen die Wanderung auf dem schmalen, grasüberwachsenen Pfad rechts davon fort.

Den Wanderwegweiser „Haugen 0,7" lassen Sie rechts liegen und treffen kurz darauf auf eine breite Schotterpiste (Lie-Hornsjøvegen). Hier geht es für ca. 200 m nach rechts weiter, dann biegen Sie vor dem Tor der Hausnummer 108 nach links auf die Schotterstraße und laufen leicht bergab über den Hof.

Hinter dem letzten Gebäude der Farm halten Sie sich links und gelangen auf der Fahrspur durch eine Wiese und über einen kleinen Bach hinein in ein Wäldchen. Nachdem Sie den Fluss **Søre Brynsåa** auf einer Holzbrücke überquert haben, laufen Sie hinab zu einer Kuhweide. Hier heißt es aufgepasst, um den Olavswegpfosten mit dem Pfeil nach rechts nicht zu verpassen.

Es geht nicht geradeaus auf dem breiten Pfad am Zaun entlang weiter bergab, sondern nach rechts leicht den Hang hinauf.

An der Gabelung nach der Zauntreppe halten Sie sich links und laufen auf den rauschenden Fluss zu. Der **Nørdre Brynsåa** wird auf zwei Brücken in kurzem Abstand gequert. Der sich anschließende Waldpfad bringt Sie zu einer Pforte. Danach bleibt der Wald zurück und leicht ansteigend erreichen Sie einen breiten Feldweg, dem Sie nach links oben folgen. Hier tauchen erste vereinzelte Häuser (Åset) zu Ihrer rechten Seite auf. Sie treffen auf einen Schotterweg, der Sie nach links zur Schotterstraße Midtbygdsvegen führt.

Wenn Sie diese links hinabgehen, gelangen Sie zur ✝ **Øyer kirke** (ca. 700 m), einer Holzkirche aus dem Jahr 1725 mit kreuzförmigem Grundriss und 300 Sitzplätzen.

✝ **Øyer kirke.**
♦ Kongsvegen 328, 2636 Øyer, 48 50 03 54 oder 92 13 48 80, post.oyer@kirken.no, keine festen Öffnungszeiten, Besichtigung nach Absprache möglich

Nachdem Sie das Gebäude mit den Garagentoren passiert haben, wenden Sie sich an der Einmündung scharf nach rechts bergan und biegen keine 50 m weiter noch vor der Zufahrt zur Hausnummer 157 auf den schmalen Pfad nach links in den Wald ab. Am Zaun entlang geht es kräftig hinauf, eine kleine Holzbrücke bringt Sie über ein Bächlein und oben können Sie am **Rastplatz Håkåberget ❶** (km 3,7) mit Bank und toller Aussicht verschnaufen.

Direkt hinter der Rastbank laufen Sie die Holztreppe hoch, steigen über den Drahtzaun und laufen dann auf dem Pfad am Feld entlang aufwärts. Am Ende gehen Sie über eine kleine Zauntreppe auf die Schotterstraße Vedumsvegen, der

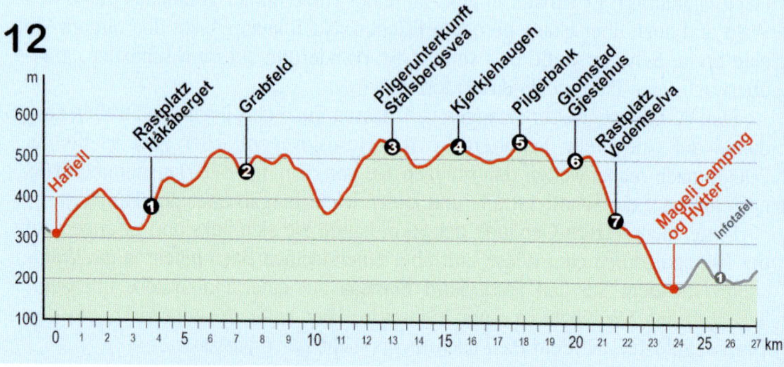

Sie für ca. 900 m links durch Farmgebäude folgen: An Feldern, einem kleinen Bach und dem Bauernhof Høvre vorbei treffen Sie auf den asphaltierten Midtbygdsvegen. Biegen Sie rechts ab und gehen Sie ca. 700 m hinauf bis zur Rechtskurve, wo Sie geradeaus auf dem Skåevegen weiterlaufen (Wegweiser „Trondheim 387 km").

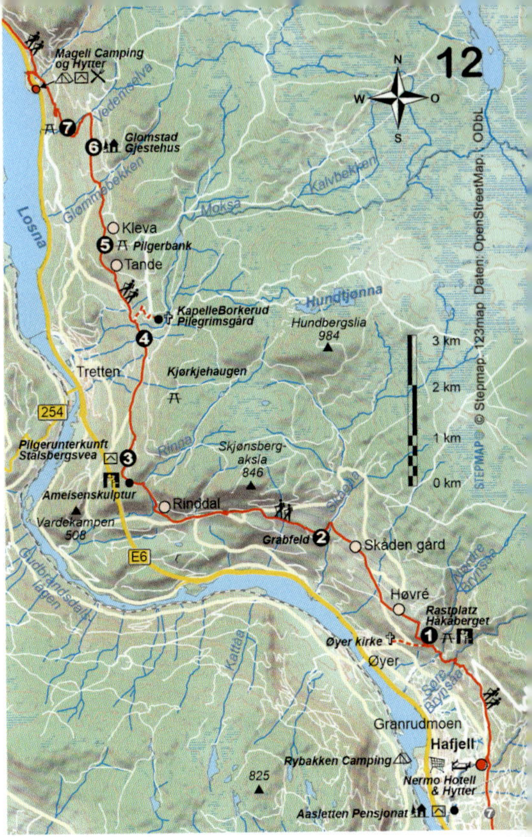

Vorbei am **Meilenstein „392 km til Nidaros"** gelangen Sie zum malerischen Hof Skaden gård. Nachdem Sie die historischen Holzgebäude hinter sich gelassen haben, laufen Sie noch ein kurzes Stück auf dem Feldweg weiter und biegen dann vor dem nächsten Bauernhof rechts auf den Grasweg ab, der Sie am Zaun entlang an den Gebäuden vorbeiführt. Über die Zufahrt hinweg setzen Sie die Wanderung geradeaus zwischen den Zäunen fort und laufen leicht abwärts in den Wald.

An der folgenden Weggabelung nehmen Sie den linken Weg hinab zum **Fluss Skåeåa**, überqueren die Brücke und wandern den schmalen Pfad steil hinauf bis zum Pfosten mit der Aufschrift „Gravfelt" ❷ (km 7,4): In der Umgebung befinden sich vier Wikingergrabhügel aus der frühen Eisenzeit, einen können Sie vor sich sehen.

Ein Gatter im Zaun bringt Sie aus dem Wald hinaus auf einen grasbewachsenen Weg. Dieser verläuft nun, unterbrochen durch mehrere Gatter und Zauntreppen, etwa auf einer Höhe. Zur Rechten begleiten Sie die Reste einer alten Steinmauer, zur Linken bieten sich schöne Ausblicke auf das Gudbrandsdalen. Nach der privaten

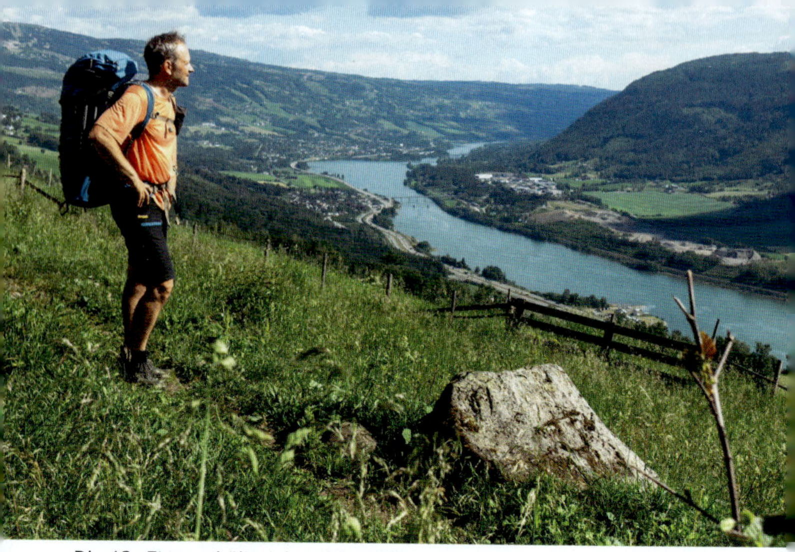

Die 12. Etappe hält viele schöne Pfade und Ausblicke ins Flusstal bereit

Sitzbank an einem kleinen Tümpel geht es durch ein Tor und über eine Zauntreppe. Anschließend laufen Sie über den Hof und treffen hinter dem roten Haus auf die Hofeinfahrt. Diese bringt Sie auf den Nordbygdsvegen, auf dem Sie sich nach links wenden. Nach gut 400 m biegen Sie vor den Leitplanken der Linkskurve rechts auf den schmalen Pfad in den Wald ab.

Sie können der Straße auch weiter nach unten folgen (ca. 450 m), der Waldpfad stößt knapp 500 m weiter wieder auf den Nordbygdsvegen.

Der Waldpfad bringt Sie an einem Schuppen vorbei und am Ende in einer Kehre zurück auf den Nordbygdsvegen, dem Sie nach rechts leicht bergab für etwa 600 m folgen. Biegen Sie dann an der Gabelung nach rechts auf den kräftig ansteigenden Kananvegen. 500 m weiter kehren Sie dem Asphalt den Rücken und nehmen die Zufahrt durch den Torbogen zur Rindal-Farm nach rechts.

An der Gabelung vor den Farmgebäuden halten Sie sich links und folgen der geschotterten Fahrspur, die Sie in einem Bogen zu einer Halle am anderen Ende der Farm bringt. Laufen Sie hinter dem Tümpel nach links um die Schafweide herum und am Zaun entlang. Es geht ansteigend in den Wald hinein und am **Fluss Rinna** entlang durch eine üppige Vegetation mit hohem Farn.

Knapp 500 m weiter biegen Sie nach links von der Fahrspur auf einen schmaleren Pfad ab, der Sie ca. 350 m steil nach oben führt. Oben erwartet Sie die Kunstinstallation einer überdimensionalen, blauen Ameise mit Filmkamera vor dem behelmten Gesicht und eine grandiose Aussicht.

Von dort geht es geradeaus bergab. Als Erstes erreichen Sie das Toilettenhäuschen, dann eine Stelle, an der Sie Trinkwasser aus dem Hahn auffüllen können, und keine 100 m weiter die einfache **Pilgerunterkunft Stalsbergsvea ❸** (km 12,9). Die unbewirtschaftete Holzhütte umfasst einen Raum mit drei Betten und einen Raum mit zwei Betten und bietet einen fantastischen Ausblick über das Gudbrandsdalen.

Stalsbergsvea, Sveavegen 72, 2635 Tretten, 97 05 23 20, steinerik.blomberg@gmail.com, 15. April bis 15. November, NOK 100/Pers. (eigenen Schlafsack mitbringen), Zelten NOK 50, Bezahlung in bar oder per Paypal, Plumpsklo und Wasserstation etwa 100 m oberhalb der Unterkunft am Weg. Falls die Wasserquelle am Wegesrand ausgetrocknet ist, gibt es auch einen Wasserhahn am Wohnhaus der Gastgeber oberhalb der Hütte. Es gibt Strom und einen Wasserkocher, Kleinigkeiten zu essen sowie Tee und Kaffee liegen für den Erwerb bereit.

Ein Stück weiter gehen Sie hinter dem Häuschen für die Mülltonnen nach rechts von der Schotterpiste runter und laufen mit tollen Ausblicken unterhalb der alten Steinmauer entlang bis zur schmalen Schotterpiste Kløvsvegen. Laufen Sie diese nach links hinab, bis Sie wieder auf den Sveavegen treffen. Wenden Sie sich auf diesem nach rechts und laufen Sie weiter bis zum Sør-Trettenvegen, dem Sie nach rechts folgen.

Nach rund 1,2 km geht der Asphalt in Schotter über und etwa 300 m weiter lädt **Kjørkjehaugen ❹** (km 15,4) zur Rast und zum Innehalten ein. Ein Gedenkstein erinnert an die ehemalige Steinkirche aus dem 15. Jh. und die Holzbänke und der Steinaltar machen deutlich, dass der alte Kirchenstandort aus dem Mittelalter heute als Freiluftkirche genutzt wird.

An der Gabelung 500 m weiter weist ein Schild auf den Abstecher zur ✝ **Kapelle am Borkerud Pilegrimsgård** (➲ 1,5 km) hin. Die Kapelle ist in einem alten Bauernhaus aus Jotunheimen untergebracht und steht Pilgernden und anderen Besucherinnen und Besuchern offen.

Für die Fortsetzung der Tour laufen Sie auf dem Tårstadvegen etwa 700 m weiter geradeaus und biegen dann gegenüber der Zufahrt zur Hausnummer 131 nach rechts ab und laufen in Richtung der Tande-Farm mit roten Wirtschaftsgebäuden und weißem Wohnhaus hoch. Auf Höhe des Güllesammelbeckens biegen Sie links durch das Gatter auf eine sandige Fahrspur ab. Ein Stück weiter unten beim Holzlagerplatz folgen Sie dann dem leicht nach rechts abzweigenden Pfad in den Wald.

Der Trampelpfad bringt Sie leicht ansteigend wieder aus dem Wald hinaus und auf einen von kleinen Bäumen gesäumten Graspfad. Ca. 400 m hinter der **Pilgerbank ❺** (km 17,8) am Wegesrand ist der Hof Kleva erreicht. Die Olavswegmarkierungen führen Sie direkt hindurch. Sie laufen hinter dem weißen Wohnhaus in einer Kurve nach links und dann links an der roten Scheune vorbei auf eine

Schotterstraße. An der Gabelung hinter dem nächsten Wohnhaus halten Sie sich links und unten im Tal sind voraus schon die weißen Dächer der Wohnwagen auf dem Mageli-Campingplatz auf einer Halbinsel am Ufer des Losna zu sehen.

Am Ende erreichen Sie eine asphaltiere Straße, wenden sich auf dem Nord-Trettenvegen nach rechts und passieren 800 m weiter das **Glomstad Gjestehus** ❻ (km 19,9) rechts neben der Straße (Wegweiser „Trondheim 372 km").

Glomstad Gjestehus, Nord-Trettenvegen 471, 2635 Tretten, 41 46 80 15, post@glomstadgjestehus.no, www.glomstadgjestehus.no, Mai bis Oktober, ab NOK 900 (Pilgerpreis inkl. Frühstück)

Anschließend folgen Sie der Straße noch für etwa 650 m und biegen dann vor der Brücke über den rauschenden Bach nach links auf die Fahrspur ab und der lange Abstieg (ca. 3,2 km) zum Mageli-Campingplatz beginnt. Rechts von Ihnen fließt kaskadenförmig der **Fluss Vedemselva**, zur Linken dehnt sich eine große, offene Wiese aus. Der Pfad schlängelt sich an dieser entlang hinab und biegt dann in den Wald ab. Es geht in leichten Serpentinen durch den Wald weiter abwärts bis zu einem verlassenen Haus. Dahinter führen Sie zwei Brücken an das gegenüberliegende Ufer des **Vedemselva**, wo Tisch und Bänke die Möglichkeit zu einer Rast bieten ❼ (km 21,5).

Brücke über den Vedemselva

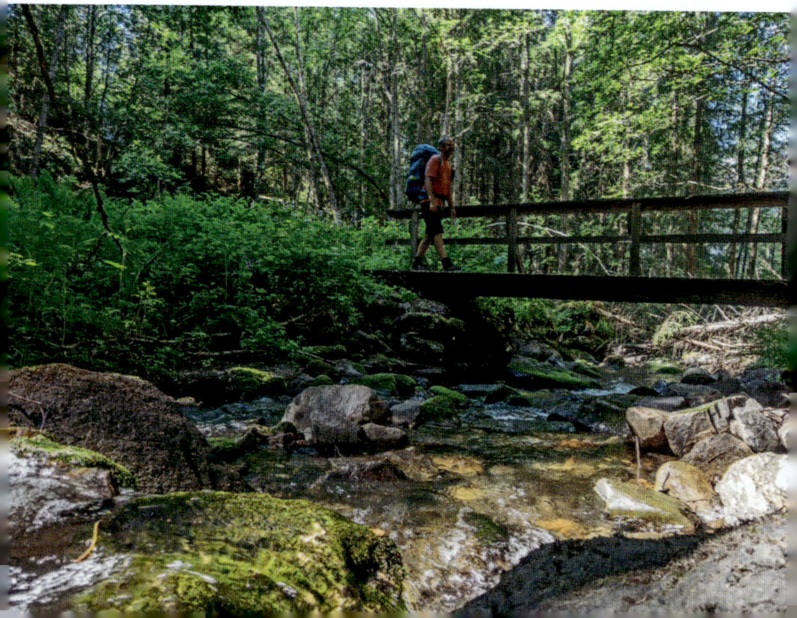

Der Waldweg bringt Sie weiter bis zu einem Holzlagerplatz. Sie laufen davor links hinab und in einigen steilen Kehren hinunter auf eine Schotterstraße, der Sie für ca. 250 m nach rechts oben folgen. Dann geht es links durch das Gatter auf einen Pfad, der Sie am Hang entlangführt. Unten im Tal ist voraus schon der Pool des Campingplatzes deutlich zu erkennen und drei Zauntreppen später erreichen Sie eine **Infotafel des Naturreservats Rolla**. Eine Brücke bringt Sie über den Bach und nur etwa 60 m weiter biegen Sie auf den (unmarkierten) Pfad nach links ab, der Sie über eine Wiese zur E6 hinabbringt. Nachdem Sie diese vorsichtig überquert haben, bringt Sie eine Holzbrücke von hinten auf den Campingplatz (km 23,8).

Mageli Camping og Hytter, Kongsvegen 2220, 2635 Tretten, ☏ 61 27 63 22, info@magelicamping.no, www.magelicamping.no, ca. 700 m vom Olavsweg entfernt, ganzjährig, Zeltplatz 1. Mai bis 1. Oktober, insgesamt 32 Kabinen in verschiedenen Größen und mit unterschiedlicher Ausstattung, einfache Hütte ohne eigene Küche und Bad für bis zu 4 Pers. ab NOK 600, große Hütte mit zwei Schlafzimmern, Bad und Küche ab NOK 1.300, Schlafsack mitbringen, Bettwäsche NOK 150/Pers., Zelt ab NOK 250. Neben einem Campingplatz-Shop gibt es auch einen Schnellimbiss. Unbedingt einige Tage vorher reservieren: In der Hauptsaison ist der Platz ein beliebtes Urlaubsziel.

Etappe 13: Mageli Camping og Hytter – Pilgerherberge Gildesvollen (Ringebu)

20,1 km, ca. 6 Std., ↑ 520 m, ↓ 450 m, ⇧ 190-370 m

0,0 km	⇧ 190 m	Mageli Camping og Hytter
1,8 km	⇧ 216 m	Infotafel und Rastbank
4,2 km	⇧ 275 m	Beginn Fåvangvegen
7,9 km	⇧ 330 m	Rastbank
12,3 km	⇧ 322 m	Nordrum gård
13,4 km	⇧ 233 m	Tromsa bru, Abzweigung Fåvang
14,8 km	⇧ 268 m	dritter Rastplatz am Kongsvegen
18,1 km	⇧ 367 m	Høgkleiva ⌘
20,1 km	⇧ 290 m	Pilgerherberge Gildesvollen

Etwas hinauf, etwas hinab und viel Asphalt! Es ist nicht die schönste Etappe, die zu einer der bekanntesten Kirchen Norwegens führt. Hat man es vom Campingplatz über die E6 wieder hinauf zum Olavsweg geschafft, läuft man viele Kilometer auf Asphalt, meist leicht ansteigend. Belohnt wird das mit schönem Blick hinab ins Tal, dann geht es hinein ins Feld, vorbei an Farmen. Im Wald zwischen Høgkleiva und Elstadkleiva sind noch einige Höhenmeter zu bewältigen, bevor Sie hinab zur Stabkirche von Ringebu gelangen.

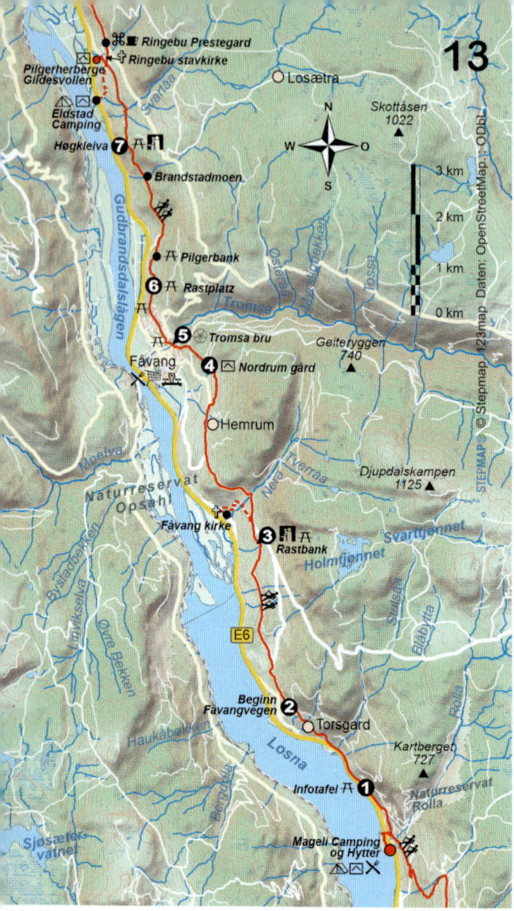

Vom Campingplatz laufen Sie zunächst dem vom Vortag bekannten Weg über die E6 zurück hinauf zum Olavsweg (km 0,6) und setzen die Tour nach links fort. Der breite Weg ist gut zu laufen und führt oberhalb der E6 am Hang entlang durch den Wald. Nach knapp 500 m passieren Sie den Wegweiser ↳ zum Aussichtspunkt Kartberget (➲ 1,7 km) und laufen weiter bis zu den Überresten einer moosbewachsenen Steinmauer im Wald. Davor geht es steil hinab zu einem breiten, grasbewachsenen Weg unmittelbar oberhalb der E6. Der Pfad steigt ein kleines Stück hoch zu zwei Holzhütten, davor führen Sie die Olavskreuze wieder nach links Richtung E6 und zu einer **Infotafel zum Gudbrandsdalsvegen mit Rastbank ❶** (km 1,8).

Nachdem die Zauntreppe neben dem Mast der Hochspannungsleitung überwunden ist, gelangen Sie zum Bjørgevegen, dem Sie links hinab folgen. Unten wird der Schotter zu Asphalt (Wegweiser „Trondheim 367 km“) und Sie laufen für knapp 1 km erneut parallel oberhalb der E6. Dann zweigt eine Schotterstraße nach rechts oben ab (Borgehauggjeilen). In der Rechtskurve 300 m weiter wenden Sie sich nach links und folgen dem Borgehauggjeilen vorbei an vereinzelten Höfen, Wohnhäusern und Weiden. Nachdem Sie den Bauernhof mit den roten Gebäuden hinter sich gelassen haben, geht es hinauf zum asphaltierten Fåvangvegen, auf dem Sie sich nach rechts wenden und dem Sie nun für die nächsten 7,1 km folgen werden ❷ (km 4,2).

Auf der leicht ansteigenden, kurvigen, aber nur mäßig befahrenen Straße hilft nur eines zur Motivation: Blicken Sie immer wieder hinab auf den breiten, tiefgrünen bis dunkeltürkisen Fluss mit seinen Inselchen und den baumbewachsenen Bergkuppen an beiden Ufern. Nach knapp 4 km bietet eine **Rastbank mit weitem Panoramablick ❸** (km 7,9) die Möglichkeit, neue Kraft für die verbleibende Asphaltpassage zu sammeln.

Gut 300 m weiter zweigt gegenüber dem Buswartehäuschen eine Straße (Thujordsvegen) zur ✞ Fåvang kirke ab (➲ ca. 1,5 km).

✞ Die **Kirche in Fåvang** wurde in den Jahren 1627-1630 zur Kreuzkirche umgebaut und zählt daher nicht mehr zu den Stabkirchen, obwohl sie aus Teilen einer eben solchen (1150-1250) gebaut wurde.

♦ Tromsnesvegen 490, 2634 Ringebu, ☎ 61 28 43 50, kirkeverge@stavechurch.no

Die **Infotafel zum Naturreservat Opsahl** am linken Straßenrand kündigt das Ende der Asphaltstrecke an, denn kurz darauf führt Sie das rote Holzschild mit der Aufschrift „Pilegrimsveg/Herberge 1 km" auf die nach rechts abzweigende Schotterstraße Øverjordsvegen. Ein Stück weiter laufen Sie bei den Hauszufahrten geradeaus auf dem Feldweg bis zu einem mit Brettern verkleideten Trafo.

Davor geht es links über eine schmale Holztreppe hinab auf einen schmalen Waldpfad. Sie verlassen diesen über eine Zauntreppe, laufen oberhalb einer Wiese entlang und über einen Fluss, hinter dem Sie die Unterkunft auf **Nordrum gård ❹** (km 12,3) rechts vom Wege erreichen.

Pilegrimsloftet på Nordrum gård, Mjogdalsvegen 59, 2634 Fåvang, 91 14 42 11 (Ola), 97 40 63 80 (Bard) oder 97 08 37 16 (Elisabeth), ninavn@online.no, ab NOK 400/Pers. (inkl. Handtuch, aber im eigenen Schlafsack), Bettwäsche NOK 100, Waschmaschine, Kreditkartenzahlung möglich. Der alte Milchbauernhof bietet Pilgerinnen und Pilgern eine stimmungsvolle Übernachtungsmöglichkeit in sieben Zimmern mit insgesamt 18 Betten und tollem Ausblick über das Gudbrandsdalen. Neben

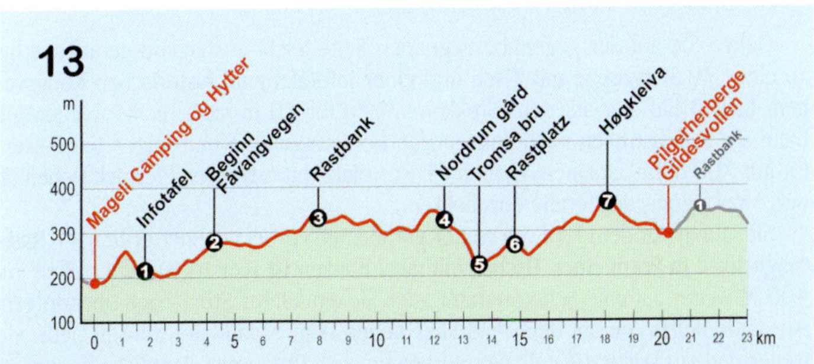

einem Gemeinschaftsbad und einem gemütlichen Aufenthaltsraum samt Ofen gibt es auch eine top ausgestattete Selbstversorgerküche mit Backofen und Mikrowelle. Auch Trekkingnahrung, Schokolade, Müsli und weitere Snacks stehen zum Verkauf.

Für den direkten Weg laufen Sie geradeaus am Hof vorbei und biegen dann in der nächsten Linkskurve beim braunen Holztor rechts in einen kleinen Weg ein. Dieser führt durch ein kurzes Waldstück und oberhalb eines Hauses entlang. Vorbei an der Einfahrt stoßen Sie auf einen Schotterweg. Gehen Sie hier ein kurzes Stück nach rechts und dann gleich vor der nächsten roten Scheune nach links.

Hinter dem weißen Wohnhaus der Farm führt der Pfad durch einen Mischwald. Die letzten Meter sind steil, aber dank eines Holzgeländers kommt man nicht ins Rutschen und steht sogleich vor den ersten Häusern am oberen Ortsrand von Fåvang. Halten Sie sich links und laufen Sie gleich vor dem braunen Holzhaus über eine Holztreppe hinab auf eine Straße, der Sie für ein paar Schritte nach rechts folgen. Halten Sie sich dann an der folgenden Gabelung links und laufen Sie auf dem Fossvegen zur ✿ **Tromsa bru ❺** (km 13,4), die die Schlucht mit dem tosenden Fluss in luftiger Höhe überquert. Eine erste Brücke an dieser Stelle wurde bereits im 13. Jh. erwähnt, die heutige Brücke ist neueren Datums: Sie wurde 2021 fertiggestellt.

↳ Auf dem Fossvegen weiter bergab gelangen Sie zum Fåvangvegen, der Sie nach rechts ins **Zentrum von Fåvang** mit mehreren Einkaufs- und Einkehrmöglichkeiten bringt (➲ ca. 0,7 km).

Fåvang

✕ **Ysterikroa**, Ysterivegen 2, 2634 Fåvang, ☎ 93 00 55 20, Mo bis Sa 9:00 bis 18:00, So 12:00 bis 18:00

♦ **A Bite Of Norway Kvitfjelltunet**, Stasjonsvegen 11, 2634 Fåvang, ☎ 48 24 37 70, Mo bis Mi 11:00 bis 18:00, Do/Fr 11:00 bis 19:00, Sa/So 12:00 bis 18:00

🛒 **Kiwi Fåvang**, Stasjonsvegen 7, 2634 Fåvang, Mo bis Sa 7:00 bis 23:00

♦ **Extra Fåvang**, Stasjonsvegen 9, 2634 Fåvang, Mo bis Sa 7:00 bis 23:00

⛽ **7-Elven in der YX-Tankstelle**, Stasjonsvegen 13, 2634 Fåvang, Mo bis Fr 6:00 bis 23:00, Sa/So 8:00 bis 23:00

Gehen Sie auf der gegenüberliegenden Seite leicht ansteigend geradeaus bis zu einer **Sitzgruppe mit Tisch und einer Infotafel zum historischen Kongsvegen**. Laufen Sie hier auf dem Brekkomsvegen für 50 m nach rechts, biegen Sie dann am Zebrastreifen nach links in den Kongsvegen ein und folgen Sie diesem für gut 700 m bis zu einem großen **Rastplatz mit mehreren Picknicktischen** an der Abzweigung der Straße Furubakken.

Sie laufen auf dem Feldweg weiter geradeaus, vorbei an einer dritten **Rastmöglichkeit in Form eines Tisches mit zwei Bänken ❻** (km 14,8), und treffen gut 400 m weiter auf eine Schotterstraße, der Sie ein kurzes Stück nach oben folgen. Am Ende laufen Sie auf dem Pfad links neben dem Zufahrtstor zum Schießstand weiter und am Waldrand entlang und können sich über weite Ausblicke freuen.

An der Gabelung nach der nächsten ⩚ **Pilgerbank** halten Sie sich rechts und stoßen erneut auf eine Schotterstraße, die Sie nach rechts oben bringt. Es folgt ein erster, gut 1 km langer Anstieg, dann wird es vorübergehend etwas flacher und bei Brandstadmoen überqueren Sie einen Bach. Nachdem Sie die Häuser hinter sich gelassen haben, erreichen Sie einen mächtigen, von Moos überwucherten Felsen und es geht nun wieder steiler durch den Wald bergauf bis zu einer ersten Infotafel, die über das Gebiet **Høgkleiva** informiert.

Der historische Ort blickt auf eine über tausendjährige Geschichte zurück und neben archäologischen Stätten, die bis in die Eisenzeit zurückreichen, gibt es auch moderne Kunstinstallationen, die zum Nachdenken anregen sollen, zu bewundern. Verlassen Sie den breiten Waldweg am Wegweiser „Utsiktspunkt" nach links. Als Erstes erreichen Sie den ⩚ **Unterstand** ❼ (km 18,1) und dann den **Aussichtspunkt Falkesteinen** mit einem spektakulären Blick ins Gudbrandstal, das direkt vor Ihren Füßen tief abfällt, und wenn das Wetter mitspielt, lassen sich am Horizont sogar die Gipfel des Jotunheimen blicken.

Ein Stück weiter am Weg passieren Sie erst das Kunstwerk „Klokkeporten", ein steinernes Portal, das an einen romanischen Bogen erinnert, mit zwei Kirchenglocken links und treffen dann hinter der nächsten Skulptur, „Hovudet", einem überdimensionalen Kopf, der am Waldboden liegt und in den Himmel blickt, wieder auf den Olavsweg und es geht abwärts aus dem Wald heraus.

Aussichtspunkt am Kunstwerk Klokkeporten

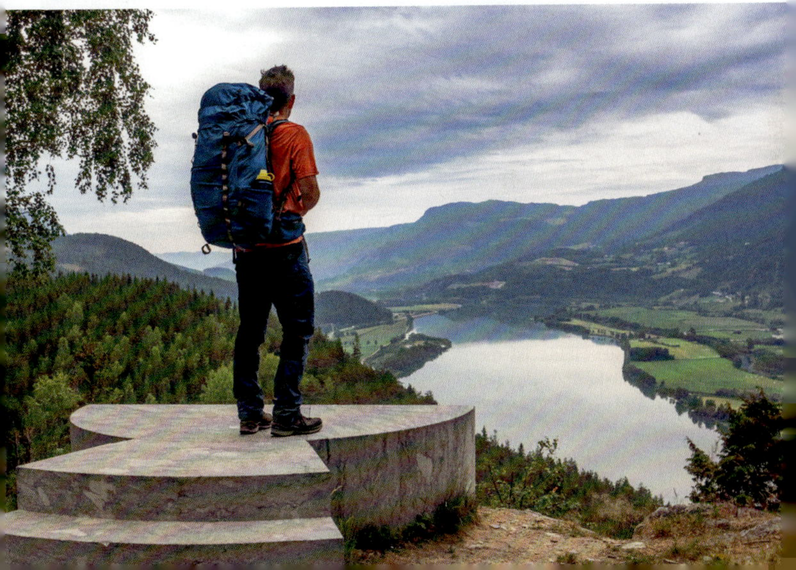

Der Weg führt zwischen Farmen und Wiesen hindurch zu den ersten Häusern und voraus können Sie im Tal nun wieder den breiten Gudbrandsdalslågen sehen. Sie treffen auf die Schotterstraße Kleivavegen, der Sie nach links abwärts folgen. Sie laufen auf die ✝ **Ringebu-Stabkirche** zu, die schon von Weitem zu sehen ist. Am Ende treffen Sie vor dem Friedhof auf die asphaltierte Straße Gråvåbakken mit dem Zugang und dem Parkplatz der Kirche (km 19,9). An der Ecke zur Rechten finden Sie einen kleinen 🍷 Kiosk (Imbiss, Getränke und Souvenirs).

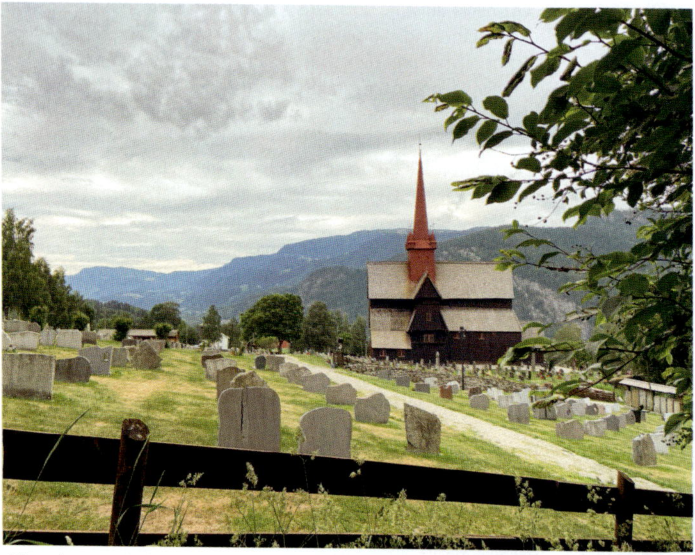

Ringebu stavkirke

✝ **Ringebu stavkirke**. Die einstige Stabkirche ist einen Besuch allemal wert: Der Innenraum ist reich verziert und besticht durch den prunkvollen Altar von 1686 und durch gewaltige Bilder und Statuen. Die blau-roten Farben und Holzsäulen schaffen eine erhabene Atmosphäre.

Zwischen 1030 n. Chr. bis zur Reformation 1537 wurden etwa 1.000 Stabkirchen gebaut: Heute ist die in Ringebu eine von nur noch 28 verbliebenen in Norwegen, wobei nur das Hauptschiff mit seinen Pfeilern vom originalen Stabkirchenbau von ca. 1220 erhalten blieb. Zur Kreuzkirche umgebaut und mit dem charakteristischen roten Turm ausgestattet wurde sie 1630. Das Besondere an Stabkirchen ist nicht allein ihre Form, sondern die Bauweise: Alle Holzteile sind verzapft, d. h. ohne Nägel verbunden.

♦ Gråvabåkken, 2630 Ringebu, ☏ 61 28 43 50, ✉ sekreter@stavechurch.no, 💻 www.stavechurch.no, 🚪 Ende Mai/Anfang Juni bis Ende August tgl. 9:00 bis 17:00, freier Eintritt mit Pilgerpass, ohne: Erwachsene NOK 80, Kinder NOK 60, Kombiticket mit Prestegard (☞ Etappe 14) NOK 170/90

↳ Die nach links abzweigende Schotterstraße führt hinab zu einem schönen Campingplatz direkt am Ufer des Gudbrandsdalslågen.

⛺ **Eldstad Camping**, Gudbrandsdalsvegen 1660, 2630 Ringebu, 📱 91 58 71 44, ✉ elstadcamping@gmail.com, 💻 https://elstadcamp.no, 800 m vom Olavsweg entfernt, 🚪 Mai bis September, einfache Campinghütte für bis zu 4 Pers., ab NOK 650 (Kochplatte, Kühlschrank, eigener Schlafsack, Nutzung der gemeinschaftlichen Sanitäranlagen), Zelt ab NOK 230

Um zur **Pilgerherberge Gildesvollen** zu gelangen, laufen Sie auf der Gråvåbakken nach links und erreichen nach knapp 200 m die Zufahrt.

Pilgerherberge Gildesvollen, Gråvåbakken 85, 2630 Ringebu, 📱 95 94 04 99 oder 41 39 20 08, ✉ tretrad@start.no, 💻 www.gildesvollen.com, 🚪 Mai bis September, NOK 330/Pers., Schlafsack mitbringen, Bettwäsche und Handtücher NOK 175, Gemeinschaftsbad und -küche, Schuhtrockner, Schleuder zum Trocknen der Kleidung, WLAN, es wird um Voranmeldung gebeten. Die historischen Gebäude bieten Platz für bis zu acht Pilger (in der Zeit vom 10. Juli bis 10. September gibt es zusätzlich ein Matratzenlager zwischen den Webstühlen für max. zehn Pilger), beherbergen mehr als nur Schlafplätze: Im einstigen Schulhaus haben die norwegisch-niederländischen Gastgeber Tom Skaansar Borgersen und Janke Meijer ihre Holzwerkstatt (🚪 Mo bis Sa 11:00 bis 16:00) mit Verkauf untergebracht sowie die in der Winterzeit genutzten Webstühle.

Etappe 14: Pilgerherberge Gildesvollen (Ringebu) – Sygard Grytting (Harpefoss)

21,1 km, ⌛ ca. 6 Std. 15 Min., ↑ 410 m, ↓ 370 m, ⇧ 190-350 m

0,0 km	⇧ 290 m	Gildesvollen pilegrimsherberge
0,6 km	⇧ 317 m	Ringebu Prestegstard ⌘ ☕
1,1 km	⇧ 343 m	Rastbank
3,9 km	⇧ 198 m	Ringebu ℹ ✕ ☕ 🌐 BANK ✝ ⌘ 🚌 🚆
7,2 km	⇧ 275 m	Bank Mitvegen
10,9 km	⇧ 222 m	Rastbank, Abzweigung ↳ Heimtun-Camping ⛺
15,6 km	⇧ 225 m	Pilegrimssenter Dale-Gudbrands ℹ ✕ ⊙ ⌘
17,2 km	⇧ 281 m	Sør-Fron kirke ✝
21,1 km	⇧ 308 m	Sygard Grytting

Durch viel Natur zum historischen Hof! Hat man die ersten Asphaltkilometer bewältigt, geht es bald in den Wald. Vorbei am rauschenden Frya-Fluss gehen Sie am Berg entlang und gemütlich im Tal bis zum Pilgercenter in Hundorp und zur Sør-Fron kirke, die als eine der schönsten Kirchen Norwegens gilt. Am Ende wartet hoch über Feld und Wiesen einer der ältesten Höfe Norwegens.

Laufen Sie von der **Pilgerherberge Gildesvollen** den vom Vortag bekannten Weg zurück zur **Stabkirche** und über den Friedhof daran vorbei. Am Ende des Friedhofs bringt Sie ein Tor im Zaun zu einer Brücke über einen Bach und Sie erreichen das Gelände des **⌘ ☕ Ringebu Prestegard**.

⌘ ☕ Ringebu Prestegard. Im restaurierten Pfarrhaus von 1743 finden Sie u. a. die abstrakten Bilder von Jakob Weidemann, einem der bedeutendsten norwegischen Künstler der Postmoderne. Außerdem gibt es auch eine Ausstellung zur Geschichte der Stabkirchen zu sehen.

♦ Vekkomsvegen, 2630 Ringebu, ☏ 61 28 27 00, ✉ post@ringebuprestegard.no, 💻 www.ringebuprestegard.no, 🚪 Anfang Juni bis Mitte September tgl. 10:00 bis 17:00, mit Pilgerpass Eintritt frei, sonst Erwachsene NOK 120, Kinder NOK 60, Kombiticket mit Stabkirche NOK 170/90. Im Hauptgebäude finden Sie neben der Rezeption mit Ticketverkauf auch einen kleinen Laden, in dem Karten, Bücher, Poster, Souvenirs und lokale Produkte verkauft werden, sowie das gemütliche Café und bei schönem Wetter können die frisch zubereiteten Waffeln und der selbst gebackene Kuchen auch draußen im Garten genossen werden.

Für die Fortsetzung der Wanderung verlassen Sie das Gelände durch das Tor oberhalb der Skulptur der drei in einem Ring angeordneten Menschen vor dem Haupthaus und laufen den asphaltierten Vekkomsvegen nach links aufwärts. Nach knapp 500 m passieren Sie einen **Tisch mit zwei Bänken** am linken Straßenrand ❶ (km 1,1). Noch einmal 500 m weiter zweigt rechts ein Feldweg nach oben ab, der in einem Bogen an der roten Halle wieder auf die Asphaltstraße zurückführt. Knapp 350 m später biegen Sie links auf die Schotterstraße Skarven ab, die Sie hinab nach **Ringebu** bringt.

Sie stoßen wieder auf die Asphaltstraße Vekkomsvegen, der Sie links weiter hinab folgen. Biegen Sie dann vor der Brücke nach links auf die Brugata ab und wenden Sie sich 100 m weiter bei der Schlangenskulptur nach rechts über die Brücke, um in die Innenstadt Ringebus zu gelangen (geradeaus die Straße weiter sehen Sie einen 🛒 Rema 1000 und eine ⛽ Tankstelle). Laufen Sie auf der Tomtegata geradeaus vorbei bis zur Kreuzung mit der Jernbanegata schräg gegenüber von **Jonsgård Seng & Frokost** ❷. Zur Linken liegt die Fußgängerzone, der Olavsweg biegt nach rechts ab.

Ringebu

Jonsgård Seng & Frokost, Jernbanegata 10, 2630 Ringebu, 📱 40 24 77 97, ✉ brittaaseh@gmail.com, 💻 www.jonsgardbnb.no, zentral gelegenes B&B in der dritten Etage eines um 1900 im Stil eines Schweizer Chalets erbauten Hauses mit zwei Wohn- und Schlafräumen für bis zu je 4 Pers., ab NOK 550/Pers., Preis inkl. Bettwäsche und Handtücher, Gemeinschaftsküche und -bad, Frühstück NOK 75

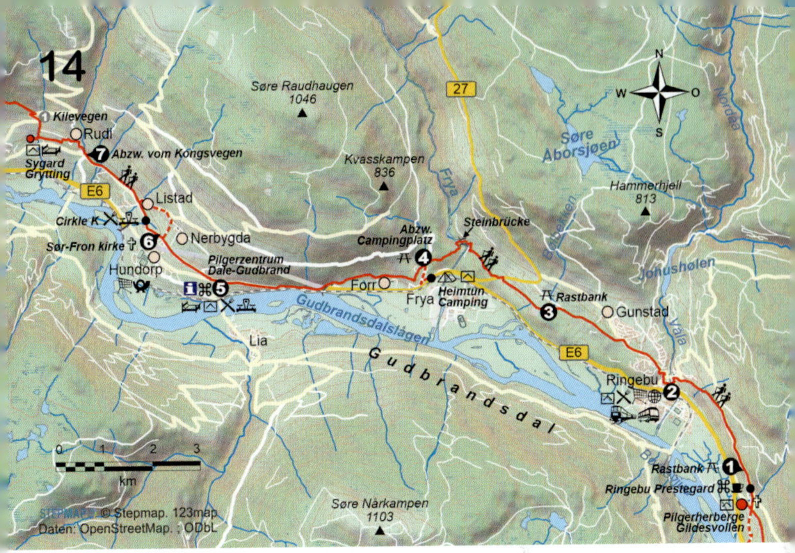

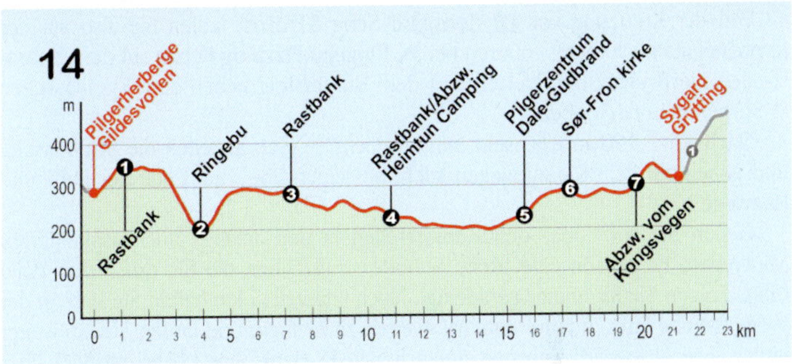

♦ **Bittes Gjestehus**, Bjørgemogata 9, 2630 Ringebu, 41 04 18 53, brit.bitte08@gmail.com, ca. 1 km vom Olavsweg entfernt etwa 250 südlich vom Bahnhof gelegen, zwei Zimmer mit insgesamt vier Betten, ab NOK 400/Pers. inkl. Bettwäsche, Gemeinschaftsküche und -bad, Waschmaschine

Annis Spisested, Tomtegata 12, 2630 Ringebu, ☏ 61 28 03 54, www.polsemakeri.no, Mo bis Do 12:00 bis 18:30, Fr/Sa 12:00 bis 20:30, So 14:00 bis 18:00

♦ **Ringebu Pizza og Kebab**, Jernbanegata 15, 2630 Ringebu, ☏ 61 28 12 00, tgl. 11:00 bis 21:30

Hev Ringebu, Jernbanegata 10 (im Erdgeschoss von Jonsgård Seng & Frokost), 2630 Ringebu, ☏ 61 40 01 00, Mo bis Do 10:00 bis 17:00, Fr 10:00 bis 19:00, Sa 10:00 bis 16:00

Extra Ringebu, Hanstadgata 5, 2630 Ringebu, Mo bis Fr 7:00 bis 22:00, Sa 8:00 bis 21:00

Kiwi Ringebu, Gudbrandsdalsvegen 2022, 2630 Ringebu, Mo bis Sa 7:00 bis 23:00

Rema 1000, Brugata 9, 2630 Ringebu, Mo bis Sa 7:00 bis 23:00

Circle K, Gudbrandsdalsvegen 2005, 2630 Ringebu, tgl. 24h geöffnet

Sport 1, Jernbanegata 8, 2630 Ringebu, Mo bis Fr 9:00 bis 17:00, Sa 9:00 bis 15:00

Vitusapotek, Hanstadgata 5, 2630 Ringebu, 61 28 35 50, Mo bis Fr 9:00 bis 17:00, Sa 9:00 bis 15:00

BANK **SpareBank1**, Hanstadgata 5, 2630 Ringebu, Mo bis Fr 9:00 bis 15:00

Ringebu skysstasjon, Dovrebahn Reise-Infos von A bis Z, Verkehrsmittel am Weg

Klein, aber fein: Ringebu im Herzen des Gudbrandsdalen wird oft als Norwegens kleinste Stadt bezeichnet. Von Juli bis Mitte August verwandelt sich die von charmanter Holzarchitektur gesäumte Fußgängerzone in einen lebendigen Markt mit farbenfrohen Ständen, die Handwerkskunst, Antiquitäten, Schmuck, Gemälde, Kaffee, Waffeln und mehr anbieten.

Von der Kreuzung vor **Jonsgård Seng &Frokost** laufen Sie also auf der Jernbanegata nach rechts, queren bei **Ringebu Pizza og Kebab** auf dem Zebrastreifen die Brugata und klettern auf dem Bürgersteig neben dem Kjønnåsvegen in Serpentinen nach oben.

Nach rund 450 m wechseln Sie am nächsten Zebrastreifen die Straßenseite und gehen auf dem Kjønnåsvegen leicht ansteigend bis zum Ende des Fuß- und Radweges.

Gehen Sie links über den Zebrastreifen in den anfangs noch asphaltierten Midtvegen. Er geht in eine breite Schotterstraße über, die Sie durch den Wald führt. Folgen Sie ihr immer geradeaus. Nach knapp 1,5 km halten Sie sich an der Weggabelung links, um auf dem Midtvegen zu bleiben, und finden 300 m weiter hinter einer kleinen Zauntreppe eine schmale Bank ohne Lehne mit Blick über das Feld ❸ (km 7,2). Den Wald lassen Sie jetzt hinter sich. Es geht leicht abwärts an Farmen, Weiden und Feldern von großen industriellen Bauernhöfen vorbei.

Sie gelangen auf eine Asphaltstraße (Venabygdsvegen), gehen nach links, überqueren diese (Vorsicht, Autos) und biegen direkt wieder rechts in den Grådalshaugen ein. Folgen Sie der breiten Schotterstraße vorbei an einzelnen Häusern durch den Wald für etwa 800 m. An der größeren Kreuzung mit einer dreieckförmigen Bauminsel in der Mitte halten Sie sich rechts, an der darauffolgenden Gabelung links hinab zur Steinbrücke über die Fyra, wo sich die Wassermassen in der engen Schlucht Bersveinhølen in die Tiefe stürzen (km 9,7).

Direkt hinter der Brücke gehen Sie noch vor den Häusern rechts auf die Wiese, vorbei an den vor dem Schild zum Gudbrandsdalsweg am Boden liegenden Mühlsteinen, und in einem Bogen nach links zum Waldrand. Steigen Sie über die Zauntreppe und folgen Sie dem steil nach oben führenden Pfad für ca. 300 m (links halten). Sie laufen auf der kreuzenden Waldstraße kurz links und gleich wieder rechts, vorbei an einem kleinen Steingebäude und auf dem Waldweg weiter. Steil hinab geht es aus den Bäumen heraus auf die breite Straße Dålåstigen, auf der Sie sich nach links wendend nach wenigen Schritten eine **Rastbank** erreichen ❹ (km 10,9).

Um auf dem **Campingplatz Heimtun** zu übernachten, laufen Sie geradeaus auf dem Dålåstigen weiter hinab und biegen dann bei der Bushaltestelle noch vor dem Erreichen der E6 nach links in den Endenstrekka ein (ca. 600 m).

Heimtun Camping, Endenstrekka 79, 2647 Sør-fron, 95 86 03 65, ikrbajon@gmail.com, ca. 600 m vom Olavsweg entfernt, 15. Mai bis 15. November, Zelt ab NOK 270, einfache Hütte ohne eigenes Bad ab NOK 400 (Pilgerrabatt, Schlafsack mitbringen)

Der Olavsweg führt an der Bank nach rechts auf der Asphaltstraße Tjodvegen an einem einfachen **Unterstand** und den Häusern und Höfen von Forr vorbei und verliert leicht an Höhe. Hinter einem größeren weißen Haus biegt der Weg rechts ab und der Belag wechselt von Asphalt zu Schotter. Vorbei an einem mit zahlreichen Kunstwerken geschmückten Haus und einem SB-Verkaufsstand für Strickwaren geht es hinab bis zur E6 und darunter hindurch. Die E6 verschwindet in einen Tunnel und die Olavskreuz-Markierungen leiten Sie zu einer Zauntreppe und weiter zu einer Brücke über einen schmalen Bach. Der schmale Waldpfad bringt Sie steil hinab zum breiten Kongsvegen, den Sie über eine Zauntreppe erreichen. Sie wenden sich nach rechts und laufen jenseits der Leitplanke weiter, bis nach ca. 1,2 km ein Wegweiser nach links den Abzweig zum ⌘ **Dale-Gudbrand gård** mit Pilgerzentrum, Shop, Herberge und Hotel anzeigt, und keine 200 m weiter stehen Sie vor dem Meilenstein „337 km til Nidaros" ❺.

☺ Neben hilfreichen Informationen durch die kompetenten und herzlichen Mitarbeitenden bietet das **Pilgerzentrum** (☞ Reise-Infos von A bis Z, Informationen) erschöpften Pilgerinnen und Pilgern umsonst Kaffee, Wasser und Limo an. Ein WC, regionale Spezialitäten im kleinen Shop und natürlich den Stempel gibt es dazu. Eine Rast lohnt sich auch aufgrund der Geschichte allemal: Der alte Hof, das Museum und die Gedenksäule erinnern an das Jahr 1021, in dem König Olav mit seinem Heer in das Tal zog und die Menschen zum Christentum bekehrte, die hier unter dem König *Gudbrand-im-Tal* lebten und bis dato an den Donnergott Thor geglaubt hatten. Wer möchte, kann hier auch den Obolus für die Übernachtung in der einfachen, aber urigen Hütte Øvre Skar (☞ Etappe 15) bezahlen und erhält den Code für das Zahlenschloss an der Tür.

Pilegrimssenter Dale-Gudbrand, Hundorpgeilen, 2647 Sør-Fron, 45 60 46 08, dale-gudbrand@pilegrimssenter.no, www.gudbrandsdalen.pilegrimsleden.no, 10. Juni bis 1. September tgl. 8:00 bis 18:00, 1. September bis 9. Juni Mo bis Fr 9:00 bis 16:00, Bett im Mehrbettzimmer NOK 350 (insg. zehn Betten in vier Zimmern), Schlafsack mitbringen, Gemeinschaftsbad und -küche, Waschmaschine

Dale-Gudbrandsgard, Hundorpgeilen 12, 2647 Sør-Fron, 91 15 89 38, dale-gudbrandsgard@frich.no, www.frich.no, ab NOK 950/Pers. (inkl. Frühstück), Abendessen 19:00 bis 21:00

Nach dem Zwischenstopp laufen Sie die knapp 200 m zurück zum Kongsvegen, wenden sich für weitere 200 m nach links und biegen dann nach rechts auf den Gammelvegen ab. Die Straße führt entlang von Häusern hinauf und bringt Sie bis direkt zur beeindruckenden ✞ Sør-Fron kirke ❻ (km 17,2).

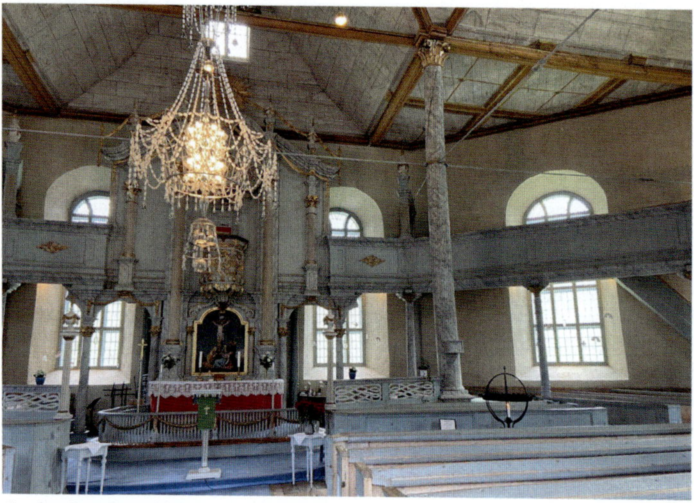

In der Sør-Fron kirke

✞ **Sør-Fron kirke**. Die 1792 von Svend Halvorsen Aspaas als Oktav erbaute Sør-Fron-Kirche bietet bis zu 750 Personen Platz und wird daher vom Volksmund auch gerne als „Gudbrandsdalen-Dom“ bezeichnet. Das mächtige Gewölbe, prachtvolle Schnitzereien von Kristen Listad und ein Kristallkronleuchter von Andrew Melgard machen das Gotteshaus zu einem architektonischen Juwel. Als weiteres Kleinod beherbergt die Kirche einen Altarkelch aus dem Jahr 1598.

♦ Kommunevegen 1, 2647 Sør-Fron, 48 16 96 39, kirkekontoret@sor-fron.kommune.no, www.kirken.sor-fron.no, Ende Juni bis Mitte August tgl. 11:00 bis 17:00, Eintritt frei

↬ Alternativ können Sie gleich zu Beginn der Friedhofsmauer nach rechts laufen, um dann über Bergevegen und Øverbygdsvegen oberhalb der Kirche weiterzulaufen.

Für die etwas kürzere Variante (und die Möglichkeit zu einem Snack-Stopp an der Tankstelle) laufen Sie an der Kirche auf dem Gammelvegen weiter geradeaus, biegen am Ende nach rechts auf den Fuß- und Radweg am Kongsvegen ab (↬ nach links ginge es ins Ortszentrum von Hundorp) und erreichen 200 m weiter die Tankstelle Circle K mit kleinem Shop und Imbiss (km 17,8) (Mo bis Fr 6:00 bis 20:00, Sa 8:00 bis 20:00, So 8:00 bis 22:00).

Etwa 300 m hinter der Tankstelle mündet von rechts der Øverbygdsvegen mit der oben erwähnte Alternativroute ein. Sie laufen geradeaus darüber hinweg (auf der gegenüberliegenden Seite steht eine Rastbank) und bleiben für rund 1,5 km auf dem Fuß- und Radweg. Am Ende des Zaunes an der Brücke über einen Fluss biegen Sie dann nach rechts in die Einfahrt (Holsvegen) ab ❼ und ein schmaler Pfad bringt Sie durch zwei Gatter hinauf auf die Schotterstraße Rudivegen, auf der Sie weiter nach rechts bergan laufen.

Halten Sie sich an den beiden folgenden Gabelungen jeweils links und laufen Sie am Zaun entlang zur **Rudi-Farm**. Am Ende des Bauernhofs laufen Sie geradeaus auf der Fahrspur oberhalb der Wiese weiter und durch das kleine Holztor, hinter dem Sie einen flachen Grashügel finden. Sie durchschreiten das nächste Holztor und laufen um die vor Ihnen liegende Wiese herum und am Zaun entlang hinab zu einer Zauntreppe.

Der grasüberwachsene Pfad bringt Sie ein kurzes Stück durch ein dicht gewachsenes Wäldchen, dann laufen Sie oberhalb von Wiese und Feld weiter an der Stromleitung entlang bis zu einer schmalen Treppe aus Natursteinen. Hier führt der Olavsweg weiter nach rechts, für das Etappenziel folgen Sie dem Wegweiser nach links und gelangen von oben auf den mittelalterlichen Hof **Sygard Grytting** (km 21,2) mit seinen altehrwürdigen braunen Holzgebäuden.

Sygard Grytting, Kongsvegen 999, 2647 Sør-Fron, 99 51 69 45, post@grytting.com, www.grytting.com. 1. Juli bis Mitte September, Bett oder Matratze in der Mittelalterherberge (ca. 15-20 Schlafplätze, mit Gemeinschaftsbad), NOK 450/Pers., Schlafsack mitbringen, Bettwäsche und Handtücher NOK 160. Es sind auch luxuriösere Hotelzimmer mit Bad, Sauna etc. vorhanden (DZ ab NOK 2.150 inkl. Abendessen, Frühstück und Führung). Außerhalb der Saison nach Vereinbarung, ein Anruf vor Ankunft ist in jedem Fall ratsam.

Sygard Grytting

Sygard Grytting bedeutet so viel wie „hier stehen Pfähle fest im Stein". Auf dem Gehöft findet sich ein mittelalterliches Gebäude, das damals wie heute als Gaststube für Pilgerinnen und Pilger genutzt wird. Schlafen Sie dort, befinden Sie sich auf dem wiederaufgebauten Dachboden (1780) – das Holz ist noch original aus der Zeit um 1300, die Badezimmer modern und liebevoll eingerichtet, eine Küche ist verfügbar. Ich empfehle aber, statt Selbstverpflegung etwas mehr Geld in die Hand zu nehmen und zur authentischen Unterkunft das **3-Gänge-Menü mit Führung** zu buchen (NOK 620 zusätzlich): Der freundliche Gastgeber Stig Grytting (die Familie ist seit 1534 im Besitz der Farm) und seine Frau tischen nur frische Zutaten aus der Umgebung auf – regionaler Fisch auf selbst gebackenem Fladenbrot, Lamm aus der eigenen Herde und Gartenäpfel als Kompott. Eingebettet wird das Dinner in eine unterhaltsame Führung: Das alte Herrenhaus ebenso wie die historisch restaurierten Gebäude drum herum tragen alle eine Geschichte – sehr spannend!

Etappe 15: Sygard Grytting – Kirketeigen Camping (Kvam)

➲ 22,5 km, ⌛ ca. 7 Std., ↑ 720 m, ↓ 790 m, ⇧ 230-590 m

0,0 km	⇧ 308 m	Sygard Grytting
0,5 km	⇧ 366 m	Asphaltstraße (Kilevegen)
4,0 km	⇧ 566 m	Øvre Skar Pilegrimsrefugio
6,6 km	⇧ 494 m	Sødorpvegen
8,7 km	⇧ 315 m	Sollivegen/Abzweigung ↳ Vinstra
12,7 km	⇧ 582 m	Unterstand
14,0 km	⇧ 494 m	Giraffenstatue
17,1 km	⇧ 395 m	Rastbank am Gardvegen
22,5 km	⇧ 233 m	Kvam, Kirketeigen Camping BANK

Üben für das Fjell! Wenn Sie die heutige Strecke hinter sich haben, können Sie alle Bedenken bezüglich der noch bevorstehenden Bergetappen über Bord werfen, denn Sie werden rund 750 Höhenmeter zurücklegen – hinauf und hinab! Kein Spaziergang also, dafür geht es fast ausschließlich durch Wald und am Fjellhang entlang – und natürlich winkt wieder der Blick auf das Traumtal. Nur nach Kvam rein müssen noch mal mühsam über 6 km auf Asphalt zurücklegt werden.

Verlassen Sie den Hof Sygard Grytting auf dem Weg, auf dem Sie am Tag zuvor angekommen sind, und wenden Sie sich an der Treppe aus Naturstein oberhalb der Farm nach links. Seien Sie vorgewarnt: Es geht für die nächsten ca. 2,5 km aufwärts: mal steil, mal nur leicht ansteigend.

Keine 50 m weiter erreichen Sie den „Riesengrabhügel" Kjempehaugen, links von Ihnen begleitet Sie ein Bach. Nehmen Sie dann die kleine Holzbrücke darüber, folgen Sie dem Pfad weiter nach oben und steigen Sie über die Zauntreppe. Gehen Sie links des Bachs hinauf bis zur nächsten Zauntreppe, hinter der Sie auf eine Asphaltstraße (Kilevegen) stoßen ❶ (km 0,5).

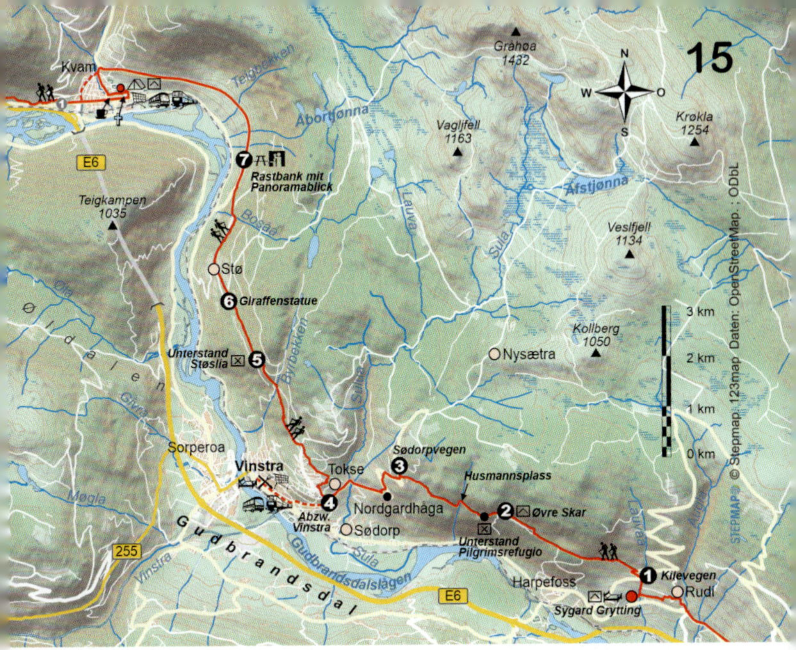

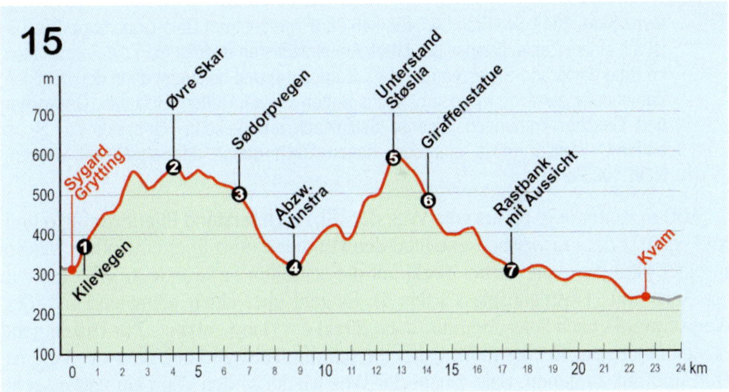

Gehen Sie auf dieser etwa 350 m weiter hoch bis zur Rechtskurve, in der es links ab auf einen breiten Schotterweg geht (Schild für die Hausnummern 170-180). In der Rechtskurve hinter der im Boden eingelassenen Viehsperre biegen Sie dann durch das Tor im Zaun auf eine Fahrspur ab, die nun ohne übermäßige Steigung durch den Wald führt. Nach zwei ruhigen Kilometern schickt Sie der

Pfeil der Olavsweg-Markierung nach rechts auf ein kurzes, aber steiles Wegstück und das Vorankommen wird durch rutschige Steine und dichten Pflanzenbewuchs erschwert.

Ist der Anstieg geschafft, biegen Sie nach links ab und laufen am Zaun entlang erst zu einer Brücke über einen rauschenden Bach und dann etwas aus dem Wald heraus. Nachdem Sie das Gehöft links hinter sich liegen gelassen haben, stoßen Sie auf einen **Baum mit Pilgerwegweisern**: Pfeile zeigen nach Nidaros (ca. 286 km), Jerusalem (ca. 3.473 km) und Santiago de Compostela (ca. 3.420 km). An diesem vorbei passieren Sie ein paar zerfallene Hütten, rechts haben Sie nun schroffe Felswände neben sich. Der Pfad bringt Sie ein kurzes Stück ansteigend durch den Wald und aus diesem hinaus. Sie kommen an einen Felsvorsprung mit herrlicher Aussicht auf das Gudbrandsdalen und der urigen Hütte **Øvre Skar ❷.**

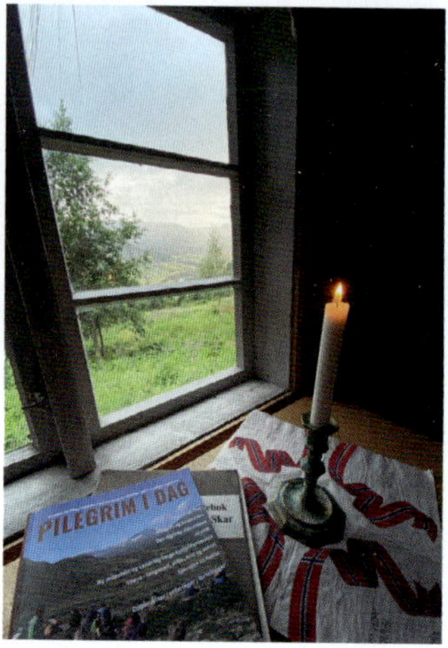

Øvre Skar

Øvre Skar, 2647 Sør-Fron, 456 046 08 (Pilgerzentrum Dale-Gudbrand). Die Tür ist mit einem Zahlenschloss gesichert. Am einfachsten erledigt man die Formalitäten im Dale-Gudbrand-Pilgerzentrum (☞ Etappe 14) und bekommt dann den richtigen Zahlencode genannt. Insgesamt sechs Betten in zwei Hütten (Holzofen, Gaskocher und Geschirr vorhanden, eigener Schlafsack erforderlich), Plumpsklo ca. 50 m entfernt, Wasser muss aus dem nahen Bach geholt und abgekocht werden, NOK 100/Pers.

400 m weiter liegt rechts vom Weg der **Unterstand Pilgrimsrefugio** und bald verlässt der grasbewachsene Pfad den Wald und führt über eine offene Wiese an einer alten Scheune vorbei direkt auf die schroffen Felswände zu (Pfosten mit der Aufschrift „Husmannsplass") (km 5). Es geht über einen schmalen Fluss, der Weg schwenkt nach links und führt dann direkt am Hang entlang. Zur Linken geht es steil hinab, zur Rechten türmt sich die schroffe Felswand auf, aber der Weg ist breit und gut zu gehen. Bald taucht der Weg wieder in den Wald ein und es geht talwärts. Nachdem Sie ein Holztor passiert haben, tauchen vor Ihnen die ersten Farmen auf.

Durch das nächste Holztor gelangen Sie auf eine Schotterstraße, der Sie nach rechts oben folgen. Sie stoßen auf einen breiten Weg, gehen links und überqueren eine Viehsperre. Weit oberhalb des Tals gehen Sie vorbei an Bauernhöfen und Weiden, bis Sie auf die in Kehren hinabführende Straße **Sødorpvegen** stoßen ❸ (km 6,6). Dieser folgen Sie für ca. 50 m nach links und gehen dann rechts über die Wiese auf einem Pfad steil nach unten durch lichten Mischwald.

Pfade wie dieser bringen Sie den Berg hinab, immer auf direktem Wege von Kehre zu Kehre, statt auf der Straße entlang. Dabei passieren Sie Zauntreppen und gehen durch Lücken in Leitplanken. Schließlich liegt links von Ihnen der **Hof Nordgardhåga**. Die Farm war Heimat des historischen Per Gynt (17. Jh.), auf dem die Figur Peer Gynt aus dem dramatischen Gedicht von Henrik Ibsen basiert. Er ist einer der ältesten Großbetriebe im Gudbrandsdalen, kann aber leider nicht besichtigt werden. Halten Sie sich rechts und laufen Sie ca. 1,1 km an der Leitplanke entlang hinab. Biegen Sie dann an der Gabelung bei dem Wegweiser Richtung „Toksegrenda" rechts ab auf den **Sollivegen**. Biegen Sie auf Höhe des Zebrastreifens rechts ab auf den Fußweg ❹ (km 8,7), der Sie zunächst an der Straße entlang hinaufführt.

Auf dem Fußweg nach links gelangen Sie parallel zum Sødorpvegen hinab nach **Vinstra** (➲ 2 km).

Vinstra

Sødorp Gjestgivergård, Toksevegen 10, 2640 Vinstra, ☏ 61 21 68 00, post@sodorp-gjestegard.no, www.sodorp-gjestegard.no, 1,3 km vom Olavsweg entfernt, Motel am östlichen Ortsrand von Vinstra, EZ ab NOK 900, DZ NOK 1.100, Preise inkl. Frühstück

Vinstra Hostel, Byreveien 3, 2640 Vinstra, 40 24 24 24, 2 km vom Olavsweg entfernt, solides Hostel mit Selbstversorgerküche am westlichen Ortsrand von Vinstra in kurzer Entfernung zum Bahnhof und den Supermärkten, DZ ab NOK 1.500 (inkl. Bettwäsche)

Dovrebahn ☞ Reise-Infos von A bis Z, Verkehrsmittel am Weg

Vinstra, malerisch am Gudbrandsdalslågen gelegen, der mitten durch das 2.500 Einwohnerinnen und Einwohner zählende Städtchen fließt, ist das Verwaltungszentrum der Gemeinde Nord-Fron und ein bedeutendes Handels- und Bildungszentrum im Gudbrandsdalen mit einer großen Auswahl an Geschäften und einem historischen Bahnhof aus dem Jahre 1896.

In der Linkskurve des Sollivegen leiten Sie die Olavskreuze nach rechts und um die Häuser der **Siedlung Tokse** herum. Es geht steil über eine Wiese vor den Häusern bergauf. Dann schwenkt der Pfad nach links und bringt Sie oberhalb der Gebäude zu einer kreuzenden Schotterpiste (wieder der Sollivegen), über die Sie geradeaus hinweglaufen.

Durch eine Pforte im Zaun gehen Sie in den Wald hinein. Der Pfad bringt Sie ansteigend durch den Nadelwald zu einem weiteren Holztor und über einen schmalen Bach. Kurz darauf erreichen Sie eine Kreuzung mit mehreren Wanderwegweisern und setzen die Wanderung geradeaus in Richtung Svan/Støslia fort.

Knapp 400 m weiter laufen Sie vor dem Zaun nach rechts um die Holzgebäude auf der Lichtung herum. Der Waldpfad bringt Sie am Zaun entlang aufwärts bis zu einer Zauntreppe, über die Sie für eine Rast mit schöner Aussicht den ☒ ⩩ **Unterstand Støslia** ❺ (km 12,7) links vom Weg erreichen.

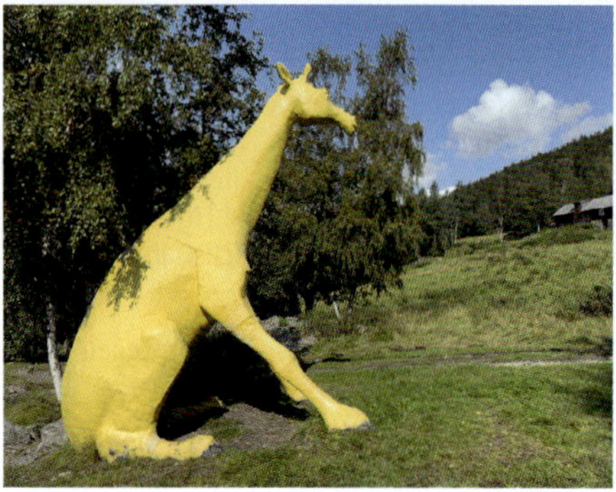

Giraffenstatue

Für die Fortsetzung der Wanderung laufen Sie vom Unterstand über die Zauntreppe zurück zum Weg und folgen dem breiten Pfad, der zunehmend steiniger wird, bis zu einer großen, gelben **Giraffenstatue** auf einer Wiese unterhalb von zwei Holzhäusern ❻ (km 14).

Dort nehmen Sie die bergab führende Fahrspur und steigen am Ende über die Zauntreppe neben dem großen Tor auf die breite Schotterstraße. Diese wird geradewegs überquert und es geht auf einem Pfad durch den Wald bis zur Schranke einer Mautstraße. Hinter dem nächsten Viehgatter halten Sie sich rechts und genießen einen ersten Ausblick über das Flusstal zu Ihren Füßen. Der Pfeil nach rechts auf dem Olavswegpfosten leitet Sie auf einen Pfad, der erst durch eine Holzeinschlagsfläche und dann durch den Wald rechts oberhalb der Schotterpiste verläuft. Am Ende treffen Sie auf einen Graspfad, der Sie ein Stück oberhalb des Gravdalsvegen entlang und von diesem nach oben wegführt. Am Zaun entlang geht es oberhalb von Häusern und Höfen vorbei.

Ein überragender Ausblick: Der Fluss beschreibt hier eine Kurve durch das Gudbrandsdalen. Eine Flussschleife zum Verlieben!

Lassen Sie die Gebäude hinter sich und gehen Sie über den Grashügel, dort führt rechts hinab ein kleiner Pfad zu einer Brücke, die über den kaskadenartigen, strömenden **Fluss Boså**a führt (km 15,9).

Vorsicht: Es ist ein schwieriger, steiniger Pfad, der nach der Holzbrücke am Fels entlang nach oben und über ein kleines Zauntreppchen führt.

Dahinter bringt Sie der schmale Pfad steil durch den Wald hinab zum Gravdalsvegen. Die nach rechts ansteigende Sackgasse (Myrrustvegen) ignorierend erreichen Sie die Landstraße Fv430 (Gardvegen), in die Sie nach rechts einbiegen. Vor Ihnen liegen nun lange 4,7 km auf dem Asphalt an der Leitplanke entlang. Nach gut 600 m können Sie sich auf einer ⩩ Rastbank mit tollem Panoramablick über das Tal für den Etappenendspurt stärken ❼ (km 17,1). Die Straße führt Sie schließlich oberhalb von Kvam in einer ausgedehnten Kurve an der Stadt vorbei, bis auf der linken Seite der Bürgersteig beginnt, auf dem Sie links hinabgehen.

↬ Wenn Sie nicht in Kvam übernachten wollen, biegen Sie kaum 100 m nach der Kurve bei den Briefkästen gegenüber der Gärtnerei recht ab in den Leikavegen, um direkt dem Olavsweg zu folgen. Eine Brücke bringt Sie über den rauschenden **Storåa** und auf einem schönen Spazierweg mit mehreren ⊼ Rastbänken laufen Sie am rechten Flussufer hinab zum **Gudbrandsdalsvegen**, in den Sie nach rechts einbiegen (☞ Etappe 16).

Der Kvernvegen bringt Sie 600 m abwärts nach **Kvam**. Kurz bevor Sie die altbekannte Hauptstraße Gudbrandsdalsvegen erreicht haben, biegen Sie links in den Skreddarstuguvegen ein. (☺ ↬ Gehen Sie 100 m weiter geradeaus, statt abzubiegen, um an der linken Ecke die gute Bäckerei Ødegaarden Bakeri & Konditori zu finden.) Gut 400 m weiter biegen Sie erneut links ein (Bygdahusvegen), um zum ⛺ **Campingplatz Kirketeigen** zu gelangen (km 22,5). In der Nähe finden Sie außerdem die ✝ Kvam kirke und den BANK Kiwi Mini pris.

Campingplatz Kirketeigen

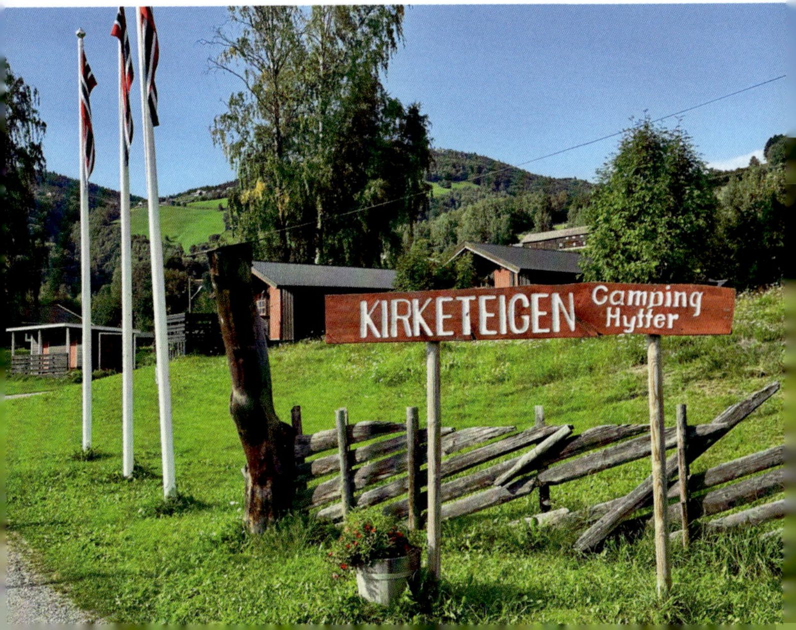

Kvam

Kirketeigen Camping og Hytter, Bygdahusvegen 9, 2542 Kvam, 98 85 68 85, kirketeigencamping@gmail.com, www.kirketeigen.com, ca 1 km vom Olavsweg entfernt, einfache Campinghütten für bis zu 3 Pers. ab NOK 250/Pers. (Pilgerpreis), Zelt NOK 150

Kiwi Kvam, Linvegen 1, 2542 Kvam, Mo bis Fr 7:00 bis 23:00, Sa 9:00 bis 21:00

Ødegaarden Bakeri & Konditori, Kvernvegen 2, 2542 Kvam, Mo bis Sa 10:00 bis 14:00

Minibank (Geldautomat), Linvegen 2, 2542 Kvam

Dovrebahn Reise-Infos von A bis Z, Verkehrsmittel am Weg

Kvam kirke. Die Fachwerkkirche mit kreuzförmigem Grundriss und mittigem Turm wurde Mitte des 20. Jh. in Anlehnung an die Vorgängerkirche aus dem Jahr 1776 erbaut, die 1940 niedergebrannt ist.

♦ Bygdahusvegen 3, 2542 Kvam, 61 21 62 92, grete.bakken@nord-fron.kommune.no, www.nord-fron.kirken.no

Etappe 16: Kirketeigen Camping (Kvam) – Varphaugen gård

12,3 km, ca. 4 Std., ↑ 470 m, ↓ 400 m, 220-480 m

0,0 km	233 m	Kvam, Kirketeigen Camping
1,7 km	241 m	Abzweig vom Gudbrandsdalsvegen
3,7 km	321 m	Abzweig von der Schotterstraße
6,4 km	353 m	Steg über den Kolobekken
8,5 km	417 m	Rastplatz mit Infotafel der Sel-Kommune, Abzweigung Dalum herberge
11,4 km	378 m	Blick über den Gudbrandsdalslågen
12,3 km	302 m	Varphaugen gård

Die Strecke durch dichte Wälder und entlang moosbewachsener Felsen ist wunderschön – aber lassen Sie sich nicht von der kurzen Etappenlänge täuschen. Die z. T. sehr steilen Pfade sind nicht immer einfach zu gehen: Wurzeln, Sträucher, hohes Gras, Geröll, schräg am Hang verlaufende Wege – nicht einfach für Fuß und Kopf. Aber ist es nicht gerade diese Herausforderung, die das Herz höher schlagen lässt? Und nach nur etwas mehr als 12 km sind Sie im Camp am Fluss angelangt und können sich von der Kraxelei entspannen.

Auf der gesamten Etappe begegnen Sie immer wieder schwer begehbaren, auf und ab führenden Wegen, da sie oft schräg am Hang verlaufen. Nadeln und Tannenzapfen, manch umgekippter Baumstamm sowie Wurzeln, Äste und Steine machen den Boden uneben, dichter Bewuchs, z. T. hüfthoch, erschwert das Vorankommen – manchmal muss ein Weg darum herum gefunden werden.

Laufen Sie von der Zufahrt zum Campingplatz an der ✝ Kirche vorbei hinab zum Gudbrandsdalsvegen und wenden Sie sich auf dem Fuß- und Radweg nach rechts. Nach 400 m können Sie sich am Abzweig des Kvernevegen bei der **Ødegaarden Bakeri & Konditori** (☞ Etappe 15) mit leckerem Gebäck als Proviant für die Tour versorgen.

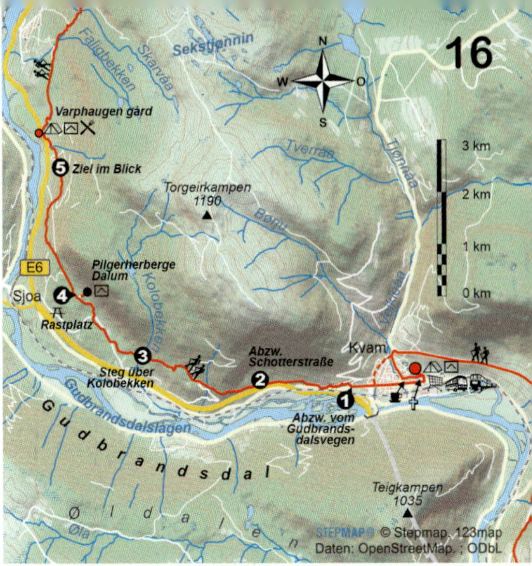

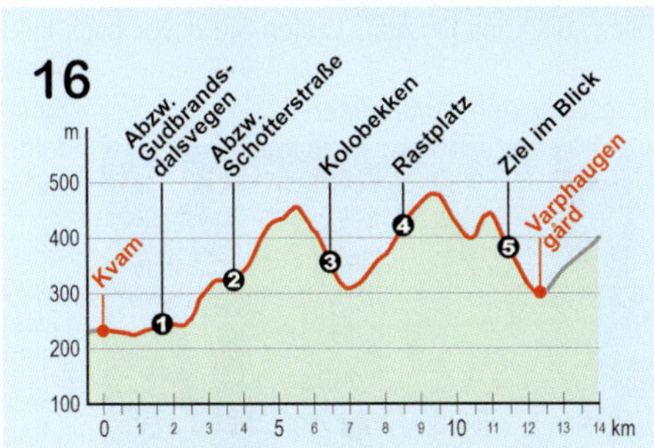

Nach gut 500 m laufen Sie über den **Fluss Veikleåa** und weitere 450 m später ist der Ortsrand von Kvam erreicht. Bei dem großen, grauen Holzhaus mit der Doppelterrasse laufen Sie nach rechts ❶ und nehmen gleich auf der Zufahrt zum Bauernhof den rechts abzweigenden Pfad. Er führt hinter den Wohnhäusern hoch und dann in einer Linkskurve oberhalb der alten, braunen Holzgebäude des erwähnten Bauernhofs entlang.

Auf dem folgenden Abschnitt geht es mehr oder weniger parallel zum Gudbrandsdalsvegen zur Linken über mehrere Zauntreppen und Wiesen den Hang hinauf, bis Sie nach etwa 400 m auf einen breiten Trampelpfad stoßen, dem Sie nach links folgen.

Sie gelangen an eine Schotterstraße, auf der Sie nur kurz nach rechts bergauf gehen, um dann nach 100 m bei der Hochspannungsleitung links auf den steil abfallenden Graspfad abzubiegen. Folgen Sie dem schmalen Pfad auf und ab durch den dicht bewachsenen Wald, er ist nicht so einfach zu begehen.

Am Ende erreichen Sie eine **breite Schotterstraße,** der Sie nach rechts folgen. Links von Ihnen trennt Sie ein hoher Drahtzaun von der weiter unten gelegenen E6 und dem dahinterliegenden Fluss, rechts von Ihnen liegt der bewaldete Hang.

Folgen Sie der leicht ansteigenden Straße für gut 500 m, bis von rechts oben ein kleiner Fluss über die Steine rinnt – der Olavswegpfahl am linken Straßenrand weist Sie rechts hoch Richtung Wald ❷ (km 3,7). Der Pfad verläuft nun ein kurzes Stück parallel zur Straße, biegt dann nach oben ab, verläuft dann wieder parallel zur Straße, dann nach oben usw. Sie laufen mal im Wald, mal direkt am Waldrand.

Sobald Sie die Schotterstraße unterhalb von sich enden sehen, kommen Sie an einen steil abfallenden Hang (tiefer Einschnitt). Gehen Sie nicht direkt hinab, sondern ein paar Meter weiter nach oben. Hier geht es etwas besser hinunter, aber immer noch recht steil. Gehen Sie vorsichtig durch die Schneise hindurch und folgen Sie dem Pfad bis zum nächsten Einschnitt.

Folgen Sie dem ausgetrockneten Flussbett nach rechts und laufen Sie auf dem Pfad ca. 200 m steil nach oben und links. Sie durchqueren eine zauberhafte, moosbewachsene Steinlandschaft, bis die Steine schließlich verschwinden und Sie auf einem federnden, weichen Waldpfad und über einen weiteren Bach zu einer Weide gelangen. An dieser laufen Sie oberhalb der braunen Holzhäuser vorbei zu einer Schotterstraße (km 5), auf der Sie sich nach rechts wenden.

Nach knapp 700 m erreichen Sie ein idyllisches Holzhaus mit Grasdach und tollem Blick ins Flusstal. Laufen Sie davor nach links. Der abwärtsführende Pfad bringt Sie in einer Kurve zum Zaun an einer Koppel. Folgen Sie dem Trampelpfad zwischen Zaun und niedriger Mauer nach rechts.

Steg über den Kolobekken

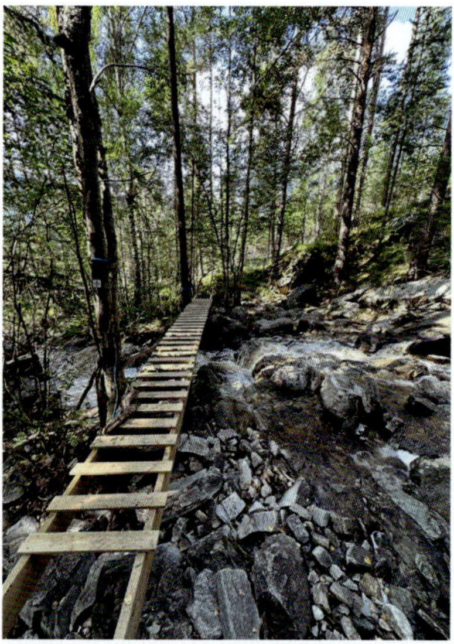

☺ Sie wandern durch eine traumhaft schöne, mit Moos und Flechten bewachsene Steinlandschaft, die hohen Nadelbäume lassen viel Licht durch – wunderschön!

Der Pfad taucht in den Wald ein, wird zunehmend steiniger und bringt Sie zu einem **geländerlosen Steg** über den rauschenden Bach Kolobekken inmitten der moosbesetzten Steinlandschaft ❸ (km 6,4). Anschließend führt der Pfad durch den Wald hinab und wird zu einer breiten Fahrspur, die auf eine Stromleitung zuführt.

Gehen Sie vor dieser nach rechts auf den Trampelpfad, der

Sie ein Stück an der Schneise entlang- und dann unter ihr hindurch auf die breite Schotterstraße **Dalumsvegen** führt.

Folgen Sie dieser nach rechts. Die Markierungen führen Sie auf einen Pfad im Wald, der dem Dalumsvegen parallel nach oben folgt. Sie passieren den Schießstand und sind bald wieder zurück auf dem Dalumsvegen. Von dort sind es noch knapp 600 m Anstieg, bis Sie oben den Abzweig nach rechts zur **Pilgerherberge Dalum** erreichen (km 8,5).

Pilgerherberge Dalum, Dalumsvegen 209, 2670 Otta, 48 15 78 21 (Jon) oder 48 13 52 99 (Wenche), j-dahlum@online.no und wencda@online.no, ca. 200 m vom Olavsweg entfernt, Mitte Mai bis Ende September, Unterbringung auf der Farm im alten Blockhaus Tømmerstua mit drei Betten, Kochgelegenheit und außenliegender Toilette, NOK 200/Pers. (eigener Schlafsack erforderlich), Voranmeldung erwünscht

Rastplatz mit Infotafel der Sel-Kommune

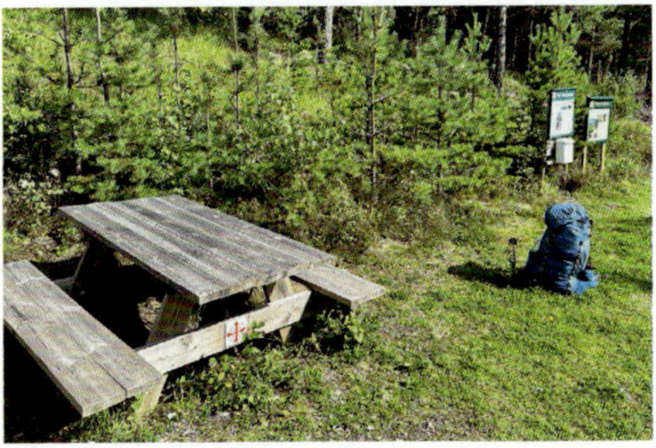

Keine 20 m weiter liegt auf einer Lichtung am Waldrand der **Rastplatz mit Tisch-Bank-Kombination und einer Infotafel der Sel-Kommune ❹**. Für die Fortsetzung der Wanderung laufen Sie geradeaus weiter und folgen den Wegweisern „Nidaros 291 km“ und „Varphaugen 3,9 km“ in den Wald hinein.

Der Pfad führt unterhalb einer Stromleitung entlang, wird dann schmaler und schlängelt sich durch dichten Bewuchs im Wald leicht bergauf. Der Pfad ist nach der kurzen Kletterpartie wieder leichter zu begehen und führt Sie bergab, z. T. sind aber weitere steile Abschnitte und Steinpassagen zu meistern.

Der Waldpfad stößt auf einen breiteren Grasweg (km 10,6). Hier gehen Sie halb rechts hinauf. Schon nach wenigen Metern geht es am Anfang der Rechtskurve links auf einen kleinen Pfad, der wieder auf und ab durch den Wald führt. Sie gelangen auf einen breiten Weg, auf dem es endgültig hinab in Richtung Gudbrandsdalslågen geht. Nach einer kurzen, steilen Passage öffnet sich ein weiter Blick über das Flusstal und auch das Etappenziel ist schon zu sehen ❺: das Hauptgebäude des Campingplatzes mit der Aufschrift „Rafting“.

Kurz darauf mündet der Pfad auf eine Schotterpiste, der Sie links hinab ins Tal folgen. Sie machen noch einen kurzen Abstecher links von der Straße über einen kleinen Grillplatz mit Tischbänken, treffen nach dem Fußballtor wieder auf die Schotterpiste (Randageilen) und folgen ihr zur E6.

Der Olavsweg führt Sie auf einem schmalen Pfad über eine Wiese rechts von der Straße bis zur Einfahrt des **Varphaugen gård** mit dem Sjoa Raftingsenter auf der gegenüberliegenden Straßenseite. Die nächste Übernachtungsmöglichkeit liegt ca. 9 km entfernt in **Otta** (☞ Etappe 17).

Varphaugen gård, Gudbrandsdalvegen 430, 2670 Otta, 47 66 06 80, booking@sjoafamilierafting.no, https://sjoafamilierafting.no, ab NOK 300/Pers. in einfachem Zimmer oder Hütte (eigenen Schlafsack mitbringen), Gemeinschaftsbad, einfache Küche mit Kochplatten (allerdings kaum Geschirr), Bettwäsche NOK 150, Frühstück NOK 160, Zelt NOK 125, wunderschön am Fluss liegender Campingplatz, Rafting-Angebote (Rabatt für Pilgerinnen und Pilger) locken Familien und Gruppen. In der Ferienzeit gut besucht, v. a. bei mehreren Personen vorher anrufen!

Varphaugen gård und die Steine der Sünde

Der historische Wallfahrtsort Varphaugen war von Beginn an bis zur Reformation 1537 ein wichtiger Stopp für Pilgerinnen und Pilger auf dem Weg nach Nidaros. Einer Tradition nach führte man auf einer Pilgerreise einen Stein für jede Sünde im eigenen Leben mit. Wenn die oder der Pilgernde nach Varphaugen kam, warf sie oder er die Steine ab und reinigte sich so von den Sünden.

Etappe 17: Varphaugen gård – Jørundgard Middelaldersenter (Nord-Sel)

22,2 km, ca. 6 Std., ↑ 370 m, ↓ 380 m, ⇧ 280-570 m

0,0 km	⇧ 302 m	Varphaugen gård
2,4 km	⇧ 509 m	Aussichtsplatz Sjåheim
5,1 km	⇧ 305 m	Fuß- und Radweg am Gudbrandsdalsvegen
6,3 km	⇧ 290 m	Unterführung
8,8 km	⇧ 289 m	Otta, Fußgängerbrücke BANK
12,4 km	⇧ 313 m	Sel kirke
13,3 km	⇧ 290 m	Beginn der Schotterpiste entlang des Flussufers
18,6 km	⇧ 289 m	Tischbank
22,2 km	⇧ 290 m	Jørundgard Middelaldersenter

Flusslauf! Bevor der gemütliche Abschnitt der Etappe beginnt, heißt es erst Zähne zusammenbeißen: Eine ca. 3 km lange Steigung bringt Sie direkt auf Betriebstemperatur. Danach führt Sie ein leicht begehbarer Pfad, der schöne Aussichten beschert, wieder ganz nach unten. Hier laufen Sie entlang der E6 an Otta vorbei, neben Ihnen fließt herrlich der Gudbrandsdalslågen. Die letzten 10 km legen Sie schließlich auf einem Feldweg durchs Tal zurück, bis Sie an der einfachen, idyllischen Unterkunft auf Jørundgard ankommen.

Laufen Sie am Ende der Zufahrt zum Varphaugen gård über die E6 und folgen Sie dem Holsetervegen für ca. 1,1 km geradeaus nach oben. Verlassen Sie den Waldweg nach diesem ersten Anstieg in einer Rechtskurve geradeaus (Schild „Holsœther/Kollobokka“) auf die Fahrspur. Gehen Sie an der Farm Sandbumoen vorbei und am Schuppen vorbei geradeaus weiter durch den Wald. Halten Sie sich an der Weggabelung rechts und gehen Sie den steilen Pfad ca. 400 m weiter hinauf. Der Pfahl mit dem Olavskreuz führt Sie nach links auf einen schmaleren Pfad, der Sie zum **Aussichtsplatz Sjåheim** führt ❶ (km 2,4).

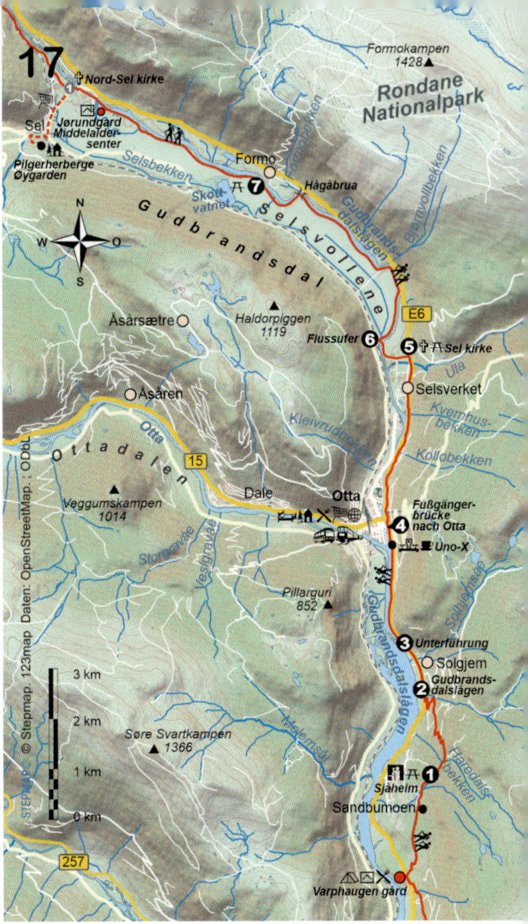

Von der Sitzbank auf dem Felsvorsprung mit dem Holzkreuz können Sie wunderschön ins Tal hinabschauen.

Folgen Sie dem steilen, steinigen Pfad bergauf bis zum Fluss Haredalsbekken (km 3), den Sie nach links über die Brücke Skarvåtåbrua queren. Laufen Sie auf der gegenüberliegenden Seite noch ca. 200 m weiter aufwärts bis zur Gabelung. Halten Sie sich dort links und laufen Sie in weiten Serpentinen abwärts durch den Wald.

☺ Sie gelangen immer wieder an den Waldrand, sodass Sie den Blick auf die idyllische Landschaft aus Fjell und Fluss genießen können.

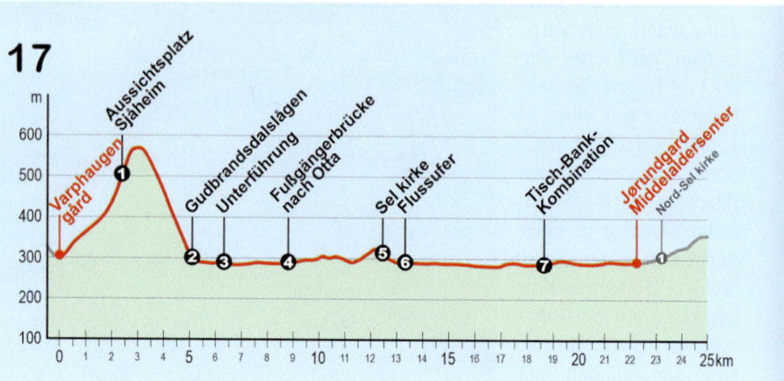

Sie stoßen auf einen breiten Weg, auf dem Sie steiler weiter bergab gehen. Halten Sie sich links und laufen Sie hinunter zur E6 und dem dahinter fließenden Gudbrandsdalslågen ❷ (km 5,1). Gehen Sie rechts auf dem asphaltierten Fußweg entlang der Straße und nach 1,3 km durch die Unterführung ❸, sodass Sie die E6 rechts von sich haben und direkt am Fluss laufen. Sie kommen vorbei am der Uno-X-Tankstelle mit einer 24-Stunden-SB-Bäckerei von Ødegaarden Bakeri & Konditori zur **Fußgängerbrücke nach Otta** ❹ (km 8,8).

Otta

Thon Partner Hotel Otta, Ola Dahls gate 7, 2670 Otta, ☏ 61 21 08 00, otta@thonhotels.no, www.thonhotels.no, ca. 600 m vom Olavsweg entfernt, EZ ab NOK 1.035, DZ ab NOK 1.285, Preise inkl. Frühstück, WLAN

♦ **Killi Pensjonat**, Ola Dahls gate 35, 2670 Otta, ☏ 61 23 04 92 oder 95 21 72 75, ca. 1 km vom Olavsweg entfernt, Mai bis September, EZ, DZ, 3-Bett-Zimmer, Gemeinschaftsküche, Preise auf Anfrage, vor Ankunft anrufen, da nur wenige Betten

Rema 1000, Storgata 22, 2670 Otta, Mo bis Sa 7:00 bis 23:00

♦ **Extra**, Johan Nygårds gate 12, 2670 Otta, Mo bis Sa 7:00 bis 23:00

♦ **Kiwi**, Johan Nygårds gate 23, 2670 Otta, Mo bis Sa 7:00 bis 23:00

♦ **AMFI Otta** (Einkaufszentrum), Johan Nygårds gate 12, 2670 Otta, Mo bis Fr 10:00 bis 20:00, Sa 10:00 bis 18:00

Intersport, Johan Nygårds gate 17B, 2670 Otta, Mo bis Mi und Fr 10:00 bis 17:00, Do 10:00 bis 19:00, Sa 10:00 bis 16:00

♦ **Sport 1**, Skansen 1A, 2670 Otta, Mo bis Mi und Fr 10:00 bis 17:00, Do 10:00 bis 19:00, Sa 10:00 bis 15:00

Apotek1, Johan Nygårds gate 12, 2670 Otta, Mo bis Fr 10:00 bis 20:00, Sa 10:00 bis 18:00

BANK **Sparebank 1**, Storgata 17, 2670 Otta, Mo bis Fr 9:00 bis 15:00

Dovrebahn ☞ Reise-Infos von A bis Z, Verkehrsmittel am Weg

Otta ist das Verwaltungszentrum der Gemeinde Sel und hat etwa 1.700 Einwohner. Seine Stadtrechte erhielt Otta erst im Jahr 2000 und ist eine der wenigen Städte in Norwegen ohne Kirche.

Für die direkte Fortsetzung der Tour ohne Abstecher ins Stadtzentrum gehen Sie an der Brücke vorbei und wechseln durch die nächste Unterführung wieder auf die andere Seite der E6. Sie laufen etwas oberhalb dieser auf dem Kongsvegen. Halten Sie sich auf der Straße immer parallel zur E6. Sie lassen die Häuser hinter sich und sind auf dem asphaltierten Fußweg wieder direkt an der E6.

Erneut bringt Sie eine Unterführung (km 11,4) auf die andere Seite der Straße. Folgen Sie dem Fußweg weiter geradeaus bis zum breiten **Fluss Ula und** biegen Sie hinter der Brücke bei der Kirche links in den Kyrkjevegen, zu Ihrer rechten Seite steht der **Meilenstein** „284 km til Nidaros“ und die ✞ **Sel kirke** ❺ (km 12,4), vor der ein ⩩ Tisch und zwei Bänke zur Pause einladen.

✞ **Sel kirke**. Sie wurde 1742 aus von der Bevölkerung gespendeten Baumstämmen gebaut. Viele Holzschnitzereien, der verzierte Altar, die schöne Orgel und bunte Glasfenster lohnen einen Blick.

♦ Kyrkjevegen 1, 2670 Sel, ☏ 61 20 90 50 oder 48 27 77 94, ✉ post@sel.kirken.no, 💻 www.sel.kirken.no, 🚪 während der Arbeitszeit des Kirchendieners steht Kirche tagsüber normalerweise offen.

Rastbank am Gudbrandsdalslågen

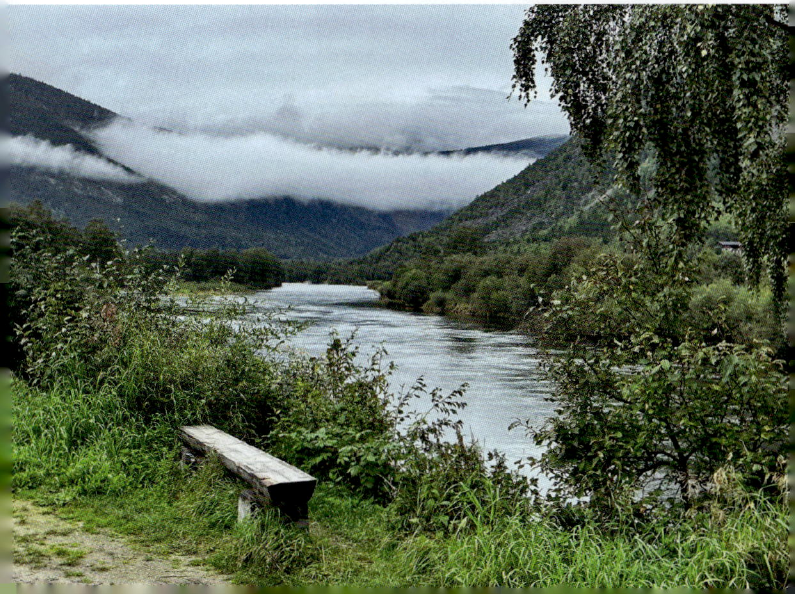

Kehren Sie der E6 den Rücken und folgen Sie dem Wegweiser „Nord-Sel kirke 12 km" vor der Kirche nach links weiter auf dem Kyrkjevegen. Nach 700 m bringt Sie eine Brücke über den Gudbrandsdalslågen und am gegenüberliegenden Ufer biegen Sie noch vor dem Bahnübergang rechts ab auf einen Feldweg direkt am Flussufer ❻. Dieser bringt Sie nun die verbleibenden 8,9 km bis zum Jørundgard Middelaldersenter.

Es geht ganz gemütlich an Feldern und Wiesen vorbei (das Talbecken Selsvollene wird „Kornkammer des Gudbrandsdalen" genannt), immer mit wunderschönem Blick ins Tal.

Die erste Landmarke auf dem Weg bis zum Etappenziel ist die Brücke über den Fluss, die Sie nach etwa 4 km erreichen und rechts liegen lassen. Nach rund 1,2 km bietet eine Tisch-Bank-Kombination ❼ die Möglichkeit zu einer Rast, noch einmal 2,2 km weiter erreichen Sie eine einfache Sitzbank mit Blick auf den Fluss.

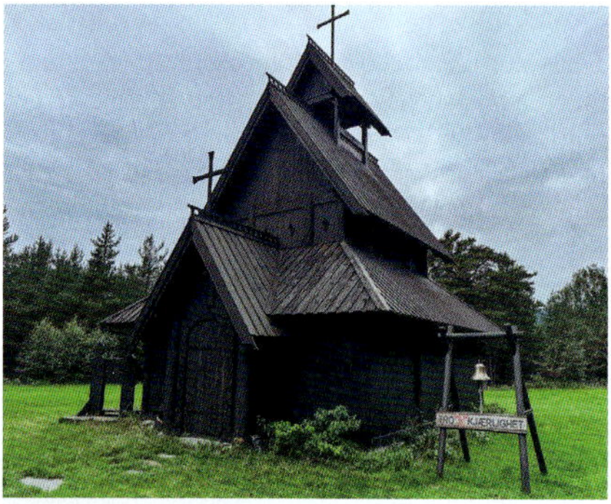

Jørundgard Middelaldersenter

Nun ist es nicht mehr weit und ein Wegweiser nach links macht Sie auf Jørundgard aufmerksam und nur 50 m weiter erreichen Sie den Eingang. Vorbei am WC- und Duschcontainer gelangen Sie auf den zentralen Platz mit altem Brunnen und mehreren Holzgebäuden – es ist das ehemalige Filmset **Jørundgard Middelaldersenter**. Nehmen Sie die Treppe in das Haus links von Ihnen. Hier befinden sich schmale, mittelalterliche Holzbetten und die Box für die Bezahlung (km 22,2).

☺ Falls Sie mehr Komfort für die Übernachtung wünschen, können Sie auf dem Weg am Fluss weiter bis Nord-Sel laufen und dann auf dem Nerøygardsvegen nach rechts weiter bis zur charmanten **Pilgerherberge Øygarden** (☞ Etappe 18, ➲ ca. 2,8 km).

Jørundgard Middelaldersenter, Jørundgardvegen, 2672 Sel, 91 33 23 93, info@jorundgard.no, www.jorundgard.no, Anfang Mai bis Anfang September tgl. 10:00 bis 16:00 (online überprüfen, da eine Woche im Juli geschlossen!), zehn Schlafplätze in Mehrbettzimmern ohne Strom und Licht, NOK 300/Pers. (Gruppenrabatte nach Anmeldung möglich), Schlafsack notwendig, Dusch- und Toilettencontainer NOK 50, Kochgelegenheit in separatem Gebäude, Camping nicht erlaubt. Auch wenn Hof und Unterkunft offen stehen: Bitte die Unterkunft buchen und vor Ankunft anrufen.

Jørundgard Middelaldersenter

Das Middelaldersenter wurde 1994 für die Verfilmung des Romans „Kristin Lavranstochter – der Kranz" von Sigrid Undset gebaut. Der Hof besteht aus 16 Häusern (eines steht als einfache Pilgerunterkunft zur Verfügung) und einer Stabkirche, die eine neu aufgebaute Kopie der Filmkirche ist, die entsprechend der Handlung im Buch niedergebrannt werden musste.

Etappe 18: Jørundgard Middelaldersenter – Vollheim Camping og Hytter

➲ *12,2 km,* ⌛ *ca. 3 Std. 45 Min.,* ↑ *380 m,* ↓ *240 m,* ⇧ *290-550 m*

0,0 km	⇧ 290 m	Jørundgard Middelaldersenter ⌂
0,9 km	⇧ 309 m	Nord-Sel kirke ✞ ⊙
2,4 km	⇧ 355 m	erstes Warnschild
3,7 km	⇧ 384 m	zweiter Bahntunnel
7,8 km	⇧ 466 m	Infobox der Dovre-Kommune
10,7 km	⇧ 509 m	Steinbrücke über den Djupdalsbekken
12,2 km	⇧ 430 m	Vollheim Camping og Hytter ⛺ ⌂

Kurz, aber anspruchsvoll und erlebnisreich. Nachdem Sie Nord-Sel hinter sich gelassen haben, führt der Weg über Hänge, die steil oberhalb des rauschenden Gudbrandsdalslågen entlangführen. Ungewöhnliche Wege über Zugtunnel und Bahngleise hinweg und auf abenteuerlichen Treppen hinab lassen unterwegs garantiert keine Langeweile aufkommen.

Gehen Sie vom Jørundgard Middelaldersenter zurück auf den Schotterweg am Ufer und folgen Sie ihm nach links. Nach knapp 300 m liegt linker Hand die Filmkirche und etwa 500 m weiter stoßen Sie bei einem ⩩ Rastplatz auf den Nerøygardsvegen. Sie wenden sich nach links und damit der Brücke über den Gudbrandsdalslågen den Rücken zu und erreichen nach wenigen Schritten die ✞ **Nord-Sel kirke ❶**, vor der Sie eine **Statue von Kristin Lavransdatter** finden (☞ 📷 S. 282).

✞ ⊙ **Nord-Sel kirke**. Schöne Holzkirche von 1932. Auch wenn die Kirche verschlossen ist, finden Sie im überdachten Eingangsbereich einen Pilgerstempel.
♦ Sigrid Undsets veg, 2672 Sel, Kontaktinformationen ☞ Sel kirke (Etappe 17).

Sigrid Undset: Kristin Lavranstochter

Sigrid Undset (1882-1949) ist wohl die berühmteste norwegische Schriftstellerin. Sie ist v. a. für die Roman-Trilogie „Kristin Lavransdatter" bekannt, für die sie 1928 den Literaturnobelpreis erhielt – laut Jury „vor allem für ihre kraftvollen Schilderungen des nordischen Lebens im Mittelalter". In allen drei Bänden („Der Kranz", „Die Frau", „Das Kreuz") spielt die Pilgerreise nach Nidaros eine Rolle.

Auf der Straße (RV 2614) weiter geradeaus erreichen Sie nach gut 300 m einen Joker (Mo bis Sa 8:00 bis 18:00). Für die Übernachtung in der **Pilgerherberge Øygarden** laufen Sie von dort noch etwa 750 m weiter bis zur großen Linkskurve und biegen dann rechts an der Bushaltestelle ab. Folgen Sie dem Fuß- und Radweg und biegen Sie gleich hinter der Durchfahrtssperre nach links auf den Schotterweg ab, der in einem weiten Bogen auf den alten Bauernhof führt.

Pilgerherberge Øygarden, Haugageilen 17, 2672 Sel, 95 75 96 78 oder 90 92 76 40, c.bug@online.no, ca. 1,8 km vom Olavsweg entfernt, Mai bis Oktober, Übernachtung im komfortabel ausgestatteten Gästehaus auf einem historischen Bauernhof mit großer Küche, offener Feuerstelle und gemütlichem Wohnzimmer samt Klavier, zehn Schlafplätze in fünf Doppelzimmern, Gemeinschaftsbad, NOK 700/Pers. (inkl. Bettwäsche und Handtücher)

Pilgerherberge Øygarden

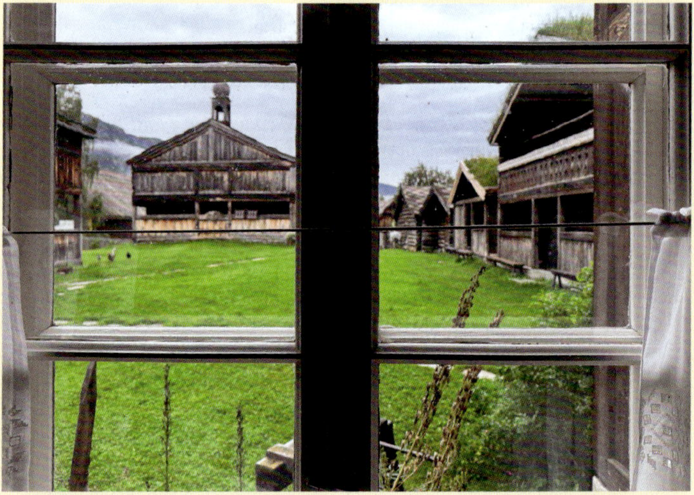

Für den Weg nach Dovreskogen laufen Sie am Friedhofszaun nach rechts auf dem Sigrid Undsets veg aufwärts. An der nächsten Gabelung biegen Sie rechts in den Schotterweg Mogeilen ab, gehen vorbei an der alten Farm Laurgard und aus Nord-Sel hinaus. Sie können den Gudbrandsdalslågen rauschen hören und bald auch rechts liegen sehen.

An einem Hof vorbei gelangen Sie auf einem Grasweg in den Wald hinein, dort stoßen Sie an einem Holzzaun auf das **Warnschild „Stop, Danger, passing**

Train“ ❷ (km 2,4). Gehen Sie rechts vor dem Zaun auf dem schmalen Pfad hinab, der sich durch den Wald am Hang auf und ab schlängelt.

Die Pfade sind z. T. steil. Es geht über Steine, Wurzeln und Treppen, ein paar Kraxelstellen sind zu meistern. An engen und schrägen Stellen finden Sie Geländer, da es z. T. zum Fluss rechts steil hinabgeht.

Sie kommen an einige schöne Plätze, von denen Sie auf die schroffen Felsen auf der anderen Uferseite blicken können.

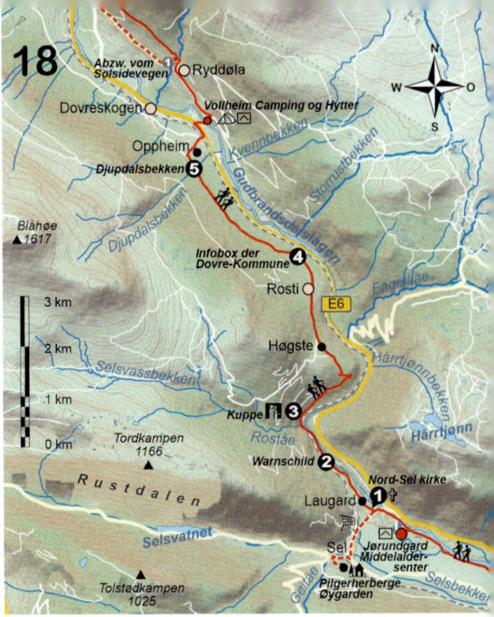

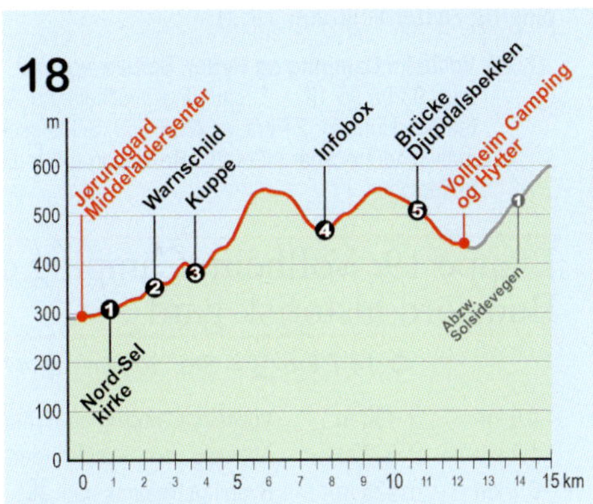

Nach Holztreppen, Holzbrücken und Holzstufen entlang des Pfades gelangen Sie nach oben in eine Waldschneise, die Sie etwas oberhalb der Bäume entlanggehen, bevor Sie wieder in den Wald hineingeführt werden. Sie stoßen an einem Zaun erneut an den **Hinweis „Danger Train passing“** (km 3,1).

Gehen Sie hier links hinauf und weiter in die Schneise hinein. Sie stehen jetzt auf der Kuppe über dem Zugtunnel, daher sehen Sie unterhalb und vor sich Bahngleise. Nehmen Sie die Zauntreppe und gehen Sie am Tunnelausgang über die Holztreppen bzw. Stufen (z. T. mit Geländer) hinab zu den Gleisen und dort über die nächste Zauntreppe. Links fällt der **Fluss Roståe** die Felsen hinab, rechts liegen hinter dem dünnen Drahtzaun die Schienen, an denen Sie entlang nach oben gehen.

Von der nächsten Kuppe über dem Zugtunnel ❸ (km 3,7) blicken Sie auf eine Landschaft, die an eine Modelleisenbahn erinnert!

Der Waldweg führt Sie zunächst steil, dann lang gezogen bergauf bis zu einer Schotterstraße (km 4,3), die Sie nach rechts hochgehen. Nach ca. 800 m gelangen Sie an der Zufahrt zur **Farm Høgste** an eine breitere Schotterstraße, der Sie nach rechts folgen.

Es geht auf Schotter zunächst für rund 900 m bergan, bis zur Einmündung in die Straße Rostgrenda. Hier geht es nach rechts weiterhin auf Schotter für ca. 1,7 km bergab, vorbei an den Häusern von Rosten, bis zu einer Gabelung mit einer **Infobox der Dovre-Kommune** ❹.

Biegen Sie links ab. Die Schotterstraße bringt Sie zunächst fast 1,7 km bergauf, danach geht es bis zum Etappenziel nur noch bergab. 300 m nachdem Sie auf der Steinbrücke über den ins Tal fließenden Djupdalsbekken ❺ (km 10,7) gegangen sind, biegen Sie rechts ab und gehen hinab an den Farmgebäuden und Häusern von Oppheim und Leiramoen vorbei. Sie gelangen unter den Bahngleisen hindurch an die E6 (km 11,6).

Gehen Sie für 350 m nach links und dann rechts unter der E6 hindurch. Am Ende stoßen Sie bei der Bushaltestelle auf eine Kurve des asphaltierten Solsidevegen. Folgen Sie der Straße nach links hinab und laufen Sie auf der der Brücke über den Gudbrandsdalslågen, an dessen rechten Ufer der **Vollheim Camping og Hytter** liegt (km 12,2).

Vollheim Camping og Hytter, Solsidevegen 19, 2663 Dovreskogen, 91 18 85 10 oder 93 03 95 16, camping@vollheim.no, www.vollheim.no, Mai bis September, Hütte für 2 Pers. ab NOK 550, Schlafsack mitbringen, Zelt NOK 240, Waschmaschine/Trockner NOK 70, Rezeption mit Eis- und Getränkeverkauf, Minigolfanlage

Etappe 19: Vollheim Camping og Hytter – Budsjord historisk gard

14,7 km, 4 Std. 30 Min., ↑ 470 m, ↓ 270 m, ⇧ 430-620 m

0,0 km	⇧ 430 m	Vollheim Camping og Hytter
1,7 km	⇧ 527 m	Abzweig vom Solsidevegen
6,7 km	⇧ 525 m	Bygningshistorisk park ⌘
11,0 km	⇧ 470 m	Dovre
12,5 km	⇧ 534 m	Olavsquelle
14,7 km	⇧ 620 m	Budsjord historisk gard

Eine einfache Etappe zum Ausruhen vor dem Fjell: Es geht – erst auf Asphalt, dann auf naturnahen Wald- und Feldwegen – bergauf und schließlich auf der Straße hinab bis zur mit Schiefer verkleideten Dovre-Kirche, wo der Anstieg ins Dov-

refjell beginnt. Vorbei an einer Olavsquelle geht es bergauf bis zur mittelalterlichen Farm Budsjord, wo man Kraft für die beschwerliche Reise über das Gebirge tanken kann.

Gehen Sie vor dem Campingplatz auf dem Solsidevegen weiter bis zur T-Kreuzung und folgen Sie den gelben Straßenschildern „Dovre 11" und „Øygarden 3,7" nach links. Sie wandern nun auf der Straße 491 (Solsidevegen) für etwa 1,6 km leicht bergauf. Nachdem Sie in einer Linkskurve den **Fluss Ryddølsåe** überquert haben, gelangen Sie an einen Olavswegpfosten, der Sie nach rechts auf einen schmalen Pfad in den Wald hinaufschickt ❶.

↳ Falls Sie sich bei nassem Wetter den Schlenker durch den Wald sparen möchten, können Sie auch einfach für ca. 4,3 km auf der Straße weiter geradeaus gehen.

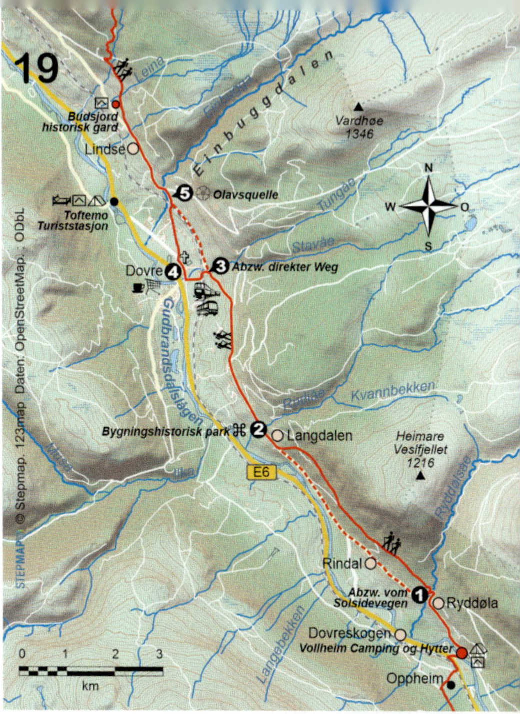

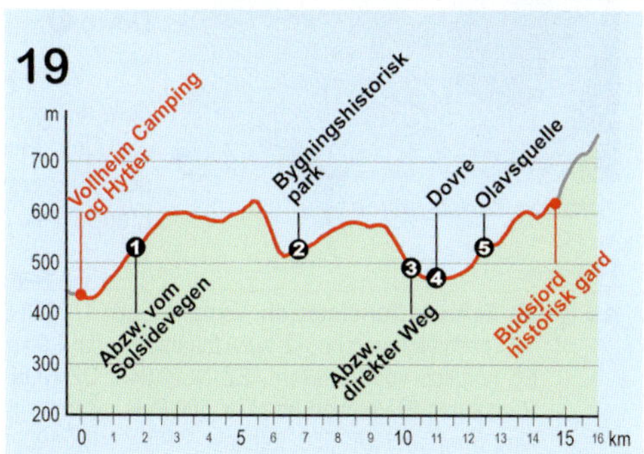

Nach weniger als 100 m mündet der Pfad in einen breiten Forstweg, auf dem Sie weiter hinauflaufen. Nachdem die erste Steigung geschafft ist, biegen Sie in einer Rechtskurve des Forstweges nach links auf einen grasbewachsenen Weg ab, der Sie in etwa einer Höhe am Hang entlangführt.

Der Pfad wird schmaler und taucht in dichten Wald ein. Es geht beständig auf und ab, z. T. steil über Steine und Wurzeln. An der folgenden Weggabelung nehmen Sie den Pfad nach rechts oben. Es geht noch ca. 1 km bergauf, dann halten Sie sich links und folgen dem Pfad hinab und gelangen über eine Hauszufahrt zurück auf den asphaltierten Solsidevegen (km 6,3).

Setzen Sie Ihre Wanderung nach rechts fort. Nach knapp 500 m passieren Sie die Infotafel am Eingang des ⌘ **Bygningshistorisk park ❷**, einem Freilichtmuseum mit einer Reihe denkmalgeschützter Gebäude aus unterschiedlichen Bautraditionen wie z. B. eine wasserbetriebene Gattersäge aus dem 18. Jh.

Anschließend geht es noch knapp 2 km mit leichter Steigung bergan, dann beginnt der langsame Abstieg in Richtung Dovre. Zunächst lassen Sie den Abzweig der Straße Bergsgrende rechts liegen ❸ (das wäre der direkte Weg zum Etappenziel Budsjord Historisk gard) und laufen geradeaus über die Brücke über die Bahngleise (dahinter geht es links zum Bahnhof) und folgen weiter dem Stasjonsvegen. Hinter der Autowerkstatt erreichen Sie die Kreuzung mit dem Kongsvegen und laufen auf diesem nach rechts über den Fluss Dragåa und vorbei an Gemeindehaus und der Jetta Kafeteria bis zum Coop-Supermarkt im Ortszentrum von **Dovre ❹**.

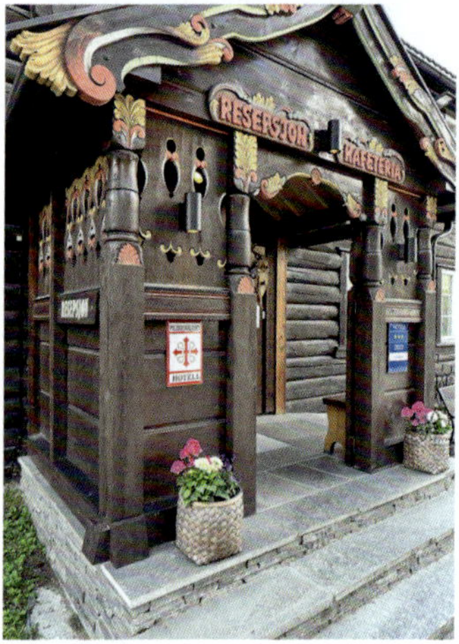

Toftemo Turiststasjon

Versorgen Sie sich in Dovre mit dem nötigen Proviant für den Weg über das Fjell. Den nächsten Supermarkt finden Sie erst wieder in Oppdal (☞ Etappe 24).

Dovre

Toftemo Turiststasjon, Vestsidevegen 1, 2662 Dovre, ☏ 61 24 00 45, post@toftemo.no, www.toftemo.no, ca. 1,9 km vom Olavsweg entfernt an der E6 nördlich vom Ortskern, EZ NOK 940, DZ NOK 1.190, Preise inkl. Frühstück, Räume mit Etagenbad ab NOK 500/Pers., Campinghütten für 1 Pers. ab NOK 500, für 2 Pers. ab NOK 550, Zelt inkl. 2 Pers. NOK 190, Schlafsack mitbringen, ✕

Jetta Kafeteria, Kongsvegen 9, 2662 Dovre, 91 55 98 66, post@jettakafeteria.no, Mo bis Fr 10:00 bis 18:00, So 14:00 bis 18:00

Coop market, Kongsvegen 12, 2662 Dovre, Mo bis Fr 7:00 bis 21:00, Sa 8:00 bis 20:00

Dovrebahn ☞ Reise-Infos von A bis Z, Verkehrsmittel am Weg

✝ **Dovre kirke**. Kreuzholzkirche aus dem Jahr 1736
♦ Kongsvegen 17, 2662 Dovre, ☏ 61 24 18 70, ✉ post@dovre.kyrkja.no, 1. bis 25. Juli tgl. 14:00 bis 18:00

Vom Supermarkt sind es knapp 250 m bis zur ✝ **Dovre kirke** mit dem Meilenstein „250 km til Nidaros" und es gibt nur noch eine Richtung: bergauf ins Dovrefjell! An der Gabelung hinter der Kirche halten Sie sich rechts und nehmen den Vangvegen an der Friedhofsmauer entlang. Folgen Sie der nicht asphaltierten Straße leicht ansteigend an Farmen und Weiden vorbei und unter den Bahngleisen hindurch. Gehen Sie links weiter hoch. Sie stoßen wieder auf die Straße Bergsgrende, der sie nach links zur **Olavsquelle** folgen ❺ (km 12,5).

Die Olavsquelle (*Olavskilde*)

Entlang des Gudbrandsdalsweg finden Sie an einigen Stellen Olavsquellen, aus denen heiliges und heilendes Wasser sprudeln soll (je nach Ort ist die Legende dahinter verschieden). Pilgerinnen und Pilger stillen hier ihren Durst in der Hoffnung, dass sie auf ihrem Wege nach Nidaros den Segen und Schutz des Berges empfangen werden.

Folgen Sie der Straße noch gut 200 m steil hinauf, biegen Sie dann links ab auf die Brücke über den Fluss Einbugga und laufen Sie vorbei am Tofte gård, einem der ältesten Bauernhöfe in Dovre (ca. 900 n. Chr.). Gehen Sie über den schmalen Fluss Stavåe, hinter dem es rechts hoch auf eine Schotterstraße geht: Hier beginnt der **Gamle Kongevegen**, der zusätzlich zum Olavswegkreuz mit einer **blauen Krone** markiert ist, und gut 500 m weiter erreichen Sie die Zufahrt zu den Hütten des mittelalterlichen Hofs **Budsjord historisk gard** links der Straße (km 14,7).

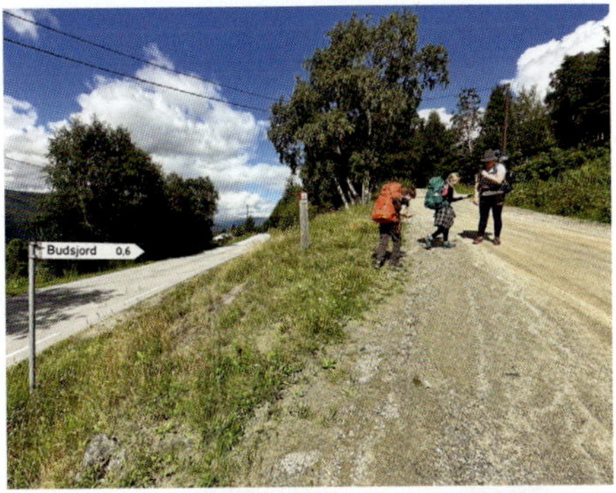

Aufstieg nach Budsjord

Budsjord historisk gard, Øverbygdvegen 14, 2662 Dovre, 98 28 63 98, ✉ post@budsjord.no, www.budsjord.no, Mitte Juni bis Mitte August (außerhalb dieser Zeit Übernachtung nach Absprache), Bett im Mehrbettzimmer NOK 805 (Schlafsack mitbringen), Preise inkl. Frühstück, einfachem Abendessen und Lunchpaket (komfortablere Zimmerkategorien mit Bettwäsche und/oder 3-Gänge-Menü ab NOK 1.375 verfügbar)

Etappe 20: Budsjord historisk gard – Fokstugu Fjellstue

➲ *13,3 km,* ⌛ *5 Std. 30 Min.,* ↑ *590 m,* ↓ *250 m,* ⇧ *620-1.205 m*

0,0 km	⇧ 620 m	Budsjord historisk gard
1,1 km	⇧ 727 m	Abzweig des Gamle Kongevegen von der Schotterstraße
2,2 km	⇧ 910 m	Olavswegpfosten Ståkån
4,0 km	⇧ 1.073 m	Grenzstein Dovre-Nationalpark
6,9 km	⇧ 1.205 m	Allmannrøysa
13,3 km	⇧ 977 m	Fokstugu Fjellstue

Hinauf auf über 1.200 m Höhe. Die Steigung des Gamle Kongevegen geht in die Beine, erst ab dem Olavswegpfosten „Ståkån" geht es gemäßigter bergauf, sodass Zeit bleibt, die unglaubliche Fjelllandschaft um sich herum richtig aufzunehmen. Den Höhepunkt erreichen Sie an der Steinpyramide Allmannrøysa auf dem Hardbakken, von wo es sanft hinab zum schönen Fokstugu-Hof mit Kapelle geht.

☺ *leicht gewelltes Fjell in alle Himmelsrichtungen, ganz vereinzelt noch Bäume, sonst nur Sträucher und weite Landschaft ohne Häuser, Straßen, Menschen …*

Markierung Gamle Kongevegen

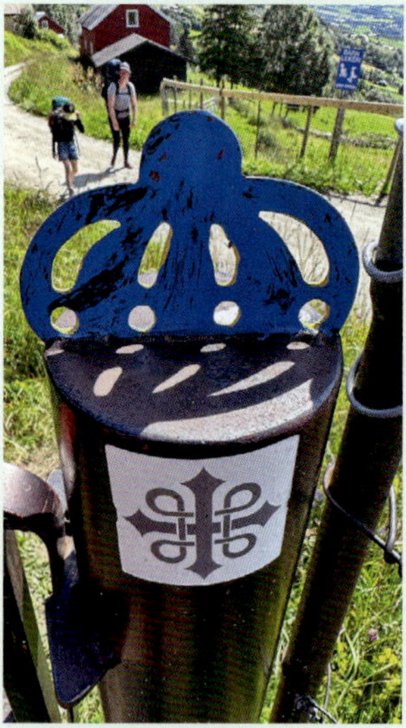

Der Gamle Kongevegen / Kongeveien: die „Alte Königsstraße"

Der Begriff für den Weg über das Dovrefjell ist historischen Ursprungs: Das Hochgebirge bildet die natürliche Grenze zwischen Süd- und Nordnorwegen, so war der Weg über das Fjell schon bei den Wikingerinnen und Wikingern die wichtigste Verbindung dazwischen. Nach der Heiligsprechung Olavs begaben sich nicht nur das Volk, sondern auch alle norwegischen Könige auf Pilgerreise von Oslo zum Nidarosdom. Zu den Zeiten war das lebensgefährlich: Schnee, Stürme, Kälte und die schmalen, abfallenden Wege verursachten den Tod vieler Pilgernder, auch nachdem der Kongevegen im 18. Jh. für Kutschen verbreitert wurde. Nur manche Abschnitte des Olavsweges befinden sich noch auf der tatsächlich historischen Route der „Alten Königsstraße", wie hier im Fjell.

Vom Budsjord historik gard folgen Sie der Schotterstraße noch knapp 200 m weiter bergauf und nehmen dann den nach rechts abzweigenden Pfad, der Sie am Feldrand entlang zur Leina Bru, einer Holzbrücke aus dem Jahr 2020, bringt. Der Pfad am gegenüberliegenden Ufer bringt Sie durch ein Tor und über eine Zauntreppe auf eine Kuhweide, an deren Ende Sie durch ein Tor wieder auf eine Schotterpiste gelangen.

Nach rechts weiterlaufend überqueren Sie nach gut 250 m den Bach Rådååe und finden ein paar Schritte weiter zu Ihrer Rechten ein **mit blauer Krone verziertes Eisentor** (km 1,1). Eine Infotafel informiert über die Herausforderungen des folgenden Wegabschnitts und Sie halten sich rechts. Nach rund 350 m lädt eine ⊼ Tisch-Bank-Kombination ❶ zum Verschnaufen ein. Der breite Grasweg bringt Sie in langen Kurven hinauf in die typische Fjelllandschaft mit spärlichem Bewuchs und die Waldgrenze kommt immer näher.

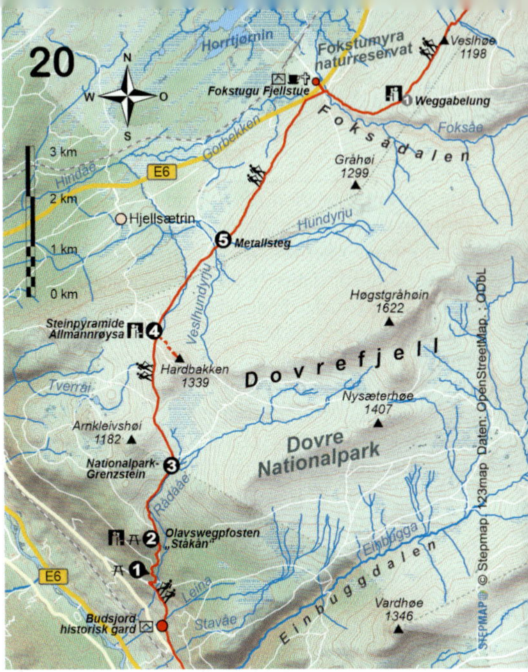

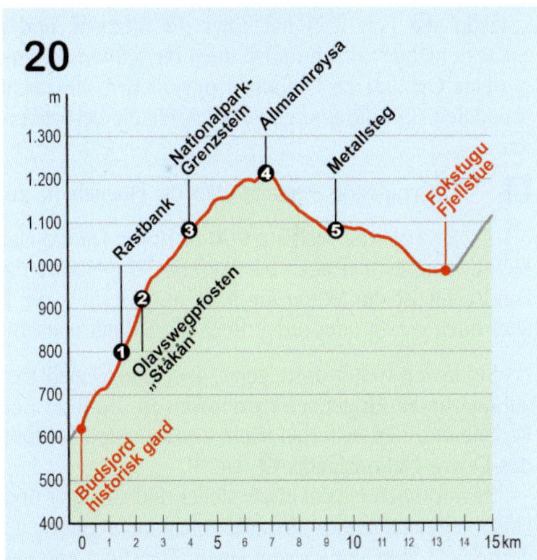

Die ersten weiten Ausblicke von einer ganzen Reihe von Traumaussichten im Dovrefjell – vergessen Sie nicht den Blick zurück!

Das Fjell

Das norwegische Wort *fjell* bedeutet eigentlich nur „Gebirge", bezeichnet im Allgemeingebrauch aber die für den skandinavischen Raum typische sanft wellige Gebirgsform oberhalb der Waldgrenze: wenig schroffe Felsen, abgerundete Berge, geringe relative Höhenunterschiede, U-Täler, weitläufige Hochebenen und spärlicher Bewuchs. In der eiszeitlich geprägten Bergtundra wachsen v. a. Gräser, Moose, Kräuter, Flechten und andere bodennahe Pflanzen wie Zwergstrauchheiden. Am Rande finden sich die hellen **Fjell-Birken**, die mancherorts auf ca. 1.200 m Höhe einen eigenen Waldgürtel bilden. Sie sind leicht zu erkennen am verwinkelten, meist mehrstämmigen Wuchs.

Das **Dovrefjell**, geschützt durch die zwei Nationalparks Dovre nasjonalpark und Dovre-Sunndalsfjella, gilt mit mehr als 400 verschiedenen Pflanzenarten als besonders vielfältig, u. a. wurden Arten gefunden, die bereits vor der letzten Eiszeit blühten. Als außergewöhnliche tierische Bewohner leben im Dovrefjell die (wieder angesiedelten) Moschusochsen und wilde Rentiere. Als Wanderin oder Wanderer bekommt man auch die schnell vorbeihuschenden Lemminge und die am Himmel kreisenden Adler und Falken zu Gesicht.

Der Weg wird schmaler und gewinnt kontinuierlich an Höhe. Gut 2,2 km nach dem Start am Budsjord historik gard erreichen Sie den **Olavswegpfosten „Ståkån" ❷** (km 2,2) mit einer Sitzbank und einer Box mit Pilgerbuch. Spätestens hier verschwinden auch die letzten vereinzelt stehenden Bäume. Der perfekte Ort, um das Panorama zu genießen, vom anstrengenden Aufstieg zu verschnaufen und die Energiereserven für die verbleibenden Höhenmeter aufzufüllen.

Überragende Aussicht über die Hochebene zurück ins Tal!

Sie befinden sich auf 900 m Höhe: Da die Natur wenig Schutz vor Wind bietet, kann es hier auch bei warmen Temperaturen ziemlich zugig werden. Die Landschaft ist der Witterung stark ausgesetzt – die Pfade sind uneben, steinig, aber auch grasig oder erdig: Rechnen Sie mit matschig bis triefnassen Stellen.

Sie laufen weiter ansteigend, aber nun gemäßigter über die kahle Fjellkuppe auf die runden Hügel des Hardbakken zu. Zu Ihrer Rechten rauscht nun der Fluss Rådååe und der weiterhin leicht ansteigende Pfad führt Sie zu einem **Grenzstein des Dovre-Nationalparks ❸** (km 4).

Es wird noch einmal etwas steiler und steiniger und der Pfad bewegt sich vom Fluss weg nach links – Sie laufen nicht mehr gerade auf den **Hardbakken** zu, sondern leicht links von diesem einem Einschnitt entgegen. Gehen Sie 100 m steil

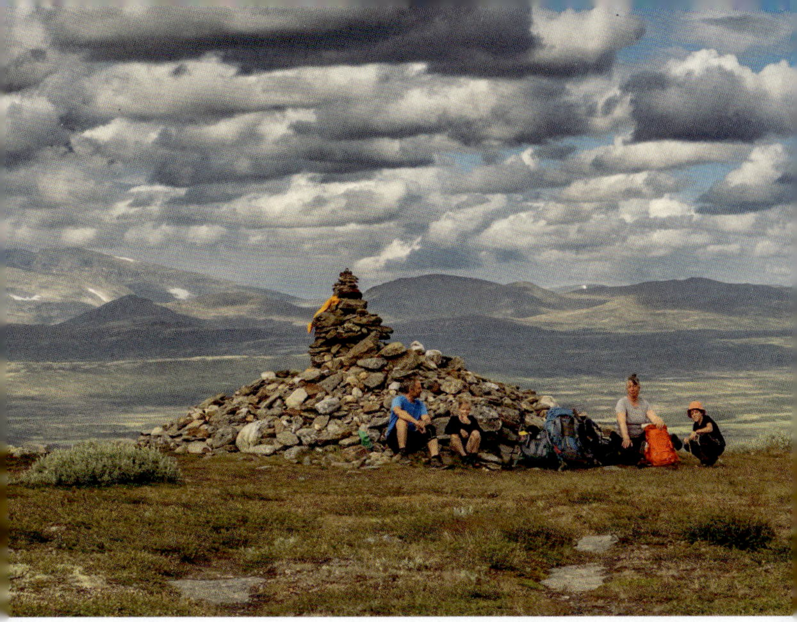

Steinpyramide Allmannrøysa

auf eine Kuppe und folgen Sie dem Pfad im leichten Auf und Ab. Lassen Sie die Abzweigung nach Dombås und Hjellhø links liegen (km 5,4).

Sie gelangen zum höchsten Punkt der Etappe: Hier begrüßt Sie auf 1.205 m der **Olavswegpfahl „Allmannrøysa" mit Steinpyramide** und eine Box mit Pilgerbuch ❹ (km 6,9). Nach lokaler Volkstradition in Dovre legen Pilgerinnen und Pilger hier einen Stein ab, als Symbol für eine Sünde, als Fürbitte, als Ehrerbietung, als Danksagung ...

Herrliche Aussicht Richtung Fokstugu und gen Norden in die Weiten des Fjells mit dem bekannten **Snøhetta**, mit 2.286 m der höchste Berg im Dovrefjell: Seinen Namen, „Schneekappe", hat der Gipfel aufgrund seiner immer weißen Spitze.

Rechts können Sie auf den Gipfel des Hardbakken hinaufgehen (⇧ 1.339 m), wenn Sie noch Kraft haben – bis Fokstugu sind es noch 6,4 km.

Im Tal vor sich können Sie größere Seen erspähen, der faszinierende Blick ändert sich mit jedem Meter. Lassen Sie die Steinpyramide links liegen und folgen Sie dem abwärtsführenden Pfad. Mit der nächsten Bachquerung verlassen Sie dabei den Dovre-Nationalpark wieder (km 8) und an der Gabelung ca. 1,7 km nach der Steinpyramide Allmannrøysa halten Sie sich rechts und nehmen den schmalen, grasbewachsenen Pfad der durch dichten Bodenbewuchs und Sträucher hinab zum flachen Fluss Veslhundyrju führt. Er kann bequem auf einem Metallsteg überquert werden. Der Pfad führt Sie weiter zum nächsten Fluss, dem breiten Hundyrju, der ebenfalls auf einem Metallsteg überquert wird ❺ (km 9,3).

Nach kurzem Anstieg am gegenüberliegenden Ufer geht es bergab durch die bodennah dicht bewachsene, z. T. aber auch komplett kahle Hochebene. Die Landschaft wird grüner, die verwinkelten Fjell-Birken und andere Überkopfgewächse gesellen sich dazu, bevor der Pfad breiter wird und durch sumpfiges Gebiet führt, z. T. sind nun Holzbohlen und Bretter ausgelegt.

Der Weg entlässt Sie bei drei Infotafel zur Natur des Nationalparks und der Tradition des Pilgerns am Gamlevegen (km 12,6), einer Schotterstraße, die parallel zur E6 verläuft.

Gehen Sie nach rechts bis zu der Kreuzung an einer großen, braunen Lagerhalle. Der Olavsweg führt hier geradeaus weiter, zur heutigen Herberge geht es links hinab und über die E6 gelangen Sie zum Tor der ⌂ ✝ **Fokstugu Fjellstue**. Die Rezeption mit dem kleinen 🍷 Kiosk ist gegenüber dem weißen Hauptgebäude der Gastgeber in dem braunen Gebäude mit Grasdach untergebracht (km 13,3).

Am Etappenziel angekommen: Fokstugu Fjellstue

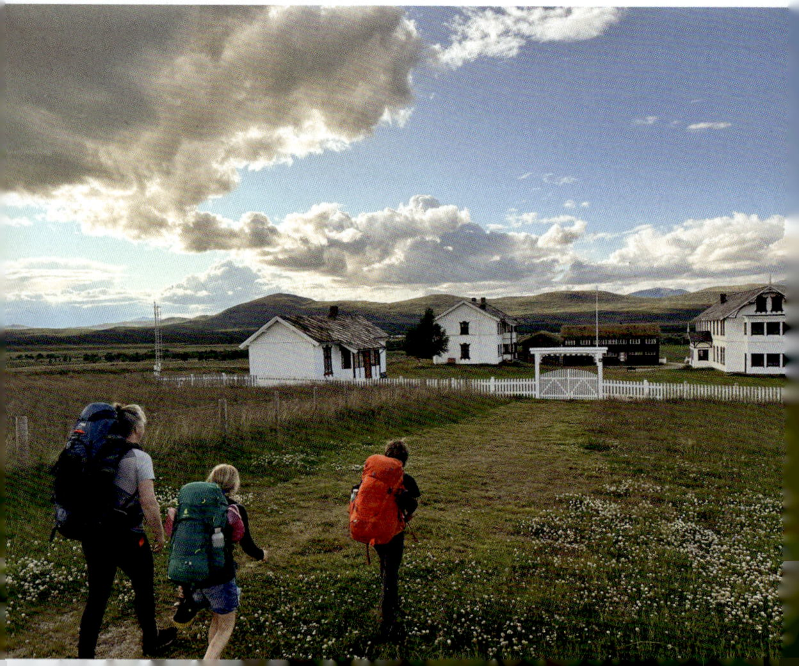

Fokstugu Fjellstue, Trondheimsvegen 1050, 2660 Dombås, 97 19 04 91, ingrid.fokstugu@gmail.com, www.fokstugu.no, Mitte Juni bis Ende August, 8:30 bis 20:00, im DZ/3er-/4er-Zimmer NOK 500/Pers. (mit eigenem Schlafsack, plus NOK 350 im EZ), Gemeinschaftsbad und -küche, Bettwäsche und Handtücher NOK 250, einfache Lebensmittel zum Verkauf, Mahlzeiten für Gruppen nach Vorankündigung, keine Hunde erlaubt. Unbedingt vorher anrufen, beliebte Pilgerherberge!

Gemütliche Atmosphäre in der Fokstugu Fjellstue

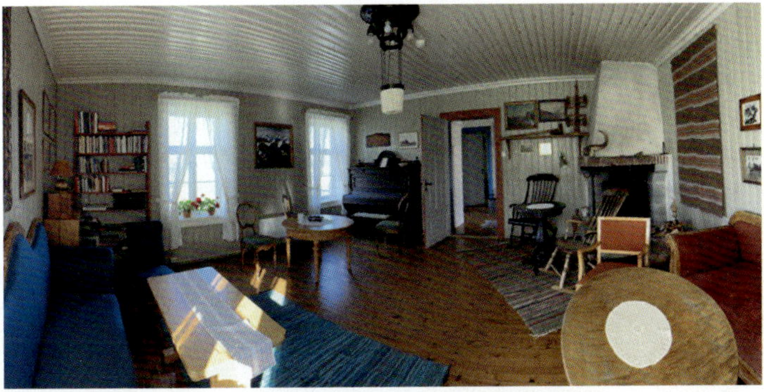

Fokstugu Fjellstue, die *sælehus* und Gottes Haus

Der Hof liegt wunderschön eingebettet in das weite Fjell-Panorama zwischen dem Fluss Foksåe und den Schafsweiden. Trotz der E6 herrscht an dem historischen Ort eine ruhige Atmosphäre und die Geschichte des Ortes ist eng mit der Pilgertradition verknüpft: Auf Fokstugu steht eines der ***sælehus*** des Dovrefjell, mit dessen Bau König Øystein Magnusson um 1120 begann. Die mittelalterlichen (zunächst unbewirtschafteten) Unterkünfte boten Pilgernden Schutz auf dem Weg nach Nidaros, v. a. bei der (lebens-)gefährlichen Wanderung über das Fjell.

Auch wenn heute die Schafszucht der wichtigste Wirtschaftszweig der Farm ist, lebt die fast tausend Jahre alte Tradition, Wanderinnen und Wanderern Schutz und Unterkunft zu bieten, bis heute fort. In dem großen, gemütlichen Haus aus den 1880er-Jahren finden sich Möbel aus allen Jahrhunderten, die Schlafzimmer (Betten für insg. 25 Gäste) haben Waschbecken, geteilt werden das Bad, die Gemeinschaftsküche mit Esszimmer und ein geräumiges Wohnzimmer mit Kamin, origineller Couch und kleiner Bibliothek.

Das Besondere auf Fokstugu ist das ***Guds Huset* („Gottes Haus“)**: Die kleine, geweihte Kapelle steht immer und für alle offen und im Sommer werden hier regelmäßig traditionelle Wallfahrtsgebete abgehalten.

Etappe 21: Fokstugu Fjellstue – Hageseter Turisthytte

20,1 km, ca. 6 Std., ↑ 360 m, ↓ 420 m, ⇧ 918-1.210 m

0,0 km	⇧ 977 m	Fokstugu Fjellstue
8,0 km	⇧ 1.045 m	Abzweig Dovrefjell Lodge
11,6 km	⇧ 992 m	Schotterpiste Richtung Dovregubbens Hall
13,2 km	⇧ 938 m	Olavswegpfahl „Bågåstelle“
15,3 km	⇧ 929 m	Pilgerbank am Seeufer
15,7 km	⇧ 934 m	Infotafel „Stone Age Settlements“
19,5 km	⇧ 939 m	Holzsteg
20,1 km	⇧ 918 m	Hageseter Turisthytte

Durch Fjell und Sumpf! Doch zunächst müssen erst noch einmal ein paar Höhenmeter gemacht werden und wieder warten Traumaussichten auf Sie. Damit sind aber auch die steilsten Kilometer der heutigen Etappe geschafft und nur selten ist

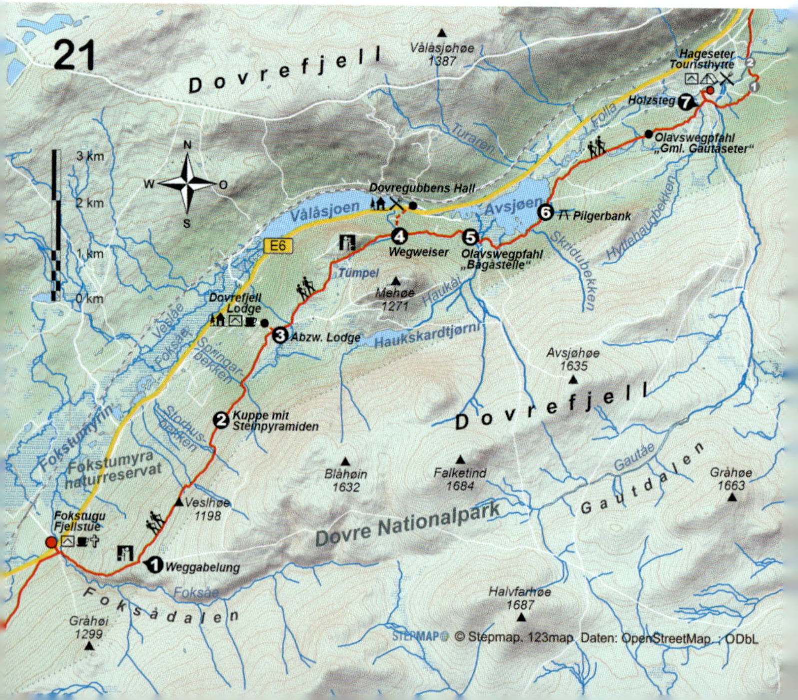

das Auf und Ab mit Kraxeleien verbunden. Hinab heißt es dann: Willkommen im Moor! Über Stege, Bretter und Steine laufen Sie durch sumpfige Landschaft, um matschige Schuhe kommen Sie nicht herum. Am Avsjøen führt Sie der abenteuerliche Moorpfad um den See herum und an ihm entlang. Dann sind Sie auch schon fast am Campingplatz Hageseter angelangt.

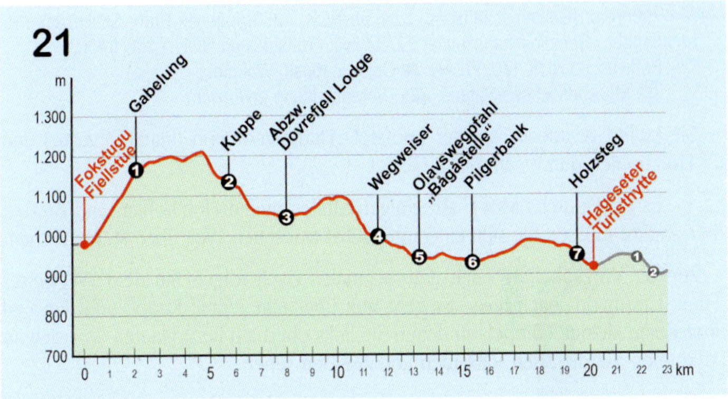

Laufen Sie vom Tor der Fokstugu Fjellstue über die die E6 zurück zur Wegkreuzung vom Vortag und dort nach links durch die Zauntore und auf der Brücke über den Fluss Foksåe. Direkt dahinter geht es durch das Tor rechts auf einen steinigen Graspfad, der Sie weg von der E6 nach oben führt, rechts zu Ihren Füßen rauscht der Foksåe ins Tal.

Der erste steile Anstieg ist nach ca. 1 km geschafft. Langsam führt Sie der Pfad nach links weg vom Flussbett, dann einen weiteren Kilometer bergauf. Halten Sie sich an der Weggabelung auf etwa 1.165 m links ❶ (km 2,2). Sie laufen nun am Fjellrand entlang der parallel im Tal verlaufenden E6 nach Nordosten.

weite Ausblicke über Fokstugu und die in Senken vor den Fjellgipfeln ruhenden Seen

Sie erreichen eine erste Infotafel „Foktstugumyrin" am Wegesrand, die Sie über das Fokstugu-Moor unten im Tal und seine reichhaltige Vogelwelt informiert. Entlang der heutigen Strecke finden Sie immer wieder Hinweistafeln zur Landschaft, den tierischen Bewohnern und den Nationalpark-Zonen. Der mit Steinen durchsetzte Pfad führt auf und ab durch die sanft gewellte Landschaft zu einem ersten Geländevorsprung mit einer einzelnen, kleinen Steinpyramide und durch eine Senke mit zwei Bachläufen in kurzem Abstand bis zu einer **Kuppe mit mehreren Steinpyramiden** ❷ (km 5,7).

Folgen Sie dem hinabführenden Pfad über Wurzeln und Steine bis zur einfachen Holzbrücke über einen schmalen Bach und weiter hinab zum Wegweiser, der nach links zur den **Dovrefjell Lodge** (vormals **Furuhaugli Fjellhytter)** zeigt ❸ (km 8).

Dovrefjell Lodge, Furuhauglie 80, 2660 Dombås, 61 24 00 00, www.dovrefjell-lodge.no, ca. 400 m vom Olavsweg entfernt, Hütten ab NOK 790/Pers. (Gemeinschaftsbad) bzw. ab NOK 1.250 (eigenes Bad), Schlafsack mitbringen, Gemeinschaftsküche, EZ/DZ inkl. Frühstück ab NOK 1.100/1.450, Bettwäsche NOK 170, WLAN, Café, Kiosk, Whirlpool, Moschusochsen-Safaris, , Voranmeldung erwünscht

Sie laufen geradeaus, an der Infotafel „Haukskardmyrin (marsh)" vorbei und auf Holzbohlen durch sumpfiges Gebiet.

Es geht durchs **Moor**. An einigen Stellen helfen Holzbohlen und Bretter, über andere müssen Sie sich einen möglichst trockenen Weg über Steine suchen.

An der Weggabelung nach dem schmalen Bach folgen Sie dem Wegweiser „Haukskardmyrin" nach links. Es geht nun über eine kleine Kuppe und dann zu einer Reihe kleiner Tümpel, an denen Sie links oberhalb herumlaufen. Vor sich im Tal können Sie die **Seen Vålåsjoen** und **Avsjoen** sehen.

Ohne nasse Füße geht es kaum

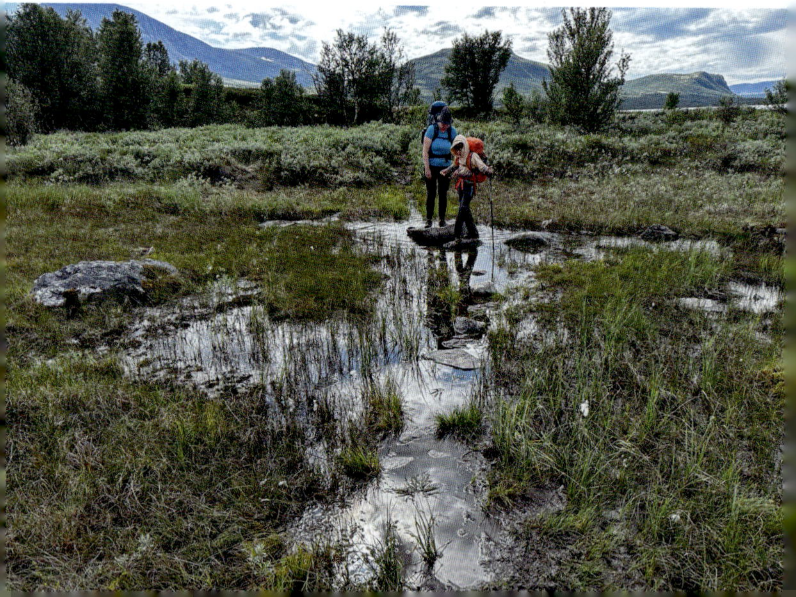

Der Pfad schlängelt sich – z. T. steil und über Steine und Wurzeln – durch eine faszinierende Pflanzenlandschaft aus Fjell-Birken und graugrünen Zwergsträuchern. Schließlich laufen Sie parallel zu einer Hochspannungsleitung und vorbei an einer braunen Holzhütte (Glupsætre). An deren Zufahrt stoßen Sie auf einen breiten Schotterweg, dem Sie hinab bis zur nächsten Linkskurve folgen, in der ein Wegweiser steht ❹ (km 11,6).

Der Schotterpiste weiter folgend geht es hinab zur Dovregubbens Hall an der E6. Dazu biegt man nach rund 150 m rechts auf den Pfad ab, hält sich an der Gabelung 300 m weiter rechts und wendet sich am Ende auf der Schotterpiste nach links. Diese führt hinab zur E6, wo rechter Hand die Unterkunft zu finden ist.

Dovregubbens Hall, Trondheimsvegen 2100, 2660 Dombås, ☎ 61 24 29 17, info@dovregubben.com, www.dovregubben.com, ca. 1,3 km vom Olavsweg entfernt, Mitte Mai bis September, Zimmer und Hütten ab NOK 700/Pers., Frühstück NOK 150, Gaststätte und kleiner Shop

Der Olvasweg biegt rechts ab und der bisweilen beschwerliche Pfad bringt Sie über mehrere Bäche, Rinnsäle und matschige Felder (z. T. Bretter und Bohlen) zum **Olavswegpfosten „Bågåstelle“** ❺ (km 13,2).

Wenn Sie hier links abbiegen, gelangen Sie nach ca. 30 m zu einer kleinen Steinmauer, hinter der sich einst die Jäger für die Rentierjagd versteckt haben, und eine Infotafel erläutert die Jagdtechniken vergangener Jahrhunderte.

Weg am Avsjøen

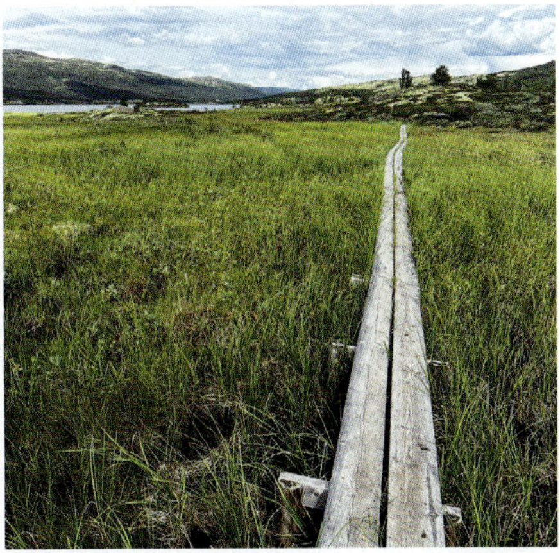

Die Markierungen bringen Sie hinab zu einer Schotterpiste, auf der Sie sich nach rechts wenden und auf der flachen **Brücke** über den Fluss gehen. Keine 150 m weiter zweigt nach links ein schmaler Pfad ab, der Sie auf einem Holzsteg über den nächsten Fluss bringt. Sie passieren den **Olavswegpfosten „Gravhauger“** und laufen über mehrere einfache Holzstege durch die Sumpflandschaft und schließlich bringt Sie ein längerer Bohlensteg bis ans Ufer des Avsjøen (km 14,6).

Folgen Sie dem z. T. dicht bewachsenen Trampelpfad auf und ab entlang des links liegenden Sees bis zu einer **Pilgerbank** ❻. Nach der Pause gilt es, einen

Zufluss zum See zu queren, und nachdem Sie die Infotafel „Stone Age Settlements" hinter sich gelassen haben, geht es wieder etwas bergauf. An der folgenden Weggabelung halten Sie sich rechts und lassen die Holzhütten hinter dem Zaun links liegen.

Sie durchqueren eine karge Hügellandschaft, z. T. parallel zu der im Tal links von Ihnen liegenden E6. Durch ein Birkenwäldchen gelangen Sie hinab zum **Olavswegpfosten „Gml. Gautåseter"**, von der nächsten Kuppe aus können Sie die Dächer der Hütten und Wohnwagen auf dem Campingplatz erspähen.

Im Birkenwald wird es noch mal steil und der Pfad schlängelt sich über Stock und Stein hinab zu einem Holzsteg ❼ über den Bach. Keine 200 m weiter erreichen Sie eine Wegkreuzung mit einer Reihe von Wegweisern zu den unterschiedlichen Wanderzielen der Gegend. Sie laufen nach links und erreichen nach 300 m die Zufahrt zur **Hageseter Turisthytte** (km 20,1).

Hageseter Turisthytte, Gautåsætervegen 84, 2660 Dombås, ☏ 61 24 29 60, post@hageseter.no, www.hageseter.no, Juni bis Oktober (übrige Zeit auf Anfrage), Hütten ab NOK 950 (4 Pers.), 2er-/3er-Zimmer ab NOK 890, Zelt NOK 280, Gemeinschaftsbad und -küche, Schlafsack mitbringen, Bettwäsche NOK 135, Cafeteria Mo bis Fr 9:00 bis 21:00 (Essen 15:00 bis 20:00), Sa und So 10:00 bis 21:00 (Essen 13:00 bis 20:00)

Etappe 22: Hageseter Turisthytte – Kongsvold Fjeldstue

17,4 km, ca. 5 Std. 45 Min., ↑ 510 m, ↓ 520 m, ⇧ 900-1.206 m

0,0 km	⇧ 918 m	Hageseter Turisthytte
1,7 km	⇧ 939 m	Olavswegpfahl „Vesle Hjerkinn" ⌘
3,2 km	⇧ 919 m	Platz mit Tischbank
5,6 km	⇧ 971 m	Eysteinkyrkja ✞, Hjkerinn
8,3 km	⇧ 1.206 m	Meilenstein
12,4 km	⇧ 933 m	Pilegrimsleia
14,3 km	⇧ 1.049 m	Wegweiser Dovrefjell-Sunndalsfjella Nationalpark
17,4 km	⇧ 900 m	Kongsvold Fjeldstue

Ins Oppdal! Ein Drittel des Tagespensums haben Sie schon fast geschafft, wenn Sie an der schlichten Eystein-Kirche angekommen sind. Nun geht es hoch auf den Hjerkinnshøe: Oben eröffnet sich der Blick auf den See Hjerkinnsdammen vor dem Panorama der Fjellberge. Auf meist gemütlich absteigenden Wegen geht es hinab ins Oppdal zur E6: Statt an dieser entlangzugehen, nehmen Sie eine weitere Steigung und wählen so den schönen Weg über das Fjell. Sanft hinab geht es bis zur Kongsvold Fjeldstue, wo Sie Kraft für die nächste Bergetappe schöpfen können.

Gehen Sie zurück zur Kreuzung mit den Wanderwegweisern oberhalb von Hageseter und folgen Sie den Olavswegzeichen „1,4 km Vesle-Hjerkinn/ 5,1 km Hjerkinn“ nach schräg links. Gehen Sie auf der Holzbrücke über den Fluss Gautåe und weiter hinauf auf den Fjellrücken. Halten Sie sich an der Weggabelung etwa 850 m weiter links (rechts Wegweiser „Sletten 13,4 km“). Sie laufen unter einer Hochspannungsleitung leicht bergab, der Baumbestand am Wegesrand nimmt zu und Sie gelangen an die Überreste der Fundamente der **⌘ Mittelalter-Farm Vesle-Hjerkinn ❶** (km 1,7).

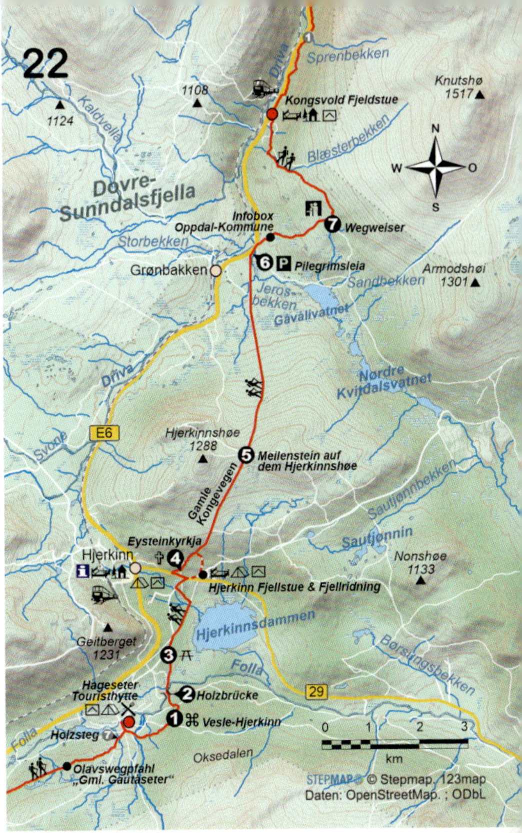

Gehen Sie weiter in der Schneise unter der Stromleitung hinab und halten Sie sich an der Gabelung, 200 m nachdem Sie die Balkenreste hinter sich gelassen haben, erst links und dann, ein paar Schritte weiter, nach rechts. Vorbei an der Infotafel „Ice and water carved the landscape“, in etwa „Eis und Wasser formten die Landschaft“ erreichen Sie eine Holzbrücke, die Sie sicher über den rauschenden **Folla** bringt ❷ (km 2,3).

Am gegenüberliegenden Ufer wenden Sie sich nach rechts und folgen dem sumpfiger werdenden Pfad, z. T. über Holzbohlen, bis zu einem ⛩ Platz mit Tischbank ❸ (km 3,2). 100 m weiter stehen Sie auf einer Asphaltstraße (Hjerkinnvegen), der Sie für knapp 300 nach rechts folgen, um dann auf den rechts abzweigenden, schnurgerade verlaufenden Schotterweg abzubiegen. Bei der T-Kreuzung am Ende erwartet Sie eine **Pilgerbox** mit aktuellen Infos zu den lokalen Übernachtungsmöglichkeiten und ein ⊙ Stempel für den Pilgerpass (km 4,3). Für die Fortsetzung der Wanderung laufen Sie links weiter, biegen nach knapp 450 m am Ende wieder nach rechts auf den Hjerkinnvegen ab und erreichen die

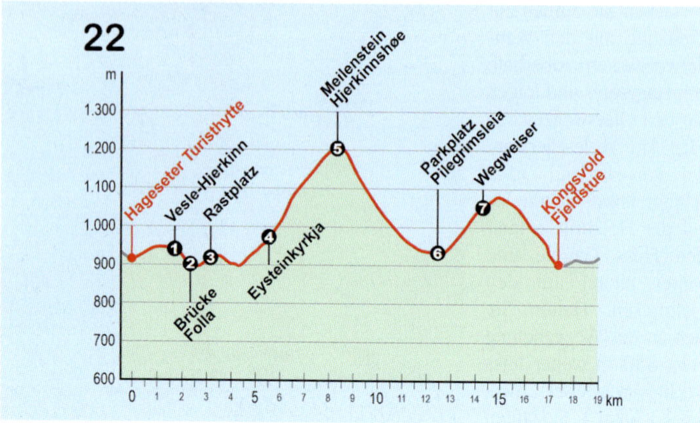

breite Straße Folldalsvegen gegenüber der Einfahrt zur Hjerkinn Fjellstue & Fjellridning (km 5). Sie folgen der Straße für gut 300 m nach links (geradeaus auf der Straße sind es knapp 1,5 km bis zum Bahnhof und den weiteren Übernachtungsmöglichkeiten von Hjerkinn) und laufen dann rechts hoch zur Eysteinkyrkja ❹ (km 5,6). Vor der Kirche gibt es Toiletten und eine Wasserquelle, um die Trinkflasche aufzufüllen und im Sommer von Mitte Juni bis Anfang September ist in der Kirche ein Treffpunkt für Pilgerinnen und Pilger eingerichtet.

Hjerkinn

Pilegrimssenter Dovrefjell, in der Hochsaison von Mitte Juni bis Anfang September in der Eysteinkyrkja (s. u.), während der Wintersaison von September bis Mitte Juni im Infocenter des Nationalparks (ca. 1 km vom Olavsweg), Hjerkinnhusvegen 33, 2661 Hjerkinn, 91 14 36 51, dovrefjell@pilegrimssenter.no, www.dovrefjell.pilegrimsleden.no, Mitte Juni bis Anfang September tgl. 15:00 bis 19:00, in der Hochsaison 10:00 bis 19:00, sonst nach Absprache

Frichs Hjerkinnhus, Hjerkinnhusveien 35, 2661 Hjerkinn, 46 42 01 02, hjerkinn@frich.no, www.frich.no/hjerkinnhus, ca. 1 km vom Olavsweg entfernt, Mitte Mai bis Mitte Oktober, Bett im Schlafsaal oder Mehrbettzimmer ab NOK 600 (eigenen Schlafsack mitbringen), EZ/DZ ab NOK 1.200/1.450, Frühstück NOK 175, Lunchpaket NOK 125

Hjerkinn Fjellstue & Fjellridning, Kvitdalsvegen 12, 2661 Hjerkinn, 94 05 04 29, booking@hjerkinn.no, www.hjerkinn.no, Juni bis September, in der Pilgerstube (4 Betten) 1 Pers. NOK 450, Schlafsack mitbringen, Kochplatten und Bad auf dem Platz, im Hotel (inkl. Frühstück) EZ ab NOK 1.500 und DZ NOK 1.940, Zelt NOK 200, Restaurant, kleiner Shop, Moschusochsen-Safaris, Fjellreiten, Snøhetta-Ausflüge (Etappe 20), direkter Zugang zum Olavsweg: An der

Quelle zwischen Rezeption und Sanitärgebäude (stößt ca. 500 m später oberhalb der Eystein-Kirche auf den Weg)

Snøhetta Camping, Hjerkinnhusvegen 14, 91 75 15 56, snohettacamping@gmail.com, https://snohettacamping.no, ca. 1 km vom Olavsweg entfernt, Zelt ab NOK 280, einfaches Zimmer ab NOK 600/Pers., Campinghütte für 2 Pers. ab NOK 800, DZ mit eigenem Bad ab NOK 1.300

F6 (Oslo S – Trondheim S) auf der Dovrebahn, Fahrplan unter sj.no

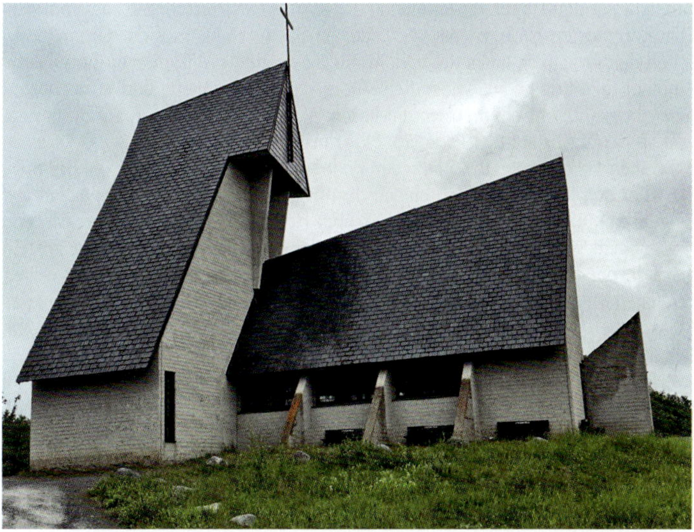

Eysteinkyrkja

Eysteinkyrkja. Die 1969 gebaute Kirche ist nach König Eystein (Øystein) Magnusson benannt, der die *sælehus* entlang des Pilegrimsleden über das Dovrefjell hat bauen lassen (☞ Etappe 20). Die Betonkirche ist in ihrer Form dem Snøhetta nachempfunden.

♦ 2661 Hjerkinn, ☏ 61 24 00 36 (Kirchenkontor Dovre), 95 45 45 91, post@dovre.kyrkja.no, Mitte Juni bis August tgl. 15:00 bis 19:00, in der Hochsaison 10:00 bis 19:00, im Sommer regelmäßiges Abendgebet um 18:00

Hinter der Kirche geht es im lichten Birkenwald kräftig bergan und nach knapp 500 m treffen Sie auf einen breiteren Weg (von rechts kommt der direkte Weg von der Hjerkinn Fjellstue). Sie wenden sich nach links und folgen jetzt dem breiten Gamle Kongeveg. Auf den ersten Metern ist es noch steil, dann wird es flacher und der Blick schweift ungehindert über die karge Fjelllandschaft.

Der bis zum Meilenstein ansteigende Gamle Kongeveg (ca. 2,2 km) ist anstrengend, hält aber tolle Blicke zurück auf den Hjerkinnsdammen inmitten der sanften Hügel bereit.

Den höchsten Punkt (1.206 m) erreichen Sie am **Meilenstein** „208 km til Nidaros" **auf dem Hjerkinnshøe** ❺ (km 8,3). Ab hier führt Sie der Gamle Kongeveg über 4 km lang gezogen hinab und an klaren Tagen hat man eine großartige Aussicht auf den Gipfel des Snøhetta (⇧ 2.286 m) im Westen. Sie passieren den **Olavswegpfosten „Porten"** (km 9,9), der an das hier einst auf der Grenze zwischen den Provinzen Innlandet und Trøndelag errichtete Willkommensportal zum Empfang des Königs auf seiner Reise über das Fjell erinnert, und etwas später einen markanten, großen Felsen am linken Wegesrand. Sie laufen auf die E6 zu und stoßen davor auf den **Parkplatz Pilegrimsleia** ❻ (km 12,4).

Gehen Sie über den Parkplatz. Am Ende laufen Sie neben der E6 auf der Brücke über den Jerosbekken und biegen dann nach rechts auf den Trampelpfad ab. Es geht nun für fast 3 km bergauf, z. T. über Holzbohlen durch sumpfige Stellen.

Nehmen Sie an der ersten Weggabelung den linken Pfad und gehen Sie ansteigend an der **Infobox des Pilgerzentrums** (km 12,9) vorbei. Rund 1,4 km weiter erreichen Sie auf über 1.000 m Höhe eine Wegkreuzung mit einer Infotafel zum Moskusstien, einem Wanderweg im Dovrefjell-Sunndalsfjella Nationalpark ❼ (km 14,3).

Hier halten Sie sich links und laufen auf dem mit Steinen durchsetzten Pfad und mit weitem Panoramablick ins Oppdal und zurück auf die z. T. schneebedeckten Gipfel des Dovrefjell und den bereits bewältigten Gamle Kongevegen weiter. Der Pfad schlängelt sich noch ein Stückchen bergauf, bevor der Abstieg in Richtung Kongsvold Fjellstue beginnt.

Unterwegs zwischen Parkplatz Pilegrimsleia und Kongsvold Fjeldstue

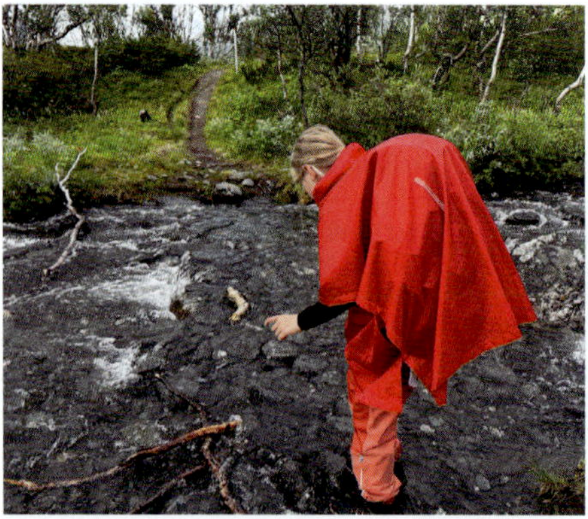

Ein steiniger, steiler Pfad führt Sie bergab, wobei einige Matschstellen und kleinere Bäche zu queren sind. Schließlich laufen Sie für etwa 350 m am **Fluss Blæsterbekken** entlang, bis Sie schließlich nach rechts darüber hinweglaufen (km 16,5).

Folgen Sie anschließend dem breiteren Weg nach links: Rechts vor sich im Tal sehen Sie schon die Gebäude der Kongsvold Fjeldstue, auf die Sie über Steine, Rinnsale und matschige Stellen zugehen.

Sie gelangen an das Tor zum **Kongsvold fjellhage**. Gehen Sie hier am Zaun entlang nach unten und über einen Steg zum Holztor. Dahinter folgen Sie dem Grasweg hinab und nach links und gelangen an den Eingang der **Kongsvold Fjeldstue**, durch die der Olavsweg hindurchführt: An dem Wegweiser auf den zwei großen, senkrecht aufgestellten Steinplatten halten Sie sich rechts, um zum weißen Hauptgebäude mit der Rezeption zu gelangen (km 17,4).

Kongsvold Fjeldstue, Dovrevegen 3663, 7340 Oppdal, 47 67 06 53, kongsvold@frich.no, www.frich.no/kongsvold-fjeldstue, Mai bis September, einfache Pilgerunterkunft ab NOK 600/Pers., Bed & Breakfast ab NOK 895, Bettwäsche NOK 220, Hotelzimmer (inkl. Frühstück) ab NOK 1.120/Pers., Cafeteria 13:00 bis 17:00 (kleine Speisen). Die alte Poststelle hat ein Restaurant mit exklusiver Küche und bietet Moschusochsen-Safaris und Snøhetta-Ausflüge an (Etappe 20).

Kongsvold fjellhage, Mitte Juni bis Anfang September (keine Führungen), natürlicher Berggarten, durch den Spazierwege an typischen Fjellpflanzen vorbeiführen (erklärende Schilder).

Dovrebahn Reise-Infos von A bis Z, Verkehrsmittel am Weg, ca. 500 m von der Fjeldstue entfernt auf der gegenüberliegenden Seite der E6, Bedarfshalt auf der Strecke Oslo – Trondheim, damit der Zug am Bahnhof Kongsvoll stoppt, müssen die Tickets vorab über www.entur.no oder die entsprechende Smartphone-App gebucht werden.

Etappe 23: Kongsvold Fjeldstue – Ryphusan Refugium

21 km, ca. 6 Std. 45 Min., ↑ 730 m, ↓ 540 m, ⇧ 870-1.314 m

0,0 km	⇧ 900 m	Kongsvold Fjeldstue
3,7 km	⇧ 875 m	Beginn Vårstigen
5,0 km	⇧ 972 m	Aussichtspunkt (Felsvorsprung)
7,6 km	⇧ 950 m	Holzbrücke über Vårstigåa
11,8 km	⇧ 1.129 m	Brücke über den Vårstigåa im Fjell
15,3 km	⇧ 1.314 m	höchster Punkt des Olavsweges
19,2 km	⇧ 1.228 m	Schlagbaum Vinstralsvegen
21,0 km	⇧ 1.105 m	Ryphusan Refugium

Durch einsame Weiten zum Höhepunkt! Freuen Sie sich auf eine Landschaft weitab von allem, was wir als Zivilisation bezeichnen. Die ersten 8 km legen Sie auf einem zum größten Teil schwer begehbaren, historischen Pfad durch das Drivdalen zurück, oberhalb von E6 und dem Fluss Driva. Vom Tal geht es hoch auf den Vesle Elgsjøtangen – höher hinaus kommen Sie auf dem Olavsleden nicht mehr.

Die unvergleichliche Umgebung besticht durch puristische, sanfte Hügel und weite Einsamkeit. Sanft hinab geht es zum urigen Ryphusan Refugium, idyllisch im Tal liegend.

Verlassen Sie das Gelände der Kongsvold Fjellstue durch die Pforte im weißen Zaun bei den roten Holzhäusern mit den Geweihen an der Fassade am nordöstlichen Ende und folgen Sie dem Grasweg für gut 450 m parallel zur E6. Etwa auf Höhe der Zufahrt zum Bahnhof führen Sie die Olavskreuze nach rechts bergauf. Über den niedrigen Zaun mit einfacher Treppe gelangen Sie in dichten Wald, der Pfad führt Sie hinab über einen Bach und geradeaus über einen kreuzenden Weg. Der schmale und oft leicht abschüssige Weg schlängelt sich parallel zur Europastraße auf der Kuppe auf und ab.

Der Pfad wird schwieriger, je tiefer Sie ins **Drivdalen** eindringen: Steile Abschnitte sind bergauf und bergab über größere Steine und Felsplatten zu meistern. Wurzeln und dichter bodennaher, aber auch hüft- bis schulterhoher Bewuchs erschweren das Vorankommen und den Blick auf den Boden – Umknickgefahr! Dazu kommen matschige bis sehr nasse Stellen, Rinnsale und flache Bäche, die auf Steinen überquert werden müssen. Auch ein Baumstamm kann ab und an quer liegen.

Haben Sie einige Kraxeleipassagen entlang des felsigen Fjellbergs Knutshøa hinter sich gebracht – links fällt die Kante zum Fluss Driva z. T. schroff ab –, gelangen Sie an den imposanten **Sprenbekken ❶** (km 1,9), der sich über die Felskante steil in die Tiefe stürzt. Gehen Sie vorsichtig über die Steine im Wasser und in einer steilen Kurve am Sprenbekken hinab, sodass Sie von unten auf den Wasserfall schauen.

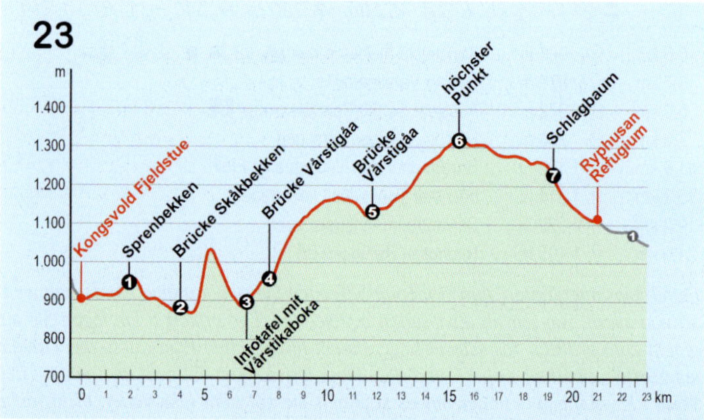

Es geht rechts weiter hinab und erneut auf dem sehr schmalen Pfad auf und ab am Fjellhang entlang, z. T. sehr steil in schmale Kuhlen hinab und direkt wieder hoch. Links von Ihnen geht es schräg runter – ein Wanderstock zum Abstützen ist hier eine große Hilfe. Ein kurzes, sehr steiles Stück bringt Sie schließlich hinab zur E6 (km 3,7).

↳ Gehen Sie links unter der E6 hindurch, um zu einem Parkplatz mit ⩚ Rastmöglichkeiten zu gelangen.

Nach rechts gelangen Sie zum Anfang des historischen **Vårstigen**, einem berüchtigten Abschnitt der „Alten Königsstraße“ durch das Driva-Tal. Auf dem grasbewachsenen Pfad gehen Sie zur Brücke über den wasserfallartig hinabstürzenden Skåkbekken ❷ (km 4) und auf einem leicht begehbaren Weg teils steil, teils lang gezogen nach oben.

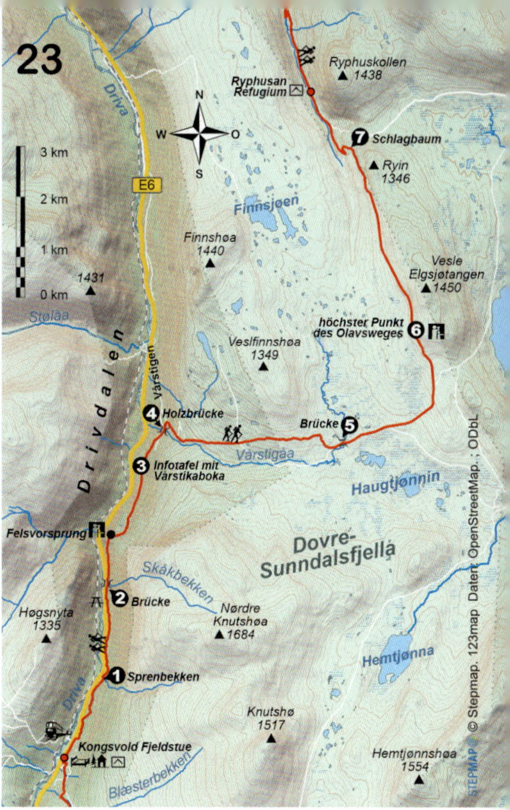

Links und rechts des Weges informieren immer wieder Schilder über die Geschichte des historischen Kongevegen und was sich seit damals verändert hat. Bei der Steinpyramide auf einem Felsvorsprung am linken Wegesrand bietet sich eine atemberaubende Aussicht über das waldbewachsene Driva-Tal tief unter Ihnen. Spektakulär!

Der Olavsweg schwenkt leicht nach rechts und bringt Sie dann in einem Bogen nach links durch lichten Wald bis zu einer schönen Wiese mit einer **Infotafel mit dem Vårstikaboka** ❸ (Tourbuch des Vårstigen) (km 6,7).

Anschließend geht es zunächst leicht, dann steiler berghoch. An der Weggabelung nach der **Holzbrücke über den Fluss Vårstigåa** ❹ (km 7,6) zweigt der Vårstigen links ab. Der Olavsweg führt nach rechts und ein Wegweiser beziffert die Entfernung zum Etappenziel Ryphusan mit 14 km.

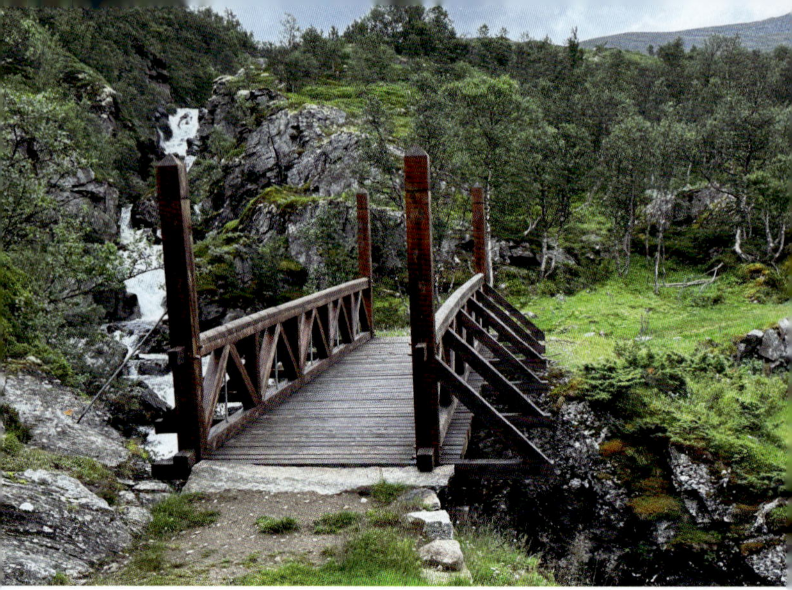

Holzbrücke über den Vårstigåa

Es geht endgültig hinauf ins Kahlfjell. Der schmale Pfad klettert steil durch den Birkenwald nach oben, rechts von Ihnen rauscht der Fluss Vårstigåa. Sobald Sie den Fjellrücken erklommen haben, wird die Steigung geringer und der Weg breiter.

Sie gehen unterhalb einiger Privathütten vorbei und geradeaus in Richtung einer einzelnen, grünen Hütte, an der Sie ebenfalls unterhalb vorbeilaufen. Gut 1,7 km weiter treffen Sie auf eine breitere Fahrspur, der Sie nach links folgen. In der Ferne vor sich können Sie schon den Weg sehen, den Sie noch hochgehen werden.

Eine flache Brücke bringt Sie erneut über den hier oben im Fjell ruhig dahinfließenden Fluss Vårstigåa ❺ (km 11,8). Vor Ihnen liegt nun ein ständiger, aber nicht übermäßig steiler Anstieg von rund 3,5 km Länge bis zum mit 1.314 m **höchsten Punkt des Olavsweges** ❻ (km 15,3), der durch ein kleines Schild am rechten Wegesrand gekennzeichnet ist.

Wunderschöne Aussichten in die einsame, weite Landschaft der Fjells: Auf den wellenförmigen Hügeln und den dazwischenliegenden Tälern ist nichts – keine Straßen, keine Häuser, kein Lärm. Nur ein paar Schafe, Greifvögel und der Wind. Eine der beeindruckendsten Etappen auf dem Olavsweg!

Nach dem Überschreiten des höchsten Punktes verläuft der Weg zunächst fast auf einer Höhe am Fjell entlang, dann sanft abwärts bis zu einem Schlagbaum ❼ (km 19,2), hinter dem Sie auf eine Schotterstraße gelangen. Folgen Sie dem Vinstradalsvegen links in einer S-Kurve bergab bis zum **Ryphusan Refugium** (km 21).

Ryphusan Refugium, Forbregdsetra Vinstradalen, 7340 Oppdal, 91 85 80 93, dagrunforbregd@gmail.com, 10. Juni bis 1. Oktober, 1 Pers. im Bettenlager NOK 250 (Bargeld oder Paypal, keine Reservierung möglich), Schlafsack mitbringen. Es können Kleinigkeiten für ein Mittag-/Abendessen oder das Frühstück erworben werden. Ein traumhaftes Fleckchen Erde, für alle, die das einfache Leben lieben. Der zur Herberge ausgebaute ehemalige Kuhstall rechts vom Fluss und Weg bietet Platz für bis zu zehn Pilgerinnen und Pilger (acht Schlafplätze plus zwei Reservematratzen), zusätzlich ist nebenan ein Zelt mit vier Feldbetten aufgebaut. In der schön hergerichteten Unterkunft finden Sie eine Küchenzeile mit Gas, einen Heizer und hinter dem Refugium ein gutes Plumpsklo. Ein Bad im kalten Fluss und ein Abend am Lagerfeuer machen den Aufenthalt perfekt. Eingeschränkter Mobilfunkempfang (auch zum Ende der Etappe hin), keine Elektrizität, kein fließendes Wasser! Das einfache Refugium ist die einzige Übernachtungsmöglichkeit auf den 36 km zwischen Kongsvold und Oppdal.

Etappe 24: Ryphusan Refugium – Oppdal

28,2 km, ca. 8 Std., ↑ 260 m, ↓ 810 m, ⇧ 489-1.105 m

0,0 km	⇧ 1.105 m	Ryphusan Refugium
4,4 km	⇧ 981 m	Rastplatz Vannkilde
9,1 km	⇧ 828 m	Brücke über die Vinstra
12,3 km	⇧ 717 m	Pilgerkapelle St. Mikael
14,9 km	⇧ 553 m	Smegarden Camping
22,7 km	⇧ 489 m	direkter Weg nach Oppdal
24,7 km	⇧ 618 m	Oppdal kirke
28,2 km	⇧ 556 m	Oppdal BANK

Zurück in die Zivilisation! Es geht raus aus der kargen und deshalb so intensiv wahrgenommenen Landschaft des Dovrefjell. Auf dem breiten Weg mit sanfter Neigung werden Sie die Höhenmeter kaum merken, die Sie von gut 1.100 m auf 556 m hinab zurücklegen. Nur ein kurzes Zwischenspiel bergauf auf die andere Flussseite unterbricht den Weg ins Tal. Über Feld- und Waldwege gelangen Sie nach einer weiteren Steigung zur Oppdal-Kirche, dann sind es keine 4 km mehr ins Zentrum, wo gemütliche Hütten, Einkaufs- und Einkehrmöglichkeiten auf Sie warten.

Gehen Sie vom Refugium aus rechts und auf dem Vinstradalsvegen hinab durch das **Vinstradalen** (Seitental des Drivdalen), begleitet vom gleichnamigen Fluss. Hinter der ⌘ **Stenbua** ❶ (km 1,4), einer historischen Steinhütte, wie sie einst von den Schafhirten genutzt wurde, gehen Sie in einer Serpentine hinab zur

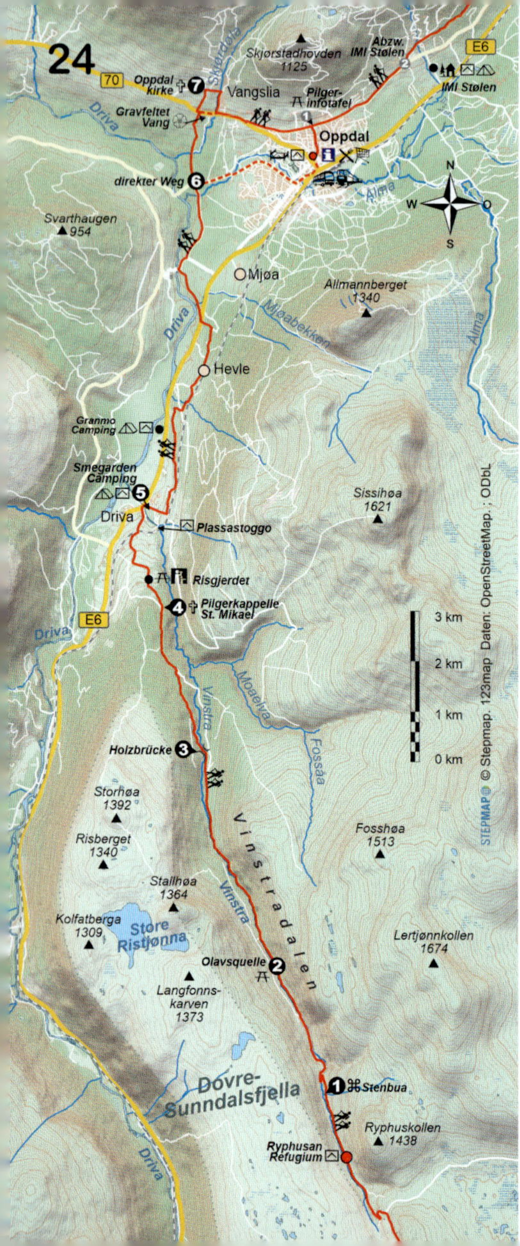

Vinstra und wechseln ans linke Flussufer. Vorbei am rauschenden Stenbukekken geht es nun mit leichter Neigung bergab. Sie wechseln erneut die Uferseite, die Vegetation um Sie herum wird grüner, die Begegnungen mit Schafen und Kühen werden häufiger und Sie erreichen den ⛩ **Rastplatz Vannkilde** an der **Olavsquelle ❷** (km 4,4).

Von dort folgen Sie dem Vinstradalsvegen noch für rund 4,2 km, bis Sie am **Olavswegpfahl „IX“** (km 8,6) links in einen Pfad abbiegen, der Sie über Rinnsale abwärtsführt. Halten Sie sich auf dem Weg links, sodass Sie zur Holzbrücke über den Fluss gelangen ❸ (km 9,1). Gehen Sie am gegenüberliegenden Ufer für ca. 250 m bergauf und folgen Sie dem schmalen Weg oberhalb der Vinstra am z. T. schroff abfallenden Hang entlang.

Nach dem Olavswegpfahl „X“ wird der Weg breiter. Es geht vom Fluss weg aufwärts zum **Aussichtspunkt Limstenberget** und der Weg trifft unterhalb eines Privathauses auf eine Schotterpiste, der Sie nach rechts folgen. Vermehrt finden sich Nadelbäume, Sie blicken hinab ins Tal auf **Oppdal** und stoßen wieder auf den Vinstradalsvegen.

Folgen Sie ihm für ca. 1,2 km nach links und biegen Sie dann am Holzwegweiser rechts auf die steil abfallende Fahrspur ab, die Sie nach wenigen Schritten zur ✝ ⊙ **Kapelle St. Mikael** bringt ❹ (km 12,3). Die kleine, hölzerne Kapelle wurde 2012 geweiht. Sie steht im Sommer immer offen. Der Innenraum ist mit Schiefer verkleidet und der Ausblick durch die Glasfront auf Oppdal und das Tal ist fantastisch.

Gehen Sie links an der Kapelle vorbei. Hinter der Zauntreppe laufen Sie auf dem Pfad ca. 500 m weiter abwärts, bis Sie rechts unter sich ein rotes Farmgebäude (Riskjerdet) sehen. Biegen Sie davor am **Olavswegpfosten „XI"** rechts ab auf die Weide und gehen Sie am Rand hinab zur Farm. Am Ende der Steinmauer laufen Sie nach links über die Zauntreppe und vorbei an einem alten *stabbur*. Am anderen Ende der Farm lädt eine ⩫ Tisch-Bank-Kombination zur Pause mit schönem Ausblick (km 13).

Folgen Sie der Fahrspur von der Farm in einer Linkskurve zurück zum Vinstradalsvegen und laufen Sie auf der breiten Schotterstraße nach rechts hinab. An der nächsten Gabelung halten Sie sich links (Schild Richtung E6) und laufen dann geradeaus vorbei an einer braunen Scheune bis zur Brücke über die Eisenbahngleise (km 14,2).

↳ Auf der gegenüberliegenden Seite zweigt nach rechts ein Schotterweg hinab zur knapp 400 m entfernten ⌂ ⩫ **Plassastoggo** ab, einer idyllisch an der Vinstra gelegenen Holzhütte für Pilgerinnen und Pilger mit Tischbänken davor.

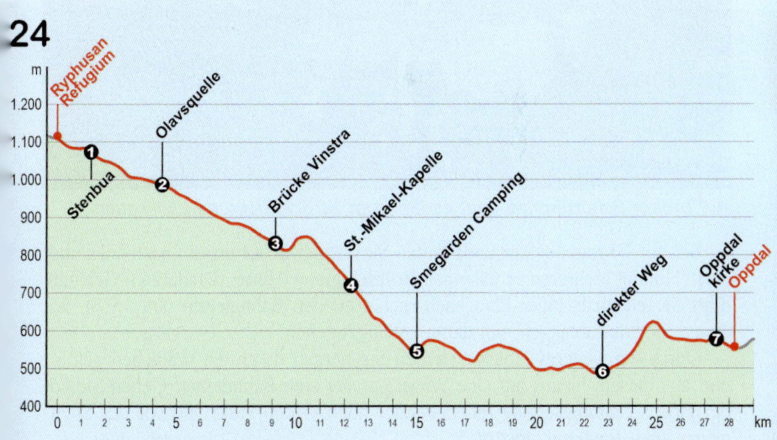

Plassastoggo, 7345 Driva, NOK 150/Pers. (nur Barzahlung), Schlafsack und Isomatte erforderlich. Die einfache Hütte ist unverschlossen (keine Reservierung möglich) und mit zwei Schlafbänken, Holzofen, Kamin und Herd ausgestattet, Trockentoilette außerhalb, Wasser muss aus dem Fluss geholt werden.

Sie laufen nach der Brücke über die Bahngleise auf der nun asphaltierten Straße weiter geradeaus und erreichen nach etwa 450 m den Fußweg an der E6. Laufen Sie nach rechts über die Brücke und dann gleich wieder rechts auf die schmale Straße Losråket vorbei an der Zufahrt zum **Smegarden Camping ❺** (☞ S. 31).

Smegarden Camping, Losråket 12, 7345 Driva, 91 67 47 50, smegarden@oppdal.com, www.smegarden.no, verschiedenen Hütten für bis zu 6 Pers. (kein fließendes Wasser, Gemeinschaftsküche und Bad), NOK 280 bis 500/Pers., Schlafsack mitbringen (Verleih von Bettwäsche), Zelt NOK 170, Rezeption mit kleinem Shop (Süßigkeiten, Eis, Getränke, Fertiggerichte)

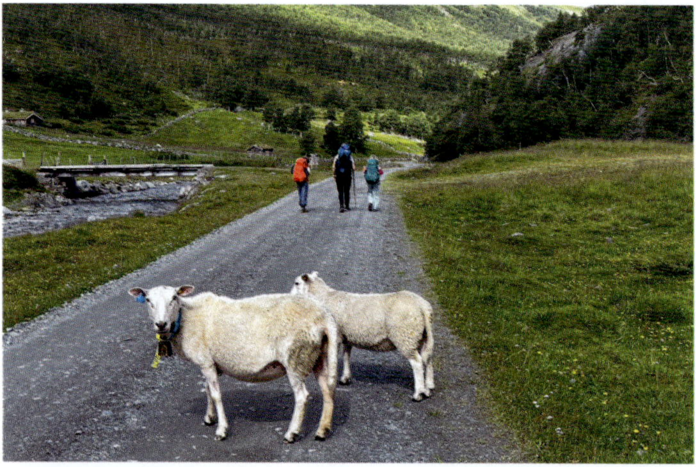

Auf breiter Schotterpiste geht es langsam zurück Richtung Zivilisation

Bei der T-Kreuzung am Ende laufen Sie auf der Schotterpiste nach links über einen Hof mit mehreren verfallenden Holzschuppen. Hinter dem letzten Gebäude führt Sie ein matschiger Pfad nach rechts zu den **Bahngleisen** (km 15,8), vor denen Sie links abbiegen, um daran entlangzugehen.

Durch ein weiteres Holztor werden Sie bergab durch ein Wäldchen geführt und aus diesem hinaus auf eine Wiese parallel zum Bahndamm. Gehen Sie vor der Hochspannungsleitung rechts wieder hoch in den Wald und vor der Steinmauer links durch ein Holztor.

↳ Sie passieren den Wegweiser, der auf den nach links abzweigenden, stark zugewachsenen Pfad zum ⛺ 🏠 **Granmo Camping** in etwa 400 m Entfernung an der E6 hinweist.

⛺🏠 **Granmo Camping**, Dovreveien 638, 7345 Driva, 📱 99 64 29 47, ✉ grancamp@online.no, 💻 www.granmocamping.no, ca. 400 m vom Olavsweg entfernt, Hütten ab NOK 600 (inkl. Bettwäsche), Zelt NOK 170 (inkl. 2 Pers.)

Sie laufen durch den Wald bis zur nächsten Wiese und an deren Rand unter der Stromleitung entlang, biegen aber schon nach 100 m wieder links in den Wald ab. Der Pfad schlängelt sich leicht begehbar durch den Wald, am Olavswegpfosten „XIV" halten Sie sich vor der Steinmauer links und laufen dann gerade über die kreuzende Schotterstraße (Håggåvegen).

Der Pfad trifft auf einen breiteren Schotterweg, der Sie nach links leicht aufsteigend zu einer Wiese bringt, an deren oberen Ende Sie erneut am Bahndamm entlanglaufen. Nach 200 m kehren Sie den Bahnschienen den Rücken und laufen nach links durch das Tor hinab und über das Gelände einer Farm mit mehreren Gebäuden. Halten Sie sich auf dem Hof rechts und folgen Sie dem Schotterweg geradeaus, die nach rechts und links abzweigenden Zufahrten können Sie ignorieren.

Bei der T-Kreuzung am Ende laufen Sie auf dem Dovrevegen nach links bis zur E6 (km 19,7). Überqueren Sie diese vorsichtig und folgen Sie dem Fuß- und Radweg für etwa 200 m nach rechts, dann biegen Sie vor den Wohnhäusern beim Olavswegpfahl „XV" links in die Schotterstraße Krossvegen ein.

Nach knapp 1 km zweigt nach links eine **Straßenbrücke über die Driva** ab. Hier wenden Sie sich nach rechts und folgen der breiten Piste für knapp 300 m leicht bergauf, bis in einer Kurve nach links der Ålmvegen abzweigt (blaues Schild „Pilegrimsleia").

Es geht leicht auf und ab durch einen teilweise von Feldern unterbrochenen Wald. Da Sie auch den örtlichen Recyclinghof passieren (Miljøstasjon), herrscht erstaunlich viel Verkehr. Nach der Zufahrt laufen Sie auf der Asphaltstraße weiter geradeaus und treffen knapp 300 m nach der Brücke über den Fluss Ålma auf die Asphaltstraße Vikavegen, die Sie überqueren ❻ (km 22,7).

↳ Am gegenüberliegenden Straßenrand informiert Sie eine Pilgerinfotafel über die beiden alternativen Optionen für den folgenden Streckenabschnitt. Dem Vikavegen nach rechts folgend gelangen Sie nach 3 km direkt ins Stadtzentrum von Oppdal.

Für den Abstecher zur ✝ Kirche laufen Sie geradeaus weiter, vorbei am Reitcenter und Hundeübungsplatz. Nachdem Sie den Skjørdøla, einen schmalen Seitenbach der Driva, überquert haben, wird der Weg steiler und hinter dem Zaun am rechten Wegesrand liegen die ❀ **Grabhügel von Vang** (km 24). Es zählt zu den größten Grabfeldern Norwegens und Archäologinnen und Archäologen

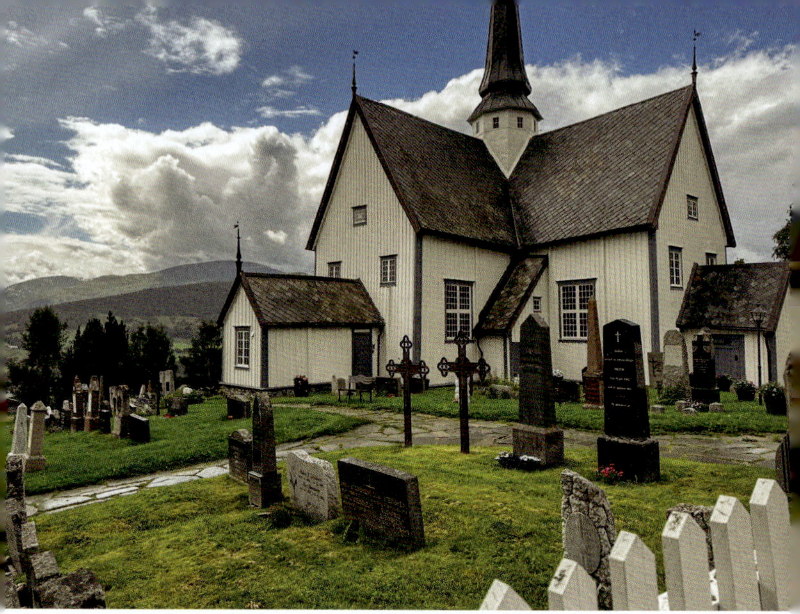

Oppdal kirke

haben um 800 Grabhügel registriert, von denen die meisten aus der Wikingerzeit stammen. Schöne Spazierwege führen durch die naturbelassene Landschaft. Sie stoßen kurz darauf auf die Asphaltstraße Prestbakkan/Sunndalsvegen (km 24,2).

↳ Falls Sie es sich anderes überlegt haben und die Kirche doch nicht besuchen wollen, können Sie hier rechts direkt ins Stadtzentrum laufen und „sparen“ ca. 1,3 km.

Überqueren Sie die Straße und laufen Sie auf dem Fußweg kurz nach links, um dann bei den Schildern „Oppdal kirke“ und „Vangslia“ (Skicenter) rechts in den Kjerkvegen abzubiegen. Es geht steil für ca. 450 m nach oben bis zur Kreuzung, an der die Straße ↳ nach links zur ✞ ⊙ **Oppdal kirke** mit dem Meilenstein „153 km til Nidaros“ abzweigt ❼. Der Olavsweg biegt an der Kreuzung rechts ab.

✞ **Oppdal kirke**. Die kreuzförmige Kirche wurde 1651 geweiht und ist außen holzverkleidet. Allen Renovierungen trotzten das prächtige Altarbild und die Kanzel aus dem Jahr 1654: Sie sind im reich mit Farben und Schnitzereien verzierten Innenraum noch zu finden.

♦ Kjerkvegen (Gemeinde: Aunevegen 22), 7340 Oppdal, ☎ 72 40 42 90, kirkevergen@oppdal.kirken.no, post@oppdal.kirken.no, www.oppdal.kirken.no, Ende Juni bis Mitte August tgl. 10:00 bis 20:00, Mitte bis Ende Juni und Mitte August bis Mitte September Mo bis Fr 10:00 bis 16:00

Folgen Sie dem Schotterweg leicht abwärts an Holzbungalows und Appartements vorbei (Oppdal ist ein beliebtes Skigebiet). Nach einer Holzbrücke stoßen Sie auf einen Schotterweg, der Sie steil hinab wieder zum Sunndalsvegen zurückbringt (km 25,5).

Wenden Sie sich nach links und bleiben Sie ca. 650 m auf dem Fußweg, dann biegen Sie links hoch in den Gamle Kongeveg ab.

Nach ca. 700 m beginnt ein Fußweg, dem Sie folgen, bis Sie auf der linken Straßenseite den Hinweis auf das Oppdal-Skicenter und die Seilbahn sehen. Gut 100 m nach der Kreuzung mit dem Bjerkevegen biegen Sie bei der Pilgerbank an der Infotafel nach rechts auf den Fußweg ab (km 27,5), um den Olavsweg vorübergehend zu verlassen.

Laufen Sie am kommunalen Gesundheitszentrum vorbei bis zur Einmündung in den Luvegen. Laufen Sie hier ein paar Schritte nach links und biegen Sie gleich rechts in den Røddesnesvegen ab. An der T-Kreuzung am Ende laufen Sie auf dem Aunevegen nach rechts zur Zufahrt mit der **Rezeption der Vekve Hyttetun** (km 28,2).

Um ins Zentrum von Oppdal mit den Einkaufs-, Einkehr und weiteren Übernachtungsmöglichkeiten zu gelangen, wenden Sie sich auf dem Aunevegen erst nach links und an der T-Kreuzung auf der Rückseite des Einkaufszentrums rechts.

Oppdal

Oppdal Turistkontor, O. Skasliens veg 1, 7340 Oppdal, 47 46 72 30, post@visit-oppdal.com, www.oppdal.com, Mo bis Fr 9:00 bis 14:00, Sa/So 9:00 bis 15:00

Opdal Gjestetun Hotell, Ola Setroms veg 39, 7340 Oppdal, 90 57 40 20, gjestetunet@oppdal.as, https://oppdalgjestetun.business.site, ca. 1,2 km vom Olavsweg entfernt, DZ ab ca. NOK 1.200 (inkl. Frühstück)

Vekve Hyttetun, Aunevegen 10, 7340 Oppdal, 91 38 77 43, post@vekvehyttetun.no, www.vekvehyttetun.no, ca. 500 m vom Olavsweg entfernt, Hütten mit Bad, Küche, TV, WLAN für 1/2/3-4 Pers. ab NOK 650/900/1.000 (eigener Schlafsack), Bettwäsche NOK 150, vorher reservieren, in der Hauptsaison gerne ausgebucht

Einkaufszentrum Domus, Aunevegen 3, 7340 Oppdal, www.domusoppdal.no, Mo bis Fr 9:00 bis 20:00, Sa 9:00 bis 18:00, u. a. Coop megamarkt, Mo bis Fr 7:00 bis 22:00, Sa 7:00 bis 20:00, So 10:00 bis 20:00

Dovrebahn und Lavprisekspressen Reise-Infos von A bis Z, Verkehrsmittel am Weg

Oppdal Taxi, 72 42 12 05

Oppdal blickt auf eine lange Tradition im Wintersport zurück und zählt zu den begehrtesten Winterreisezielen der Norwegerinnen und Norweger sowohl für Abfahrt wie auch Langlauf. Im Sommer ist es ein Paradies für Outdoor-Aktivitäten wie Rafting, Canyoning, Wandern und Radfahren.

Etappe 25: Oppdal – Hæverstølen

24,3 km, ca. 6 Std. 45 Min., ↑ 310 m, ↓ 330 m, ⇧ 530-690 m

0,0 km	⇧ 556 m	Oppdal
3,1 km	⇧ 610 m	Abzweig IMI Stølen
5,2 km	⇧ 654 m	Unterstand Guriberget
9,5 km	⇧ 631 m	Pilgerbänke Stavåa
12,9 km	⇧ 621 m	Abzweigung Fagerhaugen
18,7 km	⇧ 584 m	Infotafeln Rennebu-Kommune
21,9 km	⇧ 625 m	Langklopp Fjellgård
24,3 km	⇧ 532 m	Hæverstølen

Über den Alten Königsweg! Eine leichte, fast eintönige Etappe, denn von Oppdal an folgen Sie dem Gamle Kongeveg – zunächst der Straße, dann dem schönen Feldweg (Kongeveien). Es geht oberhalb des Tals immer geradeaus, wellenförmig ohne steile Steigungen. Trotz seltener Markierungen ist Verlaufen also unmöglich. Wald und Felder wechseln sich mit einzelnen Häusern ab, am Ende wartet ein schönes Fleckchen Erde auf Sie.

Gehen Sie die vom Vortag bekannte Strecke zurück zum Olavsweg und biegen Sie bei der Rastbank an der Pilgerinfotafel ❶ (km 0,7) nach rechts ab auf den Gamle Kongeveg. Nach knapp 700 m beginnt ein Fuß- und Radweg neben der Leitplanke. Sie lassen so langsam die letzten Häuser und Ski- und Ferienappartements hinter sich und zur Rechten schweift der Blick über Felder und Weiden hinweg ins Tal. Am Ende des Fußweges neben der Leitplanke schickt Sie der blaue Wegweiser „Pilgrimsleia“ nach links die Straße Gardåvegen leicht bergauf ❷ (km 3,1).

Zum IMI Stølen gehen Sie auf dem Gamle Kongeveg für etwa 500 m weiter geradeaus, um dann rechts auf den Nedre Stølsvegen abzubiegen.

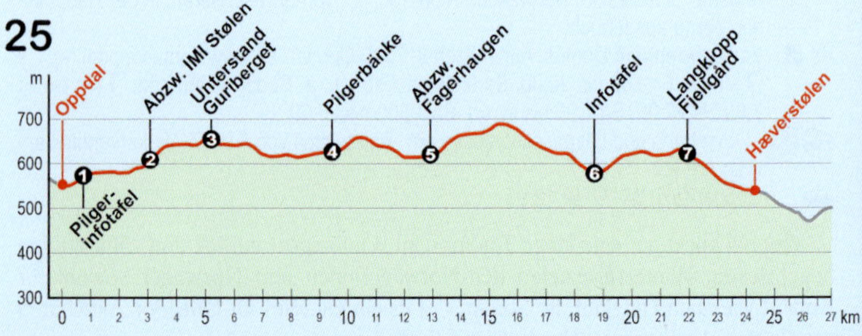

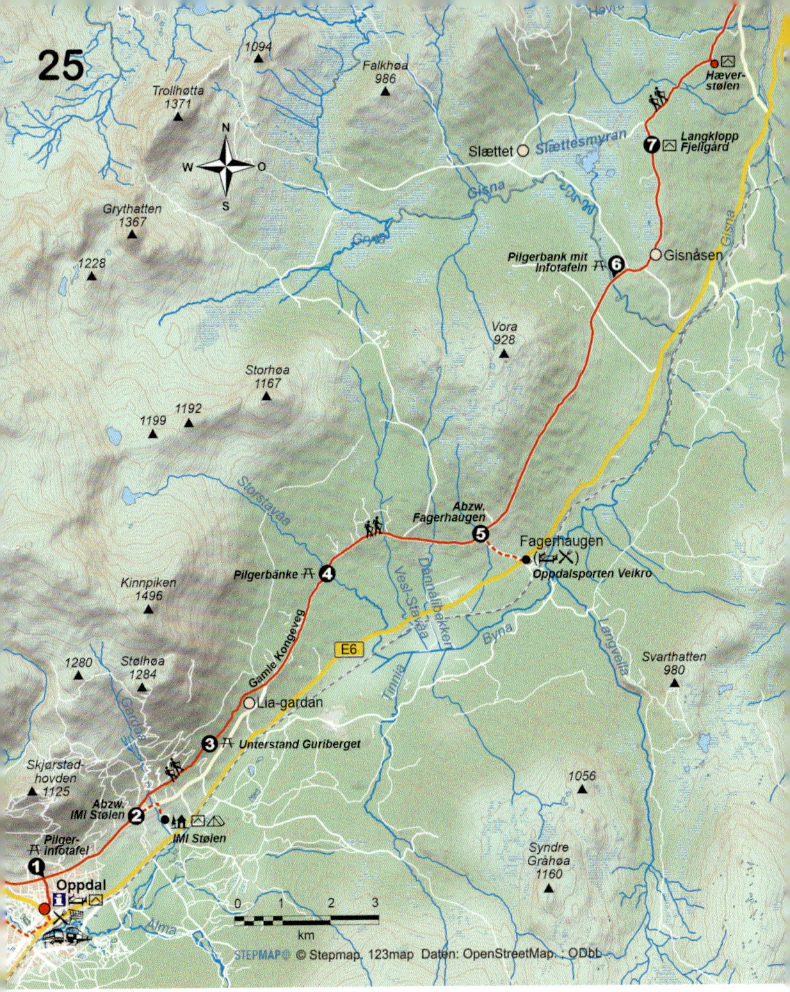

IMI Stølen, Nedre Stølsvegen 36, 7340 Oppdal, ☏ 72 42 13 70, post@imi-stolen.no, www.imi-stolen.no, ca. 900 m vom Olavsweg entfernt, DZ ohne/mit eigenem Bad ab NOK 650/760, einfache Campinghütte ohne fließend Wasser ab NOK 540 zzgl. NOK 45/Pers. für Bettwäsche, Zelt NOK 160, Übernachtungsmöglichkeit in Zimmern, Hütten oder auf dem Campingplatz unter Regie der Normisjon, einer evangelisch-lutherischen Missionsorganisation

Die Steigung nimmt etwas zu und an der Gabelung, die Sie erreichen, nachdem Sie die Skiappartements Oppdal Alpintun hinter sich gelassen haben, laufen Sie unterhalb des Parkplatzes an der Infotafel zum Gudbradsdalsleden (km 3,7) weiter auf dem Feldweg geradeaus. Der grasüberwachsene Pfad bringt Sie in leichtem Auf und Ab, aber immer parallel zum Tal durch ein lichtes Wäldchen zum Ѫ **Unterstand Guriberget** mit Sitzmöglichkeiten und schöner Aussicht ins Tal ❸ (km 5,2).

Der breite Weg wird schmaler und führt Sie durch mehrere Holztore hindurch weiter an Farmen, Weiden und Bäumen vorbei. Sie gelangen an eine Häuseransammlung, gehen dort über den Bach Liabekken und stoßen auf einen breiten Weg, dem Sie nach rechts folgen. Sie treffen auf eine Schotterstraße, an der Sie wieder rechts hinabgehen. Ein kurzes Stück bergauf bringt Sie an einzelnen Häusern vorbei, über einen Bach und geradeaus über einen kreuzenden Weg. Sie stoßen wieder auf die breite Straße Gamle Kongeveg (km 6,9) und folgen dieser links: Es geht leicht bergauf und bergab, nur selten etwas steiler.

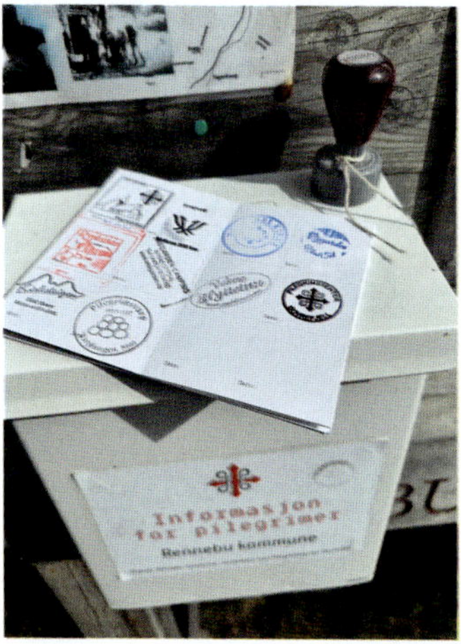

Pilgerbox der Rennebu-Kommune

Nach rund 2,6 km überquert die Straße den Bach Stavåa (Olavswegpfosten „XXIV") und zwei Ѫ Pilgerbänke bieten Gelegenheit zu einer Pause. Laut Aushang während der Recherchetour im Herbst 2023 ist hier für die Zukunft die Errichtung eines Servicegebäudes für Pilgerinnen und Pilger geplant ❹ (km 9,5).

Sie folgen weiter stets dem Gamle Kongeveg mehr oder weniger auf einer Höhe geradeaus, lassen den abzweigenden Grytdalsvegen links und den Løkkjvegen rechts liegen ❺ (km 12,9).

↳ Auf dem Løkkjvegen gelangen Sie nach knapp 1 km hinunter zum Motel an der E6 in Fagerhaugen.

(🛏 ✕) **Oppdalsporten Veikro**, Trondheimsvegen 1220, 7347 Fagerhaug/Oppdal, 📱 90 36 73 99, ✉ oppdalsporten@oppdal.as, Motel und Restaurant ca. 1 km vom Olavsweg entfernt, zur Zeit der Recherche wurde das Motel nach einem Eigentümerwechsel gerade renoviert, aktuelle Informationen zu Öffnungszeiten und Preisen finden Sie unter 💻 https://www.facebook.com/profile.php?id=61551986736594.

Geradeaus weiter gelangen Sie nach rund 5,7 km an den Fluss Gisna, der die Grenze zwischen den Gemeinden Oppdal und Rennebu markiert. Am gegenüberliegenden Ufer erwarten Sie am Straßenrand eine **Pilgerbank mit Infotafeln der Rennebu-Kommune ❻**. In der Box gibt es auch einen ⊙ Stempel für den Pilgerpass und es trennen Sie noch etwa 5,6 km vom Etappenziel.

Die erste Möglichkeit zur Übernachtung bietet der **Langklopp Fjellgård ❼**, ein Reitbauernhof, dessen Zufahrt Sie nach rund 3,3 km erreichen.

Langklopp Fjellgård, 7397 Rennebu, 93 62 68 03, siweye1@gmail.com, https://langklopp.webnode.page, Juni bis August (oder nach Voranmeldung), NOK 600/Pers., Preis inkl. Abendessen, Frühstück und Lunchpaket. Der Reit- und Bergbauernhof bietet hausgemachte Speisen an. Es wird um Reservierung gebeten.

Noch einmal 2,2 km weiter ist der Hof **Hæverstølen gardstun** erreicht. Gehen Sie rechts durch den Zaun zu den braunen Holzhütten mit Grasdach und quer hindurch. Das Olavswegzeichen weist Sie zwischen zwei Hütten hindurch, am Hang liegt die urige Pilgerunterkunft (km 24,3).

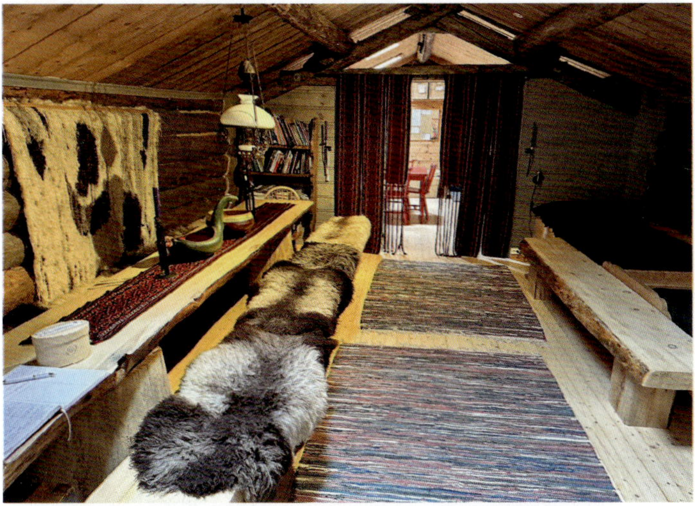

In der Pilgerherberge Hæverstølen

Hæverstølen, 7397 Rennebu, 90 66 75 91 oder 47 17 55 25, unni.larsen58@gmail.com, www.haaggaan.com, Bett im *sælehus* NOK 350, Schlafsack mitbringen, Bettwäsche NOK 100, Gemeinschaftsküche, Bad in anderem Gebäude (Dusche NOK 20), Waschmaschine NOK 20, WLAN, es steht eine Auswahl an Speisen, Snacks und Getränken zum Verkauf, nur Barzahlung. Neben sieben Betten im Pilgerhaus stellen die hilfsbereiten Gastgeber Børge Dahle und Unni Larsen zusätzlich Schlafplätze in den anderen Häusern des Hofs zur Verfügung (insg. 20 Betten), es ist eine Vorabbuchung erforderlich, dabei erhält man auch den Zahlencode für den Schlüsseltresor. Die Ansammlung der alten Holzhäuser aus dem 17. Jh. liegt idyllisch auf einer Kuppe: Von der für Pilgerinnen und Pilger hergerichteten Hütte, eine Rekonstruktion eines *sælehus* (mittelalterliche Pilgerunterkunft), haben Sie eine umwerfende Sicht über das Tal und die umliegenden Berge. In dem lang gezogenen, zweigeteilten Raum finden Sie urige Betten, einen langen Holztisch, eine kleine Bibliothek sowie eine voll ausgestattete Küche und gefüllte Kühlschränke mit Allerlei zum Kaufen. Die kernige Einrichtung mit Fellen und Teppichen schafft eine heimelige Atmosphäre

Etappe 26: Hæverstølen – Meslo gård

18,4 km, ca. 5 Std. 30 Min., ↑ 320 m, ↓ 610 m, ⇧ 230-532 m

0,0 km	⇧ 532 m	Hæverstølen
2,8 km	⇧ 496 m	Abzweigung Gjesteheim Havdal
7,6 km	⇧ 517 m	Rasthütte
11,2 km	⇧ 283 m	Beginn der Alternativstrecke am Orkla Westufer
13,6 km	⇧ 385 m	Brücke bei verfallener Rasthütte
14,8 km	⇧ 323 m	Olavskleiva
18,4 km	⇧ 241 m	Meslo gård

Wahlweise! Gleich an zwei Stellen haben Sie die Möglichkeit, entweder dem originalen Pfad zu folgen oder eine leichtere Alternativroute zu nehmen. Zunächst geht es auf dem Gamle Kongeveg weiter durch Wald, Feld und über Landstraße. Nach ca. 10 km nehmen Sie einen kurzen Abschnitt steil hinab durch die Bäume oder gehen auf dem Waldweg drum herum. An der Orkla entscheiden Sie sich dann für eine Flussseite: Am Westufer gehen Sie gemächlich am Fluss entlang, der

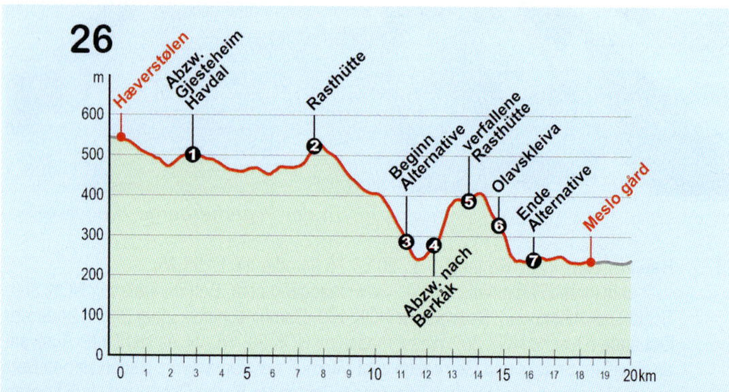

Originalweg auf der Ostseite bringt Sie über Waldpfade steil nach oben – zu schönen Aussichten! Wieder im Tal sind es noch 2 km, die letzten Meter verlaufen auf der Landstraße zu den urigen Meslo-Hütten.

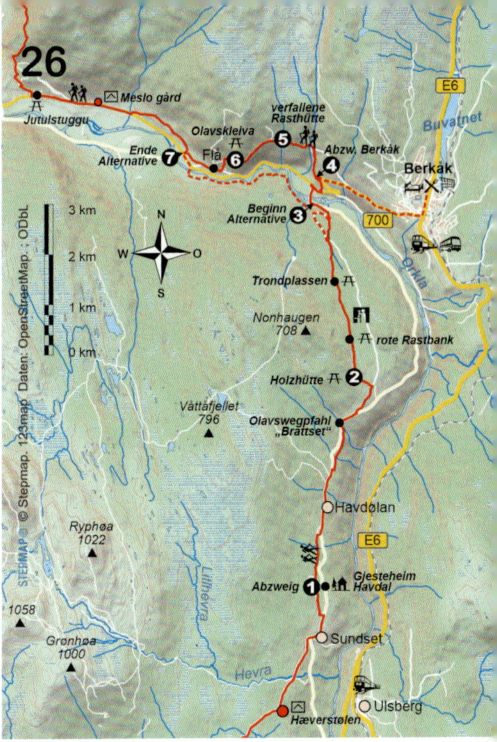

Gehen Sie auf dem Gamle Kongeveg weiter, es geht abwärts. Sie überqueren den Fluss Hevra, kurz hinter diesem laufen Sie nun bergauf vorbei an mehreren Häusern und haben wieder Sicht auf die Weiden und Felder auf der anderen Seite des Tals. Auf dem Königsweg stoßen Sie nach 1,6 km auf eine Asphaltstraße (Rennebuskogen), der Sie für gut 500 m nach links folgen. Biegen Sie dann links in den Feldweg nach oben ab (blaues „Pilegrimsleien"-Schild). Halten Sie sich rechts und gehen Sie in der **Einfahrt zwischen den blauen und gelben Häusern** hindurch und auf dem Graspfad an der Sitzbank vorbei durch ein Holztor in den Wald hinein.

↳ Sie überqueren auf dem Waldpfad einen Kiesweg, der nach rechts zum Gjesteheim Havdal führt ❶.

Gjesteheim Havdal, Rennebuskogen, 7397 Rennebu, 97 47 95 93, info.havdal@gmail.com, www.gjesteheimhavdal.com, ca. 200 m vom Olavsweg entfernt, zur Pension umgebaute ehemalige Schule, 1 Pers. NOK 645, 2 Pers. NOK 945, 3 Pers. NOK 1.245 (alle Zimmer mit eigenem Bad), Preise inkl. Frühstück und Lunchpaket, Bettwäsche, Handtücher, WLAN, Abendessen nach Voranmeldung, keine Selbstversorgung möglich, Waschmaschine

Sie folgen weiter dem einfach zu laufenden Weg neben dem Zaun, passieren eine Rastbank und kommen zurück auf die asphaltierte Straße Rennebuskogen (km 3,9). Folgen Sie ihr für etwa 1,3 km nach links und biegen Sie dann vor der Linkskurve nach rechts von der Straße ab.

Der schmale Pfad führt Sie über Wurzeln, einen Bach und eine Wiese, hinter der es wieder in den Wald hineingeht. Am rechten Wegesrand finden Sie eine erste aufklappbare Holztafel, die in englischer Sprache über die örtlichen Besonderheiten informiert.

☺ Auf der heutigen Etappe finden Sie noch zahlreiche solcher Holztafeln, die über Flora und Fauna der Region sowie über ehemalige Farmen, von denen z. T. noch Steinmauern zu sehen sind, informieren.

Sie gehen ansteigend über einen weiteren Bach und gelangen zurück an die Straße Rennebuskogen mit dem Olavswegpfahl „Brattset" (km 6,3). Folgen Sie ihr für gut 300 m nach rechts.

Biegen Sie dann links auf die breite Schotterpiste ab, die Sie für gut 650 m an Farmgebäuden vorbeiführt, dann lotsen Sie die Olavskreuze auf einen schmalen Pfad, der steil durch den Wald hinauf zu einer schmaleren Schotterpiste führt. Folgen Sie ihr nach links in den Wald. Sie erreichen eine kleine ⩩ **Holzhütte** (ein Raum mit einem Sofa und Stühlen), die Pilgerinnen und Pilgern für die Dauer einer Rast ein Dach über dem Kopf bietet, und auch eine Trockentoilette gibt es ❷ (km 7,6).

Anschließend bringt Sie eine Brücke über den schmalen Fluss Kvennakloppa und nach dem nächsten Tor im Zaun geht es auf einem breiten Weg absteigend (meist leicht, selten steiler) durch den Wald. Unterwegs lädt eine erste rote ⩩ Rastbank am Wegesrand zum Verschnaufen ein und es bieten sich tolle Aussichten über die baumbesetzten Waldhänge.

Nach der nächsten roten ⩩ Sitzbank erreichen Sie das Infoschild „Trondplassen", das über die ehemalige Hofstätte informiert (km 9,6), und treffen dahinter bald auf die Kurve einer Schotterstraße. Laufen Sie weiter geradeaus bis zur nächsten T-Kreuzung (km 10,3). Dort führt Sie die Markierung halb rechts auf den schmalen **Hohlweg Gammelgræva**, der parallel zum Bach steil durch den Wald hinabführt, und eventuell ist auch der ein oder andere umgestürzte Baumstamm zu überklettern.

↳ Der fordernde Pfad ist gut 450 m lang und bei trockenem Wetter recht gut zu meistern. Bei nasser Witterung können Sie als leichte Alternative (ca. 1,1 km, nicht markiert) an der zuvor erwähnten T-Kreuzung auf der Schotterpiste nach links um den anspruchsvollen Waldabschnitt herumlaufen.

Am Ende stoßen Sie wieder auf den Schotterweg, dem Sie nach links rund 350 m hinab zur Straße Rennebuskogen folgen. Sich dort nach links wendend eröffnet Ihnen das Infoschild 100 m weiter vor der Kurve zur Straßenbrücke über die Orkla die nächste Wahlmöglichkeit ❸ (km 11,2). Die **Originalroute** verläuft auf der Ostseite des Orkla-Flusses – steil bergauf gelangen Sie zu schönen Aussichten oberhalb von Fluss und Tal, auch bergab ist es steil.

↳ Der **einfachere und kürzere Alternativweg** (ca. 3,6 km statt 4,8 km) führt ohne viele Höhenmeter am Westufer des Orkla-Flusses entlang. Nehmen Sie dazu den nach links abzweigenden, breiten Weg vor der Brücke weiter. Gehen Sie durch das braune Holztor und entlang der Orkla an dem ersten von insgesamt vier ⚲ Angelunterständen vorbei. Der Weg wird schmaler und schlängelt sich mal auf und mal ab durch lichten Wald, mal näher und mal weiter weg vom Flussufer.

Es gibt nur eine Stelle, die Sie nicht verpassen dürfen: An der Kreuzung mit dem handgeschriebenen **Schild „Nedre-Grense Nersetra"** gehen Sie links hoch (weg vom Fluss) und nicht weiter auf dem Weg geradeaus (dieser führt als Sackgasse zum zweiten ⚲ Anglerunterstand). Sie gehen durch ein Holztor und auf dem schmalen Pfad über eine breite Weidewiese – rechts finden Sie wieder die Orkla, links von Ihnen eine ganz steile Felswand. Gehen Sie an der Scheune des alten Hofs Berget (Infoschild) vorbei, durch ein Tor und weiter auf dem Weg geradeaus an den verbleibenden ⚲ Anglerunterständen vorbei.

Sie gelangen schließlich zu den Gebäuden eines größeren Holzbetriebs, eingezäunten Weiden und zum runden Vorplatz eines gepflegten Grundstücks mit großen Wohngebäuden darauf. Gehen Sie vor dem weißen Haus auf einem Graspfad rechts hinab zu den weißen Pfeilern der Brücke, die Sie über die Orkla bringt. Am gegenüberliegenden Ufer stoßen Sie auf die breite Straße Orkdalsveien, der Sie für knapp 300 m nach links folgen. An der Kreuzung hinter der nächsten Bushaltestelle biegen Sie dann rechts ein und treffen wieder auf die Hauptroute.

Gehen Sie rechts am Schild vorbei, auf der Brücke über die breite **Orkla** (km 11,4) und hinauf zur vergleichsweise stark befahrenen Landstraße 700 (Orkdalsveien), auf der Sie ca. 250 m nach rechts laufen. Nehmen Sie dann am blauen Pilegrimsleia-Schild den schmalen Pfad nach links steil hinauf in den Wald. Der Pfad kürzt auf direktem Weg eine weite Kurve der Landstraße ab. Laufen Sie auf dieser für knapp 200 m nach links und biegen Sie am Beginn der nächsten Straßenkurve links ab durch das Holztor unter der Hochspannungsleitung ❹.

↳ Wenn Sie dem Orkdalsveien weiter bergauf folgen, erreichen Sie nach ➲ ca. 2 km Berkåk, die Hauptgemeinde der Kommune Rennebu.

Berkåk

Mjuklia Gjestegård, Mjukliveien 15, 7391 Rennebu, ☎ 72 42 82 30, ✉ post@mjuklia.no, 💻 www.mjuklia.no, ca. 3 km vom Olavsweg entfernt, EZ NOK 950, DZ NOK 1.200, Lunchpaket NOK 65, großes Gästehaus mit 1- bis 4-Personen-Zimmern, ✋ Unterkunft nur nach Vorankündigung, 🚗

Extra Berkåk, Paralellveien 8, 7391 Rennebu, 🚪 Mo bis Sa 7:00 bis 23:00, So 14:00 bis 20:00

♦ **Rema 1000**, Myrveien 6, 7391 Rennebu, 🚪 Mo bis Sa 7:00 bis 23:00, So 14:00 bis 20:00

Dovrebahn ☞ Reise-Infos von A bis Z, Verkehrsmittel am Weg

Der Pfad schlängelt sich am dicht bewachsenen Hang entlang, dann steil nach oben. Gehen Sie über eine Wiese weiter hinauf, dann wieder durch den Wald bis zur Zauntreppe, hinter der Sie links gehen. Der nach oben führende Trampelpfad bringt Sie auf einen breiten Waldweg, auf dem Sie nach links hinab zur Brücke und durch das Holztor gehen.

Folgen Sie dem Waldweg leicht ansteigend nach oben Richtung Sliper gård. Gehen Sie vor den Gebäuden rechts hoch durch ein Holztor auf die Weide und am Zaun oberhalb des Bauernhofs entlang. Ein weiteres Holztor bringt Sie auf einen schmalen Pfad, der Sie aufwärts durch den Wald zur Brücke über den schmalen Fluss bringt ❺ (km 13,6).

Vorbei an einem desolaten Holzunterstand, der aufgrund des eingestürzten Daches aber wenig einladend ist, gehen Sie auf dem Weg erst mit leichter, dann mit steiler Steigung nach oben, bis Sie auf einen breiteren Waldweg treffen. Laufen Sie links, durch das Holztor und über eine Kuhweide, die Sie durch ein weiteres Holztor verlassen. Auf dem breiten Weg geht es nun bergab – meist auf leicht absteigenden Wegen, aber auch steilere Passagen sind dabei. Da Sie am Berghang entlanglaufen, haben Sie durch die Bäume immer wieder schöne Blicke auf die Orkla und Sie erreichen den **Platz Olavskleiva**, wo eine ⊼ Bank und als Stühle platzierte Baumstämme bereitstehen ❻ (km 14,8). Laut Legende soll es sich bei den vier Scharten auf der Spitze des Felsen um die Abdrücke der Hufe von Olavs Pferd handeln.

☹ Der anschließende Wegabschnitt bis zum Etappenziel war auf der Recherchetour im Sommer 2023 der am schlechtesten markierte Streckenabschnitt des gesamten Olavsweges und oft waren die in die Jahre gekommenen, verwitterten Olavskreuze erst im letzten Moment zu entdecken.

An der Gabelung 200 m weiter laufen Sie in einer Linkskurve recht steil bergab. Direkt nach dem Holztor oberhalb eines Hauses laufen Sie rechts und vorbei an einem roten Gebäude auf die Schotterstraße und dort weiter nach rechts (km 15,3). Sie laufen nun oberhalb von und parallel zum Fluss und Orkdalsveien weiter, vorbei an mehreren Höfen. An der Zufahrt zu einem größeren Gehöft nach rund 350 m biegen Sie rechts auf einen schmalen Pfad ab, der Sie über eine Wiese auf eine Schotterpiste knapp oberhalb des Orkdalsveien führt ❼ (hier kommt von links die alternative Route, die am Westufer der Orkla entlanggeführt hat) (km 16,1).

Laufen Sie nach rechts leicht bergan bis zum nächsten Hof. Davor führt Sie das Olavskreuz auf einen Pfad am Feldrand entlang und weiter bis zum nächsten Hof, wo Sie vorbei an der Schaukel im Garten auf eine Schotterpiste treffen. Dort wenden Sie sich nach rechts bergan. Nachdem Sie den nächsten Hof hinter sich gelassen haben, laufen Sie auf der Schotterpiste nach links hinunter zum Orkdalsveien. Folgen Sie dieser Straße für die verbleibenden 700 m nach rechts (Vorsicht, Verkehr!).

Sie stehen an der Zufahrt der ⌂ **Herberge Meslo** mit einem Infoschild und Rastbank. Gehen Sie die Einfahrt hoch zum weißen Haupthaus der Gastgeberin, die Holzhütten für Pilgerinnen und Pilger finden Sie rechts dahinter (km 18,4).

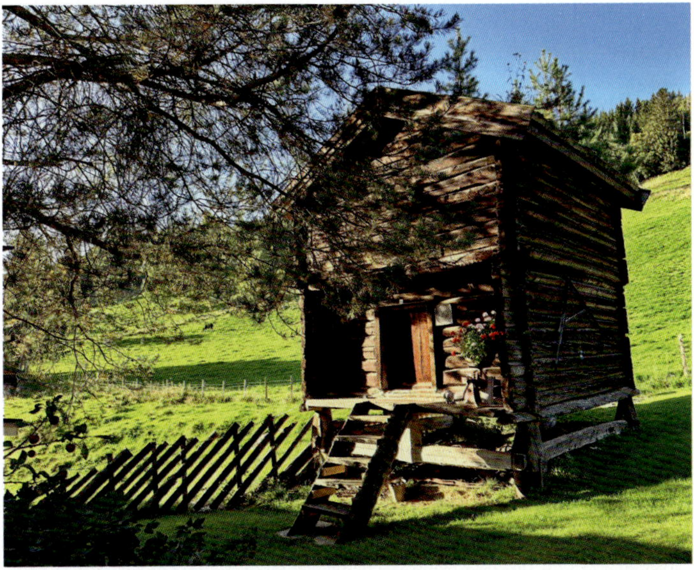

Meslo gård

⌂ **Meslo gård**, Orkdalsveien 848, 7392 Rennebu, 90 96 01 90, ingridmeslo@hotmail.com, www.facebook.com/levendegard, insgesamt 20 Betten in unterschiedlichen Gebäuden, NOK 350/Pers. (inkl. Bettwäsche) bzw. NOK 600 (inkl. Abendessen, Frühstück und Lunchpaket), Küche, Gemeinschaftsbad in anderem Gebäude. Der urgemütliche Bauernhof wird noch betrieben und hält zwei renovierte, urige Hütten für Selbstversorgerinnen und Selbstversorger bereit: Die größere Hütte hat fünf, die kleinere drei Betten, beide haben zusätzlich eine Couch und eine Küche bzw. Küchenzeile. Ingrid Meslo, die waschechte Bäuerin und quirlige Gastwirtin, stellt auch DZ mit eigenem Bad zur Verfügung – und auch mal ihr Auto, wenn Pilgerinnen und Pilger am Bahnhof Berkåk (ca. 10 Min. entfernt) abgeholt werden oder sich die erste Steigung am nächsten Tag sparen wollen: Dann können sie sich zur Kirche in Rennebu fahren lassen. Auch einem ehemaligen Haus zur Lagerung von Heu im Winter, das sie von einer Insel aus dem Orkla-Fluss hat, hat Ingrid eine neue Funktion gegeben: Im *silent room* ist bei Kerzenlicht Zeit und Platz für Ruhe, Gedanken oder Gebete.

Etappe 27: Meslo gård – Segard Hoel

23 km, ca. 6 Std. 45 Min., ↑ 550 m, ↓ 570 m, ⇧ 160-450 m

0,0 km	⇧ 241 m	Meslo gård
1,3 km	⇧ 231 m	Jutulstuggu
4,8 km	⇧ 403 m	Osphaugen
7,2 km	⇧ 216 m	Rennebu ⌘
13,8 km	⇧ 224 m	Ry herberge
20,2 km	⇧ 169 m	Infobox Orkland-Kommune
22,3 km	⇧ 173 m	Abzweig nach Å
23,0 km	⇧ 220 m	Segard Hoel

Zur ältesten Y-Kirche Norwegens! Zu dieser, der Rennebu kirke, gelangen Sie im ersten Drittel der Etappe – bis dahin haben Sie dann die schlimmsten Höhenmeter hinter sich, den Berg zwischen Meslo und Voll. Nach der Kirche geht es oberhalb des Orkla-Flusses entlang. Neben schönen, schmalen Wegen warten auch lange Strecken auf breiten Straßen, die fast eintönig durch Wald und Feld führen. Ein schöner Abschnitt kurz vor Segard Hoel führt Sie aber noch wunderbar direkt am Fluss entlang.

Folgen Sie dem Orkdalsveien noch für 1,3 km weiter nach rechts bis Jutulstuggu, einem Veranstaltungsort der Gemeinde mit zahlreichen Tischen und Bänken. ☺ Während der Sommermonate wird an Sonntagen von 12:00 bis 15:00 sogar Kaffee ausgeschenkt. Nur 100 m weiter biegen Sie rechts ab und folgen der Schotterstraße in Kurven nach oben. In der nach dem Holztor folgenden Kurve biegen Sie nach links auf die Fahrspur ab und laufen am Ende des Abstellplatzes für diverses landwirtschaftliches Gerät durch ein weiteres Holztor. Anschließend geht es auf einem breiten Weg durch den Wald hinauf zu einer Schotterpiste (km 2,6).

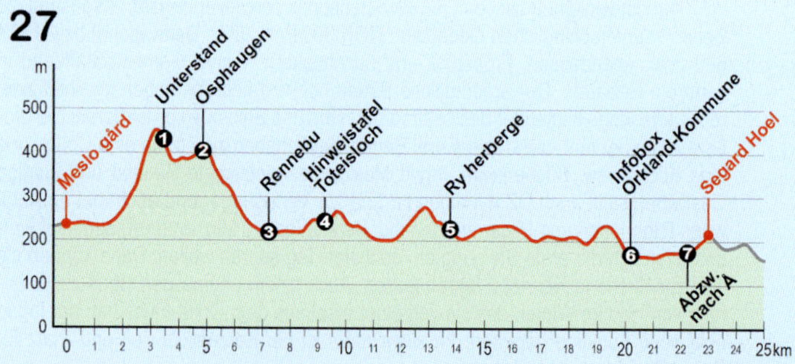

Gehen Sie links hinauf. Der breite Weg führt Sie an den Rand einer Weide, an der Sie rechts entlang nach oben laufen. Oberhalb halten Sie sich ein kurzes Stück nach links, um dann auf einem Grasweg nach rechts wieder in den Wald zu gehen. Durch ein Holztor gelangen Sie auf einen Pfad mit schönem Blick ins Tal und auf die Orkla.

Kurz hinter dem höchsten Punkt erreichen Sie einen **Unterstand ❶** (km 3,5) und der hinabführende Pfad schlängelt sich durch wilde Wiesen und tiefe Wälder, oft entlang von Draht- oder Holzzäunen, an einigen Stellen sehr steil. Nachdem der Bach Skørva überquert ist, laufen Sie auf einem breiten Grasweg hinauf zur **Lichtung Osphaugen ❷** (km 4,8) mit Bänken, Tischen und Feuerstelle und Sie schauen aus der Vogelperspektive auf die Rennebu-Kirche. Ein schöner Platz

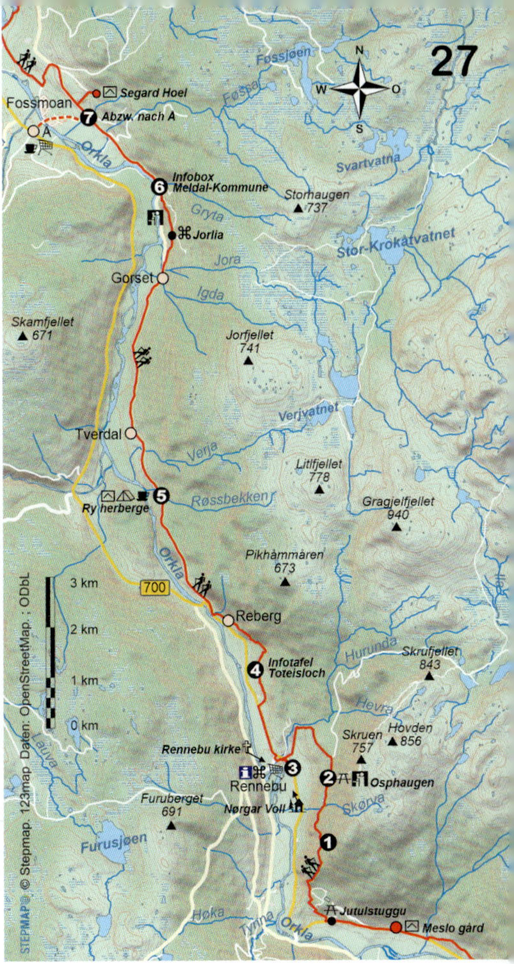

für eine Frühstückspause! Weiter geradeaus treffen Sie nach knapp 450 m auf eine Schotterstraße und gehen links. In langen Kurven führt Sie die breite Straße 1,7 km hinab zum vertraut breiten Orkdalsveien in **Rennebu**. Der Olavsweg ist nach rechts ausgeschildert, auf der anderen Straßenseite sehen Sie aber schon das **i ☉ ⌘ Rennebu Bygdemuseum mit Pilgerinfo ❸** (Gammelbua). Da dieses sehenswert ist und von dort aus die Besichtigung der ✞ **Rennebu kirke** startet, wenden Sie sich hier nach links und gehen über den Zebrastreifen zum Joker und rechts zum Museum (km 7,2).

Rennebu

Nørgar Voll, Orkdalsveien 1341, 7393 Rennebu, 99 54 20 18, joar.fjellstad@gmail.com, www.vollalaks.no, ca. 500 m vom Olavsweg entfernt, Mitte April bis Mitte Oktober, mit Pilgerausweis NOK 350/Pers., sonst NOK 400, neun Betten im Mastu (Ein-, Zwei- und Drei-Bett-Zimmer) und fünf weitere im Haupthaus, Gemeinschaftsküche und -bad, Vor Ankunft anrufen; der Gastgeber kann Ihnen das Heimatmuseum und die Kirche in Rennebu öffnen.

Joker-Supermarkt, 7393 Rennebu, Mo bis Fr 9:00 bis 18:00, Sa 9:00 bis 17:00, von Mo bis Sa kann der Supermarkt außerhalb der Öffnungszeiten mit Kreditkarte und PIN betreten und es kann in Selbstbedienung eingekauft werden.

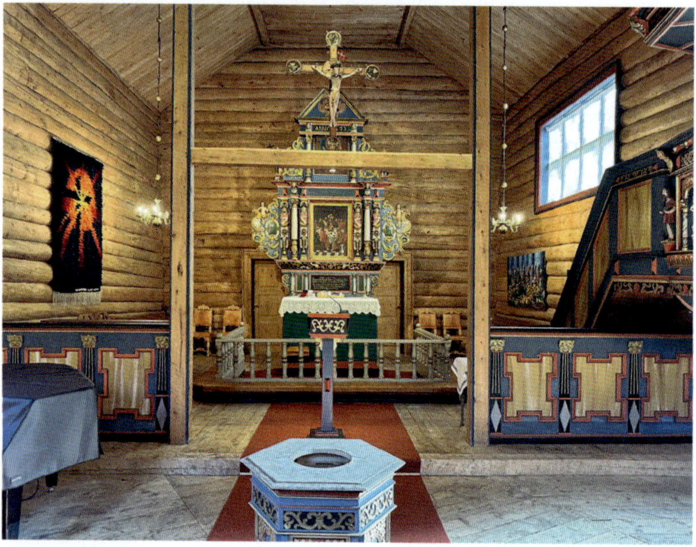

Rennebu kirke

Rennebu kirke. 1669 gebaut ist sie die älteste der vier Y-Kirchen in Norwegen (bzw. fünf – die fünfte Kirche mit Gabelkreuz wurde so stark umgebaut, dass sie meist nicht dazugezählt wird) und damit der Welt. Das gleichseitige Dreieck aus Kanzel und den beiden Seitenarmen (das Y) steht für die Dreifaltigkeit Vater, Sohn und Heiliger Geist. In der Rennebu kirke finden sich Reliquien der ersten (Stab-)Kirche in Voll, die Mitte des 11. Jh. auf dem Kreuzberg stand (Korshaugen), wie z. B. das hölzerne Kruzifix aus der zweiten Hälfte des 12. Jh. Die Kirche mit wunderschönem Holz in Rot und Blau ist beeindruckend restauriert, die Schnitzereien detailverliebt: Am Altar von 1672 finden sich links eine Figur mit einem Kreuz für „Glaube“, rechts der Anker für „Hoffnung“ und die Christus-Figur an der Spitze mit Siegesfahne in der Hand, Symbol für die „Liebe“, die über allem steht.

♦ 7393 Rennebu, kirkeverge@rennebu.kirken.no, www.kirken.no/rennebu, Führungen von Anfang Juli bis Mitte/Ende August Mo bis Fr 10:00 bis 15:00, außerhalb der Zeiten (nach Verfügbarkeit): 99 54 20 18 (Joar Fjellstad).
Machen Sie per Telefon einen Besichtigungstermin mit der Pilgerinfo aus. Die Angestellten schließen die Kirche auf und bieten für Pilgerinnen und Pilger kostenlos eine lockere, spannende Führung an. Sie können auch ohne Voranküdigung zur Info kommen, dann ggf. Zeit zum Warten einplanen.

Anekdote: niedrige Holztür in der Kirche von Rennebu

Es heißt, Wikinger hätten aus gutem Grund niedrige Türen gebaut: Wenn fremde Häuptlinge eintraten, mussten sie gebückt durch diese hindurchgehen. Dahinter stand dann ein „Waschechter“ mit Keule und zack, gab es einen auf den Kopf! Diesen Mythos sehen manche auch als Anlass für die Höflichkeitsformel *ladies first*: Der Häuptling lässt zuerst die Frau eintreten, dann wird diese geknüppelt ... Historische Annahme: Kleine Türen bedeuten weniger Raum bzw. kleinere Spalten, durch die die Kälte eindringen konnte. Oft waren die Decken auch direkt an die niedrigen Türen gebaut, um die kleinen Räume besser heizen zu können und Material zu sparen.

Gammelbua, Rennebu Bygdemuseum. Im Kaufmannsladen aus der zweiten Hälfte des vergangenen Jahrhunderts wird man zurückversetzt in frühere Zeiten. Nachdem der Tante-Emma-Laden geschlossen wurde, hat man alles gelassen, wie es war: Nähhefte, Tabak, Fischpudding, alte Mausefallen, *Wanted*-Polizeifotos, Reklameschilder und vieles mehr. Die Mitarbeitenden können einiges erzählen, z. B. dass man sich hier auch Zähne ziehen lassen konnte. Ein Laden für alles eben: „Was Sie heute nicht finden, kommt morgen mit dem Wagen.“ Neben der Zeitreise in die Vergangenheit gibt es für Pilgerinnen und Pilger auch aktuelle Informationen für die letzten 100 km auf dem Weg zum Nidarosdom in Trondheim.

♦ 7393 Rennebu, 99 54 20 18 (Joar Fjellstad), 20. Juni bis 20. August tgl. 10:00 bis 15:00

Gehen Sie am Museum vorbei und rechts über den Fluss, hier geht es links zur Kirche ab. Der Olavsweg aber geht vom Fluss aus nach oben zurück zum Orkdalsveien und dort links weiter. Nach 1 km können Sie dem Asphalt den Rücken kehren und laufen beim blauen Pilegrimsleia-Schild nach rechts auf die breite Schotterstraße, die Sie zwischen Feldern in einer Linkskurve den Hang hinaufführt.

Sie laufen nun parallel oberhalb des Orkdalsveien weiter und erreichen eine **Infotafel zum Toteisloch** ❹ (*Dead Ice Pit*) (km 9,3), das sich zu Ihrer Rechten wie aus dem Lehrbuch präsentiert. 100 m weiter biegen Sie rechts in den Pfad ein,

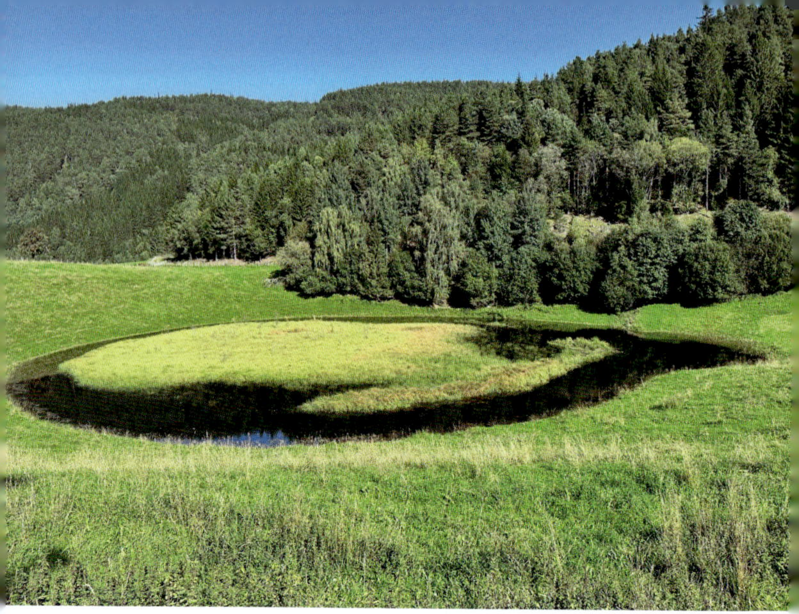

Toteisloch

der Sie zwischen Zaun und Feld entlangführt. Gehen Sie durch das Tor im Zaun und weiter geradeaus am Waldrand entlang und schließlich in diesen hinein.

Der Trampelpfad schlängelt sich mal steil hinauf, mal leicht hinab, dann wieder am Hang entlang. Eine kurze, aber steile Passage über Steine bringt Sie über einen schmalen Fluss und auf einen Weg, auf dem Sie abwärts durch zwei Holztore und über einen Schotterweg hinweggehen. Sie laufen auf einen alten Hof zu, dessen Gebäude Sie rechts liegen lassen.

Verlassen Sie den Hof durch das Holztor und gehen Sie auf dem Graspfad abwärts in den Wald, durch ein weiteres Tor und weiter hinab, bis Sie an einer Bushaltestelle auf den Orkdalsveien zurückkommen (km 11,1). Laufen Sie auf diesem für 50 m nach rechts und biegen Sie direkt rechts in die breite Straße nach oben ab. An der nach 500 m folgenden Gabelung halten Sie sich rechts und folgen weiter dem Tverdalsveien bergauf. Im weiteren Verlauf führt die breite Piste Sie im leichten Auf und Ab gen Nordwesten. Etwa 1,1 km nachdem Sie die abzweigende Piste in Richtung Tverdalssætrin/Mærkessætrin rechts liegen gelassen haben, erreichen Sie die **Ry herberge** mit kleinem Pilgercafé im Sommer ❺ (km 13,8).

Ry herberge, Tverdalsveien 263, 7393 Rennebu, 92 20 68 55, maristene@yahoo.no, www.rylodge.no, Juni bis Mitte Oktober, Pilgercafé 20. Juni bis 31. August, Übernachtungspreise mit Pilgerpass NOK 450/Pers.

(inkl. Bettwäsche und Handtücher, Nutzung des eigenen Schlafsacks untersagt), Frühstück NOK 150, Abendessen NOK 210, Nutzung der Küche NOK 50, Zelt NOK 300/Pers., Waschmaschine NOK 50

Anschließend laufen Sie für knapp 5 km weiter auf dem breiten Tverdalsveien durch Weiden und Wiesen sowie Wald und an dessen Rand entlang. An der Gabelung hinter den Farmgebäuden von Gorset halten Sie sich rechts (km 18,7), an der nach 300 m folgenden Gabelung links und erreichen die halb verfallenen Gebäude der alten ⌘ Farm Jorlia (12. bis 13. Jh.). Der Olavsweg führt Sie durch den verlassenen Hof hindurch – sehr faszinierend! Eine Restaurierung des Gehöfts zu Restaurant und Herberge ist langfristig angedacht. Gehen Sie am anderen Ende der Farm durch das Holztor und folgen Sie dem Pfad leicht auf und ab durch den Wald. Sie stoßen an einen Zaun, gehen durch das Tor und dann links. Am **Wegweiser „Utsikpunkt"** (= Aussichtspunkt) können Sie einen kleinen Schlenker von ca. 100 m machen: Kämpfen Sie sich links durch ein paar Tannen hindurch und schon stehen Sie auf einem Vorsprung mit Blick ins Tal (km 19,8). Zurück am Wegweiser folgen Sie dem Olavsweg weiter geradeaus, der sich dann über moosbesetzte Wurzeln, Steine und umgefallene Bäume teilweise steil hinabschlängelt.

Unten angelangt stoßen Sie auf eine Schotterstraße mit einer Infotafel und -box der Orkland-Kommune ❻ (km 20,2), die Sie nun betreten. Gehen Sie rechts und folgen Sie der Straße. Sie verläuft für etwa 900 m direkt am Ufer der breiten **Orkla**, dann biegt der Fluss in einem Bogen nach links ab und Sie laufen vom Ufer weiter geradeaus und treffen auf die Abzweigung nach Å ❼.

Der Stensveien nach links führt in den etwa 1,2 km entfernt gelegenen Ort Å mit Supermarkt (Mo bis Sa 8:00 bis 21:00) und dem gemütlichen Café Å-Stuggu (☎ +72 49 61 17, aktuelle Öffnungszeiten unter www.facebook.com/AaStuggu/).

Für den Weg zum Etappenziel laufen Sie an der Abzweigung geradeaus, passieren den SB-Kiosk in der nächsten Hofeinfahrt (Schokolade und Getränke), erklimmen eine kleine Kuppe und biegen keine 300 m hinter dem Abzweig beim Wegweiser „Segard Hoel" nach rechts vom Olavsweg ab: Gehen Sie den Holsveien etwa 300 m hinauf und laufen Sie dann nach rechts zum weiß-grünen Hauptgebäude von **Segard Hoel** (Aufschrift „1883 Pilegrimsherberge").

Segard Hoel, Holsveien 18, 7335 Jerpstad, 95 10 27 20 oder 48 09 20 03, oasvartbekk@online.no, ca. 400 m vom Olavsweg entfernt, NOK 350/Pers. (18 Betten), ausschließlich Barzahlung, Schlafsack mitbringen. Das traditionelle Bauernhaus hat mehrere Schlafzimmer mit alten Holzbetten, Küche und Bad werden geteilt. Lebensmittel können erworben werden, nach Anmeldung auch Mahlzeiten: Frühstück NOK 150, Lunchpaket NOK 50, Dinner NOK 200. Als weitere Unterkunftsmöglichkeit gibt es hinter dem Hauptgebäude ein kleineres Blockbohlenhaus mit Küche und Bad für Pilgernde sowie Fischerinnen und Fischer, Voranmeldung erwünscht.

Etappe 28: Segard Hoel – Gumdal gård

27,8 km, ca. 8 Std. 15 Min., ↑ 490 m, ↓ 530 m, ⇧ 50-270 m

0,0 km	⇧ 220 m	Segard Hoel
9,6 km	⇧ 164 m	Abzweig Zentrum Meldal BANK ⌘
14,1 km	⇧ 257 m	Olskastet sælehus
15,7 km	⇧ 247 m	Skogheim pilegrimsherberge
20,2 km	⇧ 175 m	Løkken Verk BANK ⌘
23,2 km	⇧ 134 m	Park-/Rastplatz Løkkenveien 3
25,9 km	⇧ 61m	Svorkmo Smeltehytte ⌘
27,8 km	⇧ 177 m	Gumdal gård

Reich verzierte Kirche, eingerahmt von langen Straßen! Die Meldal kirke erreichen Sie nach 9 km – fast gänzlich auf breiten Feldwegen und Asphaltstraßen, z. T. entlang der Orkla. Es geht einige Höhenmeter durch den Wald, dann laufen Sie auf der altbekannten Landstraße 700 durch Løkken Verk – gemütlich, aber auch kräfte- bzw. nervenzehrend. Am Ende geht es noch einmal mächtig hoch, bis zu den modernen Hütten auf Gumdal – mit schönem Talblick.

Gehen Sie auf der Hofzufahrt zurück zum Olavsweg und setzen Sie die Wanderung auf der Schotterstraße nach rechts fort. Halten Sie sich nach knapp 900 m an der Gabelung beim roten Farmgebäude links, biegen Sie kurz darauf bei der kreuzenden Stromleitung nach links ab und laufen Sie über die Schotterpiste hinab zur asphaltierten Straße, auf der Sie sich nach links wenden.

Gut 450 m weiter biegen Sie rechts auf die Rikstadgrenda ab und laufen entlang einer Reihe von Ahornbäumen auf eine Farm zu und dadurch hindurch. Anschließend geht es geradewegs durch die Felder und Sie erreichen eine T-Kreuzung vor einer Baumreihe am Ufer der Orkla ❶ (km 3,4).

Sie folgen dem breiten Flussufer nach rechts für etwa 1 km, dann gehen Sie an der Weggabelung vom Fluss weg Richtung Feld und biegen rechts auf den Pfad

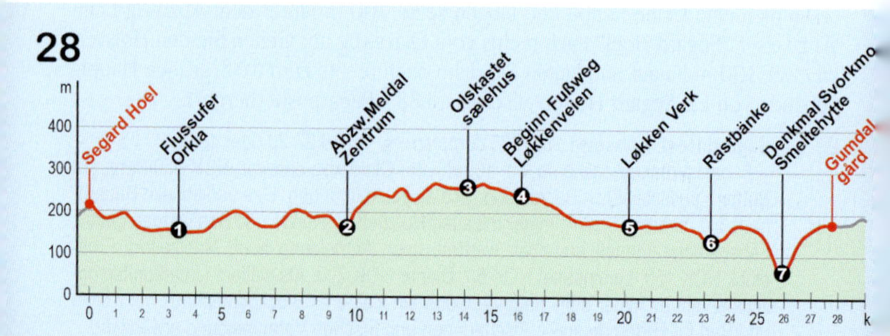

ab, der Sie zwischen zwei Feldern hindurch und in einem Bogen zu einem Tor am Waldrand führt.

Der Pfad bringt Sie zunächst steil, dann nur noch leicht ansteigend durch den Wald bis zu einem zweiten Tor. Gehen Sie dahinter auf dem Schotterweg vorbei an den beiden kleinen Holzhütten mit Grasdach und überqueren Sie die kreuzende Asphaltstraße (Ressveien) (km 5,4).

Der schmale Pfad führt zum nächsten Feldweg, der Sie links hinab zurück auf den Ressveien bringt, auf dem Sie sich nach rechts wenden. Nach etwa 1,2 km führen Sie die Olavskreuze bei einer kleinen, roten Hütte nach rechts auf den Sølbergsbakken. An der Gabelung knapp 400 m weiter halten Sie sich links, passieren die Häuser von Hollstad und kommen zurück auf den Ressveien, der Sie bald an den Stadtrand von Meldal bringt. Sie setzen die Wanderung auf dem Fußgängerweg fort und erreichen schließlich die ✞ **Meldal kirke** (km 9,3).

✞ **Meldal kirke**. Die Meldal-Kirche von 1651 brannte 1981 nieder, sieben Jahre später wurde mit so viel altem Material, wie vorhanden war, eine Kopie der ursprünglichen Kirche gebaut. Auch Teile des früheren Inventars befinden sich heute darin, wie der Altar in der Sakristei. Die stark verzierte Kirche ist einen ausführlichen Blick wert: Sie ist fast schon überladen mit Statuen, u. a. vom

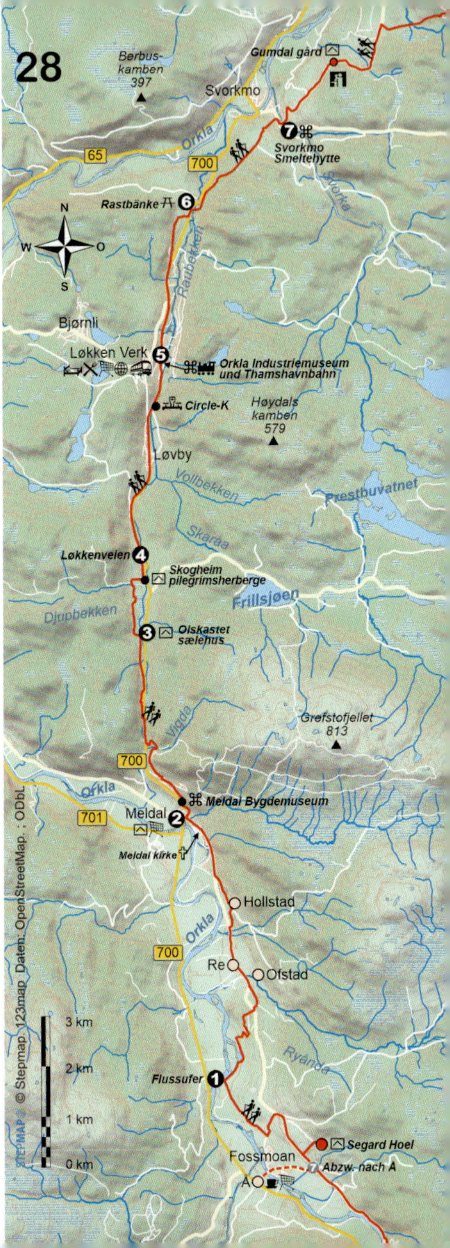

Apostel Jakobus dem Älteren, gut erkennbar an seinem Pilgerstab. Auch der große Altar, die prunkvolle Kanzel und die Wandgebilde mit all den Holzschnitzereien sind beeindruckend. Eine der Kirchenangestellten wies mich auf allerlei Details hin und am Ende durfte ich sogar in den Turm zu den Glocken – und in den Aufenthaltsraum zu Keksen, Limo und dem WC!

♦ Ressveien 13, 7336 Meldal, ☏ 72 49 51 65 (Meldal kirkekontor), nl973@kirken.no, www.kirken.no/meldal, Juni bis August Mo bis Fr 8:00 bis 14:30, Sa/So 9:00 bis 15:00

Setzen Sie die Tour auf dem Fußweg fort. Auf der gegenüberliegenden Straßenseite liegt der ⌘ **Prestegårdshagen**. Das Pfarrhaus stammt aus der Mitte des 18. Jh. und beherbergt den ersten Kartoffelkeller Norwegens. Das Anwesen wird heute von Freiwilligen aus Meldal gepflegt und ist frei zugänglich. An der folgenden T-Kreuzung finden Sie links auf der Wiese einige Holztische für eine Rast ❷.

Biegen Sie hier links ab (Wegweiser „Herberge"), wenn Sie in Meldal übernachten oder Besorgungen machen wollen.

Meldal

Ner-Grefstad gard, Kvamsveien 616, 7336 Meldal, 99 57 35 02 (Laila) oder 91 37 66 71 (Nils Erik), nils@hargassner.no, 1. Juli bis 1. September, ca. 200 m vom Olavsweg im Stadtzentrum gelegen, ausgebauter *stabbur* mit sechs Betten, NOK 300/Pers., Bettwäsche NOK 100, nur Barzahlung, Voranmeldung per Mail, Telefon oder SMS, falls keiner da sind, bekommt man einen Code für den Schlüsseltresor.

Spar, Løkkenveien, 7336 Meldal, Mo bis Fr 8:00 bis 21:00, Sa 9:00 bis 20:00, So 12:00 bis 18:00

♦ **Coop prix**, Kvamsveien 10, 7336 Meldal, Mo bis Fr 8:00 bis 21:00, Sa 9:00 bis 20:00

BANK **Orkla Sparebank**, Løkkenveien 2, 7336 Meldal, Mo bis Fr 10:00 bis 14:00

Für die Fortsetzung des Olavsweges laufen Sie an der oben erwähnten T-Kreuzung nach rechts (Wegweiser „Pilegrimsleia") und bleiben für rund 400 m auf dem Fußweg entlang der Landstraße 700 (Løkkenveien). Dann biegen Sie rechts auf die Schotterpiste nach oben ab (Holzschild „Bygdemuseum"). Eine S-Kurve bringt Sie zum Eingang des ⌘ **Freilichtmuseums** (km 10,2). Gleich zu Beginn finden Sie zu Ihrer rechten Seite eine Art Meilenstein mit der Aufschrift „90 km Trondheim" und auch einen Wasserhahn zum Auffüllen des Trinkwassers sowie ein WC.

⌘ **Meldal Bygdemuseum.** Das 1931 gegründete Heimatmuseum mit 22 historischen Gebäuden (17. Jh. bis Erster Weltkrieg) kann jederzeit frei besichtigt werden, Führungen sind nach Voranmeldung möglich.

♦ 7336 Medal, ☏ 72 49 91 00

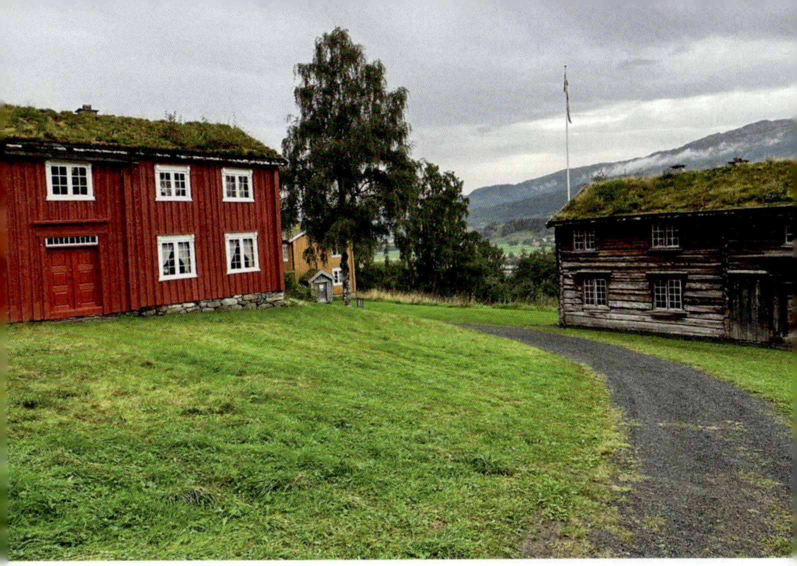

Meldal Bygdemuseum

Gehen Sie zwischen den Holzhäusern hindurch und verlassen Sie das Dorfmuseum. Folgen Sie den Olavskreuz-Markierungen, die in Serpentinen nach oben führen (Nedre und Øvre Bergslia) – toller Blick ins Tal. Von der Øvre Bergslia geht rechts ein Schotterweg ab (km 11), der Sie zwischen den Häusern hindurch und aus diesen hinaus nach oben führt. Nach einem Platz, auf dem einige alte Autos vor sich hin rosten, biegen Sie auf den Pfad nach links ab, der Sie auf eine Fahrspur im Wald bringt. Nachdem der **Fluss Vigda** überquert ist, laufen Sie durch das Holztor nach links und folgen dem Pfad hinunter zur Landstraße 700 (Løkkenveien) (km 12).

Folgen Sie dieser etwa 450 m nach rechts und gehen Sie dann links hoch in den Wald. Der Grasweg macht eine Rechtskurve, sodass Sie auf der Stromtrasse oberhalb der Landstraße am Hang entlanglaufen. Es geht bergauf und bergab, meist aber parallel zum Løkkenveien, bis Sie hinab auf einen breiten Weg stoßen, an dem die unbewirtschaftete Hütte **Olskastet sælehus** liegt ❸ (km 14,1).

Olskastet sælehus, 7336 Meldal, unbeaufsichtigte Hütte für Pilgerinnen und Pilger (2 Pers.), Übernachtung kostenlos, keinerlei Einrichtung, Schlafunterlage, Schlafsack und Proviant sowie Trinkwasser mitbringen. Aus der nahe gelegenen Quelle soll zwar schon der heilige Olav getrunken haben, ein Hinweisschild in der Hütte weist aber darauf hin, dass das Wasser heute nicht mehr getrunken werden kann.

Gehen Sie an der Wegkreuzung hinter der Hütte nach links über die Zauntreppe und weiter über die (matschige) Kuhweide in einem Bogen zu einem ersten, breiten Holztor. Ein zweites wartet etwa 100 m weiter. Sie kommen durch eine als Kuhweide genutzte Waldlandschaft und die Wege sind dementsprechend matschig. An einigen Stellen helfen Bretter und Bohlen, zudem gehen Sie durch einige Holztore.

☺ Auf neugierige Kühe sollten Sie gefasst sein!

Nach gut 1 km überqueren Sie nach einem weiteren Tor einen Bach und das Terrain wird langsam trockener. Sie laufen nun über einen Pfad am Feldrand entlang und erreichen nach zwei weiteren Toren eine Baumreihe vor dem nächsten Bach. Davor gehen Sie nach links, um dann auf einem Holzsteg nach rechts ans gegenüberliegende Ufer zu wechseln. Der Pfad bringt Sie nach rechts am Feldrand entlang zur **Skogheim pilegrimsherberge** (km 15,7).

Skogheim pilegrimsherberge, Løkkenveien 52, 7332 Løkken Verk, 94 89 16 71, skogheimherberge@gmail.com, www.facebook.com/skogheimherberge, Juni bis Oktober, Bett im 2- oder 4-Personen-Zimmer NOK 300, Schlafsack mitbringen, Gemeinschaftsbad, Mikrowelle und Wasserkocher, Bettwäsche und Mahlzeiten auf Anfrage. In der Hauptsaison wird eine Reservierung empfohlen.

Ein paar Schritte weiter, noch vor dem nächsten Haus, nehmen Sie den schmalen, links abzweigenden Pfad. Dieser bringt Sie oberhalb der Häuser entlang zu einer Schotterstraße. Diese führt Sie vorbei an ein paar Häusern und in einem Bogen hinab zum Løkkenveien ❹. Biegen Sie links ab und bleiben Sie auf dem asphaltierten Fußweg für zermürbende fast 4 km bis **Løkken Verk**. Sie kommen dabei an einigen Bushaltestellen und einer Circle-K-Tankstelle (Mo bis Fr 7:30 bis 21:00, Sa/So 9:00 bis 21:00) vorbei.

Am Zebrastreifen vor dem Holzgebäude des ⌘ Orkla-Industriemuseums wechseln Sie die Straßenseite und laufen auf dem Fußweg rechts von der Straße weiter. Sie passieren das historisch restaurierte Bergbauhotel **Sans Bergmannskroa** (km 20,1) und nebenan das ⌘ Orkla-Industriemuseum mit dem Bahnsteig der Thamshavnbahn sowie den Unterstand Løkkenhjørnet im Zentrum von Løkken Verk ❺.

Løkken Verk

Bergmannskroa, Torfinn Bjønaas' plass 1, 7332 Løkken Verk, ☏ 72 49 76 79, bestilling@lokkenverk.no, www.lokkenverk.no/pilegrimsvandring, EZ/DZ NOK 900/1.200 (mit Frühstück), kleine Küche für Selbstversorgung

Coop Extra, Løkkenveien 223, 7332 Løkken Verk, Mo bis Sa 7:00 bis 23:00, So 14:00 bis 20:00

Sport 1, Løkkenveien 239, 7332 Løkken Verk, Mo bis Fr 9:00 bis 17:00, Sa 9:00 bis 14:00

BANK **Orkla Sparebank** (Geldautomat), Løkkenveien 294, 7332 Løkken Verk

Løkken stasjon, Linie 460 nach Berkåk, www.entur.no

⌘ **Orkla Industriemuseum und Thamshavnbahn**. Das Museum organisiert u. a. den Besuch des Bergwerks Gammelgruva und Fahrten mit der Thamshavnbahn, der ältesten Wechselstromeisenbahn der Welt (seit 1908 in Betrieb). Norwegens erster elektrischer Zug verkehrt von Mai bis September zwischen Løkken Verk und Bårdshaug (25 km).

♦ Torfinn Bjønaas' plass 2, 7332 Løkken Verk, ☏ 72 49 91 00, oi.post@mist.no, www.oi.no, 24. Juni bis 13. August tgl. 11:00 bis 17:00, 14. August bis 30. September Di bis Fr 10:00 bis 15:00, So 11:00 bis 17:00, im Winterhalbjahr Di bis Fr 10:00 bis 15:00, Erwachsener NOK 120

In Løkken Verk

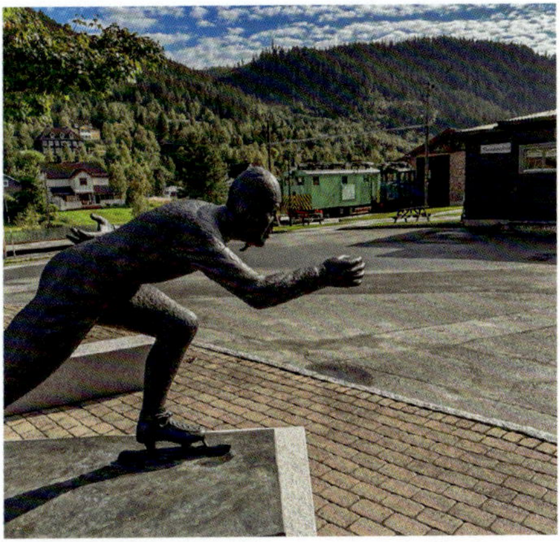

Sie verlassen Løkken Verk vorbei an Bank, Supermarkt und Sportgeschäft auf dem Fußweg an der Landstraße 700 (Løkkenveien). Bleiben Sie für ca. 1,8 km auf der rechten Seite, bis deutliche Wegzeichen nach links weisen. Hier müssen Sie über die Leitplanke steigen und die Straße queren.

Gehen Sie gegenüber hoch in den Wald (km 22) und erneut parallel am Hang oberhalb des Løkkenveien entlang. Der Pfad ist auf den ersten Metern recht stark überwachsen und bringt Sie bald auf eine Schotterpiste. An der nächsten Weggabelung halten Sie sich links und biegen vor dem nächsten Anwesen nach rechts auf einen schmalen Graspfad ab (km 22,7), der Sie unterhalb des Grundstücks vorbei und in einer Rechtskurve zu einer Schotterstraße, die Sie wieder zurück zur Landstraße 700 bringt. Dort laufen Sie knapp 150 m nach links und biegen auf Höhe des Parkplatzes mit **Rastbänken** zur Linken ❻ nach rechts auf den Skulmovegen ab (km 23,2).

Nachdem Sie Fluss und Bahngleise überquert haben, führt Sie die breite Straße nach links an den Häusern vorbei bergan. Nach knapp 1 km ist der höchste Punkt überschritten und in der scharfen Rechtskurve 850 m weiter biegen Sie nach links ab und laufen am Feldrand entlang. Nach dem frei stehenden, verwitterten, weißen Haus zur Linken laufen Sie vor der Garage des großen, braunen Holzhauses (km 25,3) vorbei auf einen steinigen Pfad, der Sie auf gut 500 m in Kurven steil hinab zur Asphaltstraße Hølondvegen bringt.

Laufen Sie auf diesem ein paar Schritte nach rechts und dann direkt nach links über die Flussbrücke. Am gegenüberliegenden Ufer finden Sie rechts von der Straße den **Meilenstein** „61 km til Nidaros" und ein ⌘ Denkmal für die **Svorkmo Smeltehytte ❼** („Schmelzhütte").

Vom Etappenziel trennt Sie nun noch ein knapp 2 km langer Anstieg. Halten Sie sich an der Gabelung kurz nach dem Meilenstein links auf den Monsetjårvegen und folgen Sie der Straße in steilen Kurven hinauf. Der Belag wechselt zwischen Schotter und Asphalt hin und her. Weiter oben bieten sich schöne Blicke ins Tal und schließlich haben Sie die Einfahrt zum **Gumdal gård** erreicht.

Gumdal gård, Monsetjårvegen 174, 7327 Svorkmo, 90 02 75 03, kjelloly@online.no, www.gumdal.no, Mai bis Okt., insgesamt zehn Betten in restauriertem und ausgebautem *stabbur*, NOK 400/Pers. inkl. Bettwäsche (Schlafsäcke nicht erlaubt), Gemeinschaftsküche und -bad, WLAN, TV, Waschmaschine

Etappe 29: Gumdal gård – Skaun

20,3 km, ca. 6 Std. Min., ↑ 390 m, ↓ 450 m, ⇧ 118-440 m

0,0 km	⇧ 177 m	Gumdal gård
2,1 km	⇧ 177 m	Svorkmo Skytterhus
5,3 km	⇧ 298 m	See Solsjøen
7,7 km	⇧ 399 m	Unterstand
10,3 km	⇧ 399 m	Kvilsten
12,5 km	⇧ 307 m	Olavsweg-Toilette
16,8 km	⇧ 157 m	Abzweig Aunan gård
18,4 km	⇧ 184 m	überdachter Rastplatz
20,3 km	⇧ 118 m	Skaun

Übers Moor! Nach schmalen Wegen durch Wälder, Felder und vorbei an Seen gelangen Sie in eine spannende Hochmoorlandschaft: Rar bewachsene Ebenen und nasse, sumpfige Lichtungen, z. T. mit Holzbohlen versehen, wechseln sich mit Trampelpfaden durch kleine Wälder ab – es wird anstrengend, gute Markierungen machen die sich aufwärts- und abwärts-, hin- und herschlängelnden Wege aber zum Genuss. Nach dem Moorgebiet geht es durch Wald bis Skaun mit Kirche und Schlafsaal im Gemeindehaus.

Folgen Sie dem Monsetjårvegen weiter und biegen Sie nach ca. 1,6 km rechts in eine schmale Schotterstraße ab (Wegweiser „Pilegrimsleia" und „Skytebane"). Ca. 400 m weiter gelangen Sie an das **Svorkmo Skytterhus ❶**.

Svorkmo Skytterhus, Hongslo, 7327 Svorkmo, Feldbett oder Matratze NOK 300/Pers., Schlafsack mitbringen, Gemeinschaftsbad. Für die Übernachtung im Klubhaus des Svorkmo-Schützenvereins benötigen Sie den Schlüssel: 91 32 45 18 (Andreas Svorkdal) oder 95 88 74 54 (Bjørn Svorkdal).

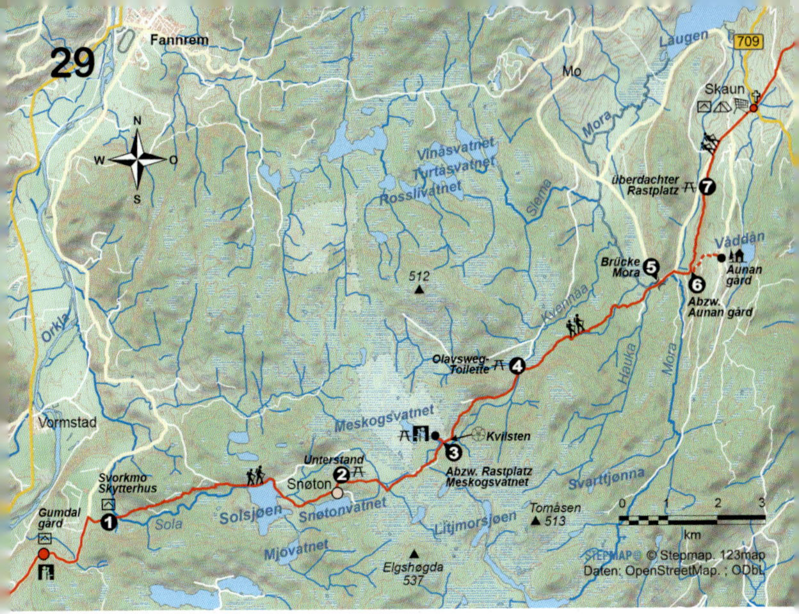

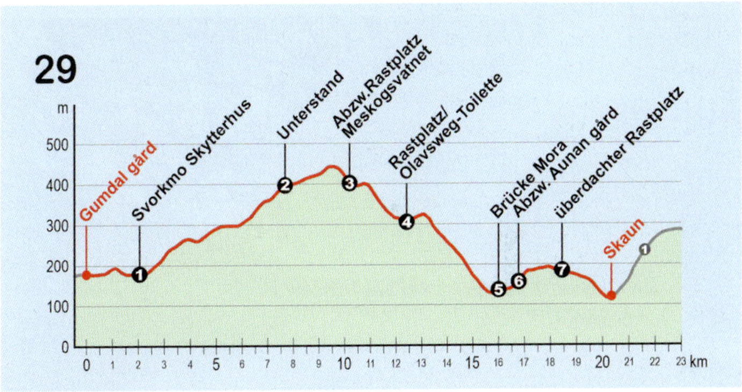

Am Schützenhaus vorbei gehen Sie über den Fluss Sola und bergauf in den Wald. Nach einer Infotafel der staatlichen Forstverwaltung biegen Sie von der breiten Fahrspur auf einen schmalen Graspfad ab, der sich für etwa 400 m über Wurzeln steil nach oben, dann weiter auf und ab durch den z. T. dicht gewachsenen Wald schlängelt und Sie schließlich auf eine breite Schotterstraße entlässt (km 4,6).

Gehen Sie rechts. Sie kommen zum **See Solsjøen** (km 5,1), an dem Sie links entlanglaufen und halb um ihn herum. Am Ufer finden sich ein paar idyllische Buchten zum Innehalten. In der nordöstlichen Ecke biegen Sie bei dem markanten Unterstand für die Briefkästen rechts auf den Snøtonvegen ab (km 5,7). Dieser führt noch etwas am Ufer entlang und beginnt dann zu klettern. Nachdem Sie die **Häuser von Korslia** hinter sich gelassen haben, rückt rechts von Ihnen mit dem Snøtonvatnet der nächsten See ins Blickfeld und es geht bergauf bis zu den **Häusern von Snøton.**

Vor dem höchsten Punkt der Straße biegen Sie vor dem größeren Stromkasten auf die Schotterpiste nach links ab (km 7,3) Es geht weiter bergauf und an dem Wasserhahn des kleinen, braunen Hauses am rechten Wegesrand können Sie das Trinkwasser auffüllen (Schild „Water for Pilgrims" und „Drikkevann"). Laufen Sie gerade über den kreuzenden Snøtonvegen hinweg zu einem komfortabel mit Stühlen und Sofa ausgestatteten ⛩ **Unterstand ❷**.

Laufen Sie von dort an der Infotafel vorbei auf den leicht abwärtsführenden Pfad. Dieser bringt Sie durch eine Moorlandschaft. Sie gehen auf und ab über offene Sumpflandschaften mit wenig Bewuchs, die sich mit Waldabschnitten abwechseln. Über sehr nasse und matschige Stellen finden Sie z. T. Bohlen und Bretter gelegt.

See Solsjøen

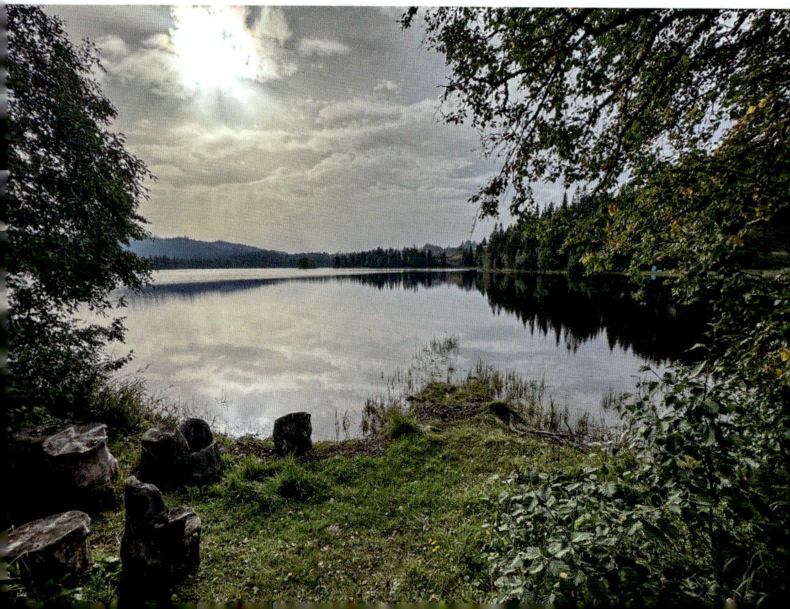

Der gut gekennzeichnete Pfad führt Sie vorbei an einer Infobox der Kommune Skaun und dem Wegweiser „Skaun kirke 11 km" bis zu einer schmalen Holzbrücke über den kleinen Fluss Kvennåa und ein paar Schritte weiter macht ein Wegweiser auf den Abstecher zum Meskogsvatnet aufmerksam ❸ (km 10,2).

↳ Folgen Sie hier dem unmarkierten Trampelpfad nach links, so kommen Sie nach gut 150 m an eine traumhaft gelegene Tischbank zum Rasten mit einem herrlichen Blick über das Mosaik aus Wald und Seen.

Keine 200 m weiter geradeaus erreichen Sie den Kvilsten (km 10,3), auf dem sich die Inschriften von Pilgerinnen und Pilgern seit dem frühen 19. Jh. finden. Der Graspfad führt weiter abwärts aus dem Moor heraus und bringt Sie geradeaus auf die Schotterstraße Mellingsætervegen (km 11,3). Gehen Sie bergab durch das Holztor und vorbei an dem **Olavswegpfahl „Mellingsetra"** bis zu einem Schlagbaum. Laufen Sie geradeaus über den Parkplatz dahinter und weiter durch ein Metalltor. Ein Stückchen weiter schickt Sie der Wegweiser „Skaun kirke 8 km" nach rechts über eine Brücke und Sie erreichen eine Waldlichtung mit **Picknickbank und Olavsweg-Toilette:** einem roten Plumpsklo mit Olavskreuz ❹ (km 12,5).

Folgen Sie dem Graspfad im leichten Auf und Ab, z. T. über Wurzeln und Steine, auf eine Kuppe mit schöner Aussicht über die wenigen niedrigen Bäume auf den Hügeln vor Ihnen. Bergab gehen Sie über eine kreuzende Fahrspur weiter abwärts durch den Wald bis zur nächsten Fahrspur, wo Sie dem Wegweiser „Skaun kirke 5 km" nach rechts folgen.

Am Ende entlässt Sie ein Holztor auf eine größere Freifläche. Hier wenden Sie sich nach links und laufen durch das Tor auf einen Trampelpfad, der Sie durch eine Kahlschlagfläche bergab führt. Sie laufen in einer Kurve nach rechts an einer einfachen Holzhütte vorbei und treffen auf eine Schotterstraße.

Folgen Sie dem Pfeil auf dem **Olavswegpfosten „Kjerkevegen"** nach links und biegen Sie gleich vor der nächsten Kurve nach rechts auf den Pfad ab, der Sie durch den Wald hinab zur nächsten Schotterstraße bringt. Gehen Sie hier nach links hinab und, nachdem Sie den breiten Fluss Mora überquert haben ❺, durch das Metalltor hinauf zur Asphaltstraße Melbyvegen (km 16,1).

Laufen Sie dort für knapp 350 m nach rechts und biegen Sie dann rechts ab auf den nach oben führenden Feldweg. Er beschreibt einen Bogen nach links und ein Schild kündigt den ↳ Abzweig zum Aunan gård an ❻ (km 16,8).

Aunan gård, Aunbygdveien 246, 7357 Skaun, 95 98 03 36, liaunan@yahoo.no, ca. 900 m vom Olavsweg entfernt, 15. Mai bis 1. Oktober, ein EZ und ein DZ, NOK 600/Pers. inkl. Bettwäsche, NOK 800/Pers. mit Frühstück und Lunchpaket, NOK 1.100/Pers. zusätzlich mit Abendessen

Sie laufen nun am Waldrand oberhalb der Felder und Wiesen entlang, z. T. auch durch Bäume hindurch, aber immer parallel zu der Straße Melbyvegen, die links etwas unterhalb verläuft. An einer großen, roten Scheune trifft der Weg auf eine Schotterstraße und die **überdachte ⛼ Rastmöglichkeit ❼** (km 18,4) bietet eine willkommene Gelegenheit, um etwas Puste für die verbleibenden knapp 2 bis zum Etappenziel zu sammeln.

Geradeaus weiter stoßen Sie nach ca. 600 m zurück auf den Melbyvegen und gehen diesen rechts hinab. Die restlichen 1,2 km sind auf der Straße schnell zurückgelegt. Zu Ihrer Linken liegt die ✞ **Skaun kirke mit Meilenstein** „38 km til Nidaros", gegenüber keine 100 m weiter das rote ⌂ **Gemeindehaus der Pfarrei Skaun** (km 20,5), unterhalb liegt ein 🛒 Coop.

✋ Wenn Sie das Kirchenbüro bis jetzt noch nicht kontaktiert haben, rufen Sie die Telefonnummer auf dem Aushang links neben dem Eingang an (diese wechselt): Das zuständige Gemeindemitglied kommt gerne vorbei, um Ihnen die Räumlichkeiten aufzuschließen.

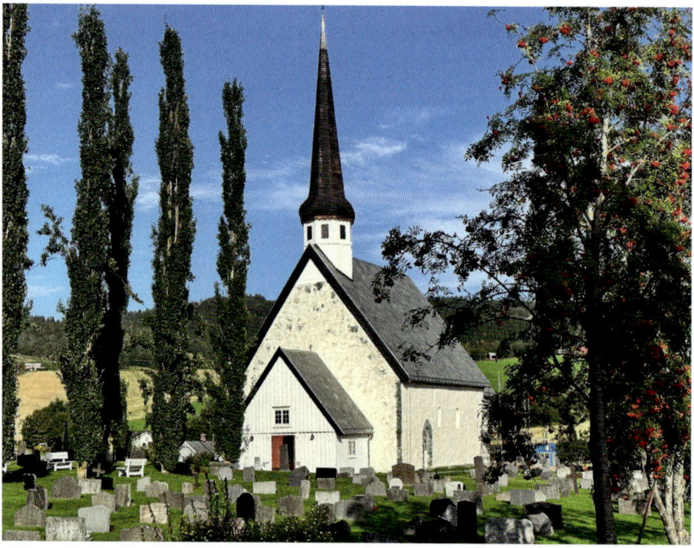

Skaun kirke

Skaun

⌂ ⛺ 🛒 ✞

⌂ ⛺ **Skaun menighetshus**, Melbyvegen 2, 7357 Skaun, Vorsitzender der Pfarrei: 📱 92 26 02 42, ✉ ola.skauge@hotmail.com, 🚪 15. Mai bis 1. Oktober. Das Gemeindehaus bietet Platz für bis zu 16 Klappbetten oder Matratzen, NOK 300/Pers., Schlafsack mitbringen, Zelt NOK 150/Pers. für die Nutzung von Küche und Bad, Schuhtrockner. Die Freiwilligen, die das Gemeindehaus betreuen, führen ihre Gäste auch gerne durch die Kirche. Vor Ankunft anrufen oder SMS senden!

Coop, 7357 Skaun, Mo bis Fr 8:00 bis 22:00, Sa 8:00 bis 21:00

Skaun kirke. Die mittelalterliche Steinkirche von etwa 1180 mit typisch romanischen und gotischen Merkmalen enthält noch Einrichtung aus dem 13. Jh. wie das Mariabild vor dem Altar. Der Turm ist von 1649.

Ein herzliches Ehepaar, zwei der Freiwilligen, die ehrenamtlich für die Kirchengemeinde arbeiten, führte mich durch die Kirche: Der Maria-Tisch ist der einzige von 30 in Norwegen, der noch in einer Kirche statt in einem Museum steht. Die Farbe am unteren Rand ist aufgrund der Luftfeuchtigkeit und der Priesterroben schon abgeblättert, daher ist das Bild nun unter Glas. Auch Malereien aus der Zeit vor Luther, in der die meisten Kirchen weiß gestrichen wurden, sind noch schwach zu erkennen, z. B. ein spanisches Schiff.

♦ 7357 Skaun, ☎ 72 86 31 51, post@skaun.kirken.no

Etappe 30: Skaun – Sundet gård

18,2 km, ca. 5 Std. 45 Min., ↑ 450 m, ↓ 550 m, ⇧ 0-400 m

0,0 km	⇧ 118 m	Skaun
0,9 km	⇧ 190 m	Abzweigung Husaby ⌘
4,3 km	⇧ 333 m	Hütte
6,4 km	⇧ 390 m	Tischbank Djupdalen
11,2 km	⇧ 44 m	Rastplatz Pilegrimsbordet
11,5 km	⇧ 17 m	Abzweigung Buvika
12,4 km	⇧ 0 m	Badestelle am Fjord
15,7 km	⇧ 1 m	Øysand Camping
16,1 km	⇧ 1 m	Abzweig der Alternativstrecke über die Udduvollbrua
17,6 km	⇧ 0 m	Anlegestelle Fähre
18,2 km	⇧ 30 m	Sundet gård

Hinab zu Fluss und Fjord! Das Ziel ist nah und das fühlt man. Doch bevor es auf Meeresniveau geht, müssen noch einige Höhenmeter bewältigt werden: Von Skaun aus geht es steil hinauf an den Ruinen von Husaby vorbei und durch den Wald. Sind es anfangs noch breite Wege, so bewegen Sie sich bald auf Trampelpfaden auf und ab. Auch die abwärtsführenden Pfade sind z. T. steil, dann laufen Sie auf einer breiten Straße in Kurven an Buvika vorbei zum Fjord. Am Meer entlang muss noch ein Berg gemeistert werden, dann geht es am Øysand Camping vorbei zur Anlegestelle Richtung Sundet gård.

Gehen Sie hinab über Straße und Bach zum Coop-Parkplatz, vor dem Sie links gehen, und biegen Sie in die nächste Straße, Husbyvegen, nach rechts oben ein (Wegweiser „Trondheim 41 km“). Sie kommen in einer Rechtskurve an die

Abzweigung nach Husaby. Etwa 150 m nach links finden Sie die wenigen ⌘ **Ruinen des Bauernhofs Husaby** (km 0,9) und der Hofkirche, die als Vorkirche der Skaun kirke gilt (☞ Etappe 29) und auf ca. 1040 n. Chr. datiert wird.

Etwa 30 m nach der Abzweigung nehmen Sie in der Rechtskurve der Straße die links abbiegende Schotterstraße (Schild „Bygdemuseum") und folgen ihr mit leichter Steigung hinauf bis zum ⌘ **Freilichtmuseum Skaun bygdamuseum** ❶ (☎ 72 86 72 00, 25. Juni bis 27. August So 12:00 bis 16:00) (km 1,4).

An der Gabelung knapp 300 m hinter der Zufahrt zu den historischen Museumsgebäuden halten Sie sich rechts und lassen die letzten Farmen und Häuser hinter sich, während es bergauf in den Wald geht. Sie laufen auf der Schotterstraße ansteigend weiter, bis Sie hinab zu einer Abzweigung gelangen (km 2,9). Biegen Sie links zwischen die Bäume ab und folgen Sie dem sich über Wurzeln schlängelnden Waldpfad.

Eine leichte Steigung führt Sie in einer Schneise unter Stromleitungen hindurch. Sie gehen über eine Lichtung mit jungen Bäumen, nach der Sie zwischen zwei Nadelbaumreihen hindurchlaufen. Das Grundstück des Hofs mit der roten Hütte am **Olavswegpfahl „Husbysetrene"** lassen Sie rechts liegen und folgen dem Pfad hinab auf einen breiten Schotterweg.

Gehen Sie links weiter. Knapp 300 m weiter liegt links am Wegesrand eine **offene Hütte** ❷ (km 4,3), gegenüber gibt es auch ein Plumpsklo. Der Schotter endet an einem breiten Wendeplatz und es geht auf einer Fahrspur weiter. An der folgenden Weggabelung (**Olavswegpfahl „Gammelsetra"**) halten Sie sich links. Sie laufen über Wurzeln auf und ab durch Wald, an einigen Stellen finden Sie Holzbretter über matschige Stellen gelegt.

Schließlich geht es steil bergab bis zur kleinen Holzbrücke, hinter der Sie nach oben auf eine breite Schotterstraße gelangen (km 5,7). Gehen Sie knapp 300 m nach links und biegen Sie an der Abzweigung rechts ab. Hinter dem kleinen Parkplatz nehmen Sie den Pfad nach links, der Sie steil bergauf durch die hohe Wiese in den Wald hineinführt.

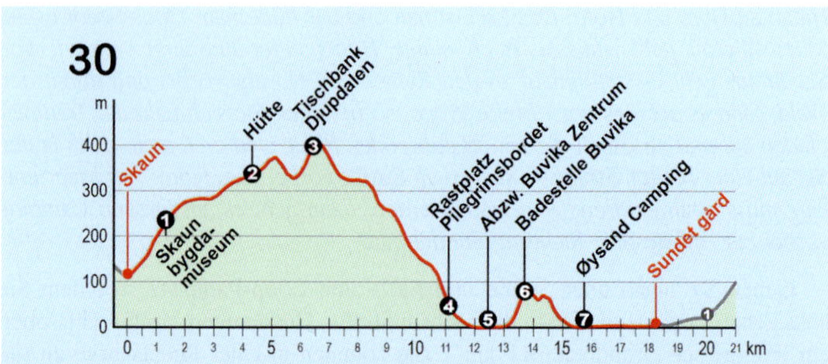

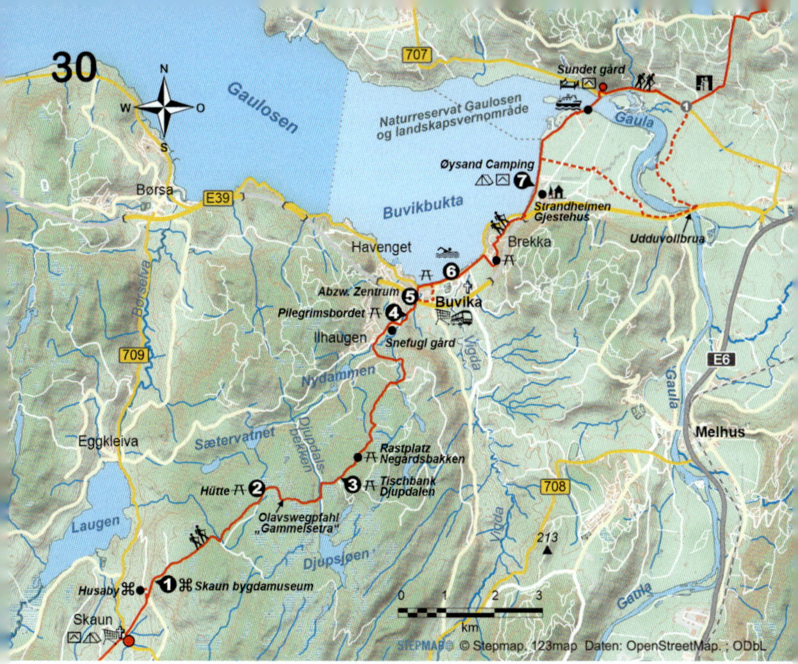

Auf dem Weg nach oben, finden Sie vor einem Baum eine **Tischbank Djupdalen** zum Rasten ❸ (km 6,4) mit weitem Blick über die Wälder, durch die Sie gerade noch gelaufen sind.

Der Waldpfad bringt Sie über eine Bergkuppe zum **Rastplatz Negardsbakkan** (km 6,9) mit einer weiteren Tisch-Bank-Kombination. Rund 800 m weiter bergab biegen Sie scharf links ab und folgen dem Pfad auf und ab durch Bäume bis zur nächsten Schotterstraße (km 9). Folgen Sie dem Buvikåsvegen nach links.

Zu Ihren Füßen liegt die Bucht Buvikbukta und auf dem folgenden Abschnitt genießen Sie einen schönen Panoramablick über den Fjord!

Sie laufen in Kurven bergab, überqueren den Fluss Hammerbekken, der Belag wechselt von Schotter zu Asphalt und der Buvikåsvegen wird zum Snøfuglvegen. Die Geschichte des Bauernhofs **Snøfugl gård** zu Ihrer Rechten ist eng mit dem Pilgerweg verbunden und er wird auch in Sigrid Undsets Büchern über Kristin Lavransdatter erwähnt. Auf Höhe des Bauernhofs können Sie für ein kurzes Stück auf dem Fußweg links der Straße laufen, allerdings nicht lange.

Achten Sie zu Beginn der folgenden Linkskurve auf das grüne „Pilegrimsleia"-Schild am rechten Straßenrand: Hier gehen Sie, ohne Fußgängerüberweg

o. Ä., über die Straße und hinter der Leitplanke auf einen kleinen Pfad in den Wald (km 10,9). Eine Brücke bringt Sie über den rauschenden Hammerbekken, dann geht es steil und rutschig am Bach entlang nach unten. Der ca. 450 m lange Pfad ist dabei größtenteils sehr steil, an zwei Stellen erhalten Sie Hilfe in Form eines Halteseils an der Seite.

Sie können alternativ für 1,3 km auf dem Fußweg an der Straße 801 weiter nach unten gehen, wenn Sie keinen Wert auf die schöne, aber steile und zumindest bei nasser Witterung unangenehm zu laufende Waldpassage legen.

Am Ende der Rutschpartie durch den Wald erwartet Sie die direkt neben den Stromschnellen aufgestellte **Tisch-Bank-Kombination Pilegrimsbordet** ❹ (km 11,2). Knapp 200 m weiter gelangen Sie bei einer Umspannstation hinab auf den Schotterweg Hammerdalen, auf den Sie links abbiegen. Gehen Sie für 200 m geradeaus unter der hohen Autobahnbrücke hindurch und überqueren Sie den kreuzenden Snøfuglvegen ❺.

Wer Vorräte auffüllen muss, geht hier rechts die Straße hoch und findet nach ca. 400 m hinter dem Kreisel **Buvika** mit verschiedenen Einkaufsmöglichkeiten. Anschließend brauchen Sie nicht wieder zurücklaufen, sondern gehen im Kreisverkehr vor der Tankstelle auf dem Fußweg am Vigdalsvegen hinab Richtung Wasser und biegen nach 170 m auf Höhe des Zebrastreifen nach links auf den schmalen Asphaltweg, der Sie zwischen den Wohnhäusern hindurch auf den Uferweg bringt. Sie sind zurück auf dem Olavsweg und setzen die Wanderung nach rechts fort.

Buvika

Extra, Sandavegen 3, 7350 Skaun, Mo bis Sa 7:00 bis 23:00, So 14:00 bis 20:00

Kiwi, Saltnessand, 7350 Skaun, Mo bis Sa 7:00 bis 23:00, So 14:00 bis 20:00

Uno-X mit 7-Eleven-Butik, Buvikkrysset, 7350 Skaun, Mo bis Do 5:00 bis 23:00, Fr 5:00 bis 24:00, Sa durchgehend, So 0:00 bis 23:00

Boots Apotek, Sandavegen 27, 7350 Skaun, Mo bis Fr 10:00 bis 17:00, Sa 10:00 bis 15:00

Mit der Linie 310 gelangt man von der Haltestelle „Buvikkrysset" (an der E39) in ca. 30 Min. nach Trondheim, www.atb.no.

Buvik kirke. Die achteckige Kirche aus dem Jahr 1819 ist ein typisches Beispiel für die Periode der norwegischen Kirchengeschichte zwischen 1750 und 1850, die vom Pietismus und Rationalismus geprägt war, und die Bauform sollte sicherstellen, dass die Worte des Pfarrers auf allen Plätzen gut zu hören waren.

♦ Valsetvegen 39, 7350 Skaun, 72 86 31 51, post@skaun.kirken.no

Gehen Sie weiter auf dem Hammerdalen geradeaus hinab zum Fjord und dort nach rechts über die Brücke auf die Fußgängerpromenade direkt am Wasser. Sie finden gleich zu Beginn eine Rast-Tischbank-Gruppe und im weiteren Verlauf mehrere Bänke zum Rasten mit Blick auf die Bucht. Nach gut 600 m laufen Sie beim großen Wiesenstrand mit mehreren Picknicktischen ❻ (km 12,4) über den Zebrastreifen und setzen die Wanderung auf dem Fußweg fort. Zu Ihrer Rechten blickt die markante, achteckige Kirche von Buvika von einem Hügel auf Sie hinab.

Badestelle Buvika

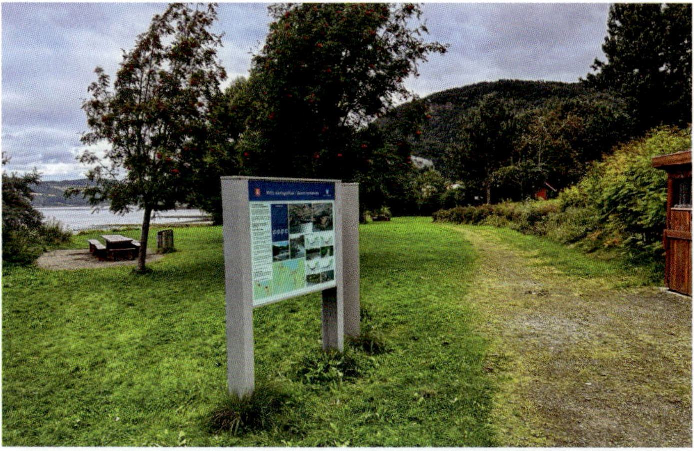

Nach der Brücke über den Fluss Vigda gelangen Sie zum **Ende des Fußgängerweges**. Hinter der Bushaltestelle leitet Sie das blaue „Pilegrimsleia“-Schild nach rechts (km 13,3). Der Brekkavegen führt Sie steil hinauf und oberhalb der Häuser am Hang entlang. Nach knapp 400 m steht auf der linken Seite eine Bank, falls Sie sich kurz ausruhen wollen – es wird noch steiler! Und zwar ca. 300 m weiter, wenn Sie nach rechts in den Brattbakken eingebogen sind.

Nach ca. 150 m steilen Anstiegs sind Sie oben angekommen, gehen gut 50 m nach links und direkt wieder rechts in den Myrvegen. Auf diesem bleiben Sie keine 100 m und biegen dann vor dem blauen Haus links ab. Der Graspfad bringt Sie ca. 450 m bergab, z. T. etwas steiler über Wurzeln und Steine.

Insbesondere bei Regenwetter besteht hier erhöhte Rutschgefahr!

Heil unten angekommen überqueren Sie die Straße noch vor dem Containerlager und der Autowerkstatt, laufen auf dem Trampelpfad an einer Infotafel zum Olavsweg vorbei und durch eine Lücke in der Hecke auf den hinteren Teil des **Campingplatzes Øysand** ❼. Auf halbem Weg zur Rezeption mit Kiosk und Café liegt das Strandhaus Strandheimen Gjestehus (km 15,5).

Øysand Camping, Gamle Kongeveg 56, 7224 Melhus, ☏ 72 87 24 15, 92 08 71 74, post@oysandcamping.no, www.oysandcamping.no, Mai bis September, Pilgerpreise (nur bei Buchung im Voraus) NOK 300/Pers. in Hütte, Zelt NOK 100/Pers., reguläre Hütten mit und ohne fließend Wasser NOK 650 bis NOK 1.450, Schlafsack mitbringen, Gemeinschaftsbad und -küche,

Strandheimen Gjestehus, Gamle Kongeveg 40a, 7224 Melhus, 48 10 55 15, wenche.gran@strandheimen.no, www.strandheimen.no, ab NOK 850/Pers. im DZ mit Frühstück und Lunchpaket, NOK 1.150 mit Abendessen (Pilgerpreise), Einzelzimmer und weitere Unterkunftsmöglichkeiten (z. B. Lavvo-Zelt) nach Absprache

Nach Verlassen des Platzes laufen Sie geradeaus weiter am Wasser entlang. Nach etwa 450 m erreichen Sie eine Infotafel und müssen entscheiden, wie Sie den vor Ihnen liegenden Fluss Gaula überqueren wollen.

Die Bootspassage ist in erster Linie für Übernachtungsgäste des Sundet gård gedacht. Wer nicht vorhat, dort zu übernachten, sollte unbedingt im Voraus fragen (Kontakt ☞ **Sundet gård**). Die Überfahrt kostet NOK 50/Pers.

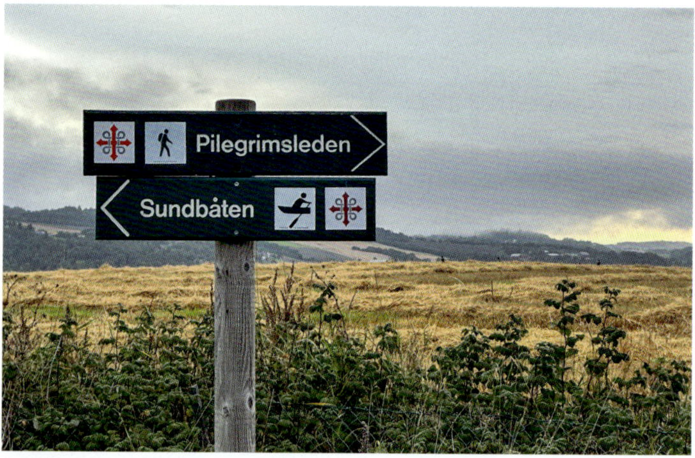

Wahlfreiheit – Wandern oder Fähre

Alternativ können Sie den direkten Weg nach Trondheim über die **Brücke Udduvollbrua** wählen – er ist mit 6,3 km bis zum Zusammentreffen der beiden Streckenvarianten der längere. Biegen Sie dazu an der Infotafel auf den Weg nach rechts ab und folgen Sie den Markierungen auf der Schotterpiste geradeaus, bis Sie nach 2,5 km an einem Schlagbaum auf die E39 treffen und davor nach links auf den parallel verlaufenden Øysandvegen abbiegen. Nach gut 800 m erreichen Sie die Udduvoll-Straßenbrücke. Am gegenüberliegenden Ufer biegen Sie scharf links ab und folgen dem Vollanvegen für etwa 450 m. Biegen Sie dann vor der Baumreihe nach rechts auf die Fahrspur ab und laufen Sie entlang der Felder weiter. Hinter einer in die Jahre gekommenen Scheune treffen Sie bei der Farm Mo auf eine Asphaltstraße, wo sich die beiden alternativen Strecken wieder vereinen. Hier laufen Sie geradeaus weiter (☞ Etappe 31) und vor Ihnen liegen nur noch 19 km bis zum Nidarosdom in Trondheim.

☺ Tipp: Wenn Sie in **Sundet gård** übernachten wollen, rufen Sie jetzt beim Besitzer John Wanvik an. Wenn Sie dann keine 2 km weiter an der Anlegestelle ankommen, müssen Sie nicht lange auf den Fährmann warten.

Für den Weg zum Bootsanleger am Südufer der Gaula folgen Sie dem Wegweiser „Sundbåten" weiter geradeaus am Wasser entlang und vorbei an roten Hütten, Feldern und dem Gaulosen-Naturreservat, bis Sie schließlich an die **Anlegestelle am Fluss Gaula** gelangen, die links des Weges durch braune Holzschilder gekennzeichnet ist (km 17,6).

Auf der gegenüberliegenden Flussseite sehen Sie etwas oberhalb in den Bäumen versteckt schon die Farmgebäude – und vielleicht auch schon John, der Sie mit seinem hölzernen Ruderboot holen kommt.

Es geht gut 300 m über den Fluss, dann über die Straße hoch zum **Sundet gård** (km 18,2).

Sundet gård, Leinstrandvegen 472, 7083 Leinstrand, 41 54 41 16 oder 93 08 35 81, johnwan@online.no, www.sundetgard.no, 26. Juni bis 31. August, Übernachtung im ausgebauten *stabbur* aus dem 17. Jh. ab NOK 500/Pers., NOK 1.100 inkl. Abendessen, Frühstück, Lunchpaket und Bootstransfer, Bettwäsche NOK 100, keine Selbstversorgerküche

Sundet gård: Fähre, Frauen und das Totenreich

Die Fähre über die Gaula findet sich das erste Mal im 16. Jh. schriftlich erwähnt, da aber schon um 1300 auf beiden Flussseiten Menschen lebten, geht man davon aus, dass auch der Fährdienst aus diesem Zeitalter ist. Der Sundet-Hof ist von 1100 und war neben Fährstelle auch Postkutschenstation. John Wanviks Familie lebt schon seit 1659 auf der Farm, doch erst 1770 konnte sie den Hof ihr Eigen nennen: Sie kauften ihn der reichen Dame Cicilia Christine Schöller ab, die im Wettstreit um das größte Haus mit zwei anderen gut betuchten Damen lag. Der Verkauf von Sundet bemächtigte Cicilia dazu, das noch immer größte Holzhaus Norwegens zu bauen – heute Königsresidenz in Trondheim.

John Wanvik wird vielleicht der letzte Fährmann und letzte Farmer auf Sundet sein, denn die Söhne zeigen kein Interesse an Fähren, Pilgernden oder Schweinen. Ulkige Tatsache: Johns Frau ist vielleicht die Einzige in ganz Norwegen mit dem Vornamen Karon – wie der griechische Fährmann *Charon* (Karon), der die Verstorbenen auf seinem Boot ins Totenreich bringt (gegen zwei Münzen in den Augenhöhlen). Aber keine Angst, es ist natürlich John, der Sie übersetzt ...

Etappe 31: Sundet gård – Trondheim, Nidarosdomen

21,5 km, ca. 6 Std. 15 Min., 370 m, 370 m, 0-260 m

0,0 km	30 m	Sundet gård
5,2 km	218 m	Meilenstein „14 km til Nidaros"
10,0 km	203 m	Frøset gård
13,4 km	227 m	Straßenbahnhaltestelle „Herlofsonløypa"
16,4 km	153 m	Byåsen Butikksenter BANK
19,4 km	4 m	Ilen kirke
20,8 km	1 m	Olavsquelle
21,1 km	1 m	Nidaros Pilegrimsgård
21,5 km	2 m	Trondheim, Meilenstein am Nidarosdomen BANK FUN

Zum heiligen Olav! Alles hat ein Ende, auch der Olavsweg. Wer allerdings glaubt, es ist eine leichte Etappe, die nur bergab zur Stadt am Fjord führt, irrt. Es sind noch einige Höhenmeter, größtenteils durch Wald, zu bewältigen, bevor Sie in den Straßen Trondheims endgültig zurück in der Moderne angelangt sind – und am Ziel, der beeindruckenden Nidaros-Kathedrale, ankommen.

Gehen Sie – die Sundet-Farm im Rücken – auf dem Leinstrandvegen 1,7 km nach links bis zur Kreuzung mit der Straße Skjefstadbakkan (Schilder „Fjøsvollan" und „Nidarosdomen 18,9 km"), wo es nach links geht. Von rechts kommt die alternative Route über die Brücke Udduvollbrua (☞ Etappe 30) wieder hinzu ❶ (km 1,8). Nun geht es 2,2 km bergan – zunächst steil, dann nur noch leicht ansteigend.

Sie können wundervoll zurück über Fjord, Fluss und die bereits überwundenen Berge schauen!

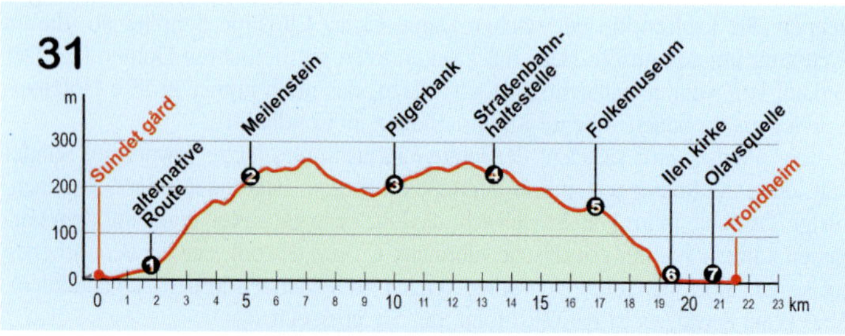

Ein kurzer Zwischenabstieg bringt Sie zu einer T-Kreuzung mit einer Asphaltstraße. Folgen Sie dem Wegweiser in Richtung Heimdal für 300 m nach rechts und biegen Sie bei den Schildern „Sivilforsvaret“ und „Nidarosdomen 16,5 km“ nach links auf die breite Straße ab, die Sie zu einem großen, asphaltierten Parkplatz bringt.

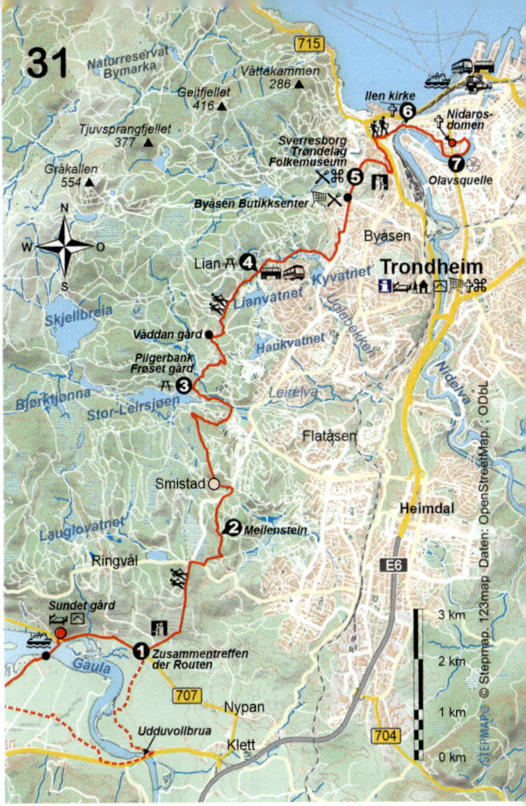

Vor dem weißen Eingangsbogen zum Bunker des Zivilschutzes unter dem Kastberga finden Sie auf der linken Seite eine Olavsweg-Infotafel (km 4,7) und der schmale Pfad führt Sie an einer Rastbank vorbei kurz und steil den Berg hinauf.

An der Gabelung nach gut 200 m halten Sie sich links und erreichen den **Meilenstein** „14 km til Nidaros“ ❷ (km 5,2) und eine Rastbank.

Es geht weiter leicht hinauf und nach 500 m mündet der Pfad bei einem Holzkreuz auf einen breiteren Weg. Folgen Sie diesem nach rechts bis zur Asphaltstraße Smistadvegen (km 5,9). Gehen Sie für knapp 300 m nach rechts. Direkt nach der Linkskurve biegen Sie links in den Schotterweg Smistadbakken (Wegweiser „Nidarosdomen 14,7 km“). Er führt Sie vorbei an Bauernhöfen und Pferdekoppeln und über die Farm Smistad (km 6,5).

An der Gabelung am Ende der Farm gehen Sie rechts bergan durch den Wald, lassen die abzweigende, breite Schotterpiste rechts liegen und biegen dann vor der nächsten Rechtskurve nach links auf einen schmalen Trampelpfad ab (km 7). Dieser bringt Sie nun leicht abfallend vorbei an einer weiteren Rastbank durch lichten Wald, oft liegen Bohlen und Bretter über matschigen und nassen Stellen. Nach 1 km stoßen Sie auf einen schmalen Kiesweg und biegen rechts ab.

Der weiterhin leicht absteigende Weg führt vorbei an einem aus Holz geschnitzten Troll und in einer großen Linksschleife um den Wald herum. Auf Höhe der Skisprungschanze zu Ihrer Rechten halten Sie sich links und folgen dem Trampelpfad neben der Straße (km 8,8). An der folgenden Gabelung halten Sie sich ebenso links, wie auch auf der folgenden Schotterpiste.

An der Kreuzung nach der flachen Brücke über den **Fluss Leirelva** laufen Sie ein paar Schritte nach links und biegen gleich nach der Infotafel rechts auf den ansteigenden Trampelpfad ab. 200 m weiter treffen Sie wieder auf die Schotterpiste und folgen ihr nach rechts. Leicht ansteigend geht es aus dem Wald heraus und auf **Frøset gård** zu.

Biegen Sie vor dem Hof bei der ⛩ Pilgerbank mit Tisch rechts ab ❸ (km 10). Der Weg führt zwischen den Pferdekoppeln hindurch und über den Bach Våddabekken zu einer kleinen Kreuzung mit mehreren Wegweisern. Sie laufen weiter geradeaus Richtung Våddan und erreichen nach gut 300 m eine Kreuzung. Vor Ihnen dehnt sich das weitläufige Areal des **Våddan gård** mit vielen Pferdekoppeln aus.

Gehen Sie rechts und an der nächsten T-Kreuzung links auf dem Schotterweg um die Koppeln herum. Es geht etwas bergauf und dann bei den Farmgebäuden rechts in den Wald. Keine 100 m weiter gelangen Sie leicht abwärts an Wikingergrabhügel (Gravplassen – Gravhauger), biegen kurz darauf an der T-Kreuzung links ab und stoßen in kurzem Abstand auf zwei Schotterstraßen, auf denen Sie jeweils nach rechts weiterlaufen.

Sie erreichen die größere T-Kreuzung mit dem Vådanvegen (km 11,6). Folgen Sie diesem für knapp 300 m nach rechts, um dann nach links in den Skråstien (Schild „Nidarosdomen 8,8 km") einzubiegen. Die breite Schotterstraße bringt Sie um den Spielplatz herum und an zwei Hauszufahrten vorbei leicht bergan. Keine 75 m weiter kehren Sie der Schotterpiste den Rücken und laufen auf einem Pfad nach rechts am Zaun entlang bis zu einer Zauntreppe (km 12,2).

Über diese hinüber gelangen Sie auf den (Weide-)Hügel von Nedre Solem. Gehen Sie diesen links hinauf, steigen Sie über eine weitere Zauntreppe und überqueren Sie den Weg. Hinter der nächsten Zauntreppe – oder dem Tor – befindet sich ein Grasweg, der Sie über Weiden führt, und im Talkessel vor Ihnen breiten sich die Dächer von Trondheim aus. Eine letzte Zauntreppe bringt Sie am Ende der Weide hinaus auf den Lianvegen. Biegen Sie ca. 100 m hinter dem ehemaligen Restaurant Lian noch vor der Rechtskurve links ab (Schild „Nidarosdomen 7,7 km"). Die Schotterstraße bringt Sie hinab nach **Lian**, an der Kreuzung liegt ein ⛩ Rastplatz ❹ (km 13,4).

🚋 🚌 Kaum 100 m rechts von Ihnen befindet sich die Straßenbahnstation „Herlofsonløypa": Mit der **Tram von Trondheim** (Gråkallbanen) Linie Nummer 9 können Sie in nur 20 Min. von Lian hinab nach Trondheim fahren (bis „St. Olavs gate"): Mo bis Fr mehrmals stündlich, Sa und So mehrmals tgl., 💻 www.atb.no.

Der Olavsweg führt Sie links auf einem schmalen Weg aus der Siedlung hinaus in den Wald. Abwärts gelangen Sie an eine Weggabelung. Gehen Sie hier geradeaus und folgen Sie dem Pfad im wechselnden Auf und Ab vorbei am **See Kyvatnet** bis zur Asphaltstraße Antonie Løchens vei (km 15), auf den Sie nach links abbiegen. Sie haben den **Stadtrand von Trondheim** erreicht und blicken von oben auf Stadt und Fjord.

Nach 350 m stoßen Sie auf den Dalhaugveien und folgen ihm nach rechts hinab zur T-Kreuzung, an der Sie rechts bis zum Gamle Oslovei gehen. Biegen Sie links auf die große Straße ab, die später zur Sverresborg Allé wird. Sie laufen vorbei am ✕ 🛒 ⚕ BANK **Byåsen Butikksenter** (km 16,4) und dem ✕ ☕ ⌘ Sverresborg Trøndelag Folkemuseum ❺ (km 16,8). Etwa 250 m weiter gelangen Sie an eine Art Kreuzung. Gehen Sie hier rechts in den Fridtjof Nansens vei – den Fjord mit der Gefängnisinsel Munkholmen (☞ Trondheim) haben Sie nun links von sich und auch der Nidarosdom ist deutlich auszumachen.

Nach etwa 650 m biegen Sie nach links in eine schmale Schotterstraße ab, die Sie in einer S-Kurve zwischen Häusern hindurch hinab auf eine Asphaltstraße bringt. Folgen Sie dem Sverdrups vei für knapp 300 m nach links und biegen Sie dann am Abzweig hinter dem modernen, roten Haus rechts in den Dyborgveien ein. Bergab gelangen Sie an eine T-Kreuzung, an der Sie rechts weiter hinabgehen, bis die Straße eine Linkskurve macht. Nehmen Sie die Treppen und gehen Sie auf dem Fußweg unter der großen Kreuzung mit Kreisel hindurch.

Auf der anderen Seite laufen Sie geradeaus auf dem Ilevollen weiter – der längliche Park (Ilaparken) liegt links von Ihnen und der Straße. Am Parkende vorbei geht es über einen Zebrastreifen. Links fährt auf dem Mittelstreifen nun die Straßenbahn, rechts lassen Sie die Bahngleise liegen, dann gelangen Sie zur ✝ **Ilen kirke** ❻ (km 19,4). Gehen Sie vor der Kirche nach rechts und auf der Straße vorbei am ⌘ **Justismuseet**.

Goldener Aufkleber im Pilgerpass

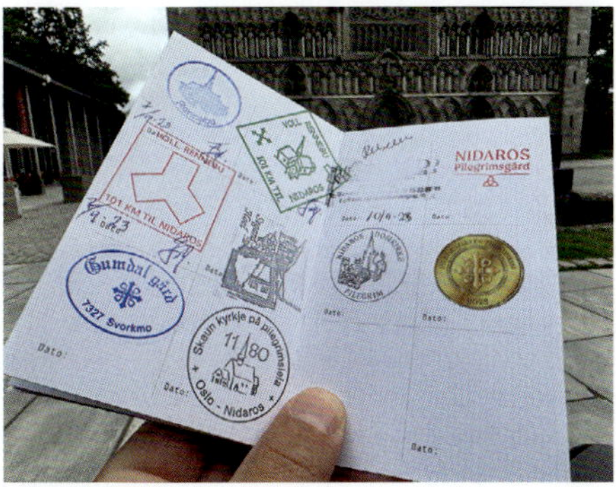

An der nächsten Weggabelung biegen Sie rechts in die Elvegata ab und laufen vorbei am idyllischen ☕ Gartencafé Tantes Hages und immer weiter geradeaus bis zur Bispegata.

Biegen Sie an der Kreuzung rechts ab, vorbei an einem kleinen Steinkunstwerk an der Ecke folgen Sie der Sverres gate und verlassen sie am Ende geradeaus auf dem Schotterweg, der direkt hinab zum **Fluss Nidelva** führt. Gehen Sie links. Am Wasser entlang laufen Sie unter der hohen **Elgeseter bru** hindurch und vorbei an der ❀ Olavsquelle ❼ (Olavskilde). Nur 350 m weiter gelangen Sie durch ein Eisentor auf die Straße Kjøpmannsgata, links finden Sie das **i** 🛏 ☕ ⊙ **Nidaros-Pilgercenter** (km 21,1).

☺ Sie sind angekommen! Checken Sie ein, holen Sie sich Ihren Stempel oder den **Olavsbrief** (☞ Reise-Infos von A bis Z) oder trinken Sie mit anderen Pilgerinnen und Pilgern einen Kaffee im Café Olav. Auf jeden Fall sollten Sie sich hier den **goldenen Aufkleber für den Pilgerpass** holen, der freien Eintritt in die Domkirche, Rabatte bei ausgewählten Hotels und weitere Vergünstigungen gewährt.

Um zum ersehnten Ziel zu gelangen, müssen Sie nur noch am Pilgercenter vorbei und direkt links gehen. Über den Friedhof gelangen Sie um die Kathedrale herum zur Vorderseite des ✞ **Nidarosdomen mit dem letzten Meilenstein „Nidaros 0 km“ – herzlichen Glückwunsch**!

Der Nidarosdom und der heilige Olav

Die Geschichte des Nidarosdoms ist eng mit dem Leben von Olav Haraldsson verknüpft, auch wenn sie nicht ihm, sondern der Heiligen Dreifaltigkeit gewidmet ist. Als der König am 29. Juli 1030 in der Schlacht von Stiklestad fiel, brachten christliche Bauern seinen Leichnam heimlich in das heutige Trondheim und begruben ihn in einer Sandbank am Ufer der Nidelva. Sogleich verbreiteten sich Geschichten über Wunder und als Olavs Anhänger ein Jahr nach seinem Tod den Bischof dazu bewegten, den König zu exhumieren, fanden sie ihn unberührt, mit geröteten Wangen und Haaren, die gewachsen waren. So wurde er heiliggesprochen, nicht im Leben, aber im Tode.

Sie errichteten eine hölzerne Kapelle über seiner Grabstätte und die Menschen strömten herbei, um zu beten. Den Grundstein für den heutigen Dom aber legte 1070 der norwegische König Olav Kyrre. Er ließ die Holzkapelle durch eine Steinkirche ersetzen, die in den folgenden Jahren immer weiter ausgebaut wurde. Doch erst als Nidaros 1153 Erzdiözese wurde, begann unter Erzbischof Øystein Erlendsson der Bau der prachtvollen Kathedrale, wie wir sie heute bestaunen können. Sie gilt als größtes mittelalterliches Bauwerk Nordeuropas und wurde (schätzungsweise) im Jahr 1300 vollendet und nach großen Bränden fünfmal wieder aufgebaut. Bis 1906 wurden hier Norwegens Könige gekrönt.

Bewundern Sie im Oktogon des gotischen Doms den Hochaltar, der über der ehemaligen Grabstätte Olavs errichtet wurde, auch wenn heute nur noch ein Schrein daran erinnert: Die Gebeine des Heiligen verschwanden im Zuge der Reformation – keiner sollte mehr an seinem Grabe beten können, das sollte die Einführung des Protestantismus beschleunigen. Erst 2013 wurde in der katholischen St. Olav domkirke in Oslo (☞ Etappe O1) ein Beinknochen gefunden, von dem angenommen

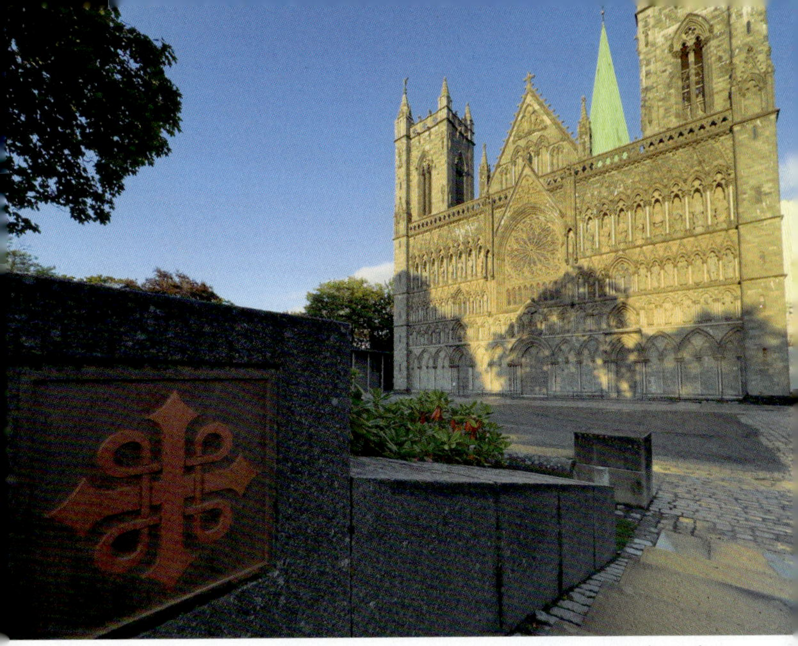

Nidarosdom

wird, dass er vom Wikingerkönig stammt. Doch auch wenn der Aufenthaltsort von Olavs Leichnam nicht bekannt ist: Die Bedeutung von Nidaros als wichtigstes Pilgerziel in Nordeuropa vom 11. Jh. bis zur Reformation 1537 erwacht gerade zu neuem Leben.

Trondheim

Touristinformation Visit Trondheim (im Einkaufszentrum Trondheim Torg), Kongens gate 11, 7013 Trondheim, ☏ 73 53 69 04, info.trondheimtorg@akatelecom.no, www.visittrondheim.no, Mo bis Sa 10:00 bis 18:00, Übernachtungsmöglichkeiten: www.visittrondheim.no/en/accommodation

Nidaros Pilegrimsgård, Kjøpmannsgata 1, 7013 Trondheim, ☏ 73 52 50 00, post@pilegrimsgarden.no, www.pilegrimsgarden.no, Rezeption tgl. 9:00 bis 15:00, im Schlafsaal (10-Bett-Zimmer) NOK 580/Pers. (max. zwei Übernachtungen), Pilgerpreise (20 % Rabatt): EZ NOK 1.032, DZ NOK 1.352, Vorausbuchung empfohlen, damit die Schlüsselkarte bei Ankunft bereitliegt. Das Streif Bakeri & Café im selben Gebäude serviert Pilgerwaffeln und hausgemachte Kuchen mit Blick auf den Fluss Nidelven, 11:00 bis 16:00, Frühstücksbuffet tgl. 7:30 bis 10:00 (NOK 160).

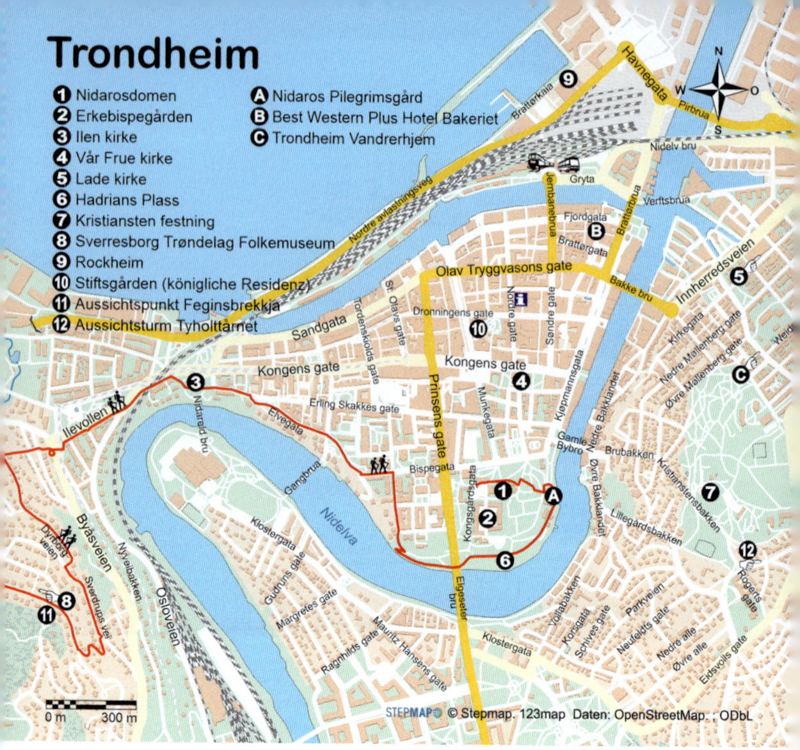

Best Western Plus Hotel Bakeriet, Brattørgata 2, 7010 Trondheim, ☏ 73 99 10 00, front@hotelbakeriet.no, www.hotelbakeriet.com, DZ ab NOK 1.695, Code „PILGR" bei Online-Buchung für 20 % Pilgerrabatt

Trondheim Vandrerhjem, Weidemannsvei 41, 7043 Trondheim, ☏ 73 87 44 50, booking@trondheimvandrerhjem.no, www.trondheimvandrerhjem.no, 2 km vom Olavsweg entfernt, Bett im Mehrbettzimmer ab NOK 390, Etagenbad und -küche, WLAN

Rooftop Restaurant & Bar (im Clarion Hotel), Brattørkaia 1, 7010 Trondheim, 46 89 20 14, rooftop.trondheim@strawberry.no, Di bis Fr 18:00 bis 22:00, nordische Küche mit Zutaten aus der Region und der beste Ausblick über Trondheim

Baklandet Skydsstation, Øvre Bakklandet 33, 7016 Trondheim, ☏ 73 92 10 44, www.skydsstation.no, So/Mo 12:00 bis 20:00, Di bis Do 12:00 bis 23:00, Fr/Sa 12:00 bis 1:00, idyllisches Restaurant, hausgemachte Speisen und spezielles Pilgermenü

♦ **Mat fra Hagen Midtbyen**, Thomas Angells gate 10B, 7011 Trondheim, 45 91 21 50, Mo bis Sa 11:00 bis 20:00, So 12:00 bis 18:00, rein veganes Restaurant mit einer großen Auswahl an Burgern, Wraps und Bowls

Tantes Hage, Elvegata 3, 7012 Trondheim, 98 09 95 79, So 10:00 bis 18:00, charmantes Café in einem Garten mit Tieren und tollem Blick auf den Nidelva, direkt am Olavsweg, es handelt sich um einen privaten Garten, der außerhalb der Öffnungszeiten nicht zugänglich ist.

♦ **Café To Tårn**, Bispegata 5, 7013 Trondheim, 94 19 35 41, www.bakeriet.no, 1. Juni bis 1. September tgl. 10:00 bis 17:00 (außerhalb der Saison verkürzte Öffnungszeiten), „Café zu den zwei Türmen" im Besucherzentrum der Kathedrale (Souvenirshop, Kartenverkauf)

Byåsen Butikksenter, Fjellseterveien 1, 7020 Trondheim, www.byaasenbutikksenter.no, Mo bis Fr 9:00 bis 20:00, Sa 9:00 bis 18:00, u. a. Rema 1000, Mo bis Sa 7:00 bis 23:00, BANK

♦ **Trondheim Torg**, Kongens gate 9, 7013 Trondheim, www.trondheimtorg.no, Mo bis Fr 9:00 bis 20:00, Sa 9:00 bis 18:00, u. a. Rema 1000 Mo bis Sa 7:00 bis 23:00, BANK

Öffentliche Verkehrsmittel: www.atb.no (Reise-Infos von A bis Z, Verkehrsmittel am Weg)

Værnes-Expressen, einfache Fahrt ab NOK 220 (Haltestelle vor dem Nidarosdom, ca. 50 Min.), www.vaernesekspressen.no/en

Sowohl der Regionalzug zwischen Trondheim und Steinkjer wie auch der Intercity von Trondheim nach Bodø hält am Flughafen Værnes, einfache Fahrt Trondheim, Zentralstation bis Trondheim, Værnes ab NOK 45, ca. 40 Min., www.vy.no/en.

Trondheim lufthavn Værnes, www.avinor.no/flyplass/trondheim

Trøndertaxi, 073 73, www.trondertaxi.no, Fahrt Innenstadt – Flughafen 1 Pers. NOK 460, 2 Pers. NOK 720

♦ **Norgestaxi**, 080 00, www.norgestaxi.no/trondheim, Airport-Taxi: Festpreis Innenstadt – Flughafen (6:00 bis 18:00) 1-4 Pers. NOK 799, 5-8 Pers. NOK 1.200, 9-16 Pers. NOK 1.550

Nidarosdomen

♦ Bispegata 3, 7013 Trondheim, 73 89 08 00, booking.ndr@nidarosdomen.no, www.nidarosdomen.no, Mai Mo bis Fr 9:00 bis 15:00, Sa 9:00 bis 14:00, So 9:00 bis 16:00. Juni bis August Mo bis Fr 9:00 bis 18:00, Sa 9:00 bis 14:00, So 13:00 bis 17:00. Winter Mo bis Fr 9:00 bis 14:00, Sa 9:00 bis 14:00, So 13:00 bis 16:00, freier Eintritt mit gültigem Pilgerpass, Kombi-Ticket (Nidarosdom, Palast des Erzbischofs, Kronjuwelen) Erwachsener NOK 240, Kind NOK 120, Einzelticket Erwachsener NOK 120, Kind NOK 60; Besteigung des Domturms (39 m), Sommer Mo bis Fr 10:00 bis 17:00, Sa 10:00 bis 13:00, So 13:00 bis 16:30, Ticket NOK 70

Ilen kirke oder **Ila kirke**. Neugotische Steinkirche mit Holzdecken aus dem Jahr 1889

♦ Kongens gate 99, 7018 Trondheim, 99 43 60 00, post.ilen.trondheim@kirken.no

Vår Frue kirke. Offene Liebfrauenkirche aus Stein, Baujahr ca. 1150-1200 (offizielles 800-jähriges Jubiläum 2007)

♦ Kongens gate 5, 7011 Trondheim, 93 69 78 01, www.nidarosdomen.no, tgl. 11:00 bis 15:00

✞ **Lade kirke.** Eine der ältesten Steinkirchen Norwegens (etwa 1190)
♦ Lade allé 36, 7041 Trondheim, 99 43 60 00 (Gemeindehaus), post.lade.trondheim@kirken.no, www.kirken.no/lade

♜ ⌘ **Erkebispegården** (Palast des Erzbischofs). Die Burganlage direkt neben der Nidaros-Kathedrale wurde 1161 als Residenz für den Erzbischof Øystein Erlendsson gebaut. In den Räumen des bischöflichen Palastes finden sich archäologische Artefakte, 120 Skulpturen aus dem Mittelalter und eine Münzwerkstatt. Die königlichen Kronjuwelen (*Riksregaliene*) sind in einer gesonderten Ausstellung zu bewundern.
♦ Kongsgardsgata 1, 7013 Trondheim, Kontaktinformationen ☞ Nidarosdomen, Museum und Kronjuwelen Mai Mo bis Sa 10:00 bis 15:00, So 12:00 bis 16:00, Juni bis August Mo bis Fr 10:00 bis 17:00, Sa 10:00 bis 15:00, So 12:00 bis 16:00, September bis April Di bis Fr 11:00 bis 14:00, Sa 11:00 bis 15:00, So 12:00 bis 16:00, freier Eintritt in den Bischofshof, Tickets Museum und Kronjuwelen ☞ Nidarosdomen

♜ ⌘ **Kristiansten festning**. Die Festung aus dem 17. Jh. thront auf einem Hügel oberhalb der Stadt und ist Naherholungsgebiet.
♦ 7014 Trondheim, 46 87 04 00, www.forsvarsbygg.no, das Innere der Festung ist zugänglich, solange die Flagge gehisst ist, im Sommer sind die Tore von 8:00 bis 21:00 geöffnet, im Winter von 9:00 bis Sonnenuntergang, Eintritt frei, Museum im Kanonenturm: Mitte Mai bis Ende August Mo bis Sa 10:00 bis 16:00, So 12:00 bis 16:00, ✕ Restaurant Kommandanten: 94 82 03 88, www.mojoevent.no/festningen, Ostern bis Herbstferien Mi bis So 10:00 bis 18:00

⌘ **Sverresborg Trøndelag Folkemuseum**. Das Freilichtmuseum mit über 60 historischen Gebäuden ist um die Ruinen der mittelalterlichen Burg von König Sverre Sigurdsson platziert.
♦ Sverresborg allé 13, 7020 Trondheim, ☏ 73 89 01 00, sverresborg.post@mist.no, www.sverresborg.no, Ende Juni bis Anfang September tgl. 10:00 bis 17:00, Anfang Juni bis Ende Juni Mo bis Fr 10:00 bis 15:00, Sa/So 11:00 bis 15:00, Winterhalbjahr Di bis Fr 10:00 bis 15:00, Sa bis So 11:00 bis 15:00, Erwachsener NOK 190, Kinder bis 15 Jahre umsonst (Preise Sommersaison)

⌘ **Rockheim**. Norwegisches Nationalmuseum für Pop- und Rockmusik
♦ Brattørkaia 14, 7010 Trondheim, ☏ 73 60 50 70, rockheim.post@mist.no, www.rockheim.no, Di bis Fr 10:00 bis 16:00, Sa/So 11:00 bis 17:00, Erwachsener NOK 160, Kinder bis 15 Jahre umsonst

⌘ **Stiftsgården (königliche Residenz)**
♦ Munkegata 23, 7011 Trondheim, 90 23 52 94, omvisningsleder.stiftsgarden@nkim.museum.no, www.nkim.no/stiftsgarden, stündliche Führungen (auch in Englisch, Deutsch nach Absprache), 1. Juni bis Mitte August Mo bis Sa 10:00 bis 15:00, So 12:00 bis 15:00, Erwachsener NOK 120, Kind 6-18 Jahre NOK 70

⌘ **Justismuseet** (Norwegisches Justizmuseum)

♦ Kongens gate 95, 7012 Trondheim, ☏ 73 50 03 05, 💻 https://justismuseet.no, Di bis So 11:00 bis 16:00, Eintritt NOK 110

⌘ ❁ **Munkholmen**. Die historische Gefängnisinsel mit Kloster und Badestrand liegt im Fjord direkt vor Trondheim und ist ein beliebtes Ausflugsziel mit Restaurant, Handwerksausstellung und Sommertheater.

♦ post@munkholmen.no, 💻 www.munkholmen.no, ⛴ von Mitte Mai bis Ende August regulärer Bootsverkehr vom Anleger Ravnkloa am Ende der Munkegata, Erwachsene NOK 120, Kinder NOK 55 (inkl. Inselführung in norwegischer und englischer Sprache)

❁ Der **Hadrians Plass** am Flussufer ist Kardinal Nicolaus Brekespeare gewidmet, dem grundlegende Reformen der norwegischen Kirche (1152-1153) und die Errichtung der Erzdiözese Nidaros zugesprochen werden. 1154 wurde er zu Papst Hadrian IV. Hier finden Sie eine Olavsquelle.

Das idyllischste Viertel Trondheims ist **Bakklandet** auf der Ostseite der Nidelva (☞ 📷 S. 284-285). Kleine, alte Holzhäuser sowie Cafés, Bars und Geschäfte säumen die Kopfsteinpflasterstraße am Fluss – wunderschön für einen Bummel, einen Kaffee oder den Abend, z. B. im Antikvariatet, einem Musikcafé mit zwei Biergärten und viel Charme: Die Wände und Regale stehen voller Bücher, das Inventar ist vom Nähtisch mit Schreibmaschine bis zum Kirchenstuhl bunt gemischt. Gehen Sie vom Pilgercenter aus auf der **Gamle Bybro**, der „Alten Brücke" von 1681, über den Fluss nach Bakklandet: Sie wird auch Lykkens Portal, das „Tor der Glückseligkeit", genannt. Zum Schlendern laden ebenfalls der Pier mit Fischmarkt (Ravnkloa), die Parkanlagen am Fluss (Marinen) und der Marktplatz Torvet ein: Auf dem Platz finden Sie die Statue von König Olav I. Tryggvason, der 997 n. Chr. die Stadt Nidaros gegründet hat.

Jährlich finden um den **Olavstag (29. Juli)** die **Olavsfestdagene** statt (Olavs-Festtage/Olavswoche: 💻 www.olavsfestdagene.no). Vor dem Nidarosdom finden Sie einen kleinen Mittelaltermarkt, Stände im Bischofshof und viele andere Veranstaltungen in der gesamten Stadt, z. B. Mitternachtskonzerte.

Kleiner Sprachführer

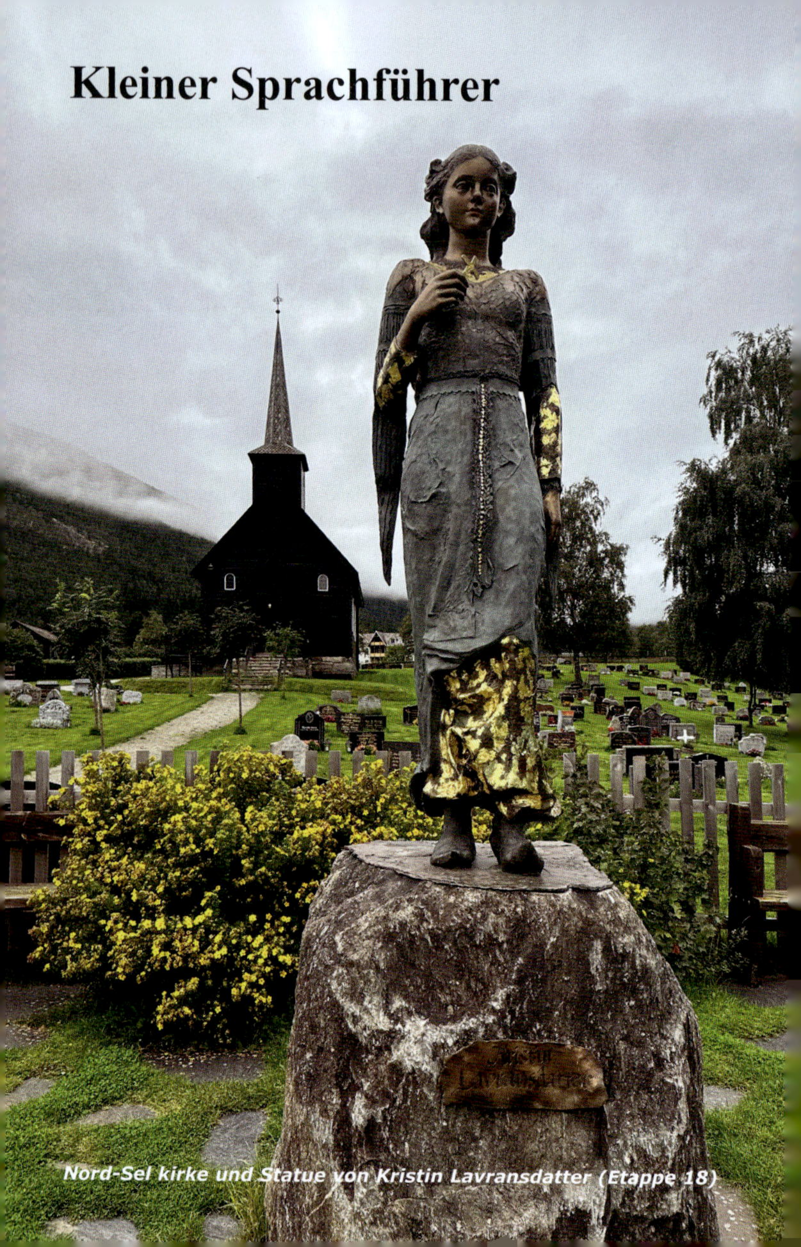

Nord-Sel kirke und Statue von Kristin Lavransdatter (Etappe 18)

Für den Alltag

ja	ja
nein	nei
hallo	hallo, hei
tschüs	ha det bra, adjø
Mach's gut.	Ha det godt!
Gute Reise.	God tur!
danke, danke sehr	takk, tusen takk
bitte schön	vær så god
Entschuldigen Sie bitte.	Unnskyld!
Wie geht's?	Hvordan går det? Hva skjer?
Mir geht es gut.	Jeg har det bra.
Mir geht es schlecht.	Jeg føler meg dårlig.
Wo ist …?	Hvor er …?

Was Ihnen auf dem Olavsweg immer wieder begegnet ...

dal, dalen	Tal, das Tal
elv oder flyt	Fluss
fylke	Provinz
gård	Bauernhof, Farm, Gehöft
gammel (*singular*), gamle (*plural*)	alt
gate, gata	Straßenbezeichnungen
Gudbrandsdalsleden	Gudbrandsdalsweg, Olavsweg, Olavsleden
kirke	Kirche
kong	König
milestones	Meilenstein
Olavskilde	Olavsquelle
Olavsleden	Olavsweg, Gudbrandsdalsweg, Gudbrandsdalsleden
sælehus	Unterkünfte/Herbergen für Wanderinnen und Wanderer und Pilgernde im Mittelalter, v. a. im Dovrefjell
sjø	See
stabbur	Proviantspeicher auf Pfählen/Lagerhaus auf Bauerhöfen
vann	Wasser
veg, veien	untereinander austauschbare Bezeichnungen für Straßen und Wege

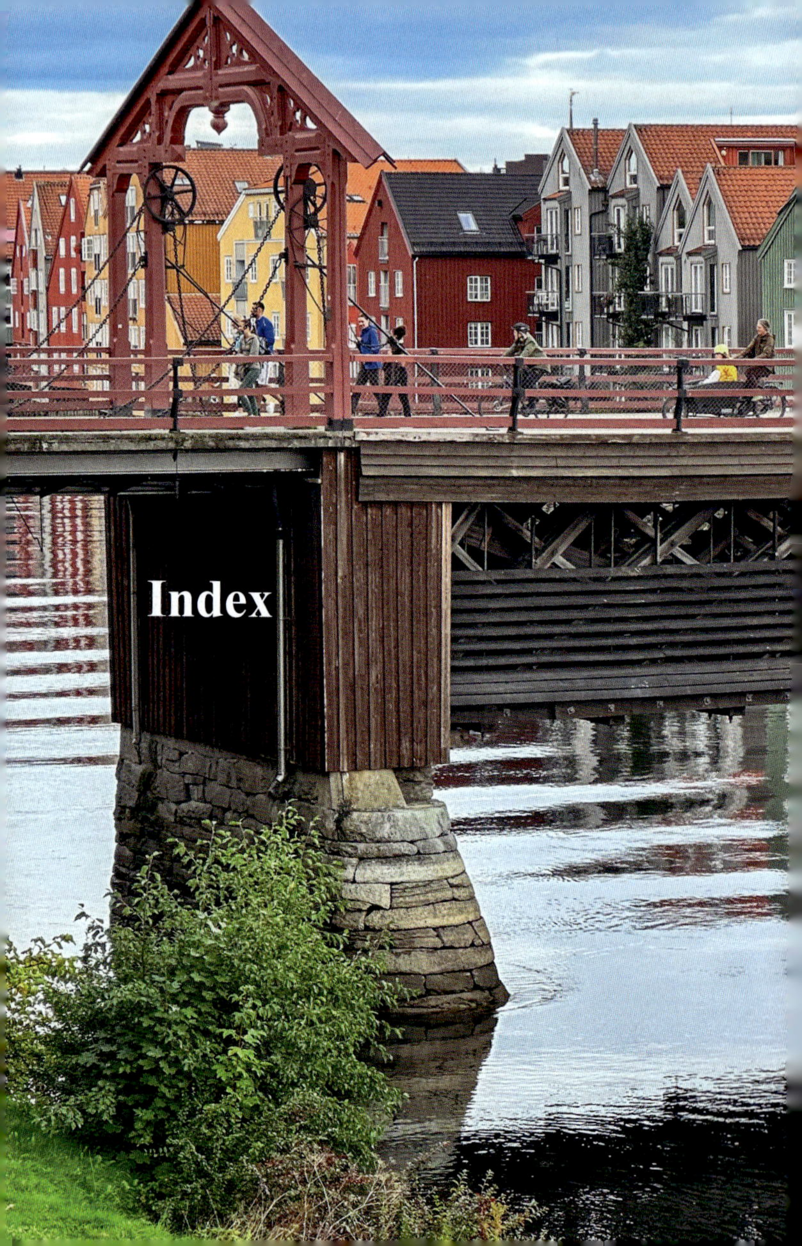

Index

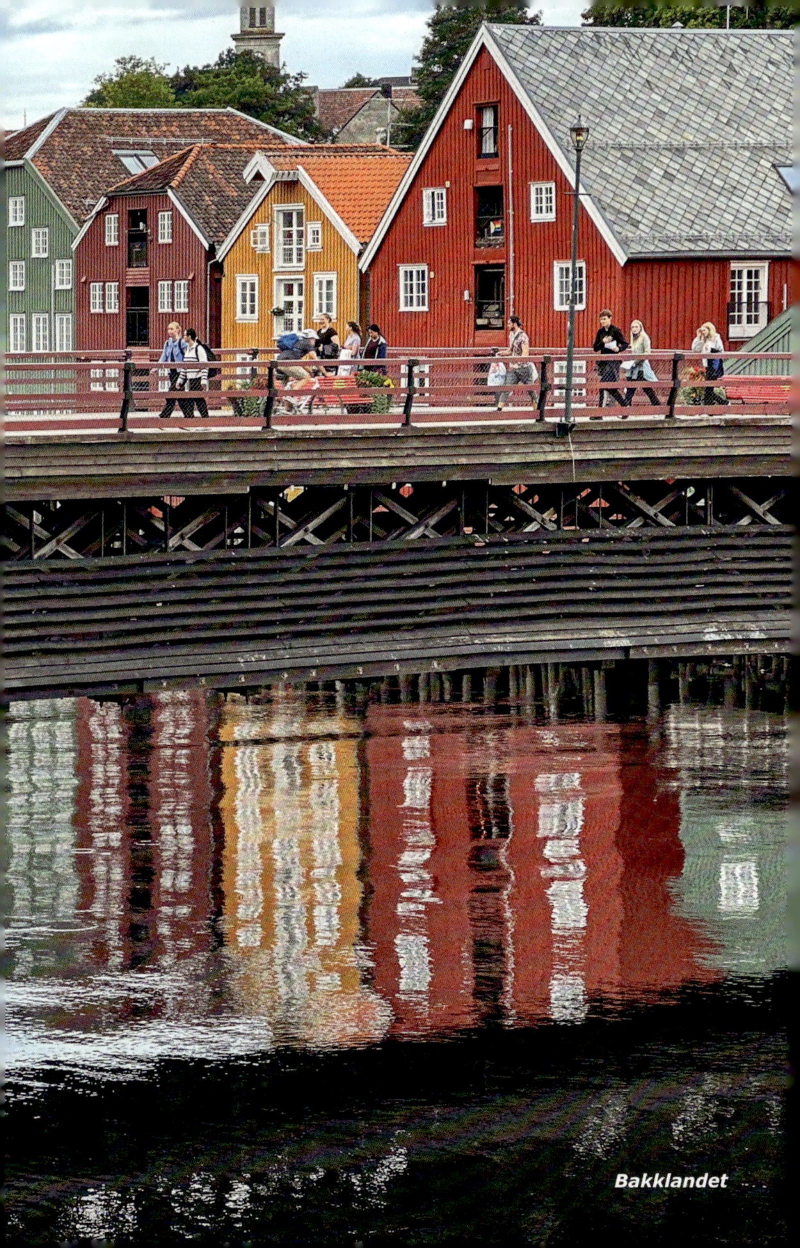

Bakklandet

A

B

D

E

F

G

H